中国人民大学科学研究基金项目成果

（中央高校基本科研业务费专项资金资助）

项目标准号　15XNL002

中国沿海的贸易与外交

通商口岸的开埠（1842—1854年）上

Trade and Diplomacy on the China Coast

The Opening of the Treaty Ports 1842—1854

［美］费正清（John King Fairbank）———— 著

牛贯杰 ———————— 译

山西出版传媒集团　　山西人民出版社

图书在版编目（CIP）数据

中国沿海的贸易与外交：通商口岸的开埠：1842—1854. 上／（美）费正清著；
牛贯杰译. — 太原：山西人民出版社，2021.1
ISBN 978-7-203-11320-1

Ⅰ.①中… Ⅱ.①费…②牛… Ⅲ.①通商口岸－贸易史－中国－1842－1854
②通商口岸－外交史－中国－1842－1854 Ⅳ.①F752.9②D829

中国版本图书馆 CIP 数据核字（2020）第 037052 号

著作权合同登记号 图字：04-2011-030
Trade and Diplomacy on the China Coast：The Opening of the Treaty Ports，1842-1854
by John King Fairbank
Copyright © 1953 by the President and Fellows of Harvard College
Published by arrangement with Harvard University Press
through Bardon-Chinese Media Agency
Simplified Chinese translation copyright © 2021
by Shanxi People's Publishing House
ALL RIGHTS RESERVED

中国沿海的贸易与外交：通商口岸的开埠：1842—1854. 上

著　者：［美］费正清
译　者：牛贯杰
责任编辑：蒙莉莉　崔人杰
复　审：秦继华
终　审：梁晋华
装帧设计：张慧兵

出 版 者：山西出版传媒集团·山西人民出版社
地　址：太原市建设南路 21 号
邮　编：030012
发行营销：0351-4922220　4955996　4956039　4922127（传真）
天猫官网：https://sxrmcbs.tmall.com　电话：0351-4922159
E - mail：sxskcb@163.com　发行部
　　　　　sxskcb@126.com　总编室
网　址：www.sxskcb.com

经 销 者：山西出版传媒集团·山西人民出版社
承 印 厂：山西出版传媒集团·山西人民印刷有限责任公司

开　本：890mm×1240mm　1/32
印　张：12.75
字　数：350 千字
印　数：1—5000 册
版　次：2021 年 1 月　第 1 版
印　次：2021 年 1 月　第 1 次印刷
书　号：ISBN 978-7-203-11320-1
定　价：118.00 元

如有印装质量问题请与本社联系调换

费正清的《中国沿海的贸易与外交》 中文版序

（Ezra F. Vogel）

1929 年，费正清从哈佛大〔……〕后获得罗兹奖学金（Rhodes Scholarship）的资助前往〔……〕费正清到英国后不久，结识了后来成为他学术引路人的马士。〔……〕1874 年的哈佛大学毕业生，曾在中国海关任职高级官员多年。马士离任后转入学术生涯，著有三卷本的经典巨著——《中华帝国对外关系史》。在马士的指导下，费正清在牛津大学写作有关中国海关的博士论文。费正清获得两年的罗兹奖学金之后，又被罗兹基金会获准支持他第三年前往中国，一方面扩展他的中国历史知识，另一方面继续进行有关中国海关的论文研究。他在中国的 4 年时间里继续学习汉语和研读中国历史，尤其关注于海关问题。费正清埋头于文献档案，拓展了他的知识与视野，他不仅仅限于搜集海关资料的具体工作，而且涉及中国的对外关系以及帝国主义的本质特征。费正清持续致力于海关研究，最终在 1953 年他 46 岁时出版了《中国沿海的贸易与外交》一书。此书一经出版，立即得到广泛的认可，被视为理解中国对外关系的重大贡献。费正清曾经说过，每一代学者必须完成他那一代人的创造性工作，然而直到两代人之后，2014 年另一位哈佛大学博士毕业的方德万（Hans van de Ven）才出版了一部重要著作——《同过去决裂：海关与中国现代性的全球起源》（*Breaking with the past*：*The Maritime Customs Service and the Global Origins of Modernity in China*），书中修正了费正清的部分结论。

在中国待了 4 年之后，费正清于 1936 年开始在哈佛大学执教。第二次世界大战期间，他在重庆的美国驻华使馆工作，在那里接触到周恩来、乔冠华等人。1946 年，费正清返回哈佛大学，准备着手于美国中国学的创建工作。与许多其他二战期间服务于美国政府的知识分子一样，费正清相信美国正成为全球性大国，应该承担更多新的责任，这需要更深、更广地去理解他国文化。中国作为最古老的文明古国之一，拥有世界上最多的人口，势必会成为世界的重要组成部分，因此需要更深入地了解它。战后费正清返回哈佛大学之前，一些学者已经在研究中国的语言、文学和古代历史。费正清想把中国研究引入到学术界的主流，在大学的主要院系开设相关课程，包括历史系、政治科学系、经济系、社会学系以及人类学系等。

哈佛大学的教授队伍中，就创建一个新研究领域的贡献而言，几乎没人能够和费正清相提并论。他从未放弃过自己的学者和教师身份，但最为人铭记的是他作为一个研究机构的创立者。他与同事赖肖尔（Edwin O. Reischauer），一位研究日本与早期中国史的历史学家，共同为本科生开设了一门东亚历史的通识课程，东亚史被学生们亲切地称为"稻田"文明。不过，这是一门针对普通学生的课程，修课的学生对东亚文明感兴趣，但无意做研究中国问题的专家。除此之外，费正清还开设了一门培养研究生有兴趣从事中国近代史研究工作的基础课程——清代文献学。

20 世纪 50 年代，几乎没有学生具备用中文从事研究的语言基础，因此，费正清在东亚研究方向设立了硕士学位。攻读硕士的学生用中文从事进一步的研究，但他们还要上不同学科的各种课程。这些学生也参加讨论班，讨论班上要写论文。如果他们写出质量上乘的论文，显示出具备继续深造的潜质，费正清会录取他们进入博士课程。当优秀的学子完成他的博士课程之后，费正清帮他获得为期一年的博士后奖学金，有时间充实论文资料，并得到编辑的帮助，为出版成书做好准备，这似乎又回到了费正清刚起步时所做的一切。费正清开辟了两个研究系列，一个是面向大众读者的研究著作，即东亚丛书；另一个系列则是东亚专题研究丛书。

费正清的"推销工作"非常成功，游说基金会与慷慨捐赠者出资，支持建立、发展中国研究事业。在其他学科筹款设立专门研究中国教职方面，他也起到了关键作用。在他的帮助下，创设了众多新的职位，史华慈（Benjamin Schwartz）在政府系，珀金斯（Dwight Perkins）在经济系，我则在社会学系。他也积极促进法学院设立中国法律研究的教授职位，由孔杰荣（Jerome Cohen）充任。我们依次在各自的学科里培养出中国学知识的专家。

为了推进研究，费正清成立了东亚研究中心，这个中心不仅包括中国研究，还包含中华文化领域的其他地区（使用中文书写，拥有包括儒家思想的共同文化遗产），特别是日本、朝鲜和越南（曾为中国的藩属）。除了费正清自己的学生可获得一年的博士后资助，将论文完善成书，他也延请其他国家的杰出学者在此度过一年时间，将他们的研究成果变为著作。后来，随着日本方面的资金捐助，研究日本的学者从东亚研究中心分离出来，成立了赖肖尔中心（Reischauer Center），研究朝鲜的专家同样成立了韩国研究所（Korea Institute）。东亚研究中心保持了中国研究的核心地位，1991年费正清去世后，改名为"费正清中心"。

我在费正清领导下曾做了几年东亚研究中心的副主任，1973年他退休后我接替了他的主任职位。费正清在他的时代将哈佛大学变成培养中国问题专家和推进中国研究的卓越中心。这个中心成为其他大学竞相效仿的模式，它创造了多学科的专家学者从事研究的架构，而这一切主要借鉴了费正清在写作《中国沿海的贸易与外交》的范例。

旧籍新读——费正清和他的《中国沿海的贸易与外交》

马　钊　麦哲维（Steven B. Miles）

最初的受众与初衷

这本书的中文译本势必会引起读者的兴趣。一部以编年体形式写成的著作被翻译给另一些不同文化背景的人阅读时，他们将有怎样的回应？我们在解释费正清这项精彩绝伦的研究——《中国沿海的贸易与外交》为何会吸引 21 世纪中国读者的原因之前，重要的事情在于了解这本书的写作背景，毕竟它是写给 20 世纪中叶美国读者的作品。

这部著作出版于 1953 年，而最初的想法源于 20 多年前，当时的费正清还只是哈佛大学一名本科生。1936 年，这个想法发展成一篇牛津大学的博士论文。该论文集中探讨了 1854 年海关税务司的创立。费正清最初接触这一题目源于那些从海关税务司离职的"中国通"们的建议，尤其是马士。一篇本科论文利用西文史料足以写成，接下来的几年，费正清在中国待了很长时间，跟随蒋廷黻学习受益良多，更有机会吸收已出版的清代档案资料。直到 1936 年的博士论文完善成 1953 年的著作时，作者的目标变得更为宏大，超出了海关税务司的创建，尽管其仍是本书最重要的核心内容，进而去探讨更广阔的那些塑造中国近代史的制度因素。

1936 至 1953 年间所发生的一切，也促使费正清试图用他关于海关税务司创设的研究回应新的问题，当时他新的职位是哈佛大学教授，而不是牛津大学的学生，需要他用著作去影响美国读者。当我们60 多年之后重读这些重要著作时，能够看到那个时代的研究以及关于那个时代的研究。《中国沿海的贸易与外交》一书亦不例外。费正清以 1943 年通商口岸的终结作为该书开篇，指出当前恰是评估百余年来通商口岸体制的绝佳时机。这本书另一同样重要的时间点是1949 年。费正清希望通过他的通商口岸和海关税务司研究为 20 世纪中叶的美国人提供当时中西关系的历史情境。费正清尤其希望解释令多数美国人困惑的问题——为何中国拒绝了"西方"，选择了共产主义。

为了弄清中国对西方的"排斥"，费正清超越了外交史与制度史的探寻，考虑到意识形态的因素。他发现，在清朝与英帝国的互动中，双方的冲突在于彼此的世界秩序观念完全不同：一个是普世的道德政治秩序，另一个是民族国家体系。在费正清看来，以中国为中心的意识形态完全体现于朝贡体系的制度之中。中国和西方政治秩序愿景的冲突亦体现在双方经济理念上的差异，中国宣称无所不有，抑制商人，而英国则促进自由贸易。费正清研究的时段，从 1842 年第一批通商口岸开埠，到 1854 年海关税务司设立，标志着"两个单边体系——中国和西方之间的关系格局经历了变迁"。费正清描述了同西方接触之前中国社会相当稳定的政治秩序，认为这种政治秩序在1842 至 1854 年间的过渡时期开始崩溃。他断言，"如此超稳定的社会如果不从整体结构上完全摧毁，并加以重新建设，想重塑它的任何部分都不可能实现。"

为进一步理解中国的观念与制度，费正清极力纠正他所发现的关于中国的根本误解，这些误解往往发生在那些没有受过中国语言和文化训练的美国学者身上，特别针对将中国设定为与其他民族国家并无差别从而进行比较研究的社会科学家，费正清着重强调中国儒家君主制的独特性。费正清鄙视这些自封为"远东专家"的学者，认为他们和 19 世纪中期目光短浅的中国"夷狄专家"别无二致。

因此，费正清在哈佛大学着手培养新一代的汉学家，他们懂得中国语言，理解他们所研究的中国社会的独特性。费正清在《中国沿海的贸易与外交》一书中清晰地表达了这一观念，后又在其他论文和著作中进一步条理化，并渐趋流行，成为影响美国学界数十年研究中国近代史领域的权威框架。20 世纪 80 年代，柯文（Paul Cohen）[1]将费正清的视角概括为中国近代史的"冲击—反应"模式。换言之，费正清研究时段内西方对中国的冲击是推进中国近代历史演进的重要动力。在费正清的时代，大多数学者认为中国对西方的回应是"无力"的。20 世纪五六十年代的学术研究中，无论主动还是不自觉，通常把中国和日本进行比较，而后者通过迅速而剧烈的工业化以及接纳西方制度有力回应了西方。不过，站在当代的立场审视这段历史，中国的回应似乎完全不同。今天，历史学家们需要去寻找中国成功的线索，而不是失败的祸根。

探讨后世学者对费正清观点的批判之前，这本译著值得注意的一点是，费正清的观点与同时代中国同行的看法不谋而合。费正清有关

---

① 柯文：《在中国发现历史——中国中心观在美国的兴起》（*Discovering History in China*: *American Historical Writing on the Recent Chinese Past*），哥伦比亚大学出版社，1984年。

朝廷和精英联合对付民众的描述已被大多数中国历史学家所接受。他刻画的吴健彰是某类寄生性的商人官员，这与当时中国批判清朝官场和通商口岸腐败的观点一致。同样，费正清认为 1860 年之后"以英国为首的缔约国千方百计延续北京在国内的完整主权统治"，其目的在于保障他们通过条约所获得的特权，这与《中国沿海的贸易与外交》前一年出版的胡绳的著作[①]立论相同。

后世批评

若论在美国学界对中国历史领域的教学与研究形成过程中的影响，费正清之外无出其右，他在这一领域的影响长期存在。如今北美学界正在探讨的各种不同类型的问题，正是源于费正清在 60 多年前所提出的问题。也就是说，基础教育和中等教育的变化通常发展更为缓慢，而费正清的观念或者其观念的缩影，仍然是广为接受的中国历史观。

作为本能反应，许多受多元文化熏陶的现代美国学者，对费正清某些总体论述中所批判的观点持有天然的反感。几乎没有学者愿意承认中国是一个"迥然不同的社会"，中国社会中的发明家、企业主以及法治程度都还没有进入全盛期。具有讽刺意味的是，美国学界受众往往会发现费正清那些令人不安的论调，而当代中国的作者却乐于提供鸦片战争期间中国无力应对西方冲击的辛辣批评。[②]

就学术研究而论，第一波对费正清的攻击出现于 20 世纪 70 年代初期。这些攻击的背景是美国发动了越南战争。当时批评美国的言论

---

① 胡绳：《帝国主义与中国政治》，人民出版社，1952 年。
② 茅海建：《天朝的崩溃：鸦片战争再研究》，三联书店，1995 年。

甚嚣尘上，随之波及到对 19 世纪侵略中国的西方帝国主义的批判。最尖锐的批评来自周锡瑞（Joseph Esherick）①，他将矛头指向认定费正清回避了西方帝国主义削弱 19 世纪中国的事实。恰恰相反，费正清认为西方帝国主义为中国本土社会提供了潜在的刺激。1860 年第二次鸦片战争结束后，费正清发现中国出现了联合统治的局面，并不是全部由西方帝国主义所独霸。费正清把这种"满—汉—西方"的联合统治称为"共治"，并认为海关总税务司的"共治"已经制度化。尽管费正清与现代中国学界的历史解释存在一些共同点，但他还是旗帜鲜明地寻求与马克思列宁主义的关于帝国主义理论不同的另一种解释。针对 20 世纪 70 年代初期美国对费正清的批评，他本人拒绝强调帝国主义弱化影响的不合理性。

第二波对费正清的修正出现于 20 世纪 90 年代，一些学者将矛头指向他提出的朝贡制度的性质。费正清在某种程度上高度强调中国与"内亚"互动经验的重要性，认为朝贡制度主要适用于中国的"内亚"邻邦，而当这种制度需要适应东南沿海的英国侵略者时，它阻碍了创造性回应新挑战的所有努力。不过新一代的学者，包括米华健（James A. Millward）②指出，费正清忽略了中国及其"内亚"邻邦之间互动的方式，这些方式并未受到朝贡制度的制约。这些学者认为，清朝继承的"内亚"遗产要多于汉族遗产，更关注一系列的意识形态、政策方针以及不能归为汉族中心主义或以朝贡制度为基础的实践

① 周锡瑞：《哈佛的中国情结：帝国主义的大本营》（*Harvard on China：The Apologetics of Imperialism*），载于《亚洲问题学者通报》（*Bulletin of Concerned Asian Scholars*），4.4，1972：9—16。

② 米华健：《嘉峪关外：1759—1864 年间清代新疆的经济、民族和帝国》（Beyond the Pass：Economy, Ethnicity, and Empire in Qing Central Asia, 1759—1864），斯坦福大学出版社，1998 年。

活动，如《尼布楚条约》和《布连斯奇条约》，清朝宫廷与藏传佛教的关系、清朝的平准战争，等等。

全新旨趣

费正清对中国近代史的阐释集中在《中国沿海的贸易与外交》以及其他著作之中，可能不会再像20世纪五六十年代那样占据美国学术界的主流地位。不过，他远远超过20世纪中叶同行在这一领域研究的事实，或许使我们有机会从全新视角走进费正清的这部杰作，反而可得到新的见解。令人匪夷所思的是，书中探讨的一些小问题和细枝末节至今仍未过时。细心的读者将会发现其他令他们产生共鸣的内容，但我们认为下列几点与近现代的学术研究联系最为紧密。

首先，最近关于帝国和帝国主义的比较研究更加细化了帝国主义的理论视角。伯班克（Jane Burbank）和库珀（Frederick Cooper）认为"帝国中间人"在帝国的建构与维护方面扮演了关键角色。[①]"都市"里薄弱的帝国官员群体只能通过吸纳当地精英统治辖区人口。因此，新近的研究在不否认帝国主义高压方面的同时，也关注一些地方层面的协商机制。正如费正清乐于强调的那样，来自"内亚"的征服王朝一再地在中国掌权，却从未破坏先前的政治结构。帝国主义在某些方面究竟如何运作，这一新的研究视角与费正清的"共治"概念有相通之处，尤其通商口岸时期中西"共治"概念并不纯然是西方的创造。事实上，最近方德万（Hans van de Ven）对中国海关进行了全面研究，他赞同费正清的说法，即海关是清朝政府实践的基

---

① 伯班克、库珀：《世界历史上的帝国：权力与政治的差异性》（*Empires in World History: Power and the Politics of Difference*），普林斯顿大学出版社，2010 年。

础，包括对强权局外人的委任，认为"费正清分析的某些因素依然具有生命力"①。因此，费正清将海关税务司视为中英共创机构的定位与最近关于帝国主义如何运作的研究不谋而合。

其次，尽管费正清基本上以两个截然对立世界的秩序冲突为前提，但他对于19世纪中期通商口岸生活的生动描述却显示出文化的让步、协商与杂糅。他刻画了中英双方在语言、文化上的误解以及彼此创造性的适应。他写道："典型的上海人是真正的混血儿，既非东方亦非西方是他们的标准特征。"这些旁白式的描述经常在文中出现，使枯燥的外交史变得生动活泼。但费正清也想说明，1842至1854年间国际关系占主导地位的既不是清朝模式，也并非英国模式，而是一种创造性的彼此适应。如果费正清这本书写于20世纪末或21世纪初，他或许会把文化混杂作为叙述的中心焦点。事实上，虽然费正清没有明确提出文化混杂和创造性适应，但他的描述与怀特（Richard White）的"中间地带"概念②不谋而合。怀特使用这一概念描述了处于同一物理和时间空间内两种政治—文化实体在边界相遇，却没有任何一方有足够的力量去支配彼此的互动。这正是费正清所描绘的1842至1854年间中国通商口岸的情形。

第三，费正清认为鸦片战争前中国贸易在东南亚的扩张是对朝贡体系的第一次打击，预言了日后中国侨民研究（或称海外华人研究）成为中国史乃至世界史研究进展最快、最为重要的领域之一。费正清

---

① 方德万：《同过去决裂：海关与中国现代性的全球起源》（*Breaking with the Past：The Martime Customs Service and the Global Origins of Modernity in China*），8页，哥伦比亚大学出版社，2014年。

② 怀特：《中间地带：1650至1815年间五大湖区的印第安人、帝制与共和》（*The Middle Ground：Indians，Empires and Republics in the Great Lakes Region*，1650—1815），剑桥大学出版社，1991年。

在此处着墨不多，只是强调 1500 年以前中国的贸易扩张，反而最近的研究开始关注 1500 年之后的海外中国商人以及他们在欧洲帝国主义时代的东南亚地区变得日益重要。某种程度而言，费正清并不能继续深化他的观点，因为这可能意味着他要被迫放弃朝贡制度是中国与邻邦之间互动的根本形式这一论断。事实上，数十万与外国人打交道的中国人绝大多数不会把自己想象成朝贡制度的参与者。最后，我们希望 21 世纪的中国读者在阅读这部费正清的精深著作时至少从两个方面有所获益。

费正清从多元视角为我们提供了一个写作历史的模式。《中国沿海的贸易与外交》从某种程度上讲是一部传统的外交史著作，但我们可以看到作者尽力站在中英双方的立场，以便读者对此能有更为深入的理解。费正清突破了传统外交史的藩篱，试图从一方的角度解读另一方的文化语境。作者通过深入钻研多种语言的档案才能写出这样的历史著作，能够在迥然不同的官僚体制下审视同一事件。对现代中国的读者而言，这本书的最大用处在于揭示了英国方面的情况，尽管它也提供了一种至少尝试写作中立历史的模式；无论我们怎么认为费正清在这方面的失败，他毕竟做出了真诚的努力。此外，他让读者了解到双方各自的看法和动机。通过利用书中传主的详尽资料，费正清提醒我们，大英帝国与大清帝国都不是统一的整体，英国外交官有的直接来自伦敦，有的则出生和成长于印度；清朝的外交官员有的是满洲亲王，有的则是广东商人。

现代的中国读者亦可通过阅读此书了解 20 世纪中叶美国的诸多情况。正是这个国家从第二次世界大战中崛起，在世界舞台上迸发出前所未有的力量，但当冷战帷幕拉开，它却饱受空前的焦虑困扰。这个国家只有极少数人——外交官、商人、传教士和学者具有在中国生活的丰富经验，而绝大多数人几乎对中国一无所知。1945 年，中国是美国的坚定盟友；4 年之后，它却莫名其妙地成为"排斥"美国的危险敌人。《中国沿海的贸易与外交》一书出版于抗美援朝战争结束的 1953 年。在这种情况下，费正清解释了莫名其妙的原因，帮助美国读者了解为何中国"排斥"美国而选择了共产主义。这部中文译本的问世，中国读者可以借助费正清了解 20 世纪中叶美国的状况及其焦虑的问题。

是为序。

2015 年 5 月 30 日

马钊、麦哲维于圣路易斯拱门

简要说明

费正清可谓家喻户晓的海外汉学家，作为美国中国研究的奠基者，他的学术地位无可撼动。国内学界和出版界对费正清亦非常重视，他的绝大多数著作均有中文译本。本书是美国著名中国学的奠基者费正清在英国牛津大学的博士论文的基础上扩充修订而成。该书开启了使用中国档案研究中国近代史的新风。费正清的博士论文主要是在中国完成的。1932 年费正清来到中国，故宫档案刚刚开放，他是最早使用这些档案的学者之一，很可能是第一个使用这些档案的外国学者。本书依据大量中国档案而写成。这部专著不像《美国与中国》那样广为人知，但这是一部极具学术价值的著作，它赢得了广泛的赞誉，并牢固地树立了费正清作为晚清外交和制度史方面杰出历史学家的地位。他后来回忆说，此书的完成，"结束了我为培训他人而培训自己的历程"。此后，使用中国档案研究中国历史成为费正清的一个学术范式。

本书的第二、第八、第九、第二十四章曾于 20 世纪 90 年代初由时在中国社会科学院近代史研究所任职的陶文钊先生主持节译出版，收录在《费玉清集》一书中。近年来《费正清回忆录》、《费正清文集》（四卷本）先后出版，但囿于种种原因，这部名著直到今天仍尚未正式与中文读者见面。该书的学术价值毋庸置疑，国内研究费正清及美国中国学、海关与中外关系史的学者深以为憾，都认为中文版应该早日面世。如果能够出版，相信一定会在学术界引起反响。

致　谢

　　1929 年，我还是哈佛大学的四年级学生，进入牛津大学时，也从未得到过任何中国历史方面的指导，甚至没见过这个领域的学者，事实上，当时牛津大学也几乎没有这样的学者。此外，尽管牛津大学愿意支持美国学生攻读更高的学位，但校方并没有入学考试来检验他们相关领域的知识，学生直接开始进行研究与写作。因此，我当时并没顾忌自己的知识有多么贫乏，不像今天的博士论文写作者那样还需通过博士资格考试，或许还需重新再去掌握超出他整个研究领域的相关知识。塞翁失马，焉知非福。假如你从未听说过士绅阶层、白莲教起义、盐商、买办、幕友、文化帝国主义、冯桂芬、王韬、反洋教斗争，或者官督商办体系，那么，你的境遇至少将会简单化，如同我当时那样。

　　当我和同时代的人一样乘坐轮船越过大西洋时，有幸读到马士的《中华帝国对外关系史》。马士博士希望在他的第 2 卷、第 3 卷中讨论 1860—1911 年间的历史时能够利用赫德日记，因为中国海关总税务司在这段历史时期中起到关键作用。赫德去世之后，他的家人拒绝提供他的手稿。不过在我看来，作为通商口岸核心制度的海关首先应从伦敦历史档案馆馆藏的英国人通信着手研究。因此，起步阶段我选择"上海外国税务司的起源：1850—1854 年"作为牛津大学副博士的研究题目。1931 年，我完成该项研究，留下了第 19—23 章，从那时起开始撰写博士论文——"中国海关的起源——1850—1858 年"。然而，直到 1936 年，我才完成该文并获得博士学位，其间发生了以下几件事。

首先，1932 年我去了北京（时称北平）学习中文，最初在使馆区内专门培养西方人的华语学院学习，那时学院有一批德才兼备的师资。数年后，我发现外国研究者已能够阅读新近出版的清季外交档案，特别是他们得到了能够解读这些档案的中国学者（或满族学者）的帮助。这样，北京与沿海省份之间的清代奏折便能与 20 世纪 30 年代非常盛行的英、法、美外交史资料衔接互鉴。学者从相对熟悉的外文资料转入晦涩难懂的中文资料解读，从而，这又引发关乎中国制度演进的诸多问题。

其次，我在北京集中学习了 3 年中文之后，带着我的妻子及妻妹游历了 5 个最早开埠的通商口岸。我们从上海连夜乘船南下宁波，后返回上海，再次沿海而下到了福州、厦门与广州。值得一提的是，我们在后 3 个通商口岸发现了保存完好的英国领事档案。通过来自阿伯里斯威思的威尔士大学教授韦伯与英国外交部图书管理员的介绍，我们结识了英国驻华公使，在其帮助下，被安排进入使馆查阅这批尘封的资料，我们通常待在领事馆法庭，这里非常宁静，没有人打扰。然而这批档案直接把我们带回到港口开埠时期，涉及领事馆、与中国当局的沟通、英国政府的监管、鸦片输入、劳工输出等诸多问题的发端，类似从 19 世纪 40 年代起至 50 年代之间中英关系的流水账。因此，我的研究时段又上移了一些，而不是往后延伸。（这些港口档案显著地呈现于本书第 10、12—13 以及 17—18 各章）

面对这两重困境，我不得不将研究回溯到更早的时段。在我看来，这种时间上的回归分析恰恰是博士论文写作的典型方法，因为时间在逻辑层面有其本身的内在关联性。因此，想要研究近代史的人最终会成为中世纪史的研究者。这一路径似乎表明，如果你想研究一个世纪的中段历史，那么你需要从上世纪末入手，然后让那些问题指引着你追溯从前的历史。切记不要试图把研究时段的开端作为研究起点。历史研究的过程是逆向追溯，而不是从前往后的顺次叙述。

1936 年，我先后离开中国和牛津大学之后，开始在哈佛大学讲授一门针对英国史的课程，名为"1793 年以来的远东"（1793 年即马戛尔尼使团访华的时间），这使得我有时间研习 19 世纪 40 年代的时代背景，从而跳出 19 世纪 50 年代初期通商口岸危机下应运而生的海关税务司研究。我发现，这些事件之间的关联性正在指引我撰写一本有关 1842 至 1854 年间的历史著作，而不是原来博士论文封面上所界定的 1850—1858 年。我很偶然地选择 1850 年作为研究起点，殊不知它恰好成为 1842—1858 年第一批不平等条约时期的中间临界点。不过，有关第一批不平等条约体系的研究又催生出清帝国管理体制及其所建立的处理外交事务机制等一系列问题。

史学研究的魅力在于满足人们概括抽象事物的人文诉求。面对大量碎片式的细枝末节，你需要找到一种可被认知的简洁叙述来替代它们。个别事件开始作为某一类事件中的一种而出现，你需要从更为宽泛的某一类事件当中寻找它的意义。由此出发，本书主要从更为广阔的历史情境出发，拓展了从前的博士论文研究。

出于对 H. B. 马士^①的感恩与怀念

马士博士对我们理解近代中国与西方关系的贡献基于他的两次职业生涯：在中国海关任职与史学研究。1874 年，马士先后从波士顿拉丁学校和哈佛大学毕业，之后他和 3 个同学一起进入中国海关工作。接下来的 35 年中，他先后在上海、北京、天津、北海、淡水、龙州、汉口、广东等地执行许多特殊的使命，最终在海关总税务司署统计处秘书任上离职。1908 年，马士退休后定居英国，同年出版他的第一部巨著——《中朝制度考》。1910 年出版《中华帝国对外关系史》第 1 卷，1918 年出版第 2、3 卷。1926 年，马士完成《东印度公司对华贸易编年史》前四卷，1929 年完成第 5 卷。迄今为止，这些书仍是中国对外关系史研究的起点，特别是 1634 至 1911 年间的中英关系史。

马士博士的第二种职业，作为学者，受到早年在中国政府任职经历的影响与指引。尽管他生活的时代跨越两个世纪，经历了帝国主义

---

① H. B. 马士（1855—1934），1874 年获哈佛大学文学学士学位，1934 年被授予哈佛大学名誉法学博士，曾任职于中国海关总税务司署，为中外关系史专家。

列强时期与中华帝国的覆灭，然而，他的历史著作却避免了当时西方人在通商口岸严重的沙文主义倾向。他是一位不同寻常的怀有严谨、公正、准确陈述事实理念的学者。对我而言，如同其他入门者一样，马士为我们提供了莫大的鼓励与博学的忠告，而他的著作则为我们微不足道的贡献打下了坚实的基础。

目　录

第一部分
中国没做好与西方打交道的准备

第三部分
条约履行：1843—1845 年

中国没做好与西方打交道的准备

第一章　中国对西方的回应

中国的通商口岸如今已走到尽头，从 1842 到 1943 年，它整整延续了一个世纪。历史学家们可以把它作为考察中西关系之未来的线索。我们可以肯定，中西之间这三代人稳步增加的接触，已经超越了西方与长期以来保持民族优越感的中国所遭遇的陌生阶段。无论好与坏，通商口岸重塑了中国人的生活。通商口岸给中国带来了西方的货物，更多的西方人以及他们的观念。它也导致了西方在中国被赋予了一个特权的地位，而不像是先前的军事征服者。

我们是否应当把当前中国人对西方的拒斥看作是一场排外风潮的复兴？或者恰恰相反，它不过是另一次军事征服的一部分？抑或它的确是两者不断转换，兼而有之？这些都是当前政策不可精确估量的因素。它们只有放到历史的大背景中才能得以考量。

1842—1854 年间的历史语境

中国真正受到西方世界的近代侵略始于 19 世纪中期，此前第一个中英条约于 1842 年在南京签署。直到那时，中国和西方的关系还建立在古代中国朝贡体系的基础之上；此后中国与西方的关系便以不平等的外交条约作为基础。朝贡体制下对外贸易仅限于旧广东的特许"商行"。不过，1842 年开启了新的时代——中国开放了对西方的商业市场，这具体体现在通商口岸的开埠、鸦片贸易、领事裁判权、协议关税以及"片面最惠国待遇"等方面。直到 19 世纪末，中国已陷入半殖民地的窘境，这些因素依然发挥着作用。由此而论，1842 至 1854 年间的重要意义在于两个单边体系——中国和西方之间的关系正在经历过渡性的转换。

19 世纪中叶，整个远东地区都发生着新的变化。首先是美国在远东地区的扩张，其次是快速帆船的发展与 19 世纪 40 年代海上贸易的繁荣，接下来是日本开埠与 1853 至 1860 年间俄国在太平洋地区的开疆拓土。不过，所有这些国际动向的中心问题在于英国的对华行动，通商口岸的驻华领事们着力打破中国旧有的外交体系，同时确立西方的条约体系以取而代之。他们最初的成果来自 1842 至 1844 年间签订的第一批条约；接下来的努力导致 1854 年出现了外国海关监督；最后的"成功"发生在 1856—1860 年的第二次鸦片战争之后，以 1858 和 1860 年签署的一系列条约为标志，中国开放了内地的贸易市场，同时准许西方公使驻京。

条约体系就此创立，充当了西方人在华从事贸易、外交与传教的工具，同时亦推及日本、暹罗、朝鲜以及其他远东国家。客观而论，条约体系或许可视作近一个世纪以来西方人在东方持有优越感的外在标志。这与之前行之千年的朝贡体系形成了鲜明对照，那时繁盛的中华帝国主导着远东地区。

我们不应忘记，条约体系主要代表了通商口岸的交涉准则和中外交往的一种方式，这种方式只是中国政治大气候的某一方面或一种功能体现，我们必须把它置于宏大的革命背景之下，以便观察 1842 年以来中国人民饱受崩溃与新生的革命进程的冲击。

中华帝国的崩溃是一部仍待书写的史诗。从中国方面看，历史上的政治崩溃再没有比这一次更为剧烈——从长久以来享誉世界的至高无上的权威跌入屈辱的外国列强划分势力范围，这一切都发生在1842至1898年的时间里。帝国崩溃的原因有很多，来自不同的方面。满族入主中原两个世纪之后变得腐朽衰弱，1851年爆发的规模宏大的太平天国运动（需另撰专书讲述）与西方武装入侵接踵而来。内战之后，紧接着出现了追随西方脚步的工业化努力与日益增长的民族主义。所有这些国内外因素共同促成了近代中国社会所发生的剧烈变迁。

由于近代的中国无力与西方平等相待，当时的中国人充满了挫败感与不安全感。而遗留下来的社会制度又使他们窒碍难行，深受其苦。相较于其他成熟的非西方文明而言，中国似乎更不适应现代社会的调适。民族主义和工业化在中国举步维艰，而日本的成功却如此顺利。既没有创造出科学昌明的政策，又没有产生法定的秩序，帝国的创业者们却在这一与众不同的奇妙社会中发展到其鼎盛阶段。或许中国这种过度成熟与稳定的社会结构和政治制度，恰恰是它走向近代化的阻碍因素。中国与西方的差异性如此深远而顽固，以至于它向现代世界的转型只能通过旧秩序的崩溃来实现。中国社会已被迫融入近代世界的大家庭中，中国人民亦接受了适应近代性要求的革命；随着近代化进程的深入，中国社会各个层面都发生了剧烈变动。

中国的近代化进程仅仅起步于三代人之前。在卡尔霍恩、韦伯、边沁、穆勒生活的时代，中国的统治阶层仍然稳坐鞍桥，用儒家思想的理想方式思考前途，儒家体系包括放之四海而皆准的君主专制，王朝统治而不是国民政治，对外的朝贡体系，以及中国特有的家庭生活模式。

　　传统儒家秩序下的中国与正在急剧扩张的商业大英帝国进行了最低限度的首轮碰撞，双方的初次接触通过英印鸦片贸易和中国积重难返的吏治轻度腐败得以实现，其间充斥着走私、劫掠和欺诈，双方缺乏口头和书面的利益诉求，彼此的理想和价值观充满了互不了解的蔑视与冷漠。当我们回溯这段历史，发现它的神奇之处在于，当中国人面对西方入侵如此巨大的灾难时却没有与其发生更多的暴力冲突。当然这要部分归因于民众的宽容与被动，他们对艰难困苦习以为常；此外，他们相对而言亦很难与西方人发生直接的联系。另外一个原因则归于英国政府的努力，它的一切行动取决于商业利益，被认为只是通过建立盎格鲁—撒克逊法律秩序的文明手段来获取利益。英国领事的任务在于创造一套保障对外贸易繁荣和中外关系稳定的法律条规。然而最终的研究表明，中国对西方的回应主要还是由中国国家与社会的特殊属性所决定的。

　　因此，有关中华帝国政治崩溃的研究几乎全部为西方侵略者的外部视角所笼罩，大量书籍记录了这些来自敌对阵营、充满帝国主义论调的观点。不过，毋庸置疑的是，事物的关键还要取决于内因。1842年以来日本和中国应对西方的强烈反差清楚地说明，帝国主义并非是凌驾于本国人民之上的主宰力量，本国的内部条件才是决定性因素，因此才会出现适者愈强、衰者愈危的不同局面。例如，日本具有适应能力强而且爱国的统治阶层，中国则没有。日本的中世纪武士道传统成为其近代沙文主义崛起的基础，大阪和东京的早期银行家们成为近代财阀的先驱。19世纪日本的确变成同西方国家近似的民族国家，而中国还完全属于不同的政治形态。因此，所有研究中国近代对西方的调适都必须着手于研究中国的特殊性，正是那些特殊性才使中国对西方的一切表现得极不适应。

中国社会的特质及其对西方的回应

我们要认识中国这样一个结构和本质上都与我们完全不同的社会，需要定义和规范这些差异性。自从马可波罗和早期耶稣会士以来，所有的西方观察家都尝试做到这一点，无论是感性的描述，还是理性的分析。我在别处曾进行过粗浅的类似努力。[①] 在此我们需要注意的是，大量的社会历史分析在"东方社会"、"精英国家"以及类似的通用标题下不断取得进展，这些理论并非简单的神奇公式，而是广泛意义上的方法论，它为我们观察中国人的社会行为提供了崭新视角。其中颇有价值的一个题目是"内亚"少数民族在中国历史上所扮演的角色。[②]

当然，所有这些理论都强调历史事实仍然是理解的基础。尽管概念、框架可以促进和指导我们的研究，但并不能取代基础研究。我们对近代中国的认知依然贫乏，还停留在感性描述的阶段。历史人物与事件、人物性格及其生活环境、史料与诠释等共同构成我们理解近代中国与西方关系的图景，这属于人文构思的范畴，而不是科学的定量分析。理论不能自证自明，只有事实才能为自己辩解。我们对中国的理解必须循序渐进，以某方面的史料，通过一个个的专题研究从细节处积累。

如果没有形成对中国社会的普遍共识，我们很难研究中国对西方

---

① 费正清：《美国与中国》（*The United States and China*），3—119 页。

② 马克斯·韦伯的著作促进了社会学理论对中国的普遍关注，同时也运用到马克思主义的理论体系当中（尤其参见魏特夫的作品）；亦可参考拉铁摩尔（Owen Lattimore）：《中国的亚洲内陆边疆》（*Inner Asian Frontiers of China*）。

刺激的回应，① 不过，以下几点值得注意。首先，在近几个世纪西方国家体系的扩张过程中，中国对新生世界秩序的融入已证明非常困难。中国的政治行为很难被西方同化，或许是缘于制度上的差异性。其次，所谓西方给中国造成的"冲击"具有某些促进意义，而不是致命打击。通商口岸与教会中外人士的密切接触，经济生活与社会风俗的物质变迁，最终都导致了中国制度的深刻变革。然而，中国的近代化事业是中国人以他们自己的方式不断调整推进，并非简单的西方化。第三，中国对西方的回应是双向互动的过程。华洋杂处的通商口岸里，法律、金融、工业以及个人主义等西方舶来品都得以巧妙地修正。这些通商口岸并非将西方的生活方式全盘照搬到中国沿海，而是代表着中国人能够接受的西方人以及他们的生活方式。少数通商口岸的外国人，针对中国国情不得不改变他们的生活方式。真正的上海租界侨民是名副其实的混血儿，既非东方人，也不是西方人。

中国经过几十年通商口岸新生事物的洗礼，最终走向了革命。它对西方的回应也颠覆了可以追溯到古代的传统行为方式。整个中国摆脱了静态历史的发展，其他方面也发生了重大变迁，然而直到 19 世纪，它仍然保持着独特而顽固的中国模式。因此，王朝衰微——封建割据——重新统一这样的政治循环现象在儒家文化的坚固框架下不断重演。中国和"内亚""蛮夷"的对外关系模式亦同样呈现于普世的儒家君主制结构之中。

尽管西方与中国的交往破坏了中国旧有的政治和文化框架，中国对西方回应的第一阶段却既无效率，又无突破，不过是既有行为模式

---

① 有关这一题目更充分的讨论参见即将由哈佛大学出版社出版的资料集，邓嗣禹、费正清等主编：《中国对西方的回应：研究指南》（*China's Response to the West, A Documentary Survey* （1839—1923））。

的重复而已。简而言之，中国在近代中西关系的起始阶段，首先对西方公开接纳的是那些早已扎根于中国生活方式之中的西方传统。这意味着，中国人对西方人的态度是根本没把他们当作西方人，而不过是"内亚""蛮夷"的一种新形式。

这种认识上的预设令中国对西方的调适要比可能存在的实际情形还困难得多。如果"英夷"的出现是中国历史上前所未有的现象，当时的满族统治者或许很容易对他们形成一个鲜明而现实的观念。不幸的是，这样的局面毫无可能，因为"英夷"不知不觉中已成为中国社会自古存在的"夷"的后继者。古老的传统替代了创造性的回应。

因此，我们讨论西方对中国有何影响，首先要理解"夷"在中国社会中所扮演的传统角色。"夷"最常用的指涉是针对"内亚""蛮族"，他们在中国的长时段历史中成为持续出现的有机组成部分。他们的经历不但包括诸如王朝循环的周期性现象，而且还存在着野蛮征服的周期性现象。毫无疑问，这种周期性的律动并不是中国人所希望出现的常态与均衡。不过，我们所看到的王朝兴衰，正如同四季交替一般，构成了中国王朝编年史的主题曲。近代史学家或许对这些显而易见的宏观背景并不在意，从而更关注于中西互动及其多元走向；如今中国历史提供给我们的不是匮乏，而是太过丰富。尽管如此，由于中国的历史思想传统上认同周期性循环，一个王朝终究要被另一个王朝所替代的期望成为中国政治生态的重要因素之一。有关"蛮族"征服的期待或恐惧同样成为对外关系中很重要的因素。因此，英国人以及其他19世纪来到中国的西方人成为完全陌生的历史承担者。

作为探讨这种对"夷"态度的第一步，我们注意到，在唐宋、辽金元、明、清四个时期，汉人和"夷"竟轮流进行帝国的政治统治。以下是魏特夫和冯家升所做的时代序列表①。

表1　中华帝国朝代表（公元前221年—1911年）

典型的中原王朝	征服（及融合）王朝
秦、汉（公元前221—220年）	
割据时代的中原王朝（220—581年）	
	魏（拓跋）（386—556年）以及其他北方少数民族先后建立的政权
隋、唐（581—907年）	
宋（960—1279年）	
	辽（契丹）（907—1125年）
	金（女真）（1115—1234年）
	元（蒙古）（1206—1368）
明（1368—1644年）	
	清（满族）（1644—1911年）

　　简而言之，中原人在最后一千年里几乎有一半的时间处于外族统治之下，外族制度已经融为他们政治生活的一部分。我们不妨假设19世纪西方"夷人"的侵略对当时的中国人来说似乎屡见不鲜，尽管其最终摧毁了中国的传统政治体制。这种对"外夷"世界的文化优越感是中国政治遗产的不利因素。

中国对西方人的"夷人"观念

　　发端于16世纪的西方贸易兴起后，欧美概念在中国思想中渐趋

---

　　① 魏特夫（Karl A. Wittfogel）、冯家升：《中国辽代社会史：907—1125年》（*History of Chinese Society*，*Liao*（907—1125）），24页。

通行，它无疑和贸易本身同样重要，不过，这一点几乎没有引起人们的关注。通常而论，在高度分类化与分层化的儒家体系当中，近代漂洋过海来到中国东部沿海的西方商人照理应被称为"东夷"①，他们因为差异而造成"劣等的文化"，几乎没有任何其他称谓。通过称谓的简单例证，可见他们被预先赋予了传统野蛮民族的特质。在经学传统大行其道的社会里，这种古代称谓及其自然而然的理论预设，使中国学者对新鲜事物表现得漠不关心，也限制了他们对西方冲击的思想回应。

中国学者的观念里，西方并不在朝贡视野的范围之内，这点在他们的著述中显而易见。朝廷刊刻的官方书籍、私人著述以及1840至1850年间与英、美、法侵略者打交道的官员文集，所有这些都体现出对西方的漠视。第一种资料主要是18世纪的官方文献汇编，当时清朝国力处于顶峰，因此，这些资料给人们带来对西方研究毫无兴趣的印象。"夷"的中国传统观念似乎完全适用于西方人，后世的文献也清晰地表明这一传统术语完全适用。第一批条约签订20年之后，英国首相仍被称为"英夷伪相"。中文文献的记载中，英国人始终对中国皇帝的怜悯深怀感激，并对他的名字心存敬畏。这和对待其他"夷人"一样，即使当时英国人已经对这种蔑称感到羞忿。因此，西方文明在东方的境遇是被北京朝廷描述为传统的"蛮夷"部落，如

---

① "夷"在经学传统里指涉罗盘四至当中的一种外族或外国人，所谓夷（东方）、蛮（南方）、戎（西方）和狄（北方）。不过，"夷"最初并未指涉某个具体方位，因为甲骨文和古青铜铭文中有很多"夷"的形式，有南夷、东夷和西夷。同样，"蛮"也不仅仅专门指涉南方，东、南、西、北、中五个方位都有记载。而"戎"则指涉任何方位的落后民族，"狄"字亦然。有学者考证这种四至划分首见于《墨子》一书，其后至汉代得以确立。关于"夷"的经学论述，参见《孟子》。

同中亚的巴比尔（Burut）。[1]

明朝中后期，利玛窦和其他耶稣会士同伴带来的世界地图引起儒家知识分子的兴趣，这些地图上标注了西方那些陌生的国家。许多当时耶稣会士音译的地名至今仍在现代汉语里使用。不过 1600 年之后，这些带给中国学术界的新知并未持续太久，清朝建立后，它们的重要性没有得以保持，通常它们在整个 18 世纪是被忽略的。[2] 这是中国思想史上显然值得研究却没有解决的难题之一。

对欧洲国家认知的混乱

西洋诸国在中国人眼里非常容易混淆，即使是在帝国政府的官方文献当中。[3] 例如，"佛郎机"一词，本意是指途经阿拉伯的中世纪欧洲人。当葡萄牙人在 1500 年后漂洋过海来到中国，由于他们来自西方，因此被称为"佛郎机"。西班牙人在 16 世纪到达菲律宾后也被称为"佛郎机"。1580 至 1640 年间，葡萄牙沦为西班牙的藩属，这无疑更加剧了中国人对西方认知的混淆。法国人的到来进一步引起称谓的混淆，这缘于"法兰西"（France）和"法兰克"（Franks）两词发音上的相似性。"法兰西"、"佛朗西"、"弗朗西"这些相似

---

① 施莱格尔（G. Schlegel）的一系列文章讨论了有关"蛮夷"的中文意境。参见其《中国历史上的外国人及地理诸问题》（*Problèmes géographiques des peuples étrangers chez les historiens chinois*），《通报》（*T'oung Pao*），3—6，（1892—95）。这一题目有待于进一步研究。

② 参见陈观胜：《利玛窦对中国地理学之贡献及其影响》（*Matteo Ricci's Contribution to and Influence on Geographical Knowledge in China*），347 页。

③ 《皇朝文献通考》，298 卷，6—8 页，31 页；《嘉庆会典》，31 卷，3—4 页；张维华：《明史佛郎机、吕宋、荷兰、意大利亚四国传注释》，5—6 页、155—156 页。

词语常常指称法国，然中国学者又误用本来代指葡萄牙人和西班牙人的"佛郎机"一词来指称法国。与此同时，指涉西班牙卡斯蒂利亚地区的"干腊丝"一词也用于称呼葡萄牙人；此外，1670年和1727年葡萄牙国王派遣的两次使团在中国官方文献中分别被记载成两个不同国家：博尔都嘉利亚和博尔都噶尔。当时在中国的耶稣会士认为他们来自意大利，即"意大里亚"，然而，因他们借用葡萄牙人的占领地澳门作为入华港口，所以被认为与葡萄牙有关。因此，直到1844年，"意大里亚"一词仍适用于澳门的葡萄牙人，当一名真正的意大利人于1848年来华时，他不得不称自己的国家为"意大利"，一个与"意大里亚"毫无瓜葛的全新国名。① 除了上述五词之外，还有一些词语用来代指葡萄牙。可见，"佛郎机"、"干腊丝"、"博尔都嘉利亚"、"博尔都噶尔"和"意大里亚"都指的是同一个西方小国。

当然，这种困惑不仅仅限于文献。正如西方人在街头看到中国人、日本人和韩国人觉得他们看起来极其相似一样，在中国和日本的西方人从外表上亦很难辨识。一个形象的词语"红毛番"既指涉荷兰人，又包括英国人，这些难以辨别的外国人都长着蓝眼睛、红脸盘、鹰钩鼻子和褐色的头发。②

由于耶稣会士带来的世界地图并未在中国得到广泛认可，因此这些欧洲人的原住地对中国人来说依然模糊。这些欧洲人从西南方向漂洋过海来到中国，因此1818年完成的《大清会典》中将欧洲人的故

① 《筹办夷务始末》（道光朝），卷71，1页（1844年3月）；卷79，17页。
② 张燮于1618年在《东西洋考》（商务印书馆编，上海，1937年）"序言"（译者注：原文并非"序言"提到，而在卷六"外纪考"项下"红毛番"，页20）中提到红毛番，"其人深目长鼻，毛发皆赤"，与古代西域诸戎相貌相似。而陈伦炯于1730年写就的《海国闻见录》"自序"及卷一"大西洋志"中把"红毛"作为"大西洋"（欧洲）的通用词。

乡称为"西南海"，同暹罗、星格拉、立蝈、大泥、柔佛以及连通新加坡和马六甲海峡的中转站方向一致。不过，葡萄牙的一支（干腊丝或卡斯蒂利亚）却被划到西北海，与瑞典和丹麦毗邻。"西洋"一词的精确定位有些模糊，最初是指婆罗洲通往印度洋以西的海域，即沿着印度—中国—马来半岛一线的古代西部贸易之路，这同菲律宾至马六甲一线的东部贸易线路形成鲜明对照。当早期的欧洲人使用"西洋"一词代指大西洋时，并未遭到过多质疑，因为对中国人而言，郑和率领的明朝船队已经穿越了"西洋"，丝毫没有考虑欧洲的情形。最终"西洋"一词被调适为：以"小西洋"指称印度洋，以"大西洋"指称大西洋。大西洋顺便也成为葡萄牙的另一个名字。[①]

大西洋诸岛国之间的关系很难保持稳定，事实上，这些王国经常变换，当其国民来到中国港口描述自己的国家时，也是名字各异。

中国对西方的官方认识反映在诸如《皇清职贡图》之类的书籍当中，这部书于 18 世纪 50 年代由皇帝敕令纂修。[②] 该书由边疆省份督抚提供资料，目的在于彰显清朝"统一区宇内外"，"蛮夷""输诚向化"。值得注意的是，全书 9 卷，最主要的部分描述了"内亚"和西南少数民族的情形，而第一卷专门讲述域外各国。这些国家按顺序分别是：朝鲜国、琉球国、安南国、暹罗国、苏禄国、南掌国、南掌国老挝、缅甸国和大西洋国。不过，最后一部分论述占用了 12 页的篇幅，而前述所有国家才用了 26 页。"小西洋国"部分紧随其后，包括英吉利国、法兰西国、瑞国、荷兰国、俄罗斯国和吕宋国。欧洲

---

① 参见《大清会典》，卷 31，页 2—4。《筹办夷务始末》（道光朝），卷 70，页 1，1843 年 12 月；卷 72，页 3，1844 年 7 月。

② 董诰等编：《皇清职贡图》，1751 年帝国敕令纂修，1760 年完成，共 9 卷，卷 1 涉及西方。

国家占据域外 74 国中的 28 国，因此，欧洲的重要性在清朝比明朝时更进一步，但与东南亚和印度群岛的大量小国相比还是微乎其微。

令人奇怪的是，就欧洲人被赋予的重要性而言，这部书的记载几乎没有涉及他们。首先，有关欧洲国家的记载非常混乱。"大西洋国"的记载将利玛窦、教皇和澳门的葡萄牙人混为一谈。近代的法兰西与明代的"佛郎机"，即葡萄牙再次混杂在一起。英吉利和瑞典被记述为荷兰附属国。宗教记载方面，葡萄牙人和法国人被描述成"初奉佛教，后奉天主教"，而教皇于 1725 年从意大利来到了现在的朝贡国。

书中关于西方"夷人"的描述非常表面化：他们"皮肤白皙，鼻昂而目深碧……俗重女轻男，相悦为婚。男子孔武有力，善使武器。他们短衣草履，脱黑毡帽为礼。瑞典人和英吉利人喜以金缕合贮鼻烟，时时吸之"。

鉴于清政府与在广东的英国人之间冲突不断，他们对英吉利认知的缺乏则尤其值得关注："夷人服饰相似，国颇富。男子多着哆啰绒，喜饮酒。女子未嫁时束腰，欲其纤细，披发垂肩，短衣重裙，出行则加大衣。"[①]

更令人匪夷所思的是，匈牙利、波兰等中欧国家被描述为"其人仿佛蒙古"。匈牙利人擅长骑马，妇人能通文字，牛羊、矿产极为丰富。波兰"其地寒冷"，人们"皆衣皮裘"。编纂者获取这类信息的来源极有可能来自俄国，而不是广东。俄国确实在 1676 年派遣使团访华，并于 1689 年同清政府签署边界条约。

《皇清职贡图》的所有插图显然由中国画家临摹外国原作而来。虽然插图中的欧洲人生有一双中国人的眼睛，但他们却穿戴着地道的

---

① 董诰等编：《皇清职贡图》，卷 1，页 47。

西方服饰。一个颇为有趣的社会学例证是出生在海外岛国的"黑鬼奴"，他们为荷兰人服务。[①] 不过，该书列举东南亚的主要国家之后，最后一部分则完全杂乱无章，不加分类地将英吉利、法兰西、瑞典、日本、汶莱、柔佛、荷兰、俄罗斯、宋腒朥、柬埔寨、吕宋、咖喇吧、嘛六甲和苏喇国编在一处。

中国人对西方认识的混乱迟至 1844 年 11 月依然突出体现在清朝的钦差大臣耆英身上，他刚刚同打开中国大门的英国、美国和法国签署了条约。当时的中国人没有比他更了解"夷情"。他向皇帝上奏：法国即明代之"佛郎机"，初占据澳门，后在耶稣会士利玛窦的劝说下离开澳门，将其留给葡萄牙，尽管"该夷权力什倍西洋"。[②] 毫无疑问，法国从来没有占据澳门。这一荒诞不经的说法显然源于被利玛窦夸大渲染的事实，利玛窦当时已成为中国的时间保护神（民间称其为"利玛窦菩萨"）。

真正交流的匮乏

儒家学者对西方的茫然，无疑是缺乏兴趣与联系的产物，同时也说明对西方真正的厌恶。对帝国边境的外国商人，我们更多时候只是听说，而不是亲眼所见。几乎没什么有关他们的成文记载，即使有的话，也都陈旧过时。同拥有强大武力的"夷人"相比，这些无足轻重的商人更容易被人彻底忘记。在华西人的数量一直不是很多，事实

---

① 董诰等编：《皇清职贡图》，卷 1，页 40。

② 《筹办夷务始末》（道光朝），卷 73，页 3b。在 1843 年 12 月 1 日的一份奏折中，耆英将"佛郎机"看作是澳门的葡萄牙人，利玛窦及其继任者来自意大利，而大西洋最初是意大利的名字，参见《筹办夷务始末》（道光朝），卷 70，页 1。因此，他以"西洋"指澳门的葡萄牙人。《筹办夷务始末》（道光朝），卷 70，页 4。

上，在整个 18 世纪他们是被隔离的。来华的西方人生活在鱼目混杂、破败不堪的澳门居住区，围墙使他们与半岛隔离；广东十三行也位于拒绝外国人入城的城墙之外。所有同外国商人的联系都通过一种特殊的语言，由一个兼有买办、语言学家、货币兑换者等不同身份的特殊中国商人群体居中调停。

语言学家很少注意洋泾浜这种早期的东亚国际语言，它是一种商业英语。这一交流媒介杂糅了葡萄牙语、汉语和英语，并具有强烈的地方传统。洋泾浜英语承袭了汉语的语序，恰好也和英语语序相一致，沿用了汉语传统中的叠词，如"快快"（chop‑chop）等。洋泾浜英语借用葡萄牙语中的"偶像"（joss）一词，于 19 世纪创造了新词"崇拜偶像之人"（joss‑pidgin man）来指称传教士。洋泾浜英语中的"信件"（chit）、"午餐"（tiffin）等词则来自印度英语。总之，这种语言相当于把汉语翻译成有限的各国词汇。东印度公司时期，人们借助这一媒介讨论生活的各个方面，从席间聊天到讨论杀人犯、哲学等话题，因此，文化理解进展缓慢也就不足为奇了。①

　　真正突破中国排他主义的欧洲朝贡使团少之又少。据我们目前所知，从 1520—1521 年第一个葡萄牙使团觐见中国皇帝失败后算起，一共仅有 17 个西方使团受到中国皇帝的接见。（参见表 2）它们都发生在 1656 至 1795 年之间，其中 6 个使团来自代表亚洲势力的俄国，其与漂洋过海的西方力量还有所区别。第一次出使失败后，有 4 个使团来自葡萄牙，3 个（或许 4 个）来自荷兰，3 个来自罗马教会，另一个则是 1793 年马戛尔尼勋爵率领的英国使团。除了英国使团，其他所有使团似乎都行了叩头礼。（1816 年，阿美士德勋爵率领的第二个英国使团未能获许觐见）所有西方使团中，1727 年以后来华的只

---

　　① 洋泾浜英语只是口语，没有书面形式，而且随时间流逝变动很快。卡尔·克洛（Carl Crow）最近举了一个例子：大班说："他刚才停到货栈的是什么货物？"买办道："那些货物走不了了。那个人叫孔泰（买家），他怕有危险。"大班道："何来你说的危险？我在里面已经得到安全承诺。"买办说："哎呀！那个安全协议不足信。承诺安全的人已经去宁波更远的地方了（意即逃往内地）。"现代语言学分析表明，洋泾浜英语的特征在于大量运用词缀。洋泾浜英语的交谈通常是主仆之间的问答式对话："孩子，你的女主人在吗？""不，她不在。"（引自卡尔·克洛：《洋鬼子在中国》（Foreign Devils in the Flowery Kingdom），35—36 页。亦参见霍尔（Robert A. Hall）：《洋泾浜英语语法教程》（Chinese Pigdin English Grammar and Texts）。亨特（W. C. Hunter）《广州番鬼录》（Fan Kwae at Canton）和其他著作中会偶尔涉及洋泾浜英语的个案。利兰（Charles G. Lelan）的《洋泾浜英语歌咏》（Pigdin - English Sing - Song）中有 17 页的词汇表，蒙蒂尼（C. De Montigny）《商人手册》（Manuel du Négociant）内附有 3 页词汇表，321—323 页）另一方面，即使在 19 世纪后期，掌握中文，对于那些生活在通商口岸的外国人而言仍然遥不可及（或许神祇帮助的传教士们不在此列），这被看作是一个有着"橡木脑袋、铜肺铁筋并严守纪律、耐心有加，再加上长命百岁"的人才能完成的壮举。（卡明（C. F. Gordon Cumming）：《漂泊在中国》（Wanderings in China），下册，54 页。）因此，洋泾浜英语是折衷的产物，至今香港还在使用。

有 4 个，最后一个是 1795 年完全符合传统朝贡系统的荷兰使团。① 这次交往并未挑战既有的秩序。

表 2　早期出使北京的欧洲使团一览表②

葡萄牙	荷兰	俄国	罗马教会/英国
1520—1521 年，葡萄牙国王玛奴尔（Emmanuel）派遣的皮雷斯（Thome Pires）使团			
	1656 年，豪伊尔（Pieter van Goyer）和凯瑟尔（Jacob van Keyser）使团	1656 年，沙皇阿列克谢一世（Alexis I Mikhailovitch）派遣的巴伊科夫（Feodor Isakovitch Baikov）使团	
1670 年，阿方索六世（Alfonso VI）派遣的萨尔达尼（Manoel de Saldanha）使团	1665 年，范和伦（Pieter van Hoorn）使团	1676 年，阿列克谢一世派遣的斯帕法里（Nicolas G. Spathar Milescu）使团	
1678 年，白勒拉（Bento Pereyra）使团	1686 年	1689 年，摄政索菲亚公主（Regent Sophia）派遣的戈洛文（Feodor Alexievitch Golovin）使团（前往尼布楚，并非北京）	

---

① 有关荷兰使团的详尽研究，参见戴闻达（Duyvendak）：《1794—1795 年荷兰赴华使节记》（*The Last Dutch Embassy to Chinese Court*, 1794—1795）。

② 此表感谢加德纳博士（Dr. C. S. Gardner）的帮助。亦可参见普理查德（Earl Pritchard）权威论文《1793 年马戛尔尼访华使团中的叩头礼》（*The Kotow in the Macartney Embassy to China in* 1793）的公使一览表和参考书目，第 200 页。

葡萄牙	荷兰	俄国	罗马教会/英国
		1693—1694 年，彼得一世（Peter I）派遣的伊兹勃兰特（Isbrand Ides）使团	1705 年，克莱门特十一世（Clement XI）派遣的多罗（Patr. T. Millard de Tournon）使团
1727 年，约翰五世（John V）派遣的麦德乐（A. Metello de Souzay Menezas）使团		1720—1721 年，彼得一世派遣的伊兹玛伊洛夫（Leon Vassilievitch Izmailov）使团	1720 年，克莱门特十一世派遣的嘉乐（Patriarch Mezzabarba）使团
		1721—1725 年，朗克（Laurent Lange）任来华商务总管	1725 年，本笃十三世（Benedict XIII）派遣的戈特哈德（PP. Gothard and Ildephonse）等率领的使团
		1726—1727 年，凯瑟琳一世（Catherine I）派遣的萨瓦（Sava Vladislavitch "Raguzinski"）使团	
1753 年，约瑟夫一世（Joseph I）派遣的桑帕约（F. - X Assis Pacheco Sampayo）使团	1795 年，艾萨克（Isaac Tithsing）使团	1767 年，叶卡捷琳娜二世（Catherine II）派遣的少校克洛普托夫（Capt. I. Kropotov）使团	

葡萄牙	荷兰	俄国	罗马教会/英国
		1805—1806 年，亚历山大一世（Alexander I）派遣的伯爵戈洛夫金（Count Golovkin）使团（中途返回库伦）	1793 年，乔治三世（George III）派遣的马戛尔尼勋爵使团
		1808、1820 年，未能派遣	1816 年，乔治三世（George III）派遣的阿美士德勋爵（Lord Amherst）使团

　　俄国同中国的关系也符合朝贡的方式：1727 年条约规定在中俄边境开设两个贸易点，允许 200 人的俄国商队 3 年到北京 1 次，一个永久性使团可以待在北京①。这一制度平静地实行了 100 多年，一直到 1858 年以后。北京俄罗斯馆里，一些俄国东正教的传教士掌管着不到 200 俄罗斯人的隐蔽社区，他们无意向中国人布道。学生则被送到俄罗斯馆学习语言，并取得一些效果，如巴拉第（1817—1878 年）编辑的《汉俄合璧韵编》（*the dictionary of Archimandrite Palladius*）。不过，直到 19 世纪中期，俄国的对华政策波澜不惊，这个相当神秘

---

① 译者注：即北京俄罗斯馆。

的北京前哨继续无所作为。①

　　除了贸易之外，西方和中国唯一的联系是天主教的传教士们。不过 1725 年之后，耶稣会士们在著名的礼仪之争中败下阵来，天子拒绝了教皇的传教要求，1773 年欧洲耶稣会解散之前他们就已经在京城失势。18 世纪后期，遣使会替代了北京的耶稣会，但他们的影响力微乎其微。截止到 1800 年，中国的基督教徒和天主教徒的数量保持在 20 万至 25 万之间。传教牧师（大约 30 个欧洲人和 80 个中国人）时常遭受迫害：1814 年，天主教徒吴国盛被斩首；1816 年，法国传教士②在长沙被施以绞刑；1819 年，遣使会法国传教士在武昌被绞死。京城留下的科技人才减少到 6 名懦弱的遣使会教士和 1 名上了年纪的耶稣会士。耶稣会在 19 世纪的振兴直到鸦片战争后才开始，以长江下游作为中心（立足于上海城外的徐家汇）。新教在中国的传播则从通商口岸向四周辐射，呈现出新的快速增长态势。不过，当时的基督教传教士并未影响到中国人对西方印象的观点及其趋势。③ 总而言之，19 世纪的头 10 年是中欧关系的低谷，北京的天主教和俄国使团几乎无所作为。

_____

　　①　斯坦顿（Cp. J. W. Stanton）：《18 世纪俄国的北京使团》（*Russian Embassies to Peking During the Eighteenth Century*）；赖德烈（K. S. Latourette）：《北非和亚洲的伟大世纪：1800—1914 年》（*The Great Century in Northern Africa and in Asia, A. D. 1800—A. D. 1914*），第六卷，载于《基督教扩张史》（*A History of the Expansion of Christianity*），"中华帝国"（The Chinese Empire）。陈芳芝（Agnes Chen）在《满洲之蚀》（*The Eclipse of Manchuria*）中注意到俄国在 19 世纪早期加强了对满洲的侵略，84 页。

　　②　译者注：原文有误，应为意大利传教士蓝月旺（Francesco Maria Lantrua）。

　　③　赖德烈：《北非和亚洲的伟大世纪：1800—1914 年》，第六卷。有关教廷与清廷关系最具启发性的分析来自神父罗索（Father Rosso）的实证研究《18 世纪出使中国的教会使团》（*Apostolic Legations to China of Eighteen Century*）。

有关"夷"的知识

此时有关海外"夷人"的说法越来越多。众所周知，17、18 世纪大量中国人在耶稣会士的帮助下抵达欧洲，但迄今我们还没有见到他们向国内介绍欧洲的任何文字记录。[①] 不过，关于中欧之间商业的广泛联系依然有相关论述存世。[②] 其中一部有趣的著作来自澳门盲人谢清高的口述，该书记录了西方商人在中国与东南亚之间的舢板贸易情形。谢清高自幼游历海外 13 年（1782—1795 年），熟谙南洋地区的语言和风俗。1820 年，广东文人杨炳南以谢清高的口述为底本，编纂《海录》一书。这部著作系统地介绍了航海贸易的线路，简要描述了航线上的 60 多个国家和贸易港口，包括马来半岛到印度航线、菲律宾到东印度航线，第三部分则介绍了大西洋诸国。这部可靠的第一手资料描述了英国人在新加坡和槟榔屿生活的情形，也指出 1819

---

① 参见陈观胜：《海录：中国人西方游记的先驱》（*Hai - lu*, *Fore - runner of Chinese travel Accounts of Western Countries*），210—212 页。有关 19 世纪初西方的研究状况，参见张锡彤：《西方政治科学引入中国的最初阶段》（*The Earliest Phase of the Introduction of Western Political Science into China*）。

② 有关西方人对中欧关系的描述，参见费正清、邓嗣禹主编《论清代的朝贡制度》一书中"清人海洋关系论著举要"的相关内容，206—219 页，该举要所例举的 34 本著作中，绝大多数仍有待于学者的分析与解读。以下补充几部著作：范端昂：《粤中见闻》，亦名《说粤新书》，31 卷，6 册，1801 年，描述了澳门、商路以及外国船只的情形。严如煜：《洋防辑要》，24 卷，8 册，描述了海防、海外贸易和朝贡情形。周广：《广东考古辑要》，46 卷，5 册，记录了风俗、船运及澳门情形等。亦可参见恒慕义书中所引梁廷枏的《夷氛闻记》和其他著作；俞昌会：《防海辑要》，"卷首"及第 10 册第 18 卷，1842 年。

年马六甲的荷兰人已经出现日薄西山的情状。① 这部第一手资料从头开始有许多罗马字体拼写，这反映出当时葡萄牙的影响和谢清高本人的广东口音。除了葡萄牙之外，该书有关欧洲部分的论述显然建立在传闻的基础之上，然而，当这部书被后来 19 世纪 40 年代的中国地理学者使用时，例如魏源和徐继畲（详见后文第 11 章和 15 章），它对英国的论述则反映出 19 世纪早期有关"夷人"的知识主线。

谢清高提到，英国人口稀少，而多豪富。房屋皆重楼叠阁，以海舶商贾为生涯，海中有利之区咸欲争之。民十五以上皆供役于王，六十以上始止。又养外国人以为卒伍。故国虽小而强兵十余万，海外诸国多惧之。书中描述伦敦是一商业贸易大都会，有三桥飞跨，城市有自来水管道系统，向居民提供清洁的水源。英国有许多娼妓；私生子们则得到抚育，没人敢残害他们。男女俱穿白衣，葬礼则穿黑色。军官俱穿红色，女人所穿衣其长曳地，上窄下宽，腰间以带紧束之。在喜庆场合，女子年轻而美丽者盛装跳舞，歌乐以和之。军队以五人为伍，二十人为一队，以连环枪为主。其海船出海贸易，遇覆舟必放三板拯救，得人则供其饮食，资以盘费，俾得各返其国，否则有罚。此其善政也。其余风俗大略与西洋同。土产有金属、毛纺织品等。②

谢清高还提到一个北美合众国，由英国西行约十日可到，亦海中孤岛也。疆域稍狭，原本是英国的封地，今自立为一国。风俗、物产与英国相似。其国出入多用火船，船内外俱用轮轴，中置火盆，火盛

---

① 谢清高一书参见冯承钧所编的《海录注》。该书早期木刻版的作者为杨炳南；1870 年由吕调阳校注并作序的版本中作者为谢清高（1765—1821 年）。冯承钧教授的"序言"论及该书缘起的一些问题，但并未对其真实性提出质疑，参见"序言"14—18页。亦可参考前引陈观胜书中关于欧洲的论述部分。

② 冯承钧编：《海录注》，73—74 页。

冲轮，轮转拨水，无烦人力。他还提及，自王至于庶人，无二妻者。①

另外一部反映当时对西方认识的著作是《粤海关志》，由梁廷枏在第一次鸦片战争时期编纂。该书系统介绍了专门负责朝贡贸易和海外事务的机构——粤海关的历史演变与行政职能。这部书在当时被视为最权威的资料，其来源一方面综合了之前的相关著述，另一方面则源自档案记录。书中描述了英国的情形，摘要如下：英国本是荷兰属国，后渐富强，与荷兰为敌国。国内有座山盛产黑铅，民为开采，输税入官。梁廷枏的描述亦提及英国的港口与要塞，并指出近来的国王是京也治（乔治）家族。梁廷枏概述了此前百余年间中英关系的重大事件，转而强调1792年英国向清廷提出朝贡贸易要求，1793年清朝收到29件英国的贸易请求，作为回报，乾隆帝向英王赠送了礼物。梁廷枏详细摘引了乾隆帝那封著名的致英王乔治三世信函，随后指出1796年英国进贡"黄色新样大呢等物"（可能由东印度公司从广东运抵）。该书摘引了1804年英国对清朝的"朝贡寄呈书信"，指出英国政府曾对两国之间的沟通方式提出质疑，不过，这场风波最终以英国在广东的首领发表致歉声明而结束。1816年的英国使团被记录为"因不遵礼节而遭遣回"，不过，清廷大度地原谅了使团的无知，同时在致英王信函中提到，1793年的英国使团遵守了恰当的礼仪。为了表明英国一直是纳贡国的地位，梁廷枏论述了英国此前经由广东向清朝纳贡的活动，并提供了一年又一年的完整记录。② 正如普理查德教授所指出的那样，1793年马戛尔尼确实行叩头礼的说法在整个19

① 冯承钧编：《海录注》，75—76页。

② 参见梁廷枏：《粤海关志》，卷23，《贡舶》三，"英吉利"，79—108页。

世纪的中文文献和论述中广为传播。[1]

我们从帝国官员的奏疏文献中可看到他们心目中对"夷人"的认知。例如，1844 年 6 月，山西道监察御史曹履泰抨击英国人"性狡险，贪利无厌"，致其与广东民众发生冲突。他尤其不能忍受的是，一位英国妇女竟然闯入宁波附近的镇海衙门，要求拜会官员。"这成何事体？"朝廷应向"夷人"首领明发谕旨，使其知晓何为大义。[2] 曹御史并不承认他引用了下文的材料，而这些内容恰恰出自《海录》一书中的"英国与新加坡"部分：英国"以海舶商贾为生涯"，贸易遍及明呀喇、曼达喇和萨孟买等海外据点。英国有强兵 10 余万，海外诸国多惧之。嘉庆年间（1796—1820 年），英人占据旧柔佛土地，闽粤人称之为新柔佛。[3] 曹御史接下来提到，他最近听说有部《万国地理图》的书籍，乃英国人所著，将中国新开埠的港口编立名号，统称为"新州府"。这似乎要宣称将新开埠的通商口岸变成英国新的领土——这一做法"殊堪痛恨"。他请求饬令地方督抚核实英人如此的肆意傲慢是否确凿。1844 年 6 月 18 日，清廷明发上谕，饬令两广总督耆英确切查明具奏。

耆英 9 月回奏，他委派即选道潘仕成通过洋商购得《万国地理图》，共计 3 本。书内皆系"夷字"，无从辨认。究竟该书始于何年，何人所作，现在通市码头有无编号载入，均难查考。于是，他委派能识"夷字"之人将书中涉及内地各条译成汉字。经过他细心检查，该书虽然绘有很多幅地图，但所载无非内地山川草木、出产货物与沿海乡俗服食情形。书中所载贸易港口与中国无涉，均系外国商埠；此前

① 参见普理查德：《1793 年马戛尔尼访华使团中的叩头礼》。

② 《筹办夷务始末》（道光朝），卷 71，页 27b—29。

③ 冯承钧：《海录注》，"英吉利"，73 页；"旧柔佛"，15 页。

提及的"新州府"则是指乾隆年间（1736—1795 年）英国已占领的新加坡。粤东出海商船称新加坡为"新洲"，亦称"新埠"，或"新洲埠"。由于发音相近，御史曹履泰误将"新洲埠"认作"新州府"。①

这场风波表面上看，似乎是一次双关语混淆的误会，其实却印证出第一批不平等条约时期中国官员对"夷情"的茫然无知。或许，如果曹御史明确承认他引用了《海录》的内容，而不是习以为常地抄袭（也许是仓促之间抄袭了部分内容），那么他本可以避免钦差奢英庸才误国的恶名。

英国翻译密迪乐（Thomas Taylor Meadows）当时还是一名好学的学生，他在 1852 年佐证了这一点："中国人确实已习惯把欧洲人称为'夷人'，同时也这样看待他们，通过'夷'这个词表明欧洲人'粗鲁、野蛮，道德和知识上都未开化'……那些拥有直接机会接触我们习俗和文化的中国人都分布在 5 个通商口岸，大概有五六千人，而3.6 亿人中的绝大多数都认为我们在道德和知识文明方面不如他们的民族。至于那些没有机会感受我们的中国人，我记不清曾经和他们单个还是一起交流，他们之前对我们的印象和我们对野蛮人的看法并不相同。他们通常对我们也有姓氏，也存在父亲、兄弟、妻子、姐妹等家庭区分而感到好奇，尽管并不震惊；简而言之，他们认为我们和一群牛还是不一样的。"②

事实上，19 世纪 40 年代中国人对"夷人"的认识水平远逊于同时期西方人对天朝的理解。正如一位近代史家所总结道："琦善访知女王自行择配，奏曰：'一是固蛮夷之国，犬羊之性，初未知礼义廉

---

① 《筹办夷务始末》（道光朝），卷 72，页 32—33b。

② 文章写于 1852 年，刊登在 1854 年《上海年鉴杂志》（*Shanghai Almanac for* 1854, *and Miscellany*）。

耻，又安知君臣上下？'关于其人，林则徐言其腿足伸屈不便，耆英称其夜间目光昏暗，道光批曰：'众曰一词，信然。'骆秉章奏曰：'该逆兵目以象皮铜片包护上身，刀刃不能伤，粤省义民以长梃俯击其足，应手即倒。'……凡此无稽之谈，不知得自何地，竟为官吏所信，而并上奏朝廷。其无辨别是非之能力，故难权衡轻重，审查利害，而有正确之决定也。"①

有鉴于此，这些官员在朝堂上讨论"夷情"时平添了几分慌恐，充满了疑虑与胆怯。1842 年 6 月发布的一份上谕写道："逆夷诡诈百出，船只分驶南北……增减靡常。又将连次被陷兵勇陆续送回。既以通商为词，不待覆信，匆匆起碇驶去。种种诡秘，莫测端倪。"②

19 世纪 40 年代，中国的社会文化和学术思想显然没有做好同西方接触的理论准备，这种超越中国学术传统的知识缺失造成了更大的悲剧。17 世纪顾炎武等学者们创造的内容广泛的知识活力，至此变得毫无价值。他们努力为空洞的经学梳理寻求新的证据，即"考据学"，使其远离了他们身居的世界。这种失误充分地体现在广东著名的编修出版家阮元身上。阮元任职两广总督达 10 年之久（1817—1826 年），在任期间，他汇编了 366 册的《皇清经解》，编纂了《广东通志》，刊刻自己作品 40 卷，传记注解 5 卷，以及《江苏诗徵》。尽管阮元拥有处理"夷情"的最高权威，但他几乎没在这方面投入时间与精力。③

这些中国人对西方"夷人"漠不关心的杂乱记述和例证，并不意味着他们存在一整套清晰的观念与评价。恰恰相反，19 世纪早期中国的西方观念具有混乱无序的神话故事特性，当其后中国在近代接

---

① 陈恭禄：《中国近代史》，上册，74—75 页。
② 《筹办夷务始末》（道光朝），卷 49，页 28b。
③ 恒慕义：《清代名人传略》，内载房兆楹所写"阮元"，399—402 页。

触西方时，依然受到这种观念的支配——荒诞的认知取代了现实性。如同一个世纪之后的我们一样，19世纪40年代的中国人并未做好迎接未来的准备。

王朝衰落与西方入侵的互动

1842至1844年之间，中国同英国、法国和美国签订了第一批条约，恰好是清朝统治中国200年。清朝衰落的种种迹象表明，1851年爆发声势浩大的太平天国运动不足为奇。然而，在这一历史进程中，中国内部的改朝换代过程相当复杂，而外部的西方压力又加剧了这种复杂性。1840—1842年英国对华战争的胜利，是太平天国运动爆发的重要因素，尽管其在政治、心理方面的影响还无法评估。1840年战争的导火索——鸦片贸易只是中国对外贸易增长的一个方面。鸦片贸易和同样迅速增长的茶叶、生丝出口一样，表明华南地区商品经济的扩张，这种扩张后来又引起当地传统农业社会的剧烈变动。拜上帝教是基督教新教的杂糅变种，这种情况无疑是导致其不能赢得中国上层人士支持的因素之一。不过，西方势力已开始侵入到中国模式当中。

但是，西方历史传统给中国所带来的冲击更多是对中国社会进程的破坏，而不是显而易见的创造。西方历史看似不可阻挡的潮流，表现在科学技术、贸易和工业、民族主义和现代国家的扩张与增长，摧毁了旧中国，并引发全人类的一个重大问题——如何将一个根本上同西方格格不入的拥有世界五分之一人口的社会群体融入世界大家庭。事实上，目前中国正处于共产主义的旗帜之下，这使我们对它早期历史的研究更加迫切。

遗憾的是，我们对旧中国政府的分析必须出自历史学家。西方的政治学家，迄今为止几乎毫无例外地避开了对中国语言和儒家政权的研究。出于自尊的考虑，他们对中国统治艺术这一最伟大的人类成就视而不见，留下大量未曾涉猎的领域，没有用专业术语来解释中国社会令人惊叹的稳定性与延续性。直到"比较政府"概念变得不再狭隘，历史学家才仿佛抓住救命稻草一般。

1842 年之后中国与西方打交道的劣势一部分源于自身的根本属性，另一部分则源于时代环境。这两种劣势，一种是内在的，一种是间接的，我们应当区别对待。王朝统治力的衰落表现在官僚制度的腐败、地主所有制的恶果、人口的过度膨胀和财政枯竭等方面，这主要是 19 世纪王朝循环周期的痼疾所在。这些问题在一个世纪之前并不突出，中国在所谓王朝周期最低谷的衰落时代遭遇到了西方。与此同时，旧中国的思想和制度也承受着内在的衰落，以至于无时无刻不被近代的西方所击溃。

这些因素中，首先，我们要认清中国面对西方危机时在认识上的无知与无能。这种认识上的误区一部分可以归结为中国古代的种族优越感和对外关系方面制度化的朝贡体系，也显著地体现在"夷"的传统观念中。其次，中国缺乏持续有效的政治领导力。这或许部分归咎于一个磨灭了主动性的官僚体系，清朝统治者并非汉族，有时还要防备前朝势力的威胁。这种不足也出自中国的社会和经济体系，士绅和官员是传统的盟友，他们有时会联起手来共同镇压农民。最后，除了这些制度上的不足之外，儒家社会的广阔根基在于农业经济和官僚等级制度，它并不能主动适应于西方条约制度下的自由贸易与自主交往，以及由此引发的商业革命、工业革命和民族主义革命。

下一章我将讨论中国没做好与西方打交道的准备问题——这体现在朝贡体系及其在 1842 年以前对西方的适用。后一部分将讨论中英关系中第一个条约体系的制定，它在通商口岸的尝试、逐步瓦解，乃至通过 1854 年在上海成立海关税务司的复兴等。

第二章　朝贡与贸易增长

如上文所述，满汉官员在 19 世纪对西方的回应，取决于中国漫长的历史以及从制度化的朝贡体系所承袭的由假设、预期和评估组成的意识形态结构。朝贡是"华夷"制度的产物，它由中国边疆的汉族与其他少数民族共同创造，同时也是几百年来中外共同遵守的交流媒介。朝贡关系的意识形态在满人和汉人心中所占据的位置，等同于西方人心目中民族主义的地位。朝贡观念与儒家君主制的惊人特质紧密相关——外族侵略者常常接纳朝贡思想并成为中国的统治者，这个问题比西方政治学家们已认识到的偏狭之见要复杂得多。儒家君主制是一种独特的、与国家无关的政体，它根植于中国儒家的社会和文化基石，却能被异族侵略者所掌握并加以运用；另一方面，中国的叛乱者们确实有时也运用得更为得心应手。毫不夸张地说，到了近代，中国的儒家君主制本身已成为"华夷"共同的制度。

"夷狄"在中华帝国里的角色

"夷狄"的角色在于这样一个重要而连续不断的地理事实，它限制了作为政治实体的中华帝国——换句话说，位于以长城为标志的土壤、降雨量分界线以南的地区能普遍实行精耕细作的农业生产，却并不能延伸到长城之外的北方。中国最古老的国家政权在考古上首次发现是围绕河南省黄河以北商都安阳的文化圈，它逐步向南部和东部地区扩张，兼并和吸纳当地人口，一直延伸到缅甸、暹罗和南印度支那的边境。在 3000 年的漫长进程中，华中和华南地区形形色色的本地部族和汉族移民已成为中原生活方式的一部分，只有精耕细作的稻作文化才可以养活如此稠密的农业人口。然而，几千年里这样的中原生活方式并未扩展到蒙古高原，精耕细作不得不让位于粗放的畜牧经济以及与之配套的部落社会制度。因此，商王的后代经由山岭和稻作区，把他们的文明向南推进了 1500 英里，直达安南海岸，但向北方却仅仅推进了几百英里。

这不过是以另一种方式说明，蒙古高原上的牧民早已成为中国国家存在中的恒定因素，他们提供了一条中原生活方式永远无法逾越的边界。中国的国家形态从最初的起始阶段就不得不调整其与"夷狄"之间的关系，中国和"夷狄"共同存在于整个历史。从古代起，中国文明通过中亚"夷狄"的媒介接受外来的刺激和文化因素，铁和马匹的使用，作战方法以及近东的文化元素，所有这一切都从这条道路传入。

因此，中国的国家和君主制度从起始阶段便面临着"夷人"存在的既有事实，而且这些"夷人"不可能变成汉人。中国在地理上与欧洲隔绝，阻碍其穿过中亚荒原进而与同等规模的定居政权直接发生联系，这无疑有助于中国民族优越感的形成，近似于欧洲兴起的民族主义。然而，这种势均力敌的国与国之间竞争的缺席，却毫不影响中国同"夷狄"之间的长期斗争。虽然中国社会在东亚范围内罕有匹敌者，但它总有敌人。中国不可能总是孤芳自赏，就此而言，也不允许它和西方打交道时毫无准备。

中国同"夷狄"打交道与近代中国期待处理同西方列强之间的关系在性质上大相径庭。简言之，这种古老的关系建立在一种源于儒家社会秩序的超国家认可的基础上。

中国生活方式的优越性体现在中国的文化与经济财富方面。然而，这种物质商品、思想和艺术生活方面的优越性，连同更为精妙复杂的社会与政治制度，都不足以挽救中国免遭周期性的"夷狄"统治。"夷狄"之所以持续不断地影响中国，关键在于以下事实：以草原骑兵为基础的军事力量一旦集结，通常具有超常的攻击力，足以摧毁华北平原定居农业人口组织起来的任何力量。村里的年轻人不是训练有素的猎手和骑兵的对手，这一简单事实一直是游牧入侵者的有利因素。然而，"夷"在中国的势力也不断受到另一因素的制约——他们一旦占领中原，就会缺乏文书人员，以及管辖人口稠密的中原地区的官僚机构的地方根基，于是政府不得不依赖汉人的帮助与合作。

总之，近代中国对西方冲击的反应迟缓，是中国近代史上令人难解的主题，只有将其置于中国与"夷狄"的传统关系框架内才能理解。中国的国家悲剧在于，它对"内亚""夷狄"的调适，并不意味着做好了同近代西方打交道的充分准备。恰恰相反，它可能是最令中国误入歧途的先例，因为它让中国通过3000年来与游牧民族打交道发展起来的制度和先入之见来应对工业化的西方。朝贡制度不能成功适用于近代的西方，但这是中国唯一的防御措施，因为它才是儒家君主制处理对外关系的既有模式。

如果我们探寻这一制度的古代资料，首先会发现在孔子生活的年代（下讫公元前221年），中华早期的国家在处理它们之间的关系时，已经形成某些方面可与现代国际法相媲美的观念和礼仪。经典记录道，古代统治者之间的关系是以平等主义为基础——朝贡制度不单纯是中国经验的唯一先例。

在帝国统一之前的战国时期，古代法律制度中关于国家的概念要求有领土、人口、主权以及组织或制度。由于"夷狄"是到处迁徙的游牧民族，并无固定领土，所以它们的政权根本不能被视为国家。每个中原政权都具备上述四大特征，还有自己的国都，也有主权国和藩属国之分。新的国家通过一套特定礼仪接受形式上的承认，有时发生在其他国家的会盟仪式上。这种认可可能是含蓄的，诸如缔结条约，允许某国参加会议，向该国派驻代表，或者引渡罪犯等。无论公开还是默许，这种认可都将是永久的。国家也可能被消灭或瓜分。国与国之间拥有权利与义务，包括平等相待和公平贸易权利、互惠互利权益。它们的义务包括文件签署和法律职能，它们的道德义务在于维护正统性和危难互助。有关互派使臣的礼仪和国与国之间外交关系的其他形式在早期中国已得到充分发展。① 显然，中国传统中并不缺乏外交机制。

朝贡制度的理论依据

公元前 221 年秦帝国统一之后，中国早期发展形成的国与国之间

---

① 国家之间的关系有四种人被承认：君主、使臣、军事代表和掌管外交事务的官员。派往国外的使臣代表他们的君主。不过，他们同近代外交人员有所不同，并不在他国居住，而是来来往往执行使命，通常一次只承担一项任务。至于使臣的类别，包括：一、参加会议的使节；二、派去维系联盟的使节；三、派出传达问候的使节——通常在重要场合，或者君王登基，或者维持友好的外交关系等；四、派去表示敬意的使节，在庆典上回敬或致谢；五、派出发表声明的使节，包括宣布叛乱、灾祸、哀悼、自然灾害或战败的消息；六、派出对哀悼、丧礼、自然灾害以及战败等事进行慰问的使节；最后一点，七、派往参加婚礼的使节。还有一些关于宾客或使团随员，以及警卫、翻译、仆人等使臣随从所通行的礼仪。

接待使臣的礼仪详细记录在《仪礼》和其他著作当中，真正的实践则载于《春秋》和《左传》，两书所涉及的内容符合《仪礼》中的规条。派遣使节的礼仪包括下列步骤：一、当使臣抵达他国边境时，须宣称其到达，届时对方奉命接待他的官员在边境迎候，彼此交换礼物，礼仪相待，到对方的国都亦如是；二、使节前往驿馆；三、次日作为贵宾而被接见；四、呈上贵重的物品与礼品；五、可能递交国书；六、他将受到盛宴款待，可能还会举行各种各样的其他仪式。其他规则还有如何拒绝使节以及使节所拥有的特权，这些特权包括：免受伤害、不受当地法律控制的某种意义上的治外法权、关税豁免权等。根据这些古代的记录，使节中也有各种军事代表和负责某方面外交事务的官员。国与国之间的同盟或联合通过诸多条例得以实现，这些条例以这样或那样的形式规定了国家之间关税、符节、争端解决以及关乎战争和中立的国际法。

以上内容参见洪钧培：《春秋国际公法》。这是中国学界研究战国时期"国际法"的著作之一。其他研究还包括张心澂：《春秋国际公法》，该研究不加批判地将现代概念引回到古代；徐传宝：《先秦国际法之遗迹》；陈顾远：《中国国际法溯源》。西方政治学家为数不多的开拓性研究来自拉塞尔（F. M. Russell）：《国际关系理论》（*Theories of International Relations*），第 2 章，"古代中国"。

关系的礼仪制度成为古典传统的一部分。但它对中原王朝以外的世界并不完全适用，因此出现了中原与"夷狄"之间的早期差别。

中原王朝在与它们周边"夷狄"的长期接触中，这些"夷狄"既有北方草原的游牧民族，又包括南方的土著居民，逐渐形成了一个主流观念：他们的优越感不单来自物质力量，还源自文化方面。诸如中国的书面语言和儒家的行为准则都是这种文化的外在标志。他们的道德如此伟大，中原王国在手工艺、文字以及生活艺术方面的成就又如此势不可挡，以至于罕有"夷狄"能长期抗拒他们。通常与中国保持稳定联系的"夷狄"却总是趋向于变成中国人。这种最令中国人愉悦的行为强化了他们自身优越感的信念。在中原王国的居民看来，他们总是更愿意从文化上来判断一个人，而不是以种族或国家为标准。几个世纪之后，作为东亚的中心，中国人生发出一种与民族主义类似的情结，我们把它称为"文化主义"。那些不遵循中国方式的人被视为劣等人，而当他们强大时便意味着危险。这种观念受到（也源于）儒家整体宇宙观的支撑。

这种文化主义的另一古代思想支柱是榜样力量的观念。儒家思想认为，对所有人而言，正确的行为在于根据身份不同举行合乎礼制的仪式和典礼，并维护合乎礼制的社会关系。正如忠是臣的责任，孝是子的责任，社会中每个人通过践行符合要求的礼仪来维护社会秩序，于是统治者责任的特别之处在于，他是在"天"面前唯一代表臣民的人，要为其他人树立榜样。在正确的行为中，有某种可感受到的品行或权力（"德"），由此能够感化其他人。贤明的君主只靠展示他的德行就能获得威望和影响力。这样，孔子和他的弟子们为政治权力的实践规定了道德基础，这种方式针对全人类而言，其中包括"夷狄"。①

这一理论通过合乎逻辑的延伸，被确认为皇帝的德行对中国文明域外的"夷狄"具有不可抗拒的吸引力。"先王修文德以柔远人，而夷狄（东方和北方的）朝觐其来尚矣。"大约1530年的明代官方文书如此记载道。② 一个半世纪以后，第一部满文版的《大清会典》中写道："国家一统之盛超迈前古，东西朔南称藩服，奉朝贡者不可胜数。"③

因此，皇帝与"夷狄"之间的关系逐渐成为作为文化中心的中国与周边未开化部落之间实际历史关系的象征，这种明确认可的关系成为朝贡制度的理论基础。这一理论的首要原则是，无论未开化的外族怎么愚不可及，都不能不欣赏优越的中国文化。他们自然而然地寻求"来化"，以便从中获益。这样做的先决条件是承认天子独一无二的地位，而天子是中国一切事物的金字塔尖。这符合中国是人类舞台中心的基本信条，皇帝奉天命统治全体人民，既包括中国人，也包括"夷狄"。这也符合儒家道德观的基本假设，即社会组织是自然形成的等级制度，并非平等主义，所有上等人应成为下等人的榜样，由各国组成的家庭正如其名字所暗示的那样——作为家长的中国统治者统辖着一个有组织的群体。④ 在这个家庭中，"夷狄"是粗俗的乡下

① 这部分主要基于费正清和邓嗣禹在《论清代的朝贡制度》（*On the Ch'ing Tributary System*）一文中所使用的材料，《哈佛亚洲学刊》（*Harvard Journal Asiatic Studies*），1941年。

② 《论清代的朝贡制度》，141页。

③ 《论清代的朝贡制度》，159页。

④ 尼尔森（M. Frederick Nelson）在《朝鲜与东亚旧秩序》（*Korea and the Old Orders in Eastern Asia*）中强调了这一点，在第14页及其他各处。

亲戚。

"外夷"与皇帝之间这样的一种内在关系绝不是单方面的，如果没有互惠基础的话，确实也很难存在。仁慈与大度是皇帝的职责所在，他的"怀柔远人"是所有外交文献中常常出现的老调重弹。外族的谦卑驯服是对皇帝仁慈的直接回应，而仁慈本身也是皇帝德高望重的体现。

最终，这种仁慈与驯顺的相互关系势必要以典礼的形式体现，没有仪式，难以表明这种关系的存在。朝贡成为一种宫廷礼仪，也是政府典礼的一部分。事实上，进献贡品的仪式并不仅限于"夷狄"。在满族统治之下，北京的朝廷也接受各省的进贡。"夷狄"进献是允许他们接受中央王国文明的标志——这是一种恩惠与特权，而不是屈辱的折磨。这样，从前在帝国之外的"夷狄"地区，通过朝贡制度的礼仪形式，获得了他们在以中国为中心无所不包的世界中的一席之地。

朝贡礼仪

通过分析各种版本的《大清会典》①中关于朝贡制度的规则、典章，朝贡礼仪清晰可见。首先，进表纳贡的朝贡国统治者通过一些仪式加入中华帝国的文明圈。他们通过一份承认其藩属地位的诏书接受皇帝的敕封。他们被授予贵族爵位，有时对那些蒙古王公而言，他们的爵位比汉族臣民相对还高。皇帝还钦赐印玺，用于签署朝贡奏章。这类奏章和往来文书必须注明中国王朝的年号，也就是说，中国的历

---

① 有关《大清会典》的英译内容，参考费正清、邓嗣禹：《论清代的朝贡制度》，163—173 页。

法推及朝贡国。朝贡使臣在中国去世，将会享受到非同寻常的儒家荣耀：在他墓前诵读和焚烧祭文，摆放祭品，矗立御赐铭文的石碑。即便是使团随员的葬礼，如果他死于京城，也会赐予棺木和红绸缎。

朝贡使团的规模有严格限制，但在规定人数之内他们会获得良好的待遇。使团官员和随从不得超过 100 人，其中只有 20 人可以进京，其他人留在边境，由地方官员照应。海上使团的船队不得超过 3 艘，每艘船不得超过 100 人。使团前往京师的途中，清政府为他们提供生活和交通方面的保障，后者包括人力、马匹、船只以及帝国驿站的马车（朝廷在各省设立的运输通讯设施）。朝贡使团到达京城后，住在专门提供的官驿里——一片集中的旅舍，国库每天为使团人员和牲畜支付定量的银两、大米和饲料。当使团返回边境时，礼部官员专程陪送。使团的迎来送往都有官兵护送，军队既行保护之责，又有监督之任。

在宫廷仪式中，有一项是互相致礼。朝贡使团不止一次，而是数次受到宴会款待，皇帝也会出席，他们能够得到钦赐的茶叶甚至是餐桌上的美味佳肴。贡使一方则要行叩头礼。欧洲的亲历者认为，以这种礼仪得到从监管官员贪婪之手中漏下的皇恩浩荡得不偿失。叩头礼首先是以头触地，其本身是表示服从的行为，但宫廷中却大量使用整套的叩头仪式。叩头礼要分别下跪三次，每次下跪还要分别俯伏三次，整个仪式听从礼宾官发出的刺耳命令——"跪!"、"拜!"、"起!"、"拜"，等等。一名贡使经历这种健美操式的礼节不止一次，而是多次，因为这是回报钦赐膳宿的主要方式，负责监管他的官员也有责任让他在皇帝面前轻松地完成这些礼仪。所有礼节无疑都是为在行礼者心中确认地位上的尊卑。

然而，崇尚平等的西方人不应忘记（他们确实总是遗忘），叩头只是象征所有人际关系的儒家礼仪中宇宙秩序的一部分而已。皇帝向天和父母叩头，帝国的最高官员向皇帝叩头，甚至显贵人物和朋友们也要互相叩头。因此，贡使叩头的仪式只不过表示礼貌而已。

贡品本身对朝廷来说并不意味着获利。贡品由当地特产组成，是朝贡国进奉收获物的象征，"非土产者勿进"[1]。珍稀奇异之物可能也包括在内，如寓意吉祥的长颈鹿明初被当作祥瑞之兽的麒麟从非洲引进。[2] 不过，朝贡使团带来的所有物品对帝国国库而言几乎毫无收益。朝廷馈赠给使团成员和藩属国统治者的礼物即便没超过朝贡物的价值，也绝对相抵。虽然款待使团的费用不菲，但朝廷换得了荣耀。朝贡通常在新年百官齐集时举行，当时所有官员向天子致敬，域外之人也向皇帝表示诚心归顺，这一切极有效地加强了皇帝在中国本土的威望。

朝贡制度的功能

这一标题引发出一个有趣的问题，什么使朝贡制度得以运行？邻国的使团为何几百年来年复一年地来中国朝觐？这种引人注目且久盛不衰的制度背后，一定藏着某种比皇帝品德更实在的东西。这个问题首先在于动机。如果双方没有持续的动力，这一体系不可能发挥它应有的作用。

朝廷的动机不难理解，中国的统治者宣称他拥有统治天下的天命。如果域外其他人不承认他的统治，那么他能期待在中国被承认多久呢？朝贡拥有统治中国的威望价值，这种价值在中国是首要的统治

---

[1]　费正清、邓嗣禹：《论清代的朝贡制度》，171 页。

[2]　戴闻达（J. J. L. Duyvendak）：《15 世纪早期中国航海远征的确切时间》（*The True Dates of the Chinese Maritime Expeditions in the Early Fifteenth Century*）。

工具。

除此之外，朝贡制度还是一种外交手段，是中国对外关系的媒介。每逢朝贡国新君继位，他须按规定派遣一名使臣到中国，获得朝廷的册封。通过皇帝的任命，他成为本国统治者，册封诏书要交给使臣。收到敕封之后，新君会派朝贡使团答谢皇恩。也就是说，他的统治得到了认可。在远东舞台上，这种中央王国的认可，或许我们可称之为"授权"，有时可以与欧洲的教皇授权或强国协商承认相提并论。这可能为他的王位增加保险的筹码。一个被认可的藩属国可能有时会求助于中国，如满剌加国王在1511年被葡萄牙人驱逐之后便向中国求助。

中国还通过与不时前来朝觐的朝贡国统治者的个人交往施加对他国的影响，这在古代曾经是表示归顺的主要形式。当匈奴（胡人）的首领出访汉朝，或畏兀儿以及朝鲜国王来到蒙古人的宫廷，他们至少从字面上把自己置于帝国的统治之下。这样的活动到后来越来越少，尽管明朝也有满剌加之类的国王几次造访北京的记录，或许他们只是为了免费的宴请而来。有时朝贡国的法定继承人也会出现在使团队伍中，这个惯例几乎同样有效。

更为重要的是，中国也有向外派出使团的传统。这些使团中最著名的莫过于公元前138至公元前126年前往西域的张骞，当时他奉汉朝之命与西域结盟，共同对付匈奴。甚至在张骞之前，汉高祖刘邦已经派陆贾率官方使团前往广东地区的南越，后来多次派使节应对北方草原的匈奴。在唐代，这类使节称为"入蕃使"，宋代称之为"国信使"。蒙古人在扩张过程中，到处派遣此类官员前往畏兀儿、日本、安南及东南亚各国。当然，这种外交活动亦被对方所期待。遗憾的是，这一题目尚无系统的研究。

这些使节的一项任务是授予皇帝印信，承认朝贡国的统治者。这

种礼节显然浮于表面，中国只不过用来作为实际谈判的伪饰而已。使
节的另一项任务是当地统治者居丧或其去世期间前往吊唁。公元 55
年，危险而麻烦不断的匈奴单于死后，汉朝派遣一名中郎将"赴
吊"，并引申记录为"将兵"赴吊。[1] 因此，所有在中国发生过的国
际交往类型都适用于朝贡制度。它可以侦知敌情，寻找盟友，进行各
种方式的谈判，包括武力威胁。

　　不同时期朝贡服务于不同的目的，中国既可以拿它来防御，同样
也可以用来进攻。大体而言，在宋朝，它似乎主要是用于防御；蒙古
人用它来扩张；清朝则用它来促进外交事务的稳定。这些政权建立之
初相对虚弱，有人提出宗藩关系是孤立主义策略，是避免平等外交内
在危险的一种手段。[2] 某种意义而言，这是整个制度的奥秘所在。外
国人只能通过中国的方式和中国打交道，事实上，这种方式即外国人
应当承认和进入中国事务的发展轨道，进而不能对中国造成损害。因
此，中国希望从它被广泛认可的文化优越感中获得政治安全。朝贡是
汉化"夷狄"的第一步，然后使其中立化。显然，当中国变得虚弱
时，这种优越感论调便会得到强化。如果这种解释能被进一步的研究
所证实，则可能会揭示出这种制度对天子所具有的永恒价值。

　　如果朝贡对中国的朝廷具有这种显而易见的政治价值，那么对
"夷狄"而言，它的价值又体现在何处呢？朝贡国赞成中国的朝廷对
它们地位的看法么？抑或整个伟大的传统一定程度上只是中国的官方
神话，是皇帝的主观意志与后世史家长期众口一词强行灌输的结果
么？当我们看到 1793 年乔治三世派往中国要求贸易让步的马戛尔尼
勋爵拒绝叩头，而中国的档案中却理所当然地视其为朝贡使节，那

---

① 参见《大明集礼》，《论清代的朝贡制度》中有部分译文，146 页。

② 参见蒋廷黻：《中国与欧洲的扩张》，3—4 页。

么，我们对上述几千年以来所谓的朝贡使团作何考虑呢？为何堂堂正正的"夷狄"前来叩头？当然，答案一定程度上可归结为他在此事上几乎没有选择，要么接受泱泱中央王国的条件，要么离开。然而，中国与周边国家的朝贡关系恒久流长，牢不可破，说明无论对外国一方，还是中国朝廷，都存在一致的动机。这一动机看来显然与贸易有关，甚至从外国的角度观察，整个制度似乎都是商业的独特媒介。

朝贡贸易

贡物是贸易的幌子，这从公元 166 年到达中国最南端卡蒂加拉（Cattigara）① 的罗马商人，自称是马可·奥勒利乌斯（Marcus Aurelius）② 的使者以来便不言自明。这方面的证据非常充分，特别是在中亚商路上有大量商人冒充使节的例证。1502 年，甘肃巡抚报称，西部有 150 多个自封的"王"要与中国进行贸易。一个世纪之后，耶稣会士鄂本笃（Benedict de Goez）在 1604 年穿越中亚时描述了商队商人如何"用自吹他们代表国王并以国王的名义伪造公函"，"打着使节的幌子去向皇帝进贡"。③

商业活动如此重要，需要专门一章来叙述朝贡规则④。抵达边境的朝贡使团中一般都有商人的身影，他们既可以是个人身份，也可以是朝贡国统治者的代理人，常常是贸易的垄断者。他们随身携带允许在边境集贸中心卖给中国商人的货物，或者自己花钱带着这些免税商

---

① 卡蒂加拉，即交趾，今越南河内城郊。

② 译者注：马可·奥勒利乌斯（公元 121—180 年），罗马皇帝，公元 161—180 年在位。

③ 参见《论清代的朝贡制度》，139 页。

④ 《论清代的朝贡制度》，167—170 页。

品随使臣进京，然后在会同馆开设的特殊市场出售。根据 1690 年的规定，这种市场开设 3 或 5 天，由户部官员严密监管。官市以外的贸易和特殊种类的商品交易均严格禁止。禁售商品的清单包括历史书籍、战争用品以及硝石、铜和铁——一切可能削弱帝国防御的物品。

同时，那些未与使臣同行的外国自营商人在边境上也有属于他们的集贸中心。满洲边境有为朝鲜商人开设的市场。成都和兰州附近每年为西部边境的人们开市一至两次，每次持续 20 天。这种情形似乎与 18 世纪为俄国商队开设的"买卖城"类似。对于海上各国，主要的市场设在广州。外国商船严禁携带违禁品、中国乘客以及超出船队自身所需范围的大米和谷物出境。不过，朝贡船队的出口商品免征关税。由此可见，朝贡制度既是外交，也是外贸。

当然，上文只是关于朝贡贸易众多规章制度的粗浅概述。就这些规章制度与贸易的范围而言，对外贸易在中国的理论中被认为是朝贡的附属物，这似乎不合情理，但事实的确如此。中国官方认为，这是赐予"夷狄"的恩惠，只是分享中国方面慷慨的必要手段而已。这种不切实际的思想恰恰反映出儒教国家的抑商本质，在中国，商人的地位低下，名义上还不如靠种粮为生的农民以及官员。这或许强化了中国的自给自足形态，它并不需要外国商品的输入。总之，高层轻视对外贸易确实是中国的传统，这一政策始终在官方文件中反复出现，一直持续到 19 世纪。与此同时，对外贸易却在古老的朝贡框架下得到了发展和壮大。

这把我们引向一个中国近代史上的悖论，也是儒教国家崩溃的主要原因之一。儒家视野中的贸易与朝贡是单一外交体系下同源共生的两个方面。中国统治者重视的是朝贡的道德价值，"夷狄"重视的是贸易的物质价值。当对外贸易急剧扩张时，双方的摩擦随之而来，最终朝贡在某些情况下完全黯然失色，却没有改变官方炮制的神话。即使贸易开始在中国的外交实践中占主导地位之后，朝贡依然是官方思想界的主流。到了近代，儒家官员试图把新兴的西方商业国家视为纯粹的朝贡国。当这一切被证明行不通时，他们无力改变古老的理论以适应新形势。这场悲剧的悖论基于以下事实：中国政府无法使自身适应主要由中国商人的沿海贸易所产生的新形势。中国长期以来一直是大陆帝国，习惯于通过陆地边疆确立外交关系。新出现的海洋关系，不仅让中国措手不及，而且破坏了它古老的防御手段——朝贡制度本身。

贸易令朝贡黯然失色

据记载，中国朝贡活动的最佳时期出现在明朝前期。1403 至 1433 年间，有 7 支帝国船队被派往东南亚和印度洋海域。[①] 船队由著名宦官郑和统率，据说一次就包括 60 艘船和 2.7 万人之众。他们到达了 40 个国家，绝大多数国家都回派使臣随中国船队返航，从而加入朝贡国的行列。这些国家包括马来半岛上的彭亨（Pahang）、吉兰丹（Kelantan）和满刺加（Malacca），苏门答腊岛的巴邻旁（Palembang）（即古三佛齐（ancient Srivijaya））、苏门答腊（Samudra）、南浮里（Lambri）（现亚齐（mod. Achin））和阿鲁（Aru），印度南岸的锡兰（Ceylon）、柯钦（Cochin）、朱罗（Chola）、古里（Calicut）和其他一些地方，非洲索马里海岸的卜喇哇（Barawa）和木骨都束（Mogadisho），阿拉伯的阿丹（Aden）、祖法儿（Djofar），以及波斯湾海峡的古港忽鲁谟斯（Hormuz）。中国船队到达了遥远的非洲和阿

---

① 伯希和（Pelliot）和戴闻达两位教授在《通报》发表的系列专题文章详细讨论了远航活动，参见卷 30、34。

拉伯地区，但次数有限，船只也很少，不过，事实依然是 15 世纪早期中国朝廷的代表曾到过这些地区，这比葡萄牙人绕好望角进入印度洋要早一代人。中国远洋船队的部分成员甚至参观了麦加的名胜。

虽然中国的这些航海活动无论怎么称之为波澜壮阔都不为过，但我们却很难理解他们的初衷以及 1433 年之后为何航海活动戛然而止的原因。戴闻达教授[①]是研究这一问题最透彻的专家，曾经指出远洋航行的提议出自宫廷太监，他们依靠皇帝的宠爱而大权在握；络绎不绝的朝觐使节和无数奇珍异宝，独角兽和黑人行进其间，这被认为是取悦皇帝喜好的绝佳手段。他认为，航行活动中止的原因部分是由于经费问题，为赢得潜在朝贡国归顺所提供的慷慨赠品的数量必然可观。迄今还没有学者提出完美的解释。中国的历史学家传统上认为，船队远航的目的是为了寻找一位失踪的明朝皇位争夺者，但这样的说法并不令我们非常满意。稳妥的说法似乎是，这些官方的航海活动一定与中国的私人贸易有关，我们知道贸易有时会扩张到东南亚海域。这一商业背景值得注意。

首先，我们知道这一地区的朝贡早在郑和之前很久便已展开。早在公元 132 年，噶喇吧（Java）（或许时称苏门答腊）遣使团朝贡。[②]在阿拉伯人的支持下，印度洋地区至少不晚于唐代（618—907 年）便与中国展开定期而广泛的海上贸易。到了宋代，海上贸易已经占很

---

① 参见前引戴闻达：《15 世纪早期中国航海远征的确切时间》。

② 加德纳（C. S. Gardner），载于兰格（W. L. Langer）主编：《世界历史百科全书》（*An Encyclopedia of World History*），134 页。

大比例。在忽必烈时代，蒙古舰队横扫爪哇和马来亚海域。[1] 14 世纪末的东南亚诸国已成为明朝的定期朝贡国，这些国家包括噶喇吧、婆罗洲（Borneo）的文莱（Brunei）、马来半岛的彭亨、苏门答腊岛的巴邻旁和苏门答腊，甚至 1372 年印度洋科罗曼德尔（Coromandel）沿岸的朱罗王国也来朝贡。显然，郑和在 1403 年之后是沿着这条著名的商业路线前行。与其说郑和在探寻未曾发现的处女地，不如说他是在寻找那些曾经建立过的贸易和朝贡的发源地。

最重要的是，东南亚的朝贡在郑和之后竟然衰落了，尽管贸易并不是这样。15 世纪早期，明朝接待过朝贡使团的正式名单包括日本、菲律宾（吕宋，即马尼拉）、柬埔寨、噶喇吧、马来半岛的彭亨、苏门答腊岛的亚齐和苏门答腊。后来，这些国家和地区没有一个被列入朝贡国名单。[2] 不过，在 1818 年刊刻的《大清会典》中把上述各地——日本、菲律宾以及刚刚提到的其他国家——在专节中列为"互市诸国"，即这些国家与中国通商，但不朝贡。当然，从德川将军统治的日本、西班牙人控制的菲律宾以及荷兰人控制的噶喇吧（巴达维亚）的各自情形来看，他们不可以被轻易地视为朝贡者（尽管荷兰人的确在 1794 年向中国派遣过朝贡使团），这一点不难理解。但是，这种分类对马来亚的那些小地方而言则显得不合逻辑。1818 年

---

① 柔克义（W. W. Rockhill）：《15 世纪中国与印度洋海岸及东部群岛的贸易和交往考论》（*Notes on the Relations and Trade of China with the Eastern Archipelago and the Coast of the Indian Ocean during the 15th Century*），载于《通报》，1915 年，419—447 页。近年关于这些关系最全面的研究来自冯承钧的《中国南洋交通史》。

② 清代朝贡国的正式名单刊于 1690 至 1899 年间 5 种《大清会典》，包括朝鲜、琉球、荷兰、安南、暹罗、西洋诸国、缅甸、老挝和苏禄，所有这些国家或地区并非同一时期的朝贡国；满洲的朝贡国数量逊于前代，虽然我们也承认清朝的朝贡是更为稳固的政治实体，而不是被郑和劝诱而成为明朝藩属的小岛和偏远小国。

印行的"互市国"全部名单如下：港口（即暹罗）、柬埔寨、尹代玛、六崑（Ligor）、加亚（Jaya）（即猜亚（Chaiya））、宋腒朥（Sungora）、大泥（Patani）、丁机奴（Trengganu）、单呾、彭亨、柔佛（Johore）、亚齐（误写为苏门答腊）、吕宋（菲律宾）、棉南老（Mindanao）和噶喇吧（巴达维亚）。绝大多数国家是不起眼的苏丹治下的微型王国，类似于被郑和招抚为明代朝贡国的亚齐和彭亨。为什么它们在 19 世纪初却不再被列入清朝的藩属国呢？

答案显然是它们不再来中国，而是中国人已经到它们那里去了。中国与东南亚之间的贸易自郑和时代起已发展到这样的程度，"夷狄"或这一地区的阿拉伯商人不再为获得中国商品而专程跑到广州。取而代之的是，厦门和广州的大型舢板船队可以把中国产品运达群岛的所有地方。1818 年开列的"互市诸国"名单实际上是中国舢板贸易停靠口岸的目录，舢板贸易有两条主航线，分别是沿马来半岛而下和横穿菲律宾。诚然，"互市诸国"名单与创建槟榔屿的英国人莱特船长（Francis Light）在 1788 年左右所写的该地区贸易国清单看起来几乎别无二致：他开列的有暹罗、查特蓬（Chantebon）、奇亚（Chia）、宋腒朥、大泥、六崑、丁机奴、彭亨、柔佛和其他地区，包括亚齐（Acheen）。[1]

尽管相关研究被大家所忽视，但中国舢板长期以来一直是马来亚当地交通工具的事实似乎无需文献佐证。1511 年之后在满剌加的葡萄牙人、1571 年之后在马尼拉的西班牙人和 1619 年之后在巴达维亚

---

[1] 莱特船长信札，附于康沃利斯（Cornwallis）致邓达斯（Dundas）信函中，转引自沃兹伯格（C. E. Wurtzburg）：《威尔士王子岛周围各国简况》（*A Brief Account of the several countries surrounding Prince of Wales's Island*），载于《皇家亚洲学会马来分会学报》（*Journal of the Malayan Branch of the R. A. S.*），卷16，1 期，123—126 页，1938 年 7 月。

的荷兰人，都显然发现了中国商人。欧洲人早期在东亚的贸易是通过对接主要由华人所控制的在当地繁荣兴盛的舢板贸易，这种说法并不过分。英国和法国的东印度公司似乎充分意识到利用这种当地商业的便利条件。马尼拉其实以此为生，西班牙大帆船上装的货物与其说来自菲律宾，不如说来自那些不允许西班牙牙人进入的大型中国货栈。[①]简言之，毋庸置疑的是，作为 19 和 20 世纪重要现象之一的东南亚华人移民，不过是很早以前就已开始的中国商业扩张的后果。

朝贡制度似乎在一段时间里曾成功地适用于中国早期的海上贸易。朝贡制度是在陆地上发展起来的，陆地边境易于控制，举措可行。大陆这一侧每条通往中国的道路都有方便控制的据点，如西有玉门关，北有山海关。在清代，朝鲜使团须经凤凰城和山海关入境，安南使团须经广西的凭祥或太平府，缅甸使团须经云南的永昌或腾越。[②]

中国对来自海上的朝贡国也进行类似的控制，琉球使团只准在福州入境，苏禄使团只准在厦门，暹罗使团只能在广州；荷兰人前往福建，而没去广州，因此受到训诫。随着海洋贸易额的增长，港口的外国人居住区与日俱增，如泉州和广州的阿拉伯人，不过这些居住区被限制在固定区域，由他们的首领负责管理，贸易活动则处于中国官员的监管之下。只要外国商人来到中国边境，无论经由陆路还是海路，都保留了朝贡的形式；要么由贪婪的商人或朝贡国统治者主动提出，要么在好面子的中国官员的怂恿下，朝贡使团最终进入京城。

上文所述在某种程度上支持了下一假设，即打击中国朝贡制度的

---

① 参见舒尔茨（W. L. Schurz）：《马尼拉大商帆》（The Manila Galleon），载于张维华：《明季西班牙在吕宋与中国之关系》，71—86 页。

② 《论清代的朝贡制度》，174—176 页。

始作俑者，并非 1500 年之后拒绝接受朝贡地位的欧洲人，而是在此之前发生的中国商业扩张。通常我们知道，曾经控制中国与东南亚贸易的阿拉伯人被中国商人取而代之，来自东南亚的商人渐渐不到中国来，而是中国人直接找上门去。或许因为外国人带货来华的贸易活动渐趋停止，朝贡亦随之衰亡。

如果从这个视角审视 15 世纪郑和的大规模航海活动，或许我们可将其视为企图把中国的海洋贸易资源引回到朝贡制度正式框架之内的一种努力，从而使对外贸易的实际情况符合所有与中国打交道的国家都向它朝贡的理论。通过陆路与中国交往的外邦，如撒马尔罕（Samarkand）、伊斯法罕（Isfahan）、阿拉伯半岛或小亚细亚的鲁密国（the Kingdom of Rum），都被列入明朝的朝贡国，尽管彼此联系极少（特别是如当时的鲁密国已久不存在）。那么，同样把经由海路交往的国家列入朝贡国难道不符合逻辑么？这样做的动机自然是复杂多变的，但希望保存传统制度肯定是其中之一。总之，尽管朝贡制度仍在陆路起作用，但它在海路逐渐衰亡却是不争的事实。[①] 朝贡制度，它从一开始就是个被动的制度，中央王国坐等"夷狄"接近；当中国人自己开始主动时，它便不能维持。据 1818 年的《大清会典》记载，19 世纪初东南亚"互市诸国"从事贸易，无须遣使，这种情况下正式承认了朝贡制度的终结。

19 世纪初的贸易增长也明显体现在有记载的朝贡使团数量显著

---

① 最新的学术观点认为，"当航海活动中止之后，中国真正进入了防御阶段"。参见桑塞姆（G. B. Sansom）：《西方世界与日本》（*The Western World and Japan*），43 页、141—145 页。这种情况下，我们越来越容易反诸探寻过去伟大的传统。关于 19 世纪后期这方面的例证，参见朱克敬所编纵览从汉到明中国边境"夷狄"关系的《边事汇钞》，长沙，1880 年版。亦可比较百濑弘对这一题目的研究。

增加。① 1662 至 1761 年间，有记载的使臣总数约 216 人。接下来 1762 至 1861 年的 100 年中，使臣约有 255 人。这种增长应视为借助朝贡使团的形式从事更多商业活动的表现。

从已搜集的资料来看，一个突出的事实是，19 世纪上半叶由海路而来的琉球和暹罗朝贡使团数量显著增长，它们比规定的次数更为频繁。② 既然我们假定朝贡使团的动机在于商业，那么这一证据有力地证实了下列理论：朝贡使团的主要功能是作为通商的媒介。至于商业利益是被朝贡国的统治者和本国商人所获得，还是主要被中国的商人和官员所获得，仍有待研究。

至少就暹罗而言，朝贡使团是沿着中国舢板贸易占主导的路线而来。这些到达中国宫廷的贡品之所以被视为不祥之兆，是因为其标志

---

① 参见《论清代的朝贡制度》，193—198 页，表 5。

② 清朝规定朝贡使团的贡期如下：朝鲜每年一贡，琉球两年一贡，安南三年、六年或者四年一贡（规定时有变动），暹罗三年一贡，苏禄五年一贡，老挝和缅甸十年一贡，荷兰先是八年一贡，后五年一贡，西洋（葡萄牙等）无定期。这是否符合实际呢？

也许有一些例外。直到 1874 年，朝鲜每年定期朝贡，不计入内。琉球在 1662 至 1805 年的 143 年间，记载有 70 次朝贡，也就是说，平均起来基本上符合规定要求。但是在接下来 1806 至 1859 年的 53 年间，记载有 45 次朝贡，平均每 6 年 5 次，而不是规定的两年一次。我们知道，本身并不重要的琉球岛，在日本和朝鲜开埠之前充当以日本和朝鲜为一方、中国为另一方的贸易中心，这使其具有双重的重要意义。安南在 1662 至 1861 年的 200 年间记载有 45 次朝贡，略低于 4 年 1 次的平均数，与几经调整的规定相当一致，数量上没有显著增加。暹罗在 1662 至 1776 年的 114 年间记载的朝贡只有 11 次，平均 10 年 1 次，而不是规定的 3 年 1 次。但是在接下来的 1777 至 1853 年的 76 年间，有记载的暹罗朝贡使团达到 38 次，平均隔年 1 次，频次竟是规定要求的一倍半。暹罗使团沿着连通广州与东南亚和马六甲海峡的海上贸易主干道，增加了它的重要性。缅甸在 1788 年之前仅有 3 次朝贡；此后直到 1853 年朝贡了 13 次，平均 5 年 1 次，而不是规定的 10 年 1 次。老挝在 1730 至 1853 年间朝贡了 17 次，平均略高于规定的 10 年 1 次。苏禄在 1726 至 1754 年间有记载的朝贡只有 7 次，或许有疏漏。

着中国商人经营的海上贸易呈现出上升趋势，在其推波助澜下，西方商人即将冲破朝贡制度的堤坝，侵入中央王国。有趣之处在于，中国朝廷是否反而沉醉于因"夷狄"归顺明显增长而产生的安全幻觉。为商业目的而滥用朝贡制度，似乎证明了中国的优越感，而当时的中国恰恰急需摆脱这种优越感。

第三章　清朝政策与广州体系

中国在处理同西方贸易问题上无能的另一个来源是清廷本身。这些异族统治者面对海上的西方国家一筹莫展，但同样的因素却使他们巩固了中国的"内亚"边疆。

满洲在中国的地位

作为 6 个中国北方入侵者中最后也是最成功的一个，满洲人曾受惠于许多前任的经验得失，有关他们的记录才刚刚开始被严肃审视。现在看来，显然早期"夷狄"的征服政权并未成为"被吸纳"或"被同化"的王朝。契丹人建立的辽朝的统治者们"始终保持原有部落领土在政治和军事力量的核心地位"[1]。他们并没有抛弃自己的部落文化和政治军事组织，他们的主体仍是以部落组织为基础的牧民。即使在统治中国北方时期，他们依然在长城之外保留了自己的家乡。

以此类推，金、元和清的统治者们都在中原之外保持了他们原来

---

[1]　魏特夫（Wittfogel）、冯家升：《辽代社会史》，"前言"，5 页。

生活的中心地带，这使它们的经济、社会以及行政方面都出现了复杂的二元分裂情形。汉人以农业为生，而契丹和它的后继者们靠的是畜牧、捕猎兼及一些渔业。处理事务的不同规则和标准适用于汉族和"夷狄"地区不同的人口。官僚系统中关键的位置通常留给征服者，而"夷狄"在军事上的优势也被保留。这种双重性体现在两种社会的各个方面——食物、服饰、宗教仪式、亲属关系以及诸多其他文化内容。建立金朝的女真人保持着汉人之外自身文化和政治上的独立性。例如，他们在官方文件中继续使用自己的语言和文字，与汉文并行不悖。当我们审视蒙古人建立的元朝时，华"夷"之间的分别甚至更为突出。魏特夫和冯家升称之为"野蛮划分的世界"，马可波罗来到元朝并成为蒙古人统治下的一名官员，只能最低限度地接触汉语和汉人。元朝的蒙古人和他们的先辈一样实行军事统治，使用自己的语言和汉语进行管理，禁止蒙古人与汉人通婚。的确，蒙古人严格保持与汉族社会的独立性，当他们割裂与蒙古草原故乡的联系时，愈加强化了与汉人的疏离，很大程度上造成了 14 世纪对中原地区的失控。魏特夫将"夷狄"征服者有意维持自己非汉族社会集团身份的情况称为"共存"，即文化交流并未引起新同质文化的出现，而只是两种文化彼此适应的并存。

等到 1644 年满洲人征服中原时，这种共存性可能被自觉地制度化，成为一种政治、军事、社会和文化的混合体。或许清朝的汉人与高度汉化的统治者之间出现了更为密切的共存状态。不过，满洲人竭力追寻早期征服者们留下来的精神，维护他们独立的自我认同，另一方面却尽量消弭他们的"夷狄"起源。

作为防御性的异族政权，满洲人在政治方面的第一项政策是维护既有秩序。他们几乎全盘接受明朝政府，只是在最高层安插了自己人。他们的行政创新，如军机处，是逐步稳健推行的。为了继承政治宏业，他们对自己的力量增加一些保护，但这只是用来强化传统的结构，因此，变革成为他们的敌人。

满洲人首要的政治问题在于如何在蒙古人失败的地方取得成功。他们和蒙古人一样，都是进入中原的少数民族，但他们并不是蒙哥与忽必烈那样的草原铁骑，而是从一开始便在文化上与汉人更为接近。[①] 他们在都城盛京已经效仿中原王朝，这比 1644 年入主中原早了整整一代人。南边的满洲人定居已久，早不再是草原牧民和森林猎手。入主北京后，满洲的统治者变成了儒家学者和书法家，支持中国的学术和传统艺术。他们保留了科举制，在省一级的政府中任用大量的汉族官员。这种满汉联合执政的制度——一名满人总督常常同两名汉人巡抚共同办事——这相当于一种双头政治。满人强调的是忠诚，汉人强调的则是办事能力。

为了保持汉人在满人监督下进行管理的双轨制，首要之事在于满洲应当维持其少数民族的社会认同。满人为此实行了一系列举措。如果几百万满人不把他们的故乡保留为基地的话，他们很容易失去数倍于他们人口的辽阔中原。因此，他们于 1668 年起禁止汉人向满洲地区移民——必须指出的是，这一方面出于维护皇家对高价值人参（据说有返老还童的功效）的垄断，另一方面则是为了阻止汉人移民进入狩猎地。[②] 为此他们修建了著名的蜿蜒曲折数百英里的柳条边，以山海关长城为起点，北至开原，东南至鸭绿江畔。当然，柳条边并非为了防御，而是树立一道核查汉族移民禁入的边界线。虽然汉族移民进入东三省的潮流不可避免，但满洲事实上直到 19 世纪还保持了

---

① 梅谷（Franz Michael）的《满洲统治中国的起源》（*The Origin of Manchu Rule in China*）是英文世界讨论满洲入主中原最富启发性的研究著作。

② 刘选民：《清代东三省移民与开垦》。

该地区的真空状态。因此，今天的满洲①是一个崭新地带，只不过曾短暂地从北京承袭过文官政府的传统。

征服者的血缘纯洁性也通过严禁与汉人通婚的禁令得以保存。满人禁止从事同汉人进行竞争的贸易和其他活动，这一禁令强化了满人的孤立主义。满族女性通常比汉族女性得到更多的社会自由。除此之外，信仰萨满教的满洲部落组织得以保留，用来防止满人被和他们共处的汉人所同化。②

毫无疑问，满洲人自己的制度已适应于中原执政所面临的主要问题。诸多特别举措得以发展，以至于征服者可以用汉人的方式统治整个中国，自己却并没有变成汉人。例如，他们很早就将汉人军队安置成他们军事组织中重要却居于从属地位的组成部分。中国的军事控制支柱是满洲全民皆兵的"旗"这一组织，旗兵驻扎于各处战略要地，标志着帝国统治的军事震慑，包括北京以及成都、南京、汉口、苏州、广州等大的省会中心。同时，汉人的省级军队（绿营）是仅仅用来剿匪的省级警察，决不允许成为中央控制下一支统一的军事力量。

在这种彼此共存的情况下，双方都会受到对方的影响。汉人本身的制度深受继任"夷狄"征服者的影响，"夷狄"统治已深入影响到中国社会的诸多方面。"夷狄"影响最鲜明的标志莫过于汉人留着满人的辫子。这项强制性的妆容习俗已成为人们日常生活的一部分，起着不断提醒满人统治的作用。

在满人的政治创新中，皇室背离了汉人传统的长子继承制。皇帝

---

① 译者注：费正清写作的时代，东北地区还处于"伪满"傀儡政权的统治之下。

② 转引自史禄国（S. M. Shirokogoroff）：《满族的社会组织》（*Social organization of the Manchus*）。

的长子并非皇太子，皇位继承人是在所有皇子中选择更有利于王朝利益的人。清朝为进一步避免重蹈元朝覆辙，对皇族内部进行了有效控制，皇族成员不掌握政治权力，以避免因继承而引发的家庭纷争。直到 19 世纪晚期，皇子们并未获封高官显位，既无巨额财富，也无领土封邑。女性和宦官干政也被抑制，这种局面一直持续到 1860 年以后。通过这些机制，满人成功统治了百倍于他们甚至更多的中国人口，长达 267 年之久。

所有这些保障性措施背后的根本动力都来自权力的保持。满洲人统治从开始便与一个问题相抗争，即作为入侵的少数民族究竟能统治中国多久；中原及其人民的长治久安虽然重要，却是第二位的考虑因素。换句话说，他们不可能采用任何有益于国家但可能会摧毁王朝的措施，任何纯粹有利于中国的"国家"政策可能会与王朝政策相冲突。最终，这样的部门决策会被视为超越国家和统治者权威，从而引发危机的罪魁祸首。

这种错综复杂的满汉关系有待于进一步的分析，我们姑且从政治和社会两个方面入手。政治途径要求我们首先考虑满洲的外交关系实践。

满人早期的外交政策

满人与汉族相比，在对外政策上有本质区别，人们通常认定其对外政策的内容要比内地政权丰富得多。1644 年之前，内蒙古诸部已经臣服于满人。后来，满人把政权扩张到外蒙古、西藏和新疆的辽阔地区。这些地区并不是臣服于中原政权，而是附属于清帝国——这一事实为 1911 年革命后这些地区纷纷要脱离中华民国提供了逻辑基础。直到那时，"内亚"仍没有隶属于中原，而是臣服于满人。可见，直到 19 世纪，"内亚"依然是王朝对外政策的焦点，因为草原才是传统意义上真正的危险来源。成吉思汗及其继任者们的传奇和 15 世纪初蒙古人与明朝政府的常年战争仍然在北京统治者的脑海里挥之不去，因此，蒙古边境的安全是头等大事。17 世纪清朝取得对外蒙古战争的胜利，接下来的 18 世纪又征服新疆，最终建立在新疆的统治。1759 年，清朝在汉、唐之后再次统一塔里木盆地。绿营和八旗的军队在蒙古部落北侧的中亚绿洲驻扎，成为防范他们的战略保障。同时，蒙古部落之间的边界被永久固定，原先的继承原则与所继承的财产相分离，用以防范出现新成吉思汗或利用个人威望组织起强大游牧力量的联盟领袖。部落之间互相牵制。清廷提倡喇嘛教，以制衡世俗王公的权力。

藏传佛教成为蒙古地区重要的政治工具，自然也强化了清朝在西藏的利益。达赖喇嘛是拉萨的政教领袖，16 世纪时接受蒙古王公的册封。1641 年，蒙古人进入拉萨，承认达赖喇嘛的地位，而当时满洲人还没有入主中原。[①] 因此，满洲统治者推崇喇嘛教并作为在西藏和蒙古施加影响的手段不足为奇。清朝皇帝在热河的承德夏宫仿建达赖喇嘛在拉萨的布达拉宫，也是这种利益诉求的体现。为了避免蒙古人对西藏的控制，1720 年康熙帝向拉萨派驻办事大臣。清廷为了加强对该地区的控制，在 1751 年和 1792 年以后屡次派遣驻藏大臣。

中国在"内亚"边疆的活动是清朝对外关系的重要内容。18 世纪 60 年代，清朝与缅甸的摩擦确实演化成一场战争，而 18 世纪末与安南的摩擦亦升级为战争。当然，清朝和俄国的关系则演变为 1689 年签署的《尼布楚条约》，俄国使团常驻北京，但在东北地区双方又

---

① 柔克义的《达赖喇嘛和满清皇帝的关系》一书在西方学术界有关这一领域的研究无可替代。亦可参见拉铁摩尔的《亚洲的内陆边疆》一书。

时起摩擦。事实证明，满洲王朝的对外关系依然几乎都是大陆性的，其关注的核心问题是如何保障满人在中国的地位。这意味着，从海上到达中国的英国人成为一个全新的问题，同时激励北京朝廷首先要着眼于保护好既有的对整个中国的政治控制。

既然外来征服者的首要目标在于维持他们的政治权力，我们自然会认为他们对中国的政治制度施加了重大影响，特别是在君主制度方面。这一假设的前提在于，过去六七百年中"夷狄"统治中国的时间如此之久，儒家君主制势必深受其塑造与影响，这些影响体现在政策、运作和理论等各个方面。"夷狄"对君主制的总体影响可能是嫁接在反汉族中心主义基础上的去民族化，这是"夷狄"和汉人共同的成果。

宋代汉人重建了新儒家的哲学体系，但同时也越来越感受到北方"夷狄"的压力。中国北方的少数民族政权辽朝（907—1125 年）早于朱熹生活的时代，而替代它的金朝（1115—1234 年）也比朱熹在世的时间要长。这些中国北方的异族统治者只不过是 13 世纪征服整个中国的蒙古人的先驱。因此，在"夷狄"入侵时代最终形成的新儒家思想，通过暗示或心照不宣地将"夷狄"因素考虑在内，这是再自然不过的事情。事实上，中古中国新的世界观已经将"夷狄"纳入儒家体系之中，强调皇帝个人对"夷狄"的统治。

与此相对应的是，少数民族入侵者一旦掌权，发现强调皇帝个人统治的普世性是极好的权宜之计。以皇帝为代表的权力结构建立在复杂、广泛的基础之上，包括精英军事力量、华"夷"之间的社会文化割裂、普遍适用中国社会经济和政治活动的伦理规范等，这一权力结构孕育于传统社会秩序的框架之内且受到它的制约。君主的职责是维护社会秩序，然而自古代起，万民期待的君临天下既包括中原地区内部，也包括整个草原边疆区域。皇帝的统治并非仅限于精耕细作的中原农业定居区，"夷狄"统治下的王朝同样将统治范围扩展到他们长城之外的家乡。这一事实旨在强调君主统治的普遍性，弱化其中原特色的特殊性。

我们下面将讨论上文所述满汉关系的第二个切入点，即满人如何将自己纳入儒家政权的社会结构之中。中国的国家形态存在严重的两极分化的阶级结构（分为受教育的统治精英和政治上毫无建树的农民大众），由于制度化的王朝代表着统治阶层和地主士绅阶层的庇护者，因此满人在掌握政权之前已经找到他们应有的地位。地主士绅阶层控制了农村地方社会，而朝廷控制着城市和较大乡镇的官僚机构。朝廷和士绅组成联盟，共同应对农民阶层，即使其中一方是其他民族，结盟双方通常都不会抛弃对方。

这导致的结果是，满洲王朝的政策并不是汉人政权政策的代名词。反过来说，中华帝国政权对 19 世纪西方涌入的回应并不纯然是汉族的回应，而是满汉儒家君主制这种混合制度的回应。北京政府在 19 世纪前期对西方做出的反应只关注于满人自身的权力和威望，这样的说法可能并不公平。那时的儒家君主制本质上既代表满洲统治者的利益，也同时代表汉族地主—学者—官员阶层的利益。这种双头政治体制下，我们不能说任何一个族群专横地对另一个族群发号施令。整个政权由于它的双头性特征，而不能纯粹以满洲方式或汉族方式应对西方。

这种华"夷"儒家君主制的混合体制不存在群众性运动的空间，因此也不具备近代的民众组织形式——民族主义；中国学者阶层的排外情结得到了文化和社会精英的响应。儒家思想已将中国文人培养出这样的观念：那些行为举止和野蛮人一样的"夷狄"被视为"夷人"，那些以中国方式表现的"夷狄"则被视为中国人。满洲王朝在 18 世纪下半叶乾隆皇帝的统治下进入了鼎盛时期，禁毁大量强调

"夷狄"征服者非汉族特性的文献,当时的文字狱活动禁毁了2000多种著作。与此同时,朝廷亦进行大规模的征书活动,搜集3500种文献,即存世的四库全书。[①] 由此可见,大一统格局受到汉人与满人王朝利益保持一致思想的影响,其大体上是成功的。19世纪上半叶,侍奉皇帝的中国官员中几乎看不到反满的思想或情绪。

汉族和满族的统治阶层共同参与儒家君主制之下中国政府的管理,双方利益的认同使他们联合起来,对外抵抗西方侵略者,对内镇压叛乱。因此,作为联合统治阶层的他们,不可能以任何的正式方式利用民众排外主义的潜在资源。如果没有危及儒家的精英政府体制,他们也不会动员民众抵抗英国人。显然,当19世纪40年代广东地方当局不遗余力地利用地方排外主义抵抗英国人时,他们发现这是一把锋利的双刃剑,可能会危及帝国政府自身的地方权威。[②]

显然,整个19世纪对西方和国内叛乱的回应是满汉合流的结果。值得注意的是,太平天国运动前期满人的镇压努力已经失败,最终挽救儒家君主制的是汉人,而不是满人群体。满汉统治集团之间共同纽带的力量基于以下事实:尽管儒家君主制的最高统治者是满人,却因汉族支持者的效忠而又残喘了50年。这些汉人并非亲满之人,而是和满人一道都是儒家思想的信奉者。这些汉人忠诚拥护的共同纽带是儒家的秩序观,而不是清朝的"政权"存在。

清朝统治者立足于中国政治原有社会秩序下的农耕社会官僚系统以及他们传统的"内亚"帝国的权力关系,没有能力创造性地应对欧洲海上贸易的增长。王朝初期他们承袭了广东和其他南方港口商业

---

① 参见富路特(L. C. Goodrich):《乾隆时期的文字狱》(*The Literary Inquisition of Ch'ien - lung*)。

② 参见第15章。

规则的某些管理机制，但此后几乎没有增加任何的管理措施。

清朝广州政策的背景

中国海洋贸易的官方规定记录卷帙浩繁，详尽之极，[①] 尽管贸易本身的记录有时并不容易找到。阿拉伯人在政府管理之下的广州贸易至迟在唐代已经出现。8 世纪时，在广州设立市舶司，负责登记外国船只和船员，核验货单，征收关税，以及执法打击走私。9 世纪时，阿拉伯商船抵达广州后，船上货物在所有季节的船队到达之前统一由政府掌管，每一种商品的十分之三作为进口税，其余的部分返还给货主。福建泉州成为贸易扩张后的第二大港口。公元 1000 年左右的宋朝已经建立国家垄断，禁止私人对外贸易，强制所有名贵的外国商品在官办货栈交纳保证金。同时，负责监督各港口的中央机构在京师成立。元朝沿袭了这一制度，马可波罗游历的广州、泉州、温州、宁波（时称庆元）、上海、杭州及其附近的澉浦等港口都设有市舶司。

13 世纪，这一制度发展得更为完善，负责贸易监督与税收的官员直接向京城负责，贸易被限定在某些港口（主要是广州和泉州），港口的外国人（主要是阿拉伯人）被限定在他们自己的聚居区，由他们的头人管辖。关于税率的规定各不相同，但通常以从价计征，不超过30％。事实上，政府的目标在于将中外贸易纳入官方的监管之下，至于关税，则可能在贸易开始前就已经征收。当然，所有这些规定都是前文所述朝贡体制的广泛应用。

---

① 有关中国早期贸易的经典著作来自桑原骘藏：《提举市舶西域人蒲寿庚之事迹》（*On P'u Shou - keng, a man of the Western Regions*）。相关著作参见费正清、邓嗣禹：《论清代的朝贡制度》，附录 1。

明朝沿袭了这些特征，① 在广州、泉州和宁波设立"提举"。朝贡使节允许进入北京，在那里，他们可以从事贸易；而在港口的这些外国人给货物纳税后也可获准贸易。

中国商人早已作为官方的代理人进入这一系统，他们的职能之一便是向政府汇报所有外国船只到达的情形，这也是税收和贸易活动的第一步。同时，外国贸易商的目的在于正式报税之前尽可能多地处理掉货物，这包括他们与中国商人进行非法贸易的货物以及为得到官员默许而自觉遭受"压榨"的行贿部分。显然，这种传统方式已经固定化：一方面官员为皇帝服务，另一方面则为自己谋利；中国商人一方面为官员提供帮助，另一方面则寻求规避他们的方式；外国商人努力实现自我利益的最大化。宫廷太监通常垄断市舶司一职，但到明代后期他们失去了一些权力，地方和省级政府有了自己的安排，也开始向外国商船征税。不过，1522年泉州和宁波的市舶司因倭寇② 骚扰沿海而被迫关闭，只留广州一地。与此同时，1511年占领马六甲的葡萄牙人不久之后来到中国，他们逐渐适应了这一体系。③

早期西方的在华贸易经历了四个主要时期。④

第一个时期是从1514年葡萄牙人来到中国至1644年明朝的覆亡，此一时期几乎看不到中国和欧洲之间的直接贸易。在欧洲人看

---

① 该领域最权威的英文著作来自张德昌的《明代广州之海舶贸易》（*Martime Trade at Canton during the Ming Dynasty*）。

② 关于明代倭寇的研究有很多著作。何格恩的《明代倭寇侵扰沿海各地年表》提供了列表和参考书目。黎光明的《嘉靖御倭江浙主客军考》利用了大量中国军事防御方面的文献。陈懋恒的《明代倭寇考略》非常具有启发性。

③ 参见张天泽：《1514—1644年间的中葡贸易》（*Sino - Portuguese Trade from 1514 to 1644*）；伯希和在《通报》的相关评论，31期，58～94页，1934年。有关澳门的早期治理，参见伯克塞（Boxer）：《远东新贵》（*Fidalgos in the Far East*）。

④ 这一分析吸收了张德昌在《清代鸦片战争前之中西沿海通商》一文中的观点。

来，广州和澳门只是马六甲和巴达维亚等重要商业中心的前哨站而已。

1521 至 1554 年，中葡贸易因双方战事而被官方禁止，但仍以秘密方式进行，特别是在福建沿海，当地的士绅、官员以及渔民都在从中渔利。1557 年以后，葡萄牙人在澳门的定居点首次有明确记载，随后他们的居住区迅速扩大。中国从未放弃对澳门及其贸易的控制，即使当时葡萄牙人已建立自己的地方政府。中国当局实行的控制手段有二：一是香山县地方官每年向葡萄牙人收取土地租金，二是中国海关的官员驻守澳门港口。澳门起初并未引起督抚及其上司中央官员的注意，因此该省的地方官员和海关监督靠海关关税大发其财。关税由澳门地方官和一名葡籍官员共同征收，葡籍官员负责清点到港船只，并向中国海关呈送货单，他和地方官、船长一同测量船只应缴纳的停泊税（包括测量费）。1578 年后，澳门的葡萄牙商人审时度势，打通了前往广州购买出口货物的渠道，因此广州地方当局开始征收出口税。据说这些税捐光是对葡萄牙人而言就减少了三分之二。这样，明朝后期对外贸易的征税方式已发生变化。对外贸易不再是中央官员的传统式管理，他们既负责接待朝贡关系的使节，又向朝贡队伍中的商人征税；在一段时间内出现了由地方和省级政府因自身需要和收益进行征税的情况。

第二个时期是满人统治的前 40 年，从 1644 年至 1684 年。对外贸易因内乱而中断，特别是 1661 年之后清朝厉行海禁，当时新政权正在与台湾的郑成功作战，禁止沿海民众出海。1679 年，满人采取了和明朝抵制倭寇同样的应急之策，命令沿海和岛屿人口回迁内地。[1] 出国商船被严格限制，中国与西方的联系因此而受限，只能取决于西方商人与广州、厦门等港口地方官员的利益协调。平定台湾后，清廷于1684年解除海禁，最终实现了中欧之间的直接贸易。当时西方贸易者已经对首先在暹罗发现的丝绸产品产生了浓厚兴趣，后来茶叶也在欧洲渐趋流行。

第三个时期是多港口贸易时期，包括1685年至1759年的74年。这一时期英国和其他欧洲公司寻求以一种合适的方式打开广州、厦门、福州和宁波市场。

第四个时期是最终限定广州一地通商时期，包括1760年到1842年的82年，这成为中国解决控制和管理问题的最终方案。尽管从西方人的观点看，最后两个时期是依次发展的不同阶段，但由于广州体系持续发展的事实，使得它们可能会被放在一起考虑。

广州体系的演变

1685年之后，清朝建立了由地方官和中央派遣的官员共同负责的榷关制度。[2] 江苏和浙江巡抚以及福州将军（该省最高的满人军事长官）负责各自区域的海关事务，因此海关已融入该省的行政管理。或许中央对海关控制权的放弃是对地方海关已发展为既定事实的认可。但无论如何，中央并未放弃对广州的直接管辖，毕竟大多数的外

---

① 关于清初沿海防御政策"迁界令"的研究，参见田中克己：《清初的支那沿海》；谢国桢：《清初东南沿海迁界考》。

② 梁廷枏：《粤海关志》，30卷，其中卷1—4、21—30已有《国学文库》丛书重印，北平，1935年；书中最晚提及1839年，参见卷7；评论文章参见冼玉清：《梁廷枏箸述录要》。探讨清代对外政策的演变，离不开广州体系的基本概念，参见平濑巳之吉《近代支那经济史》，96—136页。

贸事务集中于此。

首任"河泊"或粤海关监督设于 1685 年，直属北京的内务府。粤海关监督的职责是征收广州地区的对外贸易税，并送至京师户部。有人认为，粤海关监督的西方名字"河泊"源自"户部"一词。[①] 粤海关监督在广州控制着海关总部、达官、驻澳门外贸监督以及珠江三角洲 5 个中心口岸所派驻的官员。

广州城通往入海口的西江和珠江流域有无数溪流与河道，这却造成了最困难的管理问题。这一地区有数百平方英里，居住着难以分辨的渔民和海盗，治安需要强有力的防卫组织。如果皇帝想收取一部分税收，地方官员必须要竭力配合。以王朝周期性的行政改革为标志，朝廷与省级政府之间的利益似乎长期存在矛盾。粤海关监督一职约于 1724 年撤销，海关管辖权收归地方当局，置于总督监管之下，而总督按规定上缴税款。1729 年，清廷重设粤海关监督一职，但其后经历各种调整，一直持续到 1750 年。[②]

除了地方利益的竞争，一份 1734 年的上谕指出了造成管辖权频繁更迭的原因。直接从朝廷派遣的官员希望亲自组建值得信赖的管理

---

① "河泊"一词的起源存在各种不同的有趣说法。其官方名称为粤海关监督，事实上直属内务府，而不是户部。《中国行名录，1864 年》（The China Directory，1864）中写为"粤海关部"。卫三畏（S. W. Williams）在《中国商业指南》（The Chinese Commercial Guide，Hongkong，1863，Shortrede，5 th. ed.）第 160 页中指出，"河泊"是管理河中船只和治安的低级官员。不过，当 3 个世纪之前外国船只在广州停泊贸易时，船员受"海泊首"监管，这一职位后来逐渐演变成"海泊首"的上级。黄菩生在《清代广东贸易及其在中国经济史上之意义》的 175 页支持"户部"的说法，不同意"河泊"或"海泊"。而田中克己赞成"河泊"的说法。

② 阮元在《广东通志》（180 页）中概述了这些变化：1730 年广东海关由巡抚兼理 8 个月，1735 年由粤海关副监督管辖，1743 年改由广州将军兼理，1745 年改由总督负责，1747 年又改为巡抚兼理。引自梁嘉彬：《广东十三行考》，64 页。

机构，但这一机构无法与地方政府建立行政上的关联，因此地方政府并不与其合作，还纵容他们默许下的走私者和海盗与当局发生摩擦，粤海关监督的作用因此而受限。为了挽救这种局面，皇帝下令广东巡抚和总督都有掌管所有小型港口之责，他们可以弹劾那些不与粤海关监督和海关合作的地方官员。同时，粤海关监督仍和从前一样负责关税的征收和豁免，但不归巡抚和总督管辖。① 此后不久，广东海关似乎处于一种联合控制之下。从 1750 年开始，粤海关监督依然征收关税，但他向户部的汇报需要同巡抚一道联衔会奏。最终，1792 年之后，巡抚和总督每月要向户部秘密汇报，而到年底他们的报告要同粤海关监督的征税报册进行核对。

因此，广东官场的所有高级官员无论公开还是私下里都与港口外贸有着千丝万缕的联系。北京朝廷希望随着时间的推移，某些贸易"顺差"可以稳定增加到一个固定的金额。税收超过定额的部分向中央报告，② 同时，这也给粤海关监督留下究竟取悦中央上司还是中饱私囊的选择空间。粤海关监督一职长期由满人把持，通常任期 3 年，正如马士博士指出的那样，"第一年任职，粤海关监督会上缴净利润以稳固职位，第二年依然保持税率，第三年则降低利润以中饱私囊。"③

与此同时，粤海关监督及其广东官场的对手们都遵从了利用中国商人群体作为其代理人的传统。这些商人团体是长期演进的产物，以

---

① 梁廷枬：《粤海关志》，7 页。

② 有关这一制度的细节，参见马士：《中华帝国对外关系史》，第 14 章。

③ 马士：《中华帝国对外关系史》，"冲突"，34 页。

公行最为知名，由于它的非官方性质，所以很难见诸文献。[①] 有证据表明，明代中后期的广州市舶提举司已开始用三十六牙行组织代为管理对外贸易的经营活动。这些中间人负责外贸专营，犹如领有政府所发引窝的食盐专卖商。这也符合中国商人在大宗贸易方面组织行会的传统。

著名的广东十三行成为一个公认的组织，即使不能追溯到明朝，也要追溯到 17 世纪，其显然要早于 1720 年形成的公行。作为政府的代理人，十三行总商获得一定的官方身份，如身为九品官衔，有"官"或"学"的称呼——后来被外国人熟知的是他们各自的姓氏都有"官"和"号"的后缀，而最显要的成员名字则直接改为"浩官"（更多细节参见后文第 14 章）。早期的行商中，一部分人来自福建，但至少有 3 人来自广东，1 人来自安徽。他们的外贸活动最初集中在广州西南城墙外的郊区，当地的"番房"早在宋代已十分繁荣。随着 18 世纪对外贸易的增长，他们的作用日渐突出，最终成为与商业并重的政治力量。

十三行最初只是监管南洋贸易，包括马来西亚、马六甲海峡和印度群岛。后来他们开始把主要精力投入到广州与欧洲人之间的贸易（他们自己从未关心过澳门的葡萄牙人）。这表明中国与欧洲贸易的增长最初是以中国与东南亚之间早已建立的商业关系为框架的。广州一任又一任的地方官在其任上竭力起用自己的专卖人，通常会选择一家公行的某一个人，对西方人而言即广为熟知的"皇商"、"总督商

---

① 有关公行最有见地的研究是梁嘉彬的《广东十三行考》，该书充分利用了马士《东印度公司对华贸易编年史》的成果以及中文资料。松本忠雄：《广东的行商及夷馆》，载于《支那》，卷 23，1 期，52—67 页（1932 年春），该文主要利用了西方资料；平濑巳之吉：《近代支那经济史》，165—188 页。

人"等。在 18 世纪早期公行制度的形成阶段，总督、将军以及其他包括广东巡抚在内的官员都通过自己的代理人在贸易中牟利。1720年，似乎借助当时一位垄断代理人的突然死亡，十三行（13 这个数字会经常变动）最终形成一个垄断的行业组织，即公行，从此为专营制度提供了更为广阔而持久的基础。1720 年，采取这一行动的商号歃血盟誓，签署十三条行规，这些规定支配着他们的商业活动，使他们能够结成同盟，共同对抗本国官员和外国人。

从那时起，尽管并非一帆风顺，广州体系逐步发展成形。1745年，清朝建立"保商连坐"制度，某一公行取结切保每艘外国船只的活动及其所应缴纳的关税。1760 年，欧洲人的贸易限于广州一口，而茶叶与生丝的贸易则由公行垄断。公行的众商号分为三个等级，其中一个负责与欧洲商人打交道。税收的形式种类繁多。十三行颁布了著名的"欧洲人不能随意出行"规定。1760 至 1834 年是广州贸易的全盛时期，行商承担的义务越来越多。他们不仅作价、售货、具保，限制外人并与其协商，打击走私，出租工场给外人；同时，还管理银行业务的各个方面，充当翻译机构，支持民团和学校，以及为各级政府提供全方位的服务。[①]

官方收益与中央政策

广州体系体现在诸多方面，在此不能一一涉及。不过，一个突出的事实是，公行只是代理机构，并非中国方面的掌权者。关于这一点，体现最显著的莫过于公行成员在历史上的失败与破产。外国人最经常的抱怨之一，即行商需要资本时却总是无力偿还——因此他们的

---

① 参见梁嘉彬前书各章节。

外债最终成为国际性的痼疾。中国方面在广州贸易的主导者是政府的官僚系统，他们为政府提供财政收入，同时贪得无厌地中饱私囊。这方面的例证不胜枚举。[①] 每年中国沿海贸易的收入（其中正式税收完全不能同公行与粤海关监督的非正式赠礼和报效相提并论）流向北京，或用于治理黄河、内地剿匪，以及官员薪俸。这丝毫不令人感到奇怪，只是反映出古代官员统治商人的事实，这是深植于中国社会的特质，王朝政权对贸易与税收漠不关心，恰恰使得官员从中谋利。某种意义而言，帝国官员只不过把他们根深蒂固的寄生性从土地财富的追逐转移到更易获得的沿海贸易利润。当我们富有同情心地看待1800 年之后的清朝时，会发现为了维护统治，它不得不紧紧抓住每一棵稻草。总之，广州的命运清晰地表明——即使（如桑塞姆所指出的）考虑到"原则与实践之间存在差异"的例外情况，[②] 中国历史上也少有商业平等，"压榨"是其一再发扬的传统。

最关键的问题在于，清王朝的官方意识从来不承认海外贸易增长对于财政的重要性。政府的官方政策坚持传统观念，继续抑制商业，认为海外贸易从好的方面看是对"夷狄"的一种恩赐，从坏的方面考虑则是近来外国人窥伺中国实力与弱点的一种手段。这种防御政策令人想起最近发生的事情。清政府禁止硝石、火药和铁制品的外流。清政府严禁外国人在中国土地上携带武器，竭力阻止他们观察中国事物，如冬天不能待在广州，不允许学习中国语言和购买某些中国书籍。面对海外贸易的增长，清中央政府的政策却是纯粹的机会主义。政府通常给商人设置重重障碍，而不是帮助他们。1741 年，荷兰人

---

① 参见梁嘉彬：《广东十三行考》，134—140 页；马士：《东印度公司对华贸易编年史》各章节。

② 桑塞姆（Sansom）：《西方世界与日本》（*Western World and Japan*），144 页。

在巴达维亚杀戮中国商人，一份愤怒的断绝荷兰对华贸易的提议却遭到清政府否决，粤海关监督只为自己考虑，要求两艘荷兰船只能在澳门交易，这样可以避免广州方面的麻烦。朝廷要求商人回国，禁止他们待在那里，而不是支持这些在国外的中国商人。北京似乎很担忧中国商人在海外的商业扩张。因此，清朝政府反对那些代表暹罗和马来半岛上的小苏丹国与中国进行朝贡贸易的中国商人，尽管他们的活动广泛而深入，却没有为他们提供任何帮助。旅居海外的中国商人早已形成大规模社区，同时也是朝贡贸易最主要的实际执行者，清政府在政策制定时却没有考虑到这一点。1807 年，福建和广东人控制的暹罗船队到达广州，广州当局却上奏告发那些代表外国开展朝贡贸易的中国商人，宣称他们应该被视为叛国者。[①]

尽管在这样的政策下，起初作为对"夷人"无关紧要恩赐的广州贸易，事实上却为朝廷和官员群体提供了源源不断的私人战利品。清朝官场的贪腐积重难返，这是广州体系崩溃的成因之一，后来又成为英国条约制订者所面临的问题。

从上述例举的种种证据来看，中国未能做好与近代西方打交道的准备，这显然是其旧有生活方式的重要组成部分。到了近代，原有社会的经济和行政模式，如同儒家观念或朝贡关系理论一样，都会成为一种阻碍，因为这种牢固而非常稳定的社会如果没有最终瓦解和整体结构的重塑，它根本不可能再造新生。这一持续百年的进程以不同的阶段为标志，其中条约体系的创立是其开端。

---

① 参见张德昌：《清代鸦片战争前之中西沿海通商》。

第二部分

第一个条约的签订：1842—1843年

第四章 鸦片和广州体系的崩溃

　　1842—1843 年间中英双方签订的一系列条约，是百年来中国与西方不平等关系的基石，也表明中国外交被纳入新的秩序。不过，由于一系列纲领性文件，这些条约中详细列举的权利、责任和程序最初都仅仅落实在纸面文字而已（后来的确发现有些词语在中文和英文中并不一致）。1842—1843 年间的这批法律文件确实预示出中西关系的新秩序，并不像诸多郑重的战后承诺那样变成一纸空文，这"归功"于当时以武力优势为后盾的一方通过反复试错而形成的条约起草方式。这些条约并非英国设定的蓝图，而是中英之间的妥协。这些条约和西方国家之间签署的条约一样，也顾及中国的价值观和制度。它们是一个世纪中英关系的最终产物，对它们的研究，必须首先把它们置于其将要被替代的旧有广州体系的背景之下。下面几章将叙述广州体系的崩溃，接踵而来的战争与谈判，以及中国对外贸易合法化进程中所取得的一致性法律原则，同时基本保留专为规范鸦片贸易而设计的非正式制度。第一批不平等条约最主要的失败在于未能从根本上引发广州旧秩序的崩溃，而日益扩张的毒品贸易反倒在其中起到十分突出的作用。

西方史料中生动描绘了粤海关监督与公行，它们同英国东印度公司之间温文尔雅的关系反映出双方的合作达到鼎盛。1834 年之前的广州传统贸易确实是行商与东印度公司诗情画意般的汇集之地，它们分别垄断了中外茶叶与生丝贸易的各自一方，很多作者都对广州景象进行了描述。[①] 不过，我们这里的兴趣点并非广州贸易的太平时光，而是困扰它的痼疾以及它留给后世未能解决的问题。广州体系的痼疾在三个不同领域得以发展：首先是中国的官场，前文已提及官员腐败；其次是私营商人；第三是鸦片贸易。当中国官员和西方的私营商人联手进行毒品贸易时，旧的广州体系最终被他们所断送。1834 年东印度公司垄断英国贸易的终结只不过是对旧秩序的致命一击，同时加剧了中英双方围绕新秩序而展开的斗争。

东印度公司的衰落

东印度公司垄断英国在远东的所有贸易，被英国政府授予广泛权力，这样的做法在 17 世纪的贸易活动中实有必要，因为需要穿越危险的海洋和广阔的陆地。尽管东印度公司在印度利用这些权力成长为一个政府，但它在广州却从未改变其商业性质。它是一个盈利组织，

---

① 最著名的描述是亨特（W. C. Hunter）的著作《广州"番鬼录"——1825—1844 年缔约前"番鬼"在广州的情形》（The 'Fan Kwae' at Canton before Treaty Days, 1825—1844），这本书长期以来被奉为经典。王克私（Ph. DeVargas）在《燕京社会学界》（Yenching Journal of Social Studies）第 1 卷第 2 期（1939 年 7 月）对其进行了精彩解读，91—117 页。

但并不主要靠股息实现利润。[1] 本书主要考察东印度公司的破产趋势，而同时它的职员却通过赞助、利用私人贸易机会以及类似手段从中获利。于是，孟加拉总督的年薪是 12.5 万英镑，英国东印度公司在广州的特别委员会主席有时一年任期内可赚到 10 万英镑，而英国本部获得的红利却固定在 8% 至 10.5% 之间。东印度公司似乎拥有商人的大脑和政府的身体，代表英国政府的东印度公司在中国却被视为一个贸易机构，公司政策的制定皆出于商业方面的考虑。

　　直到 18 世纪后半叶，远东地区的英国公司才遇到其他欧洲国家的有力竞争。起初是葡萄牙和荷兰的公司，后来是奥属尼德兰（Ostenders）、瑞典、丹麦、法国、普鲁士以及其他欧洲大陆国家的公司，它们通过在广州走私茶叶卖到英国市场牟利。这种竞争在 1783 至 1784 年间达到顶峰，当时 21 艘欧洲商船在广州出口 900 万磅茶叶，[2] 其中绝大多数茶叶都在英伦诸岛内部找到它的最佳市场。1784 年，英国政府鉴于茶叶贸易走私与竞争的双重威胁，通过了《折抵法案》（the Commutation Act）。该法案将英国的茶叶关税由 119% 降至 12.5%，使茶叶走私变得无利可图。接下来的几年，法国大革命进一步阻碍了欧洲大陆与英国的贸易竞争，英国取得对华贸易的绝对优势，而美国在 1784 年之后才刚刚参与对华贸易。

　　此时广州体系已牢固确立，其实这里还有一部分来自英国人的帮助，因为东印度公司已放弃了之前在厦门或舟山群岛的贸易努力，更

---

① 这一观点的整体研究参见帕金森（C. N. Parkinson）：《1793 至 1813 年间东方海域的贸易》（Trade in the Eastern Seas, 1793—1813）。不过，菲利普（C. H. Philips）却在《1784 至 1834 年间的东印度公司》（The East India Company, 1784—1834）一书中对此提出批评。关于东印度公司在中国的活动，后者似乎更接近事实。

② 普理查德（E. H. Pritchard）：《1750—1800 年间中英关系的关键年代》（The Crucial Years of Anglo - Chinese Relations 1750—1800），218 页。

愿在广州这个良好而可靠的市场经商，在广州，进行大宗贸易的国内资本非常充足。当然，从某种程度上说，这是狡黠的广州商人精心设计的成果，尽管这一点还没有被研究。不管怎样，到 18 世纪末，东印度公司已成为中外贸易中外国一方占主导地位的垄断者，负责出面与强大的中国公行打交道。双方可以成为朋友；但另一方面东印度公司不得不困扰于广州贸易的管制、坏账以及停摆等问题，最终渐趋保守。19 世纪初，它完全满足于现状，唯恐眼前利益受损，延缓了未来改革的步伐。

英国国王派遣的那支著名的马戛尔尼使团预示了工业革命的新篇章，使团费用由东印度公司承担，使团的部分使命却是为英国新的工业品寻找批发商（参见 1788 年英国棉纺织业严重的生产过剩）。[1] 清政府恰如其分地安排使团取道广东，马戛尔尼于 1793 年夏经由海路抵达天津，他乘坐的皇家海军"狮子"号军舰上装载了价值 15000 英镑献给乾隆皇帝的礼物。这些礼物都被贴上"英王贡品"的中文标签，马戛尔尼礼貌地恳求适当简化朝贡礼仪。不过，他拒绝叩头礼仪，希望让中国人看到"英国人无论走到哪里都掩饰不住的优越感"[2]。对乾隆皇帝而言，他在那封著名的给乔治三世的回信中沿用了朝贡体系的传统措辞："尔国王远在重洋，倾心向化……朕披阅表文，具见尔国王恭顺之诚，深为嘉许。"[3] 英国得到中国很多方面的信息，但他们的通商请求却未被批准。

---

① 普理查德（E. H. Pritchard）：《1750—1800 年间中英关系的关键年代》，265 页。

② 罗宾斯（Helen H. Robins）在《首任驻华大使》（*Our First Ambassador to China*）一书中提到了马戛尔尼勋爵当时的想法。参见普理查德（Pritchard）：《1793 年马戛尔尼访华使团中的叩头礼》；尽管最近有朱杰勤的《英国第一次使臣来华记》等研究，但材料几乎没有新的补充。

③ 详文见马士：《东印度公司对华贸易编年史》，卷 2，247—252 页。

不过，马戛尔尼向中方提出的要求非常重要，包括北方港口（舟山、宁波和天津）的开埠，允许广东和舟山附近岛屿存放货物，以及固定关税等。这些 1793 年所提出的请求，甚至更早可追溯到东印度公司驻广东官员的文件记录，[①] 最终形成了 1842 年英国要求签署条约的基本内容。因此，英国的对华贸易需求显然比贸易实践早了整整一代人。这种迟滞性部分归结于东印度公司每况愈下的事实。1813 年后，东印度公司失去了英国对印度的贸易垄断。远在英国的董事们延续了及时行乐政策，助长了公司的灭顶之灾。1816 年的阿美士德使团没能得到公司的鼎力支持，无功而返，尽管英国拥有经济和军事力量的优势，但在外交上却未打破贸易壁垒。

广州贸易最重要的经济因素是中国对英国的货物需求，一些商品在炎热潮湿的广州要比英国的羊毛制品更有市场，只能通过它们来抵消日益增长的茶叶和生丝的输出。东印度公司在广州的茶叶装货量从 1761 年的 262.6 万磅（价值 3.1 万英镑）激增到 1800 年的 2330 万磅（价值 366.5 万英镑）。此时所谓"港脚"贸易（印度和中国之间的贸易）成为印度、中国和英国三边贸易的必要环节。[②] 这种私人经营的"港脚"贸易由东印度公司在印度发给执照，在远东范围处于公司控制之下。它代表了英国进入东南亚当地转口贸易的最后入口，沿着这条古代海上交通线，英国将印度的棉布、鸦片和象牙，马来西

---

① 马士：《东印度公司对华贸易编年史》，卷 2，157—159 页，"卡斯卡特中校的最初提议"，1787 年 8 月 18 日，原文记录道："我们需要一个良好的环境，可以安全地停泊船只，方便地装卸我们的货物以及收集的茶叶。我们的大宗货物可以在整个沿海自由存放"；亦可参见普理查德在《1750—1800 年间中英关系的关键年代》一书中所引用的 1754 年皮古的信件。

② 弗伯（Holden Furber）的《约翰公司工作》（*John Company at Work*）一书考察了以印度为基础的英国私人贸易的增长，当然中国只是英国私人贸易扩张的区域之一。

亚沿海与内陆的燕窝、樟脑、藤器、锡器以及香料运往中国。日渐增长的"港脚"贸易与中国的舢板贸易在各海峡间直接竞争，也使我们了解到中国进口货物的固定需求。直到 1823 年，印度原棉是最大宗的进口商品。它的销售所得在广州汇入公司账户，到伦敦兑换汇票。1775 至 1795 年间，东印度公司从中获取的利润占到总收入的三分之一以上。[①]

私营贸易的起源

18 世纪 60 年代末，广州出现了最早的私人散商。通常贸易合伙人每年会得到 80 张汇票，诸如亨特（Hunter）、伦敦的范西塔特和劳（Vansittart and Law of London），费尔利（Fairlie）、弗格森和加尔各答公司（Ferguson and Company of Calcutta）等。1800 年之前广州有 40 多个公司在不同时期都曾一度活跃。塞缪尔·史密斯父子（Samuel Smith and Sons）、威廉·麦金托什船长（Capt. William Mackintosh）、詹姆斯·法夸哈森船长（Capt. James Farquaharson）、大卫·斯科特公司（David Scott and Company）、伦敦的朗斯和菲兹休（Lance and Fitzhugh of London）、孟买的达迪·拿舍湾治（Dady Nasserwanjee of Bombay），苏格兰和巴斯商人成为主要力量。[②]

渣甸公司在对华贸易中崭露头角，成为私人贸易增长的缩影。从那时起，它打破了东印度公司的垄断局面，逐渐拥有英国对华海运、船坞、铁路、矿山以及纺织业的大部分利益。渣甸公司只是诸多西方在华商业企业中的一员，却最为重要。令人振奋的是，公司留下卷帙

---

① 普理查德：《1750—1800 年间中英关系的关键年代》，181 页。

② 普理查德：《1750—1800 年间中英关系的关键年代》，180 页。

浩繁的资料记载，使历史学家对其拥有浓厚的兴趣。

直到1832年，公司还不是怡和这个现在的名字。在此之前，习惯上公司的名称随着合伙人的变化而变化。不过，公司的传承可追溯到1782年，[①] 当时可以确定柯克斯（John Henry Cox）获得了东印度公司颁发的3年销售钟表和自动装置的许可。这些器物以八音盒最为著名，例如"鼻烟壶藏有自动装置，当盖子打开时，一只镶嵌宝石的鸟会自动唱歌"[②]，是广受欢迎、销量极大的宫廷古玩（如今被北京的故宫博物院收藏）。不久，柯克斯拓展了他的业务，进入"港脚"贸易，充当起英国印度公司在广州的代理人，尝试从美国西北岸进口毛皮。1787年，柯克斯开始与比尔（Daniel Beale）合作，后者曾掌管东印度公司商船，并从普鲁士国王那里获得了领事文件。由于比尔是外国政府代理人，因此既不受东印度公司管辖，也不能被东印度公司驱离中国。1801年，商行改名为里德比尔行，里德（David Reid）是丹麦步兵队队长，在广州受丹麦政府保护。1819年，商行

① 公司开始叫作渣甸马地臣公司，后来改为渣甸马地臣有限公司。《怡和洋行百年史略》（*An outline of the history of a China House for a hundred years*，1832—1932），7页。转引自马士：《东印度公司对华贸易编年史》，卷2，142页。这些资料与格林伯格的档案研究有所出入，参见格林伯格（Michael Greenburg）：《英国贸易与中国的开埠：1800—1842年》（*British Trade and the Opening of China*，1800—1842）。

② 约克（G. J. Yorke）：《中国皇室与怡和洋行的早期记录，1782—1844年》（*The Princely House, the Story of the Early Years of Jardine Matheson and Company in China* 1782—1844），手稿本，59页。所引器物的资料源于未刊信札，这些信札应修订后予以出版；在此稍微提及一下已出版资料的具体情况。尽管该资料被广泛引用，但只有在科里斯（Maurice Collis）的《外国污染物》（*Foreign Mud*）一书中轻描淡写地有所提及，该书确是一部可读性极强且具有开拓意义的历史记录。有关鸦片贸易商船及船长情况最详尽的细节显然主要源于颠地公司记录，参见卢博科（Basil Lubbock）的《鸦片船》（*The Opium Clippers*）。

带着普鲁士领事的身份又变为马尼亚克商行（Charles Magniac and Company）。

1825 年，威廉·渣甸（1784—1843 年）接管了这家合伙商行。18 岁的渣甸曾担任东印度公司随船外科医生，15 年后离职，遂成为一名从事对华贸易的印度商行代理人。同为苏格兰人的孖地臣（James Matheson）（1796—1878 年），从爱丁堡大学毕业后进入加尔各答的马尼亚克商行会计事务所。1820 年，孖地臣与丹麦领事在广州建立合作，随后开展对马尼拉和新加坡的贸易。1827 年左右，孖地臣与渣甸商行合伙，后者已经控制了马尼亚克商行。[①]

值得强调的是，早期英国商人（包括撒丁、瑞典、西西里、汉诺威以及普鲁士和丹麦的"代表人"）对华贸易的开展与繁荣，不仅缘于他们通过获取外国政府授权以规避东印度公司的垄断，而且因为他们发挥了必要的商业功能。格林伯格对怡和洋行档案的研究清晰地表明，他们是英国和印度私人公司在广州的交流者和代理人，他们迅速在 19 世纪建立了英国在全球的贸易、信用、运输、保险以及投资活动的商业网络。这些"代理机构"不仅做贸易，而且摇身一变成为"银行家、证券经纪人、船主、承运人、保险代理人和承办人等角色"。英国新机器工业的剩余产品以委托方式，通过这些代理机构销往世界各地。这种方式资本需求小，却对企业规模要求高。代理公司合伙人会以"投机"或购买现货方式投资他们的个人基金，但公司利润主要来源于佣金，委托的经营活动多种多样，费率从 1.5% 到

---

① 约克与格林伯格的书中均有大量相关记载。下一段论述以格林伯格的精深著作为基础，该书利用了剑桥大学收藏的怡和洋行档案，这批资料反映了条约签订之前对华私人贸易者的经济作用。最近的一项独立统计分析源于英国方面的资料，参见卫藤沈吉：《鸦片战争以前英国商人的特征》。

5%不等，这些活动包括：代销货物的买卖，商品、货币退汇或国库退税业务，货币或债券担保，船货的保险，船只包租，货运管理，债权收回等，总之，可实现各种方式长距离运输的商业贸易。因此，这些代理机构涉及各种形式的银行业务，并成立保险公司，在第一批条约签订很久之前已拥有船队，并在中国土地上发展新的港口，建立存放货物的仓库。

令人好奇的是，一种双寡头竞争的态势贯穿整个早期在华公司的历史——企业似乎需要两个组织存在竞争的商业环境，但不需要更多组织参与竞争。颠地洋行（Dent and Company）最初起家于戴维森（W. S. Davidson）商行，颠地本是苏格兰人，于1811年以葡萄牙侨民身份来到广州，洋行业务因此通过法律豁免权摆脱了东印度公司的控制。格林伯格指出，渣甸和颠地洋行与所有人打交道时，特别注意保持其与加尔各答、孟买和伦敦首席记者之间的密切联系，因为他们彼此有着共同的敌人。加尔各答的诸多商行（它们经常改换名称）中，"费尔利和巴马（Palmer）是行业翘楚。……广州洋行大部分是这些印度公司的分支机构，洋行的人员和资本也常常直接源于这些公司。"渣甸、马地臣、颠地等商行在中国沿海的激烈竞争整整持续了两代人的时间，这种模式似乎在英国商业扩张的其他地方早有反映。

家庭关系在中国洋行的合伙决定权上占很大比重。渣甸首先同加尔各答的莱尔（Lyall）合伙，1832年之后又与马地臣商行合伙，接下来在伦敦与马尼亚克·史密斯商行合伙，1841年合伙人为马尼亚克渣甸商行，1848年与孖地臣合伙建立怡和公司。这些来自苏格兰家族重要合伙人之间的联姻关系远比他们在合伙公司中体现的名字（参见附录A，第二部分，怡和公司合伙人中包括了公司创立者的7个侄子）要亲密得多。怡和公司在1842年重签的条款中规定，公司的运营管理直接由渣甸和孖地臣的亲属负责。不过，这种裙带关系有时会超越业务能力。例如怡和公司的孟买首席代表便是吉吉博伊父子（Jamsetjee Jeejeebhoy and Sons）。

这些先驱人物最突出的特点是他们的创造力与进取心。他们在美洲西北部投资皮毛只是案例之一。他们从东印度公司官员那里购买私人货物的装运空间，每笔业务都有东印度航船标识，通过这种手段直接与英国进行贸易。19世纪20年代末，他们在自由港口新加坡创造出一套装卸中国货物的机制，商品无需下船，重新装载后运往英国，这一做法并不妨碍东印度公司对广州到伦敦之间直接贸易的垄断权。为了解决广州的资本缺乏问题并从中获利，他们从印度吸收大量存款，每年付10%至12%的利息，然后以更高利率贷给广州的行商。为了摆脱英国东印度公司对伦敦票汇汇率的控制，英国私营商人从美国商人那里购买汇票。他们通过这些方式将资金从广州汇往伦敦，比以前经由孟买更加便捷。这些活动有助于把印度的利润直接从广州转到伦敦。

想象力、敬业精神和捕捉商机的敏锐眼光是这些广州代理商成功的基本特征。孖地臣在研究中国人的品位时发现，"缝有白线的蓝头巾价格远高于圆形白点的同类产品"①。为了避免英国的种种限制，他的商船必要时会悬挂丹麦或葡萄牙的旗帜航行。他曾与马尼拉的一家在美洲有批发业务的西班牙公司合作数年，但主要业务还是同印度和新加坡的英国公司从事"港脚"贸易。他所做的一切都间接帮助了东印度公司对茶叶贸易的资金投入，而茶叶贸易有时会承担英国税收的十分之一。到1834年，"一半以上的英国对华贸易早已掌握在私人手中"。

---

① 约克：《中国皇室与怡和洋行的早期记录，1782—1844年》，111页。

鸦片贸易的兴起

作为广州体系瓦解的第二步，这些出现在中国舞台上的新生力量把创造力和精力专注于鸦片进口。这点逐渐被大家所接受，但并没有被检验。

毒品买卖的起源首先是清朝的鸦片需求，这无疑是中国历史上最近才出现的一个相当复杂的社会现象。尽管中国人了解罂粟很早，但在 18 世纪晚期之前并没有多少人吸食，直到 1850 年以后罂粟才广泛种植。作为近代恶习的鸦片，引发诸多管理方面的新问题，其破坏性的社会后果所涉及的范围完全出人意料。前文已讨论了鸦片输入最显著的经济原因，换句话说，即为了平衡广州茶叶贸易的逆差压力。印度原棉起初很好地抵消了贸易逆差，但中国的毒品需求增长迅猛，很快替代了其他所有商品。最终，随着运输条件的改善，印度的鸦片生产逐渐成为政府收入来源中巨大的既得利益。这种供需双方互相刺激的恶性循环值得进一步研究。

当东印度公司最初开始把鸦片作为在印度的收入时，它便将自己置于要么接受、要么放弃的境地，但这种状态并不长久。当时印度有两种通行的鸦片，分别种植在北印度的东部和西部地区。[①] 孟加拉的主要鸦片类型为公班土，其种植被东印度公司直接控制。印度的罂粟种植者从政府那里得到预付款，同时承诺只能以固定价格卖给官方的代理机构。这些搜集来的生鸦片在东印度公司的组织下进行加工和销售，并在加尔各答定期举行拍卖。这样生产出来的鸦片带有公司标

---

① 最好的研究著作莫过于欧文（D. E. Owen）的《英国对印度和中国的鸦片政策》（*British Opium Policy in India and China*）。

记，具备公司所要求的质量标准。鸦片在拍卖会上被私营商人购买，主要是英国和巴斯商人，然后由他们销往中国。这种体制在 18 世纪试行一段时间之后，东印度公司自身向东方运输鸦片受到的种种制约便显现出来。不过，值得注意的是，负责运输的私营商人需要拥有东印度公司颁发的执照许可。

不幸的是，获利丰厚的鸦片专卖在孟加拉地区遭遇西印度方面的激烈竞争，包括从达玛（Damaun）运输鸦片的葡萄牙人和本土邦到孟买沿线的当地商人。本土邦的鸦片称为麻洼（Malwa），产于 19 世纪初，其产地不受东印度公司控制。既然麻洼与孟加拉鸦片存在竞争关系，它们之间的长期斗争随之而来。东印度公司为阻止竞争，保持价格，极力控制双方的货源。公司的努力直到 1830 年才取得成功。从那时起，公司获得了孟加拉地区的控制权，拥有麻洼运输的最佳港口，因此，那些不受控制的地区所生产的鸦片要么听命于公司，要么只能绕行艰难不便的道路。当麻洼经由公司辖区时，公司征收过境税，税率不低，产生足够的收益，但同时又没有高到出现贸易转移的情形。公司对麻洼的控制在 1843 年占领信德（Sind）以后渐趋完善。

或许源于初期竞争和资金压力的关系，鸦片生产一直呈现稳步增长的态势，其在印度税收上的重要性也是逐步提升。例如，1800 年左右，鸦片对公司在印度收入的贡献不足 3%，1826—1827 年间鸦片收入增至总收入的 5% 以上，到 19 世纪 50 年代更是达到 12% 以上，鸦片总量约计 400 万磅。① 公司通过这种方式至少在短期内得到稳步

----

① 转引自《英国议会文书》，下议院，1855 年，336 号：《1792 年以来印度年度地产税总收益的回报》（*Returns of the Gross Revenue derived annually from the Tax on Land in India since 1792*）；同上，1857 年，16 号：《印度所有税收年度收入的回报》（*A Return of the Revenue derived Annually from all Sources of Taxation in India*）。

提升的鸦片税收，同时也更加倚重在中国的销量。马来半岛及其附属岛屿确实出现过一个正在扩张的市场，1819 年之后新加坡承担起集散中心的角色，不过其所涉鸦片数量无法与中国市场相提并论。另一方面，从鸦片供应量来看，19 世纪 40 年代中国的烟民总量不超过100 万人，甚至可能更少。①

鸦片在中国的准备与吸食过程相当简单。例如，19 世纪 80 年代是鸦片贸易的高峰，巴特那（Patna）和贝拿勒斯（Benares）运到中国的公班土呈圆球状，每个球重 4 磅，每 40 个球包装为一箱。每个球内装有 3 磅鸦片，外面包裹许多层罂粟叶，大约一英寸厚。麻洼鸦片包装松散，呈不规则的块状，每块重 4 到 6 盎司。

吸食鸦片的准备要经历两个阶段。第一个阶段是把生鸦片放到铜壶里开水煮沸，慢火温煮 3 至 5 个小时。在此过程中，鸦片要不断被搅拌，直至黏稠成丸块状。然后把鸦片压成多孔易碎的薄片，厚度大约 3.3 毫米。接下来整晚用水冲刷薄片，使其能够直立。第二个阶段是次日把浸泡过鸦片的水仔细过滤。如滤液中已含有鸦片，将其煮沸并搅拌 4 至 7 个小时，直至黏稠成糖浆状。然后将鸦片浆倒入罐中，3 磅生鸦片大约能制造两磅可吸食的鸦片。在此过程中，从吸食者烟管里搜集的烟渣和次品又和其他新鲜的鸦片混合在一起。

---

① 唐宁（Downing）在《中国的陌生人》（*The Stranger in China*）第 2 卷 157 页写道，1836 年大约有 3320 万盎司（两）提纯的鸦片供 1250 万人吸食。后来的 1879 年估算道，"普通吸食者"每天消费五分之一到二分之一盎司（2 到 5 钱）鸦片，"重度吸食者"每天消耗二分之一至两盎司（5 到 20 钱）鸦片。据说十分之一盎司的鸦片即可填满3 到 20 烟斗。1881 年，赫德据此估算，大约一年有 20 万箱（合 1.2 万吨）待加工的鸦片提供给 200 万吸食者。这仅仅相当于百分之一全国人口的三分之二。参见《中华帝国海关》（*China, Imperial Maritime Customs*），第 2 卷，特刊，第 4 页，"鸦片"，上海，1881年。

鸦片瘾君子卧于榻上，取一点拉丝烟膏，用烟灯将其烤化，然后在烟膏罐里蘸一下，吸食泡烟膏水的蒸发烟雾取乐。当小药丸状的鸦片膨胀成透明烟泡时，瘾君子机敏地把它放到烟枪碗里。"他嘴里叼着烟枪，烟碗就着烟灯，火苗烤着鸦片，药丸里的物质都转化为烟雾。"因此，吸入瘾君子肺里的鸦片烟并非燃烧产生的烟雾，而是包含有挥发性鸦片提取物的可溶性生物碱的水蒸气。这一过程并不像吸食烟草，而是将吗啡引入身体系统。

中国沿海的鸦片

19 世纪 30 年代，印度鸦片贸易竞争加剧，东印度公司为保证利润，增加了孟加拉鸦片的供给。他们很快发现，每箱鸦片以更低价格出售，薄利多销，可得到同样的回报。1831—1832 年间，东印度公司的鸦片产量翻倍，到 1836 年，产量翻了 3 倍，对华出口的鸦片增至 3 万箱。极为偶然的是，鸦片贸易的骤然增长竟与 1834 年东印度公司对华贸易垄断地位的终结高度一致，随后二者均陷入广州危机。

1834 年后广州危机的根本原因之一，在于贸易扩张超越了古代广州体系的管辖范围，这也导致了 1840—1842 年间第一次鸦片战争的发生。在这一扩张过程中，鸦片所提供的利益激发了洋商、华商和中国官员的积极性，三者彼此合作，共同谋利。威廉·渣甸在从事鸦片贸易的第一年里共售出 649 箱麻洼鸦片，获利 81.8 万英镑。[①] 鸦片具备体积小、易保存、需求稳定、市场广阔等大多数商品梦寐以求的有利条件，因此销量迅速扩张。当时鸦片贸易的毛利率高达每箱 1000 英镑。早在 1806 年，马尼亚克已经在寻求避免广州体系的种种

---

① 约克：《中国皇室与怡和洋行的早期记录，1782—1844 年》，107 页。

限制，将运输孟加拉棉花的船只"停泊在厦门港附近"。[①] 鸦片交付偶尔会在澳门沿岸进行，这表明广州危机在19世纪初已初露端倪。1821年，本在广州下游黄埔港接取鸦片的船只离岸，迁往澳门外海的伶仃岛和香港附近的淇澳岛，这些鸦片船主饱受广州官员的压榨，对他们充满惧意，不断为其提供个人好处和买官进阶的资金。不久，沿海的鸦片走私开始迅速膨胀。1823年，孖地臣在东海岸（面向福建）试着运销两船鸦片，获利21.2万英镑。根据他的说法，这是第一次在未征得许可的情况下进行的沿海贸易。[②] 颠地洋行等公司以及在澳门的葡萄牙人很快加入竞争者的行列当中，在地方官员的干涉下，这个新兴市场暂时沉寂了一段时间，随后在下一个10年中又得以复苏。

1834年，广东和福建沿海的鸦片贸易由行动敏捷的舰船负责武装押运，不久，武装接收船又出现在固定的交易地点。武器装备是抵御海盗的必备工具。19世纪30年代是这种新式分销体系成长的试验阶段，我们自然可从中看出复杂的矛盾斗争，一方面是外国鸦片贩子与同行以及中国鸦片商人之间的摩擦，另一方面则是外国鸦片贩子与中国政府官员之间的博弈。不过，主要问题似乎并不在于这种贸易是否应该存在，而是牵涉其中的各利益集团究竟从中获利多少。

胡夏米（Hugh Hamilton Lindsay）的报告搜集了中国早期沿海贸易的情况。1832年，他在"阿美士德"（Lord Amherst）号为东印度公司进行市场调查。与他随行的部分船员后来从事鸦片船队的运输，

---

①　格林伯格：《英国贸易与中国的开埠：1800—1842年》，105页。约克在《中国皇室与怡和洋行的早期记录，1782—1844年》一书中引用了1830年英国上议院特选委员会的报告，91页。

②　格林伯格：《英国贸易与中国的开埠：1800—1842年》，117—118页；转引自马士：《东印度公司对华贸易编年史》，第4卷，93页；卢博科：《鸦片船》，61页。

而随行翻译郭实腊（Rev. Charles Gutzlaff）则是重要的德国传教士。（郭实腊出生于波美拉尼亚，一生曾与 3 位英国女子结婚，充当翻译的同时也成为新教传播的拓荒者。1828 年他造访暹罗，1832 年游历天津和朝鲜，1837 年游历琉球和日本）胡夏米的船上并无鸦片。他在厦门、福州、宁波、上海等地与中国政府进行了广泛接触，这些地方成为后来的通商口岸。胡夏米的详细报告是非常重要的资料，报告中的提议影响了英国对华扩张的进程。[①]

　　早在通商条约签署 10 年以前，胡夏米已观察到福州和宁波的中国商铺在售卖欧洲的羊毛织品。在上海，他同样见到许多售卖欧洲商品的店铺。当胡夏米在吴淞口对面的长江北岸登陆时，他在离岸 3 英里的一个村庄发现一间店铺用大字写着：出售东印度公司羽纱和宽幅布。"当我询问店家时，他们告诉我现在并无这些贵重商品，这些大字只不过表明他们的商店很体面。"[②] 尽管毛织品已为人所知，但鸦片却有更大的需求。"阿美士德"号停泊的每个地方，官员和当地商人都希望船上有鸦片，他们几乎都不相信船上没有鸦片的事实。由于外国鸦片船 1832 年才开始试探性的航行，我们不得不认为最初是中国人自己建立了对鸦片的需求，而不是国外经销商。这表明中国沿海的鸦片贸易自 19 世纪 20 年代起就由中国的商人和官员从澳门接货行

---

　　① 胡夏米：《"阿美士德"号航行中国北方港口行动的报告》（*Report of Proceedings on a Voyage to the Northern Ports of China in the Ship Amherst*）。1833 年英国议会文书也刊载了相关内容。另外的记述来自郭实腊：《三次航海记》（*Journal of Three Voyages*，London，1834），159—298 页。胡夏米在报告中引用了郭实腊翻译的中文信函原稿，后来牛津大学图书馆发现了这部分资料并将其出版。不过，许地山的《达衷集》中却未收录。此次航海活动的源起，参见马士：《东印度公司对华贸易编年史》，第 4 卷，332—334 页。关于郭实腊的传略，参见《中国丛报》，第 20 卷，511—512 页，1851 年。

　　② 胡夏米：《"阿美士德"号航行中国北方港口行动的报告》，172，181、194 页。

销，并未等得及外国人开创这项事业。不过，不久外国人便接管了鸦片的贩卖，将过去中国人的行销线路组织化、规模化。

中国官员的纵容

接待胡夏米的中国官员无一不在重重压力下护送他离开。官员们的态度各不相同，有人将其视为"蛮夷"，胡夏米和郭实腊不得不以傲慢无礼的方式回击（他们在上海道台衙署破门而入，才得到沏茶礼遇）；有人则从开始就采取温文尔雅的方式招待他们。但凡接待过他们的城市，总有官员因为交涉事宜而受到惩处。大量奏折表明，面临险境的官员们千方百计地确保他们离开。例如，一些下层官员在私人场合请求胡夏米离开，对他不惜下跪，行叩头之礼。而在宁波，胡夏米一行甚至收到贿金。① 大多数情况下，官员们很乐意答应使团在港口之外进行贸易的要求。

下层官员对于对外贸易的纵容有时会和贪欲连在一起，只要不在他们的管辖范围之内，他们就会偷偷参与。在福州，一位杨姓官员引荐并安排中国商人销售"阿美士德"号船上价值 6200 英镑的服装，并从中捞取 3% 的佣金。杨姓官员走到一艘小型战舰旁，在光天化日之下登船交易。"令人匪夷所思的是，他们在实际运作中似乎忘记了中国政治的复杂机制和惯用伎俩，仅仅三天之后，水师提督和几名高级官员便因准许外国商船强行驶入帝国重要的城市口岸而被降职；同时禁令文告到处张贴，本国人哪怕与夷船有任何微不足道的接触，都将受到最严厉的惩治。两艘悬挂帝国旗帜的战船明目张胆地与外国商船进行交易，同时却接受上百人的监督。地方官则一直在船上检验货

---

① 胡夏米：《"阿美士德"号航行中国北方港口行动的报告》，142 页。

物，协助交易。"① 杨姓官员非常失望，"阿美士德"号船上居然没有交易的鸦片。"他几乎每天都造访我们，通常并不登船"②，杨姓官员显然是贪赃枉法的腐败官员的代表，就是他们为毒品贸易的增长提供了便利。

福州也有类似情形，一位陈姓官员写给胡夏米一封热情洋溢的信件，这封信的中文原稿被保存下来。他拥有左营都司的官衔，③ 不过也因"阿美士德"号驶入内河而遭降职。他对上级官员并不买账，在船上对展示在他面前的西方商品表达了赞美之情。④

在宁波，一位马姓官员扮演了这样的角色。马姓官员是提督的部下军官，"年龄在 50 岁左右，相貌堂堂"，他"确实深谙官场之道，也具备取悦上级近乎完美的禀赋"。⑤ 马姓营官掌管"夷务"，开始准备在宁波港外与"阿美士德"号秘密交易，他委派商人检查货物，专门探听船上是否带有鸦片。马姓营官的如意算盘被程序的公开性所打翻，商船暴露在岸边聚集官员的众目睽睽之下；但他仍打算通过提供洋商一份 600 元的附加条款来确立他作为未来外贸代理人的

---

① 胡夏米：《"阿美士德"号航行中国北方港口行动的报告》，78 页。

② 胡夏米：《"阿美士德"号航行中国北方港口行动的报告》，63 页。

③ 许地山：《达衷集》，31 页。

④ 胡夏米：《"阿美士德"号航行中国北方港口行动的报告》，92—94 页。

⑤ 马姓营官是一位现实主义者，善于钻营拍马。他曾和胡夏米解释过中国官员顾虑英国不仅限于贸易要求的原因："我们害怕你们，对我们来说，你们太过精明。比如，当你们的商船抵达时，舰艇也从四面八方蜂拥而至，你也知道你们精于绘图，一周便对整个区域了解得和我们一样多。如今，去年在此地遇险的一些朝鲜人被我们限制性拘留，但允许他们到处走，最终通过他省将其遭返回国。我们对他们并不惧怕，因其愚蠢驽钝，尽管可以到处观看，他们却观察不到任何东西。"引自胡夏米：《"阿美士德"号航行中国北方港口行动的报告》，131—132 页。

地位。①

我们从类似例证中不难看出，中国官员的纵容是鸦片贸易的必要条件，若没有他们的默许，鸦片贸易很难进行。② 正如我们所熟知的那样，中国沿海与这个国家的其他地方一样，走私贸易总是置身事外，却不能永远保守秘密。因此，官方的保护首当其冲。商人和官员们彼此需要，如果任何一方想获利，一方面要求官员不作为；另一方面，没有官员的"保护伞"，中国商人的交易活动风险极高。这种早已在广州体系中司空见惯的腐败传统很容易波及整个中国沿海，也给即将到来的条约体系起到了示范作用。

这一时期也确立了书面揭发非法贸易的模式。当"阿美士德"号行至海岸时，沿海各省都将其活动报告给朝廷。③ 当它行至浙江，朝廷早已下令所有沿海省份禁止与其商业往来。6月，"阿美士德"号行抵江苏，江苏巡抚林则徐向朝廷奏报驱逐洋人离境的措施。他奏报说，"夷人"惧怕武力，胡夏米最终认识到错误，放弃了贸易企图。外文的相关记载却大相径庭：胡夏米在上海待了8天，对该地作为港口评价甚高。他在那里与来自四面八方的中国商船交易之后，继续向山东前进。与此同时，林巡抚却有意无意地向皇帝递上极其详尽

---

① 胡夏米：《"阿美士德"号航行中国北方港口行动的报告》，111、128、152 页。

② 一位权威的中国学者从两方面分析了鸦片贸易增长的原因。其一，负责查禁鸦片的官员恰恰从中捞取好处。例如，正是官方的河道监督建立之后，广东才出现进口快速增长的局面；这一缉私组织却通过纵容或参与形式进行逐利活动，刺激了贸易的增长。其二，洋商与行商之间合法贸易的利润远不如走私鸦片。参见梁嘉彬：《广东十三行考》，197—200 页。

③ 张德昌：《胡夏米货船来华经过及其影响》。有关 1832 年清政府更多的公文来往，参见《史料旬刊》，第 13 期，471—475 页；15 期，547—549 页。《清实录》（道光朝），215 卷，7、8、28 页；217 卷，8—10 页（这段材料特别感谢徐中约先生的提供）。

的奏报，讲述了"外夷"贸易是如何被禁止，他们又是怎样返回广州的情形。当他们到达威海卫之后，山东巡抚更是谎报连篇。皇帝被彻底误导。"阿美士德"号并未南返，而是前往朝鲜，其后返回到琉球、台湾和澳门。

通过这次航行，英国人了解到很多中国沿海的情况，也知道它缺乏在武器和军队方面的防御，他们也看到了官方法令的低效无能。正如郭实腊所说，"所有中国数以千计的战船都挡不住我们一艘小小的护卫舰"。他们确信通过协商不可能扩张英国的贸易，正如后来巴麦尊也相信战争时刻已经来临。郭实腊认为，这次航行的收获在于英国政府坚决要求开放中国港口，而且每个港口一定会有地方官在上级不知晓的前提下愿意与我们合作。①

内部视角下的早期沿海贸易

渣甸洋行所藏鸦片船船长的信札对沿海情形亦有诸多反映。例如，1832 年，因义士（James Innes）指挥"怡胜"（Jamesina）号窥伺福建沿海。② 他行事鲁莽，在与广州粤海关监督解决争端时，竟向粤海关衙门开火，刹那间火光冲天。③ 11 月 29 日，他在报告中写道："泉州湾（厦门以北），天亮之前我交给两名岸上的中国仆人一份 28 名鸦片贩子的清单，让其通知他们前来交易，如果他们没准备好现金，那么通知他们下个月的交易地点在丹斯伯格湾（Dansborg Bay）

---

① 张德昌：《胡夏米货船来华经过及其影响》。胡夏米在中国沿海的影响长期存在，参见麦莲（Milne）：《在宁波居住的七个月》（*Seven Months Residence at Ningpo*），1844 年，348 页。

② 引自马士：《东印度公司对华贸易编年史》，第 4 卷，332 页。

③ 马士：《东印度公司对华贸易编年史》，第 4 卷，353 页。

的虎头山。"①

"十二月二日，员工快速交付。我没时间读《圣经》或写东西"。

"十二月五日，依旧快速交付。今天几艘清政府的小型帆船围着我们转了一两次，当时一些走私船只就在旁边，不过我并不知道他们是否不喜欢我们的模样，或还记不记得他们从小科隆贝格（little Kronberg）来到这个港湾的遭遇。他们没有给我们制造麻烦，鸦片船来回穿梭，也能很轻易地靠近他们。"②

1833 年，东印度公司的另一位船长麦凯（W. Mckay）在翻译郭实腊③的帮助下窥探厦门北部海岸。郭实腊把宗教书籍放在船的一侧，另一侧则摆满鸦片。6 月 8 日，麦凯船长写道："清朝官员没给我们制造太多麻烦，但我们入港和登陆时他们显得非常警惕。不久，我们登上一艘离我们很近的船只，船上有 6 位官员。郭实腊（他穿

---

① 伯希和的《澳门之起源》（*Un ouvrage sur les premiers temps de Macao*，*T'oung Pao*，31：66，n. 2，1934）一文认可菲利普斯的观点，即葡萄牙语中的金州（Chincheo）是指厦门附近的重要城市泉州。19 世纪以来不论金州（Chinchew）还是泉州（Ch'üan-chou）的位置都确实在大量近代地图中标识。如地理学家怀德（James Wyld）给女王进呈的《中国地图》（*Map of China*，1841）中标记着"泉州或金州港"（Tsiuen-tchou or Chin-chew & Harb.）。关于虎头山，参见卫三畏（S. W. Williams）：《中国商业指南》（*Chinese Commercial Guide*），附录，65 页，1863 年。

② 约克：《中国皇室与怡和洋行的早期记录，1782—1844 年》，196 页，引自怡和洋行档案，《因义士所藏 1832 年 11 月"怡胜"号航行中国东部沿海售卖鸦片的记录》。

③ 郭实腊翻译过《圣经》很多章节，也写过不少传教册子，从未放弃过对宗教的虔诚。在这次鸦片船航行中，他写信给渣甸道："我衷心乐于看到这样一个贸易增长的普遍性前景，但同时也很悲观，我们和村子里的居民从未有任何交流（以前也没有），当我们的船只上岸时，他们充满了敌意。这使我们对中国老百姓没有好印象。事实上，我们只能通过天性和习惯去对付穷人、民族败类和坏人。或许仁慈的上帝和救世主能够保护你。""郭实腊写给渣甸的信札"，1834 年 1 月 2 日，引自约克《中国皇室与怡和洋行的早期记录，1782—1844 年》，282 页。

着最好的衣服，仿佛是为这个场合量身定做的一样）带两艘小艇拜访他们，显得非常威风。他要求对方立即离开，如果今后再停在我们旁边，我们将摧毁他们的船只。清朝官员立即带船离开了，他们说不知道停在这里是个错误，我们也没看到他们有更多的人和船。"①

19 世纪 30 年代中期的福建南部沿海，鸦片贩子走私一箱鸦片，通常会付给中国官员 10 元，② 但对那些抵制受贿的官员来说，如果必要的话，当然也能通过其他办法对付他们。1835 年 4 月，清政府的船只停泊在离渣甸的"芬得利总督"（Governor Findlay）号非常近的地方，"渣甸立即指派一名船长和 4 名全副武装的印度水手驾驶快艇前往拦截，不让对方进一步靠近。由于清军似乎不愿顺从，船长登上第一艘船，将大小武器全部缴获；然后登上第二艘船，把重武器扔下船，缴获了轻武器，迫使他们离开了港湾。"③

这些信函清楚地表明，紧密合作需要各方的参与或纵容鸦片贸易。1833 年 8 月底，麦凯船长写道："一名商人成功地预付了 40 箱鸦片的定金，余款在 15 天内付清……我们协助卸下 22 箱鸦片，然后将其护送到一位老人家门口，他家住在郊区，离卸货地点有段距离……我们在此地（泉州湾）不能过多停留。我们没有充足的时间隐蔽，使得清朝官员默许我们的存在。海岸的自然条件也不允许我们消

---

① "麦凯写给渣甸马地臣公司的信札"，1833 年 8 月 6 日，引自约克《中国皇室与怡和洋行的早期记录，1782—1844 年》，176 页。

② 约克：《中国皇室与怡和洋行的早期记录，1782—1844 年》，290 页，引用了麦凯写给渣甸马地臣公司的信函，1835 年 12 月 1 日；约克：《中国皇室与怡和洋行的早期记录，1782—1844 年》，294 页，引用了乔安希（Jauncey）写给渣甸马地臣公司的信函，1836 年 7 月 8 日。

③ 约克：《中国皇室与怡和洋行的早期记录，1782—1844 年》，290 页，引自《广东记事报》（Canton Register），1835 年 4 月 14 日。

失在他们的视野之外，不过，我希望一次偶然的巡航能帮助岸上的商人，同时我们可以悄然撤退。"① 1836 年 5 月，渣甸洋行船长里斯（Rees）在泉州附近报告："我们还没有与这个港口的官员协商。他已经动身上船，我们计划每年给他 2 万元，同时不允许陌生人进行贸易。我有充分的理由认为他会考虑这个生意。一个经纪人经理昨天告诉我，他已经去游说上级部门。他说需要额外的钱去打点官船，当陌生船只进港时，官船可以停在旁边监督交易，费用方面则每个月必须付现金。"②

敌对鸦片船之间的竞争似乎至少和中国官员的活动一样是个大问题，不过价格战成功地解决了这一问题。③ 直到 19 世纪 30 年代后期，竞争最激烈的渣甸和宝顺洋行也开始合作，共同反对第三家加入，以维持沿海鸦片贸易的双头垄断局面。"在每个陌生者的旁边停一艘船，第一次售卖就把价格压到最低，让他们连卖其他货物都得不偿

---

① "麦凯写给渣甸马地臣公司的信札"，1833 年 8 月底，引自约克《中国皇室与怡和洋行的早期记录，1782—1844 年》，177 页。

② "里斯写给渣甸马地臣公司的信札"，1836 年 5 月 21 日，引自约克《中国皇室与怡和洋行的早期记录，1782—1844 年》，294 页。

③ 鸦片船长们当然有严格的道德观。麦凯船长 1836 年在给渣甸的信中写道："年长的里斯（其兄为丹特公司'阿美士德'号船长）完全被中国人所摆布，他们到处欺骗他，而我们也很难驾驭他……最近为了让'阿美士德'号加入舰队，他竟使用一系列欺骗伎俩，迫使我们中断与他的合作条款。我们本有定价协议，他在船上以正常价格售卖鸦片，而岸上的中国合作者返款给购买商，开始每箱 4 元，后来是 6 元，最终变成 10 元……"渣甸回复麦凯道："你叙述的情况我并不觉得奇怪，也不感到遗憾，相反这意味着人的行为就应该把人生安排到令人尊敬的位置……你拥有比对手更多的船只，答案是否应是你安排其中一艘停在'阿美士德'号旁边，把价格降到他们认为应该离开的价格，而在远一些的港湾你再把价格提上来呢？你必须通过这样罪恶的手段才能治他们，即使做出降价的牺牲也在所不惜……"约克：《中国皇室与怡和洋行的早期记录，1782—1844 年》，292 页，引用了 1836 年 11 月 5 日和 12 月 4 日的信札。

失，这样才可能使他们对贸易毫无兴趣。"这一措施在足智多谋的里斯船长那里并不奏效，里斯船长通过郭实腊安排中国官员袭击了中国走私船，使他能在对手面前始终高人一等。①

最终，外国人从事促进毒品贸易的腐败行为已司空见惯。其中一位英国领事后来反对贸易，他的立论基础就在于，从实践方面看，英国的商船队伍已经堕落。②

---

① 约克：《中国皇室与怡和洋行的早期记录，1782—1844 年》，289 页，"私人书信"，1835 年 3 月 9 日。

② 列敦（T. H. Layton）在 1843 年 4 月 6 日给阿伯丁勋爵（Lord Aberdeen）的信中写道："我们的商业船队（将成为皇家海军最大的腐败温床），从指挥官、同僚，到船员，无一不参与腐败，他们不仅践踏中国政府的所有法律和禁令，而且从事鸦片勾当所浸染的习气极大地破坏了那些英国海员的突出品质：勇敢、人道和服从。"

"几乎中国海防的每位大副和士官都被允许从销售少量鸦片中获利，他的上司们允许他经营；同时他们自己还有货柜，助手、学徒或水手长从事批发贸易，这些人手里拿着天平，按磅计价售卖。不过，这些低级官员的交易数量较小。令人遗憾的是，他们一方面要以自我意志、克己复礼、自我满足、他人馈赠为标榜，同时又在这种走私、暴力、欺诈的不愉快系统中更投入地学习威吓、胁迫和欺骗等课程。"

"这些船只也配备了双桅装置、切割设备和附属小艇，它们由令人失望透顶的船员驶向珠江。我不相信英国的一伙盗贼或拦路劫匪会比这些驶向珠江和某些中国沿海地区的半职业海盗在职业操守上更冷酷无情，在丧失我们共有的人性方面更为彻底。"

"这些岸边鸦片船上的指挥官们并不会讲述他们的暴力行径，因此他们很少为人所知。不过，我从一位鸦片船上的年轻大副那里听到一些内容。我相信他所说的话是真相——'我们经常在夜晚撵走中国渔船，这样他们就不会挡我们的路'。'我们在船上朝中国舢板射击的方式相当特别。我记得有一次朝一艘战船开火，确实想看看对方的碎片能在空中飞多高。''我知道船长经常向舢板开火，有次他一枪从船头掠到船尾。''我们的舰艇经常护卫装有鸦片的中国走私船靠岸，我也经常指挥武装舰艇卸装鸦片。'"参见英国国家档案馆：《有关中国的英国外交部书信》，74 卷，伦敦。

19 世纪 40 年代的英国精神

英国在中国沿海的早期扩张并非单纯以冒险精神或利润驱使为动力，宗教传播也是强大动力。1835 年，伦敦传教会（London Mission-ary Society）的麦都思（Walter H. Medhurst）在美国"休伦"号双桅横帆船上展望了山东、江苏和浙江沿海的传教前景。他直言自己是鸦片贸易的反对者，分发 6000 份教义表达对那些渴望毒品之人的失望之情。他看到中国官员轻视"夷人"的情形，认为除了鸦片问题，中西方之间认识上的鸿沟很难逾越。①

这一时期英国和美国的扩张动力无疑是国内发生剧烈变化的衍生物。到 19 世纪 40 年代，工业革命已将英国的领导力展现在国际社会，工业主义也开始影响英国本身的制度。19 世纪 40 年代，1836 年底开始的两个重要政治运动——人民宪章运动和反谷物法同盟——经历消沉之后，都在 1839 年左右发展成形。这场流产的宪章运动（1839—1846年）代表了新的工业劳工阶级为改善自身待遇，捍卫完整的政治民主所进行的尝试。同时，激情澎湃的反谷物法运动最终在 1846 年废除了该法律，这是新的中产阶级捍卫自由贸易福祉的成功努力。因此，19世纪 40 年代的英国更清晰地体现出自由主义的根本原则，并贯穿其后19 世纪的数十年。以格莱斯顿（Gladstone）为贸易大臣的罗伯特·皮尔爵士（Sir Robert Peel）第二届内阁，掌管着这个自以为在经济和制

---

① 如麦都思所写，"中国把自己看作是世界上唯一文明和强大的国家。如果我们现在承认他们自负的正当性，我们要么承认自己的臣属地位，任他们随意摆布；要么作为无可救药的野蛮人，和脏兮兮的朝鲜人或赤身裸体的暹罗人毫无二致。"麦都思：《中国：现况与展望》（China: its State and Prospects），468—469 页。"休伦"号双桅横帆船发现"阿美士德"号的故事一直在沿海地区流传。

度发展方面处于上升期的国家。功利主义的改革原则适用于法律、法庭和监狱。地方行政、济贫法、新的教育发展、社会服务的增长等方方面面的改革随着社会剧烈变迁接踵而来，而这些变化已经体现在技术、生产和交通方面。一个崭新的人类科学观以功利主义的形式表现出来，但不久便被上流社会弥漫的达尔文主义所替代，成为新自由主义的一部分。新自由主义的另一组成部分是离经叛道的宗教复兴催生出来的人道主义，其早已由海外的新教传教士传播开来。

国内经济的迅速发展使英国率先打开中国的大门，这个国家自信、正义，充满活力，不过却对比较文化研究毫无兴趣，也缺乏对中国族群差异的耐心了解。包令爵士（Sir John Bowring）是赞美诗《荣耀宝架》（*In the Cross of Christ I glory*）的作者，19 世纪 50 年代中期作为女王的全权公使，有力推动了上海海关监督的建立。不过，在第二次中英战争酝酿期间，他表现出积极的放任自由态度，只说明他对中国对手的理解知之甚少，远不如他今天在国内被接受的程度。1821年他曾写道："我们的国家最认真地依赖政府，而政府却不愿提供任何的官方干涉：'温柔的仁慈'实质上是'残酷无情'。政府提供的最好福利是放任商业流动自由发展；商业潮流也足够强大，可以冲破所有桎梏；政府中有太多自欺欺人的牺牲品，可想而知鼓励政策或禁令能否真正产生深思熟虑的效果。有些法令违背了事物发展的自然规律，最终要么被滥用，要么直接受枢密令控制或被议会法案所干扰，形同空文。"[1] 这些思想既没有与儒家君主制及其对外观念有更多的对立，也无助于中英之间关系的调解。

---

① 包令（John Bowring）编：《对边沁手稿中商业制度限令和禁令的考察》（*Observations on the Restrictive and Prohibitory Commercial System, from the Mss. Of Jeremy Bentham, Esq.*），"序言"，9—10 页。

第五章　鸦片战争：1840—1842 年

　　苏格兰企业联合体、鸦片以及中国官员的不作为或纵容，共同促成了中国东南沿海的中英贸易在通商条约签订前的扩张，珠江水域的繁忙程度自然达到高峰，由此带来的喧嚣也引起中英两国政府的关注。大多数进口贸易不再在广州进行，所有洋商不再受东印度公司和十三行的控制，行商自己也开始失去盘剥中国外贸利润的职能。19世纪 30 年代末，所有潜在的问题，包括外交平等、商业自由、不良账务、司法监管、中外摩擦等共同败坏了广州曾经的友好氛围，呈现出一触即发的态势。如果我们不全方位地细化第一次中英战争的背景，某些应当注意的因素可能会一带而过。

　　历史学家通常都认为鸦片为战争提供了机会，但并不是引发战争的唯一原因。一位权威的中国学者已得出结论，① 鸦片战争从根本上讲是一场东西方文化之间的冲突，它尤其是两种国际秩序观念的冲突。西方的民族国家体系与传统中国的天朝政治伦理观念完全不相容。其次，双方的经济观念亦存在冲突。中国的自给自足和抑商观念认为对外贸易并不重要，不是国家经济的必需物。西方商人根本不理解中国政府为何限制本国商人从事贸易。第三，法律制度争端是鸦片战争的直接导火索。英国的既定法律准则至高无上，超越任何个体，其法律证据和法律义务观念同中国皇权统治的运行方式——法律不过是建立在伦理基础上的文字而已——发生了直接冲突。1839 年中国当局封锁广州工场的英国侨民，只不过又一次使用了他们的集体责任观念。②

_____

① 李剑农：《中国近百年政治史》，51 页。历史学家范文澜则强调东印度公司和中国官员在持续的走私贸易中所获得的既得利益，既保证了产量，又保证了盘剥利润。他由此认为，单纯的鸦片走私也使战争不可避免。《中国通史简编》，第 1 册，716—719页。这方面的历史背景参见蒋廷黻：《中国与近代世界的大变局》，尤其是 881 页。通过英国资料研究战争背景最有洞见的是日本学者植田捷雄（Ueda Toshio）的《鸦片战争论》（*Ahen Sensō ron*）。

② 中文史料有些混乱，一些基本史实在魏源等人的同一本书中反复出现，不同的书中则题目不同，但记载有所出入。魏源的《道光洋艘征抚记》以及其他几本著作都在文本上证明了这一点。邓嗣禹博士的《张喜与 1842 年的〈南京条约〉》一书在 132 至134 页考证了魏源的论述与蒋廷黻（E. H. Parker）译本《中国方面关于鸦片战争的记载》（*Chinese Account of the Opium War*）之间的关联性。姚薇元的考证详论《鸦片战争史实考》已经出版，其中附有蒋廷黻 1933 年所写的"序言"和诸多档案资料。关于鸦片战争中文方面的详尽资料，参见赵丰田发表在《燕京社会学界》（*Yenching Journal of Social Stud-ies*）的文章，第 3 卷，第 1 期，61—103 页，1940 年 10 月；亦可参见宋默：《鸦片战争新史料》，《国闻周报》，第 10 期，16、18 页；第 11 期，1、3、5、8、11 页，1933—1934 年；李圭：《鸦片史略》，光绪朝重印本。

中国的禁烟运动

中国的禁烟运动直接导致了 1839 年林则徐钦差那场著名的行动，随之引起了对毒品的道德批判，朝廷的禁烟谕旨即为明证。不过，道德层面还不是最重要的，因为鸦片已成为清政府当务之急的财政问题。如果个人选择毒害自己，政府不一定阻止他们。但当吸食鸦片威胁到国家经济，特别是帝国财政时，这个问题就不能再回避了。白银外流问题引发更多的现实关注，接下来又影响到帝国的复本位货币体系。所有这些因素都值得注意。

当广州连同后来通商口岸的对外贸易出现增长时，清朝的货币体系被打破了，首先表现在白银供给方面。国内外贸易的增长使白银需求的增幅迅速超过对铜钱的需求，因为大宗贸易都使用更有价值的货币结算。但政府却同时使用两种货币依法收税和安排支出，这两种货币的比例大概是铜钱占三成，白银占七成；民众在日常生活中使用铜钱，但交税时却要求换成白银缴纳。如果出现银贵铜贱的局面，民众利益将受到损害。那么，政府也将面临选择，要么引发民众不满，要么税收减少。（改变银钱使用法定比例的做法居然奇怪地被忽略掉，可能是规则形同虚设的缘故）

遗憾的是，中国国内的白银产量并不丰富，作为货币的银两经常遭受供应短缺的威胁。自宋代开始逐渐使用白银之后，它便被严禁出口，后世延续了这一做法。清政府明文规定，对外贸易只能直接交易货物，不能使用白银购买进口商品。因此，广州行商需要以货易货。然而，我们根据东印度公司的档案得知，白银是广州贸易的货币，外国商人输入的各式各样的西班牙（或者墨西哥）银元不仅用于购买中国的出口商品，而且也用于购买一些国外进口商品。鸦片贸易兴起的巨大动力之一，即鸦片输入替代了白银输入。不过，鸦片走私的环境要求体积小而价格高的鸦片箱可以交换同样价高便携的物品，因此，鸦片输入时，白银外流不可避免。最终东南沿海非法鸦片市场的扩张开始将流通的银元作为当地货币。由于西班牙银元的供给难以满足贸易需求，整箱的银条开始运离中国。1822 年白银外流问题首次受到抨击，但到了 19 世纪 20 年代末已是尽人皆知。

显而易见，鸦片贸易对白银的吸取未必造成国家白银储备枯竭，因为鸦片收入的绝大部分都用于购买生丝和茶叶。因此，表面上的流失始于真正流失之前。19 世纪 30 年代之前，中国似乎并未出现真正的白银外流，通过国外数据来看，当时只是中国在历史上第一次出现轻微的贸易逆差。[①] 1832 年，清廷再次重申白银出口禁令，大量奏折开始攻讦鸦片贸易对白银外流及其对民众的危害。

此时银钱比价攀升造成了财政危机，有点类似 20 世纪 30 年代金银比价的攀升。到 1836 年，一些官员估计中国每年损失 1000 万两白银。同时，国内白银缺口的增加似乎反映在银钱比价的攀升，即过去 1000 文铜钱兑换 1 两白银的比例如今变为 1200 至 1300 文铜钱才能兑换 1 两白银。1838 年，不断增加的白银需求把银钱比价提高到 1600 文铜钱兑换 1 两白银的地步，银贵钱贱问题引发了关于鸦片的激烈争论。

当时的中国人把白银危机归于鸦片贸易，这点在现代经济分析中

---

① 汤象龙：《道光时期的银亏问题，1821—1839 年》；亦可参见马士：《中华帝国对外关系史》，第 1 卷，202—204 页。时代更早的研究参见梁方仲：《明代国际贸易与银的输出入》。有关东亚白银流通的研究，参见百濑弘：《清代西班牙银元的流通》。矢野仁一引用的 1704 年和 1814 年的清代奏折均反映出中国与西方贸易的白银外流情况。参见矢野仁一：《中国的鸦片问题》，408—409 页。对西方读者而言，这一问题值得深入研究。

只能得到部分证明。这些诸多因素包括：货币需求增加，随之而来的对外贸易和货币经济的增长，当下的铜币贬值、银价上涨以及对白银的囤积居奇等。进口的墨西哥银元越来越成为对外贸易中的可替代货币，这使一切变得更为复杂；国外货币被外国商人更广泛地用来交易中国货物，同时中国银两则用来交易外国商品。[①] 1829 和 1831 年，清廷上谕注意到白银问题，申饬鸦片进口禁令，尽管在此之前银钱比价已大幅上升。

某些中国官员的想法完全脱离现实。1837 年，粤海关监督奏称每年白银外流达到 6000 万两，其中广东 3000 万两，广东以北的华南沿海 1000 万两，天津 2000 万两。这类奏折引发道光帝下令普遍调查此事。中国官员似乎逐渐把白银的匮乏与外流同银钱比价的升高联系起来。不过，当这一观念在 1836 年被普遍接受后，其他因素便被忽略。几乎没有人注意到格雷欣法则（Gresham's law）和囤积白银的潜在影响。中国的经济专家们确信：第一，银价上涨完全是由于白银匮乏所导致；第二，白银匮乏完全归因于鸦片的输入。[②]

实际情况是，19 世纪早期中国铜钱持续贬值的幅度如此之大，很大程度上源于替代性白银的增值，这点早已得到公认。清朝统治初期，法定的银钱比价是一两纹银兑换 1000 到 1400 枚铜钱，各省和中央政府每年所铸铜钱的数量取决于地方的需求。铜钱原料大多在云南开采，然后送到各地铸币。户部和工部每年开列清单需铜 616 万斤，但从 18 世纪中期到 19 世纪中期，西南省份的铜料供给却每况愈下。

① 在道光朝，清政府至少两次铸造了外国货币（分别是在台湾和漳州），参见加藤繁：《道咸时期中国对西洋银币的铸造》，载于《东方学报》，第 2 期，284—292 页，1931 年 12 月；《东方学报》第 3 期，351—355 页，1932 年 12 月。

② 汤象龙：《道光时期的银亏问题，1821—1839 年》，2—7 页。有关 19 世纪 30 年代的争论参见矢野仁一：《关于黄爵滋和林则徐的鸦片奏议》。

1754 到 1772 年间的年均铜产量是 6000 吨，1773 到 1822 年间的年均铜产量在 6000 至 7800 吨，但 1823 到 1855 年间的年均铜产量只有 4800 到 6000 吨。清朝初期，铜元足以满足商业需求，政府严禁"不法商人"销毁铜钱以售卖铜料。乾隆初年（1736 年以降）这一禁令遭到批评，政府铸造和民间私铸的铜钱中的含铜量与日俱减，情况开始发生变化：白银可兑换越来越多的铜元。到 19 世纪初年，铜元的平均重量降到不足 1 钱，1821 年道光朝以后，铜元的重量减到 0.8 钱甚至 0.5 钱。铜元本身价值的缺失"全然要承担交换价值 20% 至 30% 的损失"。① 私铸铜币的情况应该考虑进去，传统禁令所禁止的熔化铜元以供应商业铜料的做法已无利可图，反而是把商业铜料改铸铜元才有利可图。这加快了铜钱的贬值。最后，由于公众对铜钱失去信心，人们转而囤积银两，造成白银的进一步匮乏和昂贵。这一时期铜的产量似乎也在增长。不过，这些各种各样的复杂因素大多不被当时的清朝经济官员所掌握，② 他们似乎并不知道格雷欣和他的坏币驱逐良币法则，因为后者会被人们所囤积。

　　1836 年，许乃济的奏折引发了关于鸦片的巨大争论。他提出以货易货的鸦片贸易应当合法化，一方面可以阻止白银外流，同时征收药物税可实现税收目的，此外中国境内种植鸦片也并无妨害。他的基本观点在于，长期以来鸦片以走私贸易的方式导致了白银外流。这一提议得到了广东地方当局的支持，但其他官员都谴责这是明显的错误

---

　　① 马士：《中华帝国对外关系史》，第 1 卷，204 页。平濑巳之吉（《清代中国》，70—74 页）注意到，清前期铸钱的配额稳步增长，1731 年达到最高点，一年铸钱 10 亿枚。他认为 18 世纪后期西方银元的输入在一定程度上恰好遇到中国的货币饥渴。19 世纪 30 年代中国的国内货币需求值得进一步评估。

　　② 吴承禧在《百年来银价变动之回顾》一文中讨论了中国白银在国际市场上的价值。亦可参考小竹文夫的著作。

和不负责任。到 1839 年，中国官员普遍认为，为了阻止白银外流，鸦片贸易必须禁止。各种意见层出不穷，有人建议断绝全部对外贸易，有人建议通过严格的海关控制杜绝鸦片走私，有人建议允许国内鸦片种植，最终方案折衷为重治吸食者以杜绝鸦片需求，通过各地保甲系统来强化这一禁令。省级官员质疑如此严苛的禁令是否能够实现，但它已成为官方的政策。怡和洋行的档案表明，钦差大臣林则徐抵达广州之前，华南沿海进行了卓有成效的打击鸦片贸易活动。①

英国在危机中的表现

与此同时，英国的政策也加剧了广州危机。英国蓝皮书历史中记载的中国"罪犯"和"滋事者"一定会被加入某些错误或疏忽的记录，外相巴麦尊对此负有责任。②

当 1834 年东印度公司失去对英国在广州贸易的控制时，中国当局要求英国指派新的领袖接替它的位置。这是遗存近千年的习俗，自 10 世纪起阿拉伯商人就在泉州指派首领。巴麦尊指派的英国官员是一名海军军官，旨在打破中国的先例。如果英国国王的代表不选择朝贡者的身份（他当然不能这样做），他在中国的体系中就找不到位置。不过，1834 年巴麦尊勋爵派的使臣并无授权文书，只是被告知

---

① 格林伯格（Michael Greenburg）：《英国贸易与中国的开埠：1800—1842 年》，200—203 页；汤象龙：《道光时期的银亏问题，1821—1839 年》，9—22 页；通论性的著作参见武堉干：《鸦片战争史》。1830 至 1858 年间的禁令规条文献记录参见于恩德：《中国禁烟法令变迁史》，表三。

② 郭斌佳在《第一次中英战争评论》（*A Critical Study of the First Anglo-Chinese War*）一书中部分提到了这一点。千家驹在《论英国的产业革命与鸦片战争——鸦片战争史新论》一文中则探讨了引发英国行动的经济因素。

总督写信要求他前往。律劳卑勋爵，一位效忠国王的官员，只能按字面的意思执行他的使命，他将自己等同于和两广总督平起平坐的官员。由于律劳卑勋爵并不以展示力量作为后盾，显然中国也没有意识到巴麦尊想要的傲慢态度。律劳卑希图改变帝国制度的努力从一开始就前途暗淡。

　　律劳卑勋爵驻华商务监督的职务有些复杂，因为他被要求执行英国的法律。中国人对此并不认可。而且，商务监督的权威不希望受到广州的港口限制，10 年间这样的努力却并不明朗，这妨碍了他对英国海外臣民的控制。他到达中国 3 个月之后，东印度公司的特许经营权才到期。他的到来在 3 周之内居然引起他所为之促进的英国贸易的停摆，因为他与中国当局命令式的交流导致了公行的封港令。8 月，广州的潮湿令人不适，律劳卑勋爵并没有平息发现他的名字被译成"律劳卑"的愤怒，这个名字意味着"辛劳而卑下"。他认为巡抚是个"专横跋扈的野蛮人"，总督则"犯下践踏英国皇冠的暴行，同样应该得到严惩"。[1] 8 月，律劳卑病逝。他的继任者历经 8 个月甚至更久的时间从伦敦长途跋涉而来，将听从外交部新的指令。整个的冒险活动暴露出英国政府缺乏处理远东事务的经验。

　　事实上，东印度公司在英国对华贸易上的垄断权被打破之后，最

---

① 郭斌佳：《第一次中英战争评论》，21 页。

终颠覆了广州体系内部本已不够牢固的义务与经济力量的平衡。① 尽管广州保留着各种限制，走私者还是能看到很小的扩张机会。公行的废除和更多港口的开埠似乎对他们来说是种补偿。同样，新的形势令中国人不满。走私者满怀欣喜地认为将会从东印度公司手中接管贸易特权，渣甸和丹特公司很快振兴了特别委员会曾经消失的辉煌，不过，他们只是没有官方力量支持的私营公司，即使曾作为东印度公司的代表，但每个同行都是他们的竞争者，而不是保护者。因此，英国政府希望明确中国的责任，按照中国所承认的方式由某个人来进行确认。不过，作为政府的大英帝国至少能做到维护双方的平等地位。中国的宗主国地位、只准广州一口通商、公行专卖、粤海关监督与连坐商人，所有这些形成了一整套制度，尽管约翰公司②曾恰当地起过从属作用，但充当的是无足轻重的角色。1834 年律劳卑勋爵并不能否认中国的宗主国地位，他也没有彻底打破传统的中国体系。双方的冲突只是时间问题。

律劳卑去世后接下来的 5 年，广州的形势仍不明朗。律劳卑的主

---

① 格林伯格在《英国贸易与中国的开埠：1800—1842 年》一书中明确指出，行商们从不习惯作为整体性的公司从事商业活动，他们越来越依赖私营的外国船长，尤其是对那些无利可图的进口英国货。1834 年以后，外国人直接与以前的供货商——内地的中间茶商打交道，削弱了行商的力量。

格林伯格在该书最后一段对旧广州体系进行了剖析，指出了它将被取代的不平衡性：第一，西方商品只能换回东印度公司茶叶投入的四分之一；第二，东印度公司的总出口额相当于茶叶投入的一半左右；第三，私人贸易是实际上的"国家贸易"；第四，目前印度出口的货物主要是鸦片，尽管原棉仍属大宗，比东印度公司的货物要多出不少；第五，单凭鸦片的销售收入足以超过东印度公司全部的茶叶投入；第六，不过，既然鸦片收入成为东印度公司的盈利点，大量白银就不得不装船运往印度，用以交换私人账户的汇票汇给鸦片进口商。（14 页）

② 译者注：东印度公司的别称。

要接任者义律（Captain Elliot）几乎没接收到任何指令，继续遵从以前含糊不清的政策，为了新的豁免权展开时断时续的谈判，通过传统的"禀"这种公文方式尽力与中国保持贸易。这恰恰是鸦片走私繁荣和摩擦日益增长的时期。中国方面也实行了放任自流的政策。1836年，许乃济的鸦片合法化奏议促进了鸦片贸易。反对鸦片贸易的官员以牵强的理由时不时地打击中国商人，广州的许多外国人信心满满地期待鸦片合法化。这样的形势呼唤强人出现，进而采取有力行动。

林则徐和威廉·渣甸的对抗

著名的"林钦差"任职湖广总督，1838 年正值 53 岁，是官僚体系中最具活力的中国官员之一。1838 年夏，他进呈三道奏折，沥陈禁绝鸦片恶习的必要步骤，并陈说他在两湖禁烟的成功经验。这些奏折令人印象深刻，既有经济上的考量，又有道德上的谴责。林则徐被宣召进京，面见圣上达 19 次之多。1838 年 12 月 31 日，林则徐被委任为钦差大臣，负责解决广州的鸦片问题。1839 年 3 月 10 日，林则徐到达广州，一周之后对外国人居住区采取果断行动，包围了外国商馆。那时还在澳门的义律慌忙之中挑起重任，承诺缴纳 2 万箱鸦片。忙中出错，英国商馆所藏鸦片居然和承诺缴纳的数量还差 500 箱；不过幸运的是，印度新运来的鸦片及时到达，兑现了义律的承诺。英国鸦片贩子因此而损失了"英国政府以公平价格担保的印度鸦片年输入量的一半"。[①]鸦片被公开销毁，林钦差似乎认为他已经解决了鸦片问题。事实上，这一公然行动是英国不能坐视不理的宣战原因。既然林钦差从一开始就更多地关注"夷情"，他或许有更好的应对策略。

---

① 格林伯格：《英国贸易与中国的开埠：1800—1842 年》，203 页。

囿于深受中国传统中如何驾驭"外夷"的观念所限，林则徐不可能
意识到广州体系已遭到不可恢复的破坏，其只能以英国的方式进行改
造。一年之内，英国远征军陆续从印度踏上征程，前来索要赔偿或进
行报复。林则徐解决"夷务"的失败具有深远的影响，可能使十几
年后的人们丧失了信心。[①]

1840 年夏，第一次中英战争爆发，这是一万兵力的英国多兵种
部队与衰微没落的清王朝军队之间的一场战争。中国的地方民众大多
是中立的旁观者，除了一部分人被英国雇佣组建一支苦力部队。我们
并不确定数百万内地民众中有多少人听说过这场战争。

英国更像是最近中国的侵略者，它占有技术上的优势。英国没有
飞机或坦克，主要的武器是武装汽船，这种船可到达任何地方，可以
抵御狂风，在浅航道中畅行无阻，侦察敌情，调兵遣将，甚至用于军
队登陆作战。例如，著名的"复仇女神"号是一艘 630 吨重、184 英
尺长的钢铁侧翼轮船。它是一艘平底船，仅靠 6 英尺的水箱牵引，全
船配备 90 名船员和 32 门火炮，看起来似乎无懈可击。[②]

这场战争中真正开战的有两次战役。第一次战役发生在 1840 年
5 月，2000 名英军士兵登上广州城墙，但他们没有找到如何面对城里
百万民众的解决方案。疾病和物资匮乏使他们接受了所谓的"赎城

---

① 蒋廷黻对林则徐的历史定位持批评态度，他认为作为军事家的林则徐发现了中
国军事实力的虚弱，却不敢承认；这位因内讧而被撤职的英雄误导了中国战败的原因。
参见蒋廷黻：《中国与近代》，818 页；《中国近代史》，22 页。最近的资料性传记是魏应
麒的《林文忠公年谱》，关于林则徐的西学知识，参见"第二章"（下）；陈其田在《林
则徐》一书中指出，林则徐后来使用了间谍和翻译为其写书；这部书在《小方壶斋舆地
丛钞》中刻印刊行。

② 这艘战舰发挥的作用详见伯纳德（W. D. Bernard）：《"复仇女神"号轮舰航行作
战记》（*Narrative of the Voyages and Services of the Nemesis*）。

费"后便撤退了，而广州民众也认为他们并未被击败。在义律优柔寡断的指挥下，英国远征军沿海岸向东北方向继续前进，击溃了舟山岛附近定海的中国驻军，封锁了厦门、宁波和长江入海口。英国的节节进犯使林则徐被撤职。朝廷任命一位高级的满族官员——直隶总督琦善前往羁縻，力图通过和谈的方式告诉侵略者不能光靠武力征服。1840 年 8 月，惊惶失措的琦善在天津附近的大沽与英国人会面，劝说他们南返广州展开谈判，其后琦善顶替林则徐出任处理夷务交涉的钦差大臣。不过，作为调停者的琦善很快发现，他在欲壑难填的英国人与打算重启战端的清廷之间难以自保。1841 年 1 月，英国攻占广州南边的穿鼻岛，琦善与义律签署了后来不被承认的"穿鼻草约"。双方使臣通过这样的方式寻求一种有效的解决办法，但这种努力对他们而言毫无效果。由于琦善答应割让香港岛给英国（英国人曾经占领过）以及其他让步条件，诸如外交往来平等、600 万银元赔偿和重新恢复贸易等，他很快被革职拿问，个人财产充公，囚禁于广州城。义律的处境要强一些。由于"彻底违反命令，遭受到最低等的待遇（维多利亚女王如此评价）"，义律很快被召回，"穿鼻草约"被废止。大英帝国想要得到更多，不止于这些基本的让步条件，而清王朝则决定重开战端。琦善的妥协被视为私通"夷人"的两面派的不齿行径，他人生的大起大落是其后一代人被洋人所驯化的现实教训。[1]

第一次远征的失败使英国人进行了第二次战争，这次战争从1841 年 8 月持续到 1842 年 8 月，新的全权公使是璞鼎查爵士（Sir

---

[1] 参见蒋廷黻：《琦善与鸦片战争》；恒慕义（Hummel）：《清代名人传略》（*Eminent Chinese of the Ch'ing Period*）。陶元珍梳理了学界从军事和外交两方面对蒋廷黻观点的批评，《读"琦善与鸦片战争"》，《大公报·图书副刊》，1935 年 5 月 2 日，70 页。最详尽的文献研究参见夏鼐：《鸦片战争中的天津谈判》。

Henry Pottinger），他延续了外交优先于贸易、武力优先于外交的原则。这一政策也咨询过那些最关心中国的英国人，即有对华贸易利益的英国私营企业。从 1839 年 9 月到 1840 年 5 月的 9 个月间，女王政府收到来自伦敦、曼彻斯特、利兹、利物浦、布里斯托和布莱克本等地商业公司集团的 6 封请愿书，全部敦促采取强有力的行动。威廉·渣甸在林则徐到达前不久离开了广州，退回到英国，1841 年他成为英国议会的一名议员。① 早在 1839 年 9 月，当英国的商业舆论开始要求对中国采取行动时，渣甸就开始向巴麦尊游说他的看法。9 月渣甸见到了巴麦尊，12 月提出详细建议，次年 2 月两人再次会面。他的建议是：封锁中国沿海，派军队攻入北京，签署商业条约，允许"北方的港口开展贸易，比如厦门、福州、宁波、上海，如果可能的话也包括胶州"。为了保证这些要求，"我们必须进一步占领 3 到 4 个岛屿，比如台湾岛、金门岛、厦门岛，以及更大的舟山群岛。"第二次会面中，他讲述了公行商人拖欠广州外国公司债务的事情，这引起了巴麦尊的注意。巴麦尊指出，"从没有人告诉我这些信息，它们是如何发生的呢？"然后要求渣甸对该主题做出备忘录。② 大约在 1839 年底，渣甸在伦敦的代理人约翰·史密斯（John Abel Smith）③领导的英国商人委员会和其他人共同提出相似的条约条款：首先要求之前清单上的港口开埠，法律保护，公平关税，与北京建立外交联系

---

① 《怡和洋行档案，1832—1932 年》，48 页；约克：《中国皇室与怡和洋行的早期记录，1782—1844 年》，"渣甸函件"，1841 年 5 月 31 日，253 页。

② 约克：《中国皇室与怡和洋行的早期记录，1782—1844 年》，"渣甸给孖地臣的函件"，1840 年 2 月 6 日，317 页。

③ 1834 年到 1840 年渣甸公司在伦敦的代理人是史密斯公司的马尼亚克先生（Messrs. Magniac）；约翰·史密斯直到 1848 年才成为马尼亚克和渣甸公司的合伙人，当时公司的名字已改为马地臣公司。《怡和洋行档案，1832—1932 年》，30 页、38 页。

以及将一个岛屿作为基地。①

　　或许无须赘言的是，英国最终打开了渣甸所要求的前四个港口；为确保赔款，英军占据了舟山群岛和厦门港的鼓浪屿（金门是其附属岛屿），一直持续到 1846 年；赔款中有 300 万元是公行的债务。璞鼎查爵士来华之前，他已于 1841 年 5 月咨询过几家伦敦的公司。渣甸给孖地臣的信中写道："我与他有两三次愉快的会面，他不厌其烦地搜集一切信息。他在上周六同里斯船长②谈话，这周五他和我单独吃饭，不过晚上 10 点时孖地臣和史密斯都加入进来。我们把中国沿海地图摆在面前，最有效地讨论很多棘手的问题。我打算明天通过外交部给他一些纸面的意见。"③ 当璞鼎查到香港后，孖地臣家是他去的第一站。④ 怡和洋行档案显示，公司对英国政策的影响之大和我们想得所差无几，就政府在中国的主要目标而言，是打开一条通行的商业之路，其实公司早已成为其中不可或缺的组成部分，既在广州购买茶叶，又在岸边贩卖毒品。巴麦尊在给渣甸洋行伦敦代理人的信中写

---

　　① 参见马丁（R. M. Martin）：《中国》（*China*），卷 2，40 页，引自《广州记录报》（*Canton Register*），1841 年 2 月 23 日。马丁不加批判地断言道，这些内容是 1841 年外交部发给义律的基本草案内容，只不过 1842 年璞鼎查沿用了这些要求，84 页。关于巴麦尊于 1840 年 2 月 20 日发给中国的条约草案内容，参见柯士丁（Costin）：《大英帝国与中国》（*Great Britain and China*），76—77 页。

　　② 里斯（J. Rees）是 1832 年胡夏米使团的船长，后来加入马地臣公司。

　　③ 约克：《中国皇室与怡和洋行的早期记录，1782—1844 年》，"渣甸给孖地臣的函件"，1841 年 5 月 31 日，333 页。科里斯（Collis）在《外国的泥淖》（*Foreign Mud*）一书中生动地刻画了渣甸在英国政策形成过程中的角色，他主要使用了约克的资料，262 页。关于英国公司对英国官员和英国政治的影响，参见格林伯格：《英国贸易与中国的开埠：1800—1842 年》，第七章。

　　④ 约克：《中国皇室与怡和洋行的早期记录，1782—1844 年》，"私人函件"，1841 年 8 月 23 日，333 页。

道："对于您和渣甸先生提供给我们如此慷慨的帮助和信息，我们能够通过舰艇、军队和外交处理好中国事宜，那些详尽的指令会导致令人满意的结果。真正了不起的是，1839 年秋我们从你们和其他各种人那里获得的情报，具体体现在 1840 年 2 月的指令当中，这些信息如此准确全面，我们的继任者几乎没有发现任何更改他们的理由，结果是在扬子江富有决定性意义的行动中，我们建议海军司令执行曾在 1840 年 2 月就已下达的命令。强加给中国皇帝的和平条件如此精准，这曾是全权公使义律和璞鼎查获得的指令。这一事件无疑将是人类文明的新纪元，必将会给英国的商业利益带来重要的优势。"①

1839 年至 1842 年间这场著名的中英冲突揭示出，中国官员的想象与他们面临的经济现实大相径庭；反之，代表英国经济扩张的那些人，尤其是开拓性的鸦片商人，非常清楚他们想要什么以及如何能够得到。不久暴露出来的问题是，英国官员一方正如他们在最近中西关系中真切感受到的那样，对于军事上战胜中国自信满满，但对于如何驾驭中国却毫无把握。一旦战争停止，他们发现自己参与的是一场更加同步的外交角逐。

---

① "巴麦尊致史密斯信札"，1842 年 11 月 28 日；伊斯顿（Easton）：《银行史》（*The History of Banking House*），29 页；格林伯格在《英国贸易与中国的开埠：1800—1842 年》一书中有部分引用，214—215 页；约克：《中国皇室与怡和洋行的早期记录，1782—1844 年》，341 页。1858 年，史密斯支持罗斯切尔德（Baron Lionel de Rothschild）进入英国议会。

第六章　满人外交与 1842 年《南京条约》

战争中英国的胜利让中国人特别是满族高级官员与西方人发生直接而正式的联系，这种情况以前从未出现。《南京条约》为我们提供了这种新形势[1]下的个案研究（也是典型）——朝廷的谈判者夹在皇帝与洋人之间，英国人知道他们想要什么，但他们也意识到只能得到一半。1842 年，清朝皇帝第一次不得不面对西方军事占优的现实。

1842 年清廷的恐惧

过去 10 年间，清廷对英国的政策始终在"剿"、"抚"两端徘徊。1836 年之后，关于鸦片合法化还是严行禁止的争论一直聚讼不休，不过，直到林则徐到达广州，我们也不能断言中国政府持有坚决的立场。正如前文所述，1839 年林则徐坚决反对"外夷"的政策随

---

① 我曾有两篇文章讨论过这一题目，《南京》，《*appeasement*》，参见"参考书目"。

后被 1840 年琦善的妥协退让政策所替代。[①] 到了 1842 年，英国人的威胁比以前更大，但林则徐和琦善的主张都有强有力的支持者。[②]

整体而言，满人从王朝政权考虑，多主张羁縻；而汉人似乎更彻底地厌恶侵略者。这一点已被广泛关注，或许有助于阐释经常妨碍清朝政策那些不幸的利益冲突。[③] 例如，穆彰阿（1782—1856 年）是道光帝信任的近臣，此时拥有类似于西方首相的权力。他的官方传记表明，他 23 岁时考中进士，在京城职任上平步青云，不过，直到 1820 年嘉庆皇帝去世后他才真正开始掌权。当老皇帝的灵柩从热河返回京城时，穆彰阿"以恭办沿途桥道"骤升一级。没过多久，他出任总管内务府大臣，赏戴花翎，加三级。从那之后，他很快变成帝国官员的领袖人物，接连在重要岗位轮番任职，几乎涉及所有重要的政府部门。他曾在很多部门任职，做过不少深入调查，频繁在京城充当主考官。所有这些，使他在 1842 年拥有帝国官员具备的特殊本领——这些本领意味着权力。

在第一个条约谈判的那些年，穆彰阿迎来了人生巅峰。当道光帝要求京城高级官员对谈判者进呈的条约和其他文件如期提供建议时，这些建议通常要得到穆彰阿（他是首席军机）的赞成。我们可以设

---

① 参见马士：《中华帝国对外关系史》，第 1 卷；蒋廷黻：《琦善与鸦片战争》，见郭斌佳：《第一次中英战争评论》。

② 军机处中有持不同意见的两派：一派的首领是王鼎，支持林则徐彻底禁绝鸦片的政策；另一派的首领是满人穆彰阿，主张羁縻之策。这两人都是 6 名军机大臣中的资深者，王鼎于 1825 年入值军机处，穆彰阿则于 1827 年在军机处行走。其他人有 72 岁的汉族学者潘世恩，他于 1833 年入值军机处；蒙古人塞尚阿，曾于 1835 至 1837 年在军机处行走，1841 年再次入值军机处；汉人何汝霖，1840 年入值军机处；汉人祁隽藻，1841 年入值军机处。

③ 马士：《中华帝国对外关系史》，第 1 卷，279 页。关于这一时期清政府对满汉官员的任用，参见费正清：《19 世纪四五十年代的满汉双头政治》。

想，在前方进行谈判的琦善及其继任者耆英其实都得到了京城穆彰阿的首肯。军机处成员在耆英负责对外交涉期间（1842—1847 年）同样发挥了重大作用，因此"排外"的咸丰皇帝在 1850 年继位之后的第一个动作就是将耆英和穆彰阿降级留用。[①]

随着满人利益在军机处占据上风，1842 年清政府不得不采取议和方式作为王朝延续的必要政策，他们担心一旦和平不能实现，可能会导致王朝覆亡。

满人自身对英国人的判断，不禁令他们怀疑是否英国已有领土征服的方案。英国人对印度的征服尽人皆知，对"夷人"而言，无论何时，只要他们足够强大——满人已经见识过，都会侵略中国。从英国在边境取得胜利，进而侵入沿海省份，到最后陷落京城，似乎逻辑上没有终点，这意味着王朝统治的溃败。虽然广州的英国首领对贸易利润怀有近乎痴迷的兴趣，但英国政府显然比贸易公司有更高的要求。因此，满人不能确保英国是否只对贸易感兴趣。如果清朝皇帝和大臣们能够看到巴麦尊给新任全权公使璞鼎查的训令，他们既不能理解，也不会相信。满洲谈判者报告说，"夷人"的最大特点在于对贸易的热爱，[②] 这点在奏报中屡次被巧妙提及。令人意想不到的是，这些强壮的战士可以轻松地发现比贸易更多的利益。

回过头来看，当时清廷已下令做好满洲龙兴之地和长城沿线的防御准备。例如，山海关具有重要的战略意义，之前来自北方的力量往往由此入侵；1840 年英国人已经勘察过该处海岸。因此，当 1842 年

---

① 穆彰阿的传记资料参见杜连喆、房兆楹：《三十三种清代传记综合引得》（*Index to Thirty – three Collections of Ch'ing Dynasty Biographies*），哈佛燕京学社引得丛刊，第 9 册；恒慕义：《清代名人传略》。参见下文第 20 章，注释 33。

② 《筹办夷务始末》（道光朝），卷 44，页 5b—7b。

6月皇帝闻知上海失利的消息后，立即调遣长城以外的军队防守山海关，其他军队则在华北平原通往热河的门户喜峰口驻扎。6 月 28 日，赛尚阿作为钦差大臣前往天津，以保卫靠近京畿之地。在 8 月南京谈判期间，清廷继续积极筹备抵抗事宜，以备不时之需。[①] 简而言之，即便英国人有言在先，清廷也不能确信仅仅通过微不足道的贸易让步就能消除"夷人"的威胁。

一旦承认英国的领土要求，满汉防御能力的不足就会引发各处的慌乱。满人的军事部署在于保卫长城沿线的华北边疆和控制汉人行省，并不是为了抵御东南沿海的入侵。八旗兵和绿营军都组织涣散，偶尔镇压地方盗贼或土匪时或许可用，但不能跨省协同作战。最糟糕的是，中国历史上并无海防传统，因此没有一只像样的舰队——只有小型的"水师"部队用来维持沿海和水道的地方秩序。他们的战船和火筏无法抵抗"复仇女神"号那样的铁甲舰。长期以来的腐败与不作为造成了这些军队的低效无能，本应组织他们行动的北京当局同样丝毫不具备技术能力。例如，1842 年 7 月 28 日，清廷要求四川和湖广为沿海省份造船；8 月 23 日总督在回奏中却解释道，尽管长江上游的舢板可在下游使用，但显然不能在海中航行。道光帝认真考虑他的每项建议，甚至包括雇佣数百上千名"能在河底潜伏半日"的"水摸"，让这些"水摸"沉于河床的淤泥中恐吓英国人。湖北当局奏报已从宜昌调集"水摸"，8 月 28 日的谕旨敦促"赶紧选雇，迅速

---

① 《筹办夷务始末》（道光朝），卷 51，页 27；卷 61，页 47b；卷 51，页 26；卷 58，页 3b、4b，页 14。燕京大学图书馆藏有 42 份中英谈判交涉的手稿资料，参见关培梧：《夷务始末外鸦片战争后中英议和史料数件》，《史学年报》，3—4 期，1931 年 8 月，143—170 页、183—194 页。

解省"。道光帝密令雇佣水性良好之人"潜伏水中，坏其船缆"。①

或许北京政府最看重的是公众舆论的态度，尽管这一点很少被公开讨论，每个王朝都要得到天命的护佑。1842 年夏天，清廷似乎因为英国人的入侵而倍感恐惧。匪患、民变、私通外敌以及秘密结社反对朝廷的活动，都是王朝对民众统治力衰落的指标。鸦片贸易的扩大与 1840 年至 1842 年间的中英战争，似乎都不如战争期间少数广州人对英军的纵容和广东北部民众的冷漠那么重要。因此，私通"夷人"的"汉奸"才是让朝廷恐惧的现象，奏报者提到他们时反复重申这只是根据传闻。

当 1842 年英国人封锁位于镇江的大运河南部入口时，扬威将军奕经担心的却是粮运水手"久聚一处，难保不滋生事端"，他们如与当地盐匪结合，就可能会加入英国人的队伍。"逆夷在外，匪徒在内，倘彼此结联"，才是这位统帅长久的梦魇。他甚至担心北京城外运河终点通州的汉奸活动。② 7 月 29 日，英国军舰从镇江逆流而上，清军见状马上入城，查验当地土匪劫掠情形。③ 不过，他们发现的却是有黑有白的"洋鬼子"连同汉奸一道在城内外到处巡游，"约计城内尚有逆夷、汉奸二千余名"。④ 在杭州湾沿岸的乍浦战役中，据说汉奸曾给英国人引路，甚至刺伤一名满族官员。在扬州，地方官员悬

---

① 《筹办夷务始末》（道光朝），卷 59，页 17b—18b；卷 57，页 6b，页 9（1842 年 8 月 3 日），页 17（8 月 4 日）；卷 59，页 30、31；卷 58，页 25、26b（1842 年 8 月 16 日）。

② 《筹办夷务始末》（道光朝），卷 57，页 3b，页 6，页 8b（均为 1842 年 8 月 3 日）。

③ 英国的观察者在描述他们的劫掠情形时使用了大量的溢美之词，如奥赛隆尼（Ouchterlony）：《中国战争》（The Chinese War），伦敦，1844 年。

④ 《筹办夷务始末》（道光朝），卷 57，页 28b—29b。

赏捉拿为敌人提供情报的汉奸："真正汉奸发辫齐剪，臂刺虫形或蝴蝶形，身带夷字小腰牌为据"。一位御史警示道，淮扬盐枭可能会和英国人勾结，"暗决河堤"，下灌淮扬。清廷发布上谕要求随时留心，"豫为防范"。[①] 8 月 17 日，另一位御史提出查拿勾结英人的汉奸"实防夷之急务"。他联想到镇江的满人副都统海龄所说，当时"因查拿汉奸误杀良民，至不计其数，以致人心不服，哗然而起，将海龄围住。海龄因纵兵开炮，轰击百姓"。趁着城里内乱之机，英军占据了镇江。[②] 另一位御史则奏报说，保卫上海的官员逃跑一空，"乡民毁道署、县署"。官民摩擦已达如此程度："兵不剿寇而剿民，民不畏寇而畏兵，逆夷更声言只与弁兵为仇，不与乡民为难。"[③] 众所周知，上海的英国人"将官仓谷石支给民食"，并宣称"本国与百姓毫无战争，最愿彼此和睦"——显然天命护佑在转移。[④]

这种叙述暗示出一种情形，英国的观察者也如此描述：占领区的中国民众在英军进攻中遭受的苦难一定少于后来国内盗匪的劫掠。南京的英国官员记录道："混乱、不满和公开叛乱与日俱增，内部也没人承担非法暴行的责任，官兵任由成群盗匪自由活动，直到和我们协商后才开始镇压盗匪。"[⑤] 为了控制日益增长的混乱局面，中国当局

---

① 《筹办夷务始末》（道光朝），卷 57，页 39—40、41；卷 58，页 10、12b。

② 《筹办夷务始末》（道光朝），卷 58，页 28—29b。官方调查报告说只有 13 名汉奸被斩首，其他上奏内容并不属实。卷 60，页 26b—30。

③ 《筹办夷务始末》（道光朝），卷 58，页 37—39b，重点参见页 38b 第 2—3 行。关于这一点，官方调查并不评论（卷 60，页 26b—30）。伯纳德在《"复仇女神"号轮舰航行作战记》一书的 412 页引用了英方的上海公告。

④ 《筹办夷务始末》（道光朝），卷 53，页 10，1842 年 7 月 9 日耆英奏折。

⑤ 罗赤上尉（Capt. G. G. Loch）：《中国战事尾声实录》（*The Closing Events of the Campaign in China*），159 页，8 月 17 日罗赤与舰队司令在一起，充任将军的侍从武官，因此，他具有和璞鼎查"同样的机会来会见和观察中国官员"。

采取了传统的权宜之计。有人提议"以贼攻贼……对其谕以大义，诱以重利"；"欲服枭徒，必先服枭徒之首"。朝廷对此的答复是，长江沿线早已举办团练，一半皆用私盐走私者，盐枭"现无著名头目"。① 通过提供数量可观的奖赏，大约 3000 名枭匪在扬州和其他地方应募从军，这样避免了他们误入歧途或被英国人所用。尽管商店关门，人心惶惶，地方当局仍然哀叹"攘外必先安内"。8 月 16 日的上谕批准通过头目杨泳招募枭匪，但同时也要注意"枭匪等性情无常，切须严防"。②

香港同样出现收买汉奸的类似情形。1842 年 8 月的一份奏报表明，秘密会社潜力巨大，这些拜把结会之所以秘密，是因为他们反对清朝的统治。各会社头目在香港建立联义堂、忠心堂以及其他 8 个类似组织。1841 年，1000 多名会社成员已被广东地方当局收买，表示愿效忠清政府，其中著名的头目卢亚景被秘密"给以翎顶"，承诺"愿为内应"。不幸的是，英国人的保护妨碍了对汉奸的抓捕，"趋赴香港者愈多"。各省政府宣布"如有洗心革面、反正来归者概赦不问，果能杀贼立功者，更当格外加赏"。他们成功招安了一名姓朱的汉奸，此人曾是"夷人"头目嘈顺（即 A. R. Jahnston，1841 年代理香港总督）的幕僚。由于香港岛上的秘密会社之间内斗不止，朝廷自然乐于坐视，"夷人亦不能相安"。③

英舰"纽布达"（Nerbudda）号在台湾被击毁后，清军生擒 5 名汉奸，供词表明，他们才是真正私通敌人的中国人。黄舟和郑阿二都

---

① 《筹办夷务始末》（道光朝），卷 58，页 17—18。
② 《筹办夷务始末》（道光朝），卷 58，页 19、22。此处"枭匪"是指两淮盐区的武装走私匪徒。
③ 《筹办夷务始末》（道光朝），卷 58，页 39b—42b。

是澳门以北的香山县人。二人因做生意渐与洋人熟识，1841年他们雇了些中国人在英国船上"充当汉奸"。他们进一步证实说，璞鼎查船上有两个汉奸头目，都是广东人，一个叫苏旺，另一个叫刘相，所用汉奸十余人均须向二人"说明来历"，"方能到船上用事"。他们用汉字写了封信，据说英国人将此信带到台湾，鼓励当地汉奸"在地行事"——其中当地一个汉奸在此之前已供认了这一图谋。①

清政府对汉奸的警惕还因为他们是敌人的情报渠道。1842年7月，耆英抱怨英国人"每日阅看京报，江浙官吏皆有所闻，究竟由何处辗转递送，尤难测度"。他要求彻底调查此事，并采取行动秘密严防。皇帝的批示中认定辗转递送之人"为汉奸无疑"，要求将其查拿正法，同时"务使内地机密要事勿为该逆窃探"。②

朝廷的这些忧虑反映了道光朝晚期的社会状况。首先是不得不关注官僚统治集团和地方精英之间的共同利益。这两个集团从那时以后在组织团练和将保甲系统运用于维持地方秩序两方面达成了合作。例如，镇江陷落之后，混乱开始在附近乡村蔓延，安徽首府安庆的商人惊恐万分，安徽巡抚要求地方政府与地方精英合作组织团练，共同自保。皇帝答应奖励举办团练的士绅。这表明，它并不是一种全新的，或仅仅政府单方面倡导的合作关系，而是与士绅阶层中曾帮助过政府并接受奖赏的个人密切相关。③

清王朝的这些忧虑使谈判任务变得极为复杂。由于可能涉及共谋犯罪，英国人与汉奸的联系使朝廷怀疑所有与"夷人"打交道的人。

---

① 《筹办夷务始末》（道光朝），卷59，页12—16b。

② 《筹办夷务始末》（道光朝），卷54，页37—38b，1842年7月20日奏折，同日上谕。亦可参见卷57，页25—26。

③ 《筹办夷务始末》（道光朝），卷58，页39b—42b；卷55，页26b。

当众多下层的中国人与英国人沆瀣一气时，那些同英国人过从甚密的中国官员也立即失去同僚和士绅们的公开信任。这成为所有中国谈判活动的绊脚石，一直持续到 19 世纪相当晚的时期。一个只是同意与洋人进行谈判的官员可能会危及他的官位。

议和的决定

即使在充满担忧和不确定的环境下，继 1840—1841 年琦善的努力失败后，1842 年谈判重启显然实有必要，因为英军在武器上具有优势。

第二批英国远征军伴随着全权公使璞鼎查挺进中国沿海，于 1841 年 10 月再次占领舟山群岛附近的定海和宁波，他们在那里等待英国本土援军。1842 年 3 月 10 日，英国驻宁波守军遭到附近逐渐聚拢的中国军队的袭击，仅因西式武器占优而得以幸免。中国军队遭遇惨败，损失 400 名士兵，却未打死一名英国士兵，英国在数天之后重启战争，予以还击。① 道光帝在 3 月 23 日得知这一惨败消息，想到之前广泛准备以求一胜，不禁万分沮丧，这种局面促使和议之声再起。特别是浙江巡抚刘韵珂的奏议，他以非常直白的口吻描述了当前形势之危急，建议正如他之前所做的那样，重新起用伊里布，伊里布在 18 个月之前曾积极支持琦善的和谈策略。② 清廷于是重新考虑对策，为表明这一立场的转变，数次起用支持和议的官员。

举例来说，饶有趣味的是，尽管林则徐被判于 1841 年 7 月发配

---

① 转引自奥赛隆尼：《中国战争》，224—226 页。
② 《筹办夷务始末》（道光朝），卷 44，页 11b、27b—35b。这些事件亦可参见王之春：《国朝柔远记》，1896 年编，卷 10，页 4—5b。

伊犁，不过从那时起他一直待在河南，辅助军机大臣王鼎的防洪工作，王鼎是在1841年的第七个月①（8月17日—9月14日）被派到那里。王鼎虽被降级，不过在1842年的头一个月（2月10日—3月11日）仍留在河南任上；林则徐最终在1842年3月18日被要求前往伊犁，此时恰是英国在镇江重启战争的时间。王鼎在第三个月（4月11日—5月9日）的时候返回北京，后于1842年6月9日去世，按中国的年龄算法，享年75岁。②中方材料记录他因抗议妥协而自尽。③据我们所知，另一方面的图景则是，3月26日穆彰阿被火速派往天津，与直隶总督共同处理交涉事宜。几乎与此同时，另外两名官员被派往危险的镇江前线：3月24日令辅助广州防务的奕山启程，28日令议和派代表人物伊里布出发。大约一个月之前，1842年2月24日，时任盛京将军的耆英转任广州将军。3月24日，朝廷要求他火速就任。但在3月28日，他启程去南方之前，却被要求火速赶往镇江就任杭州将军。④

---

① 译者注：此处指农历月份，括号内为公历日期，后几处皆同。

② 《东华续录》（道光朝），卷45，页8b—9；《清宣宗实录》，卷36，页31。

③ 例如金兆丰：《清史大纲》，337页。贝克豪斯和濮兰德虽没注明资料来源，却详尽地写道："王鼎林（原文如此），军机大臣……拥有真诚品质和驾轻就熟的行政能力……反对穆彰阿的和谈政策，主张不惜一切代价发动战争"。当时皇帝拒绝听从他的建议，王鼎"递上辞呈并弹劾穆彰阿……然后自尽了"。贝克豪斯（E. Backhouse）和濮兰德（J. O. P. Bland）：《北京宫廷的编年史和回忆录》（*Annals and Memories of the Court of Peking*），397页。这本书和中文材料对照的话极具参考价值。

④ 《筹办夷务始末》（道光朝），卷44，页26，1842年3月26日上谕；卷44，页22、35b；卷45，页10b。《清史稿》，"本纪"，卷19，页3b。《筹办夷务始末》（道光朝），卷44，页16b、35b。这修正了马士的观点，在《中华帝国对外关系史》第1卷"冲突"297页中写道："耆英被任命为广州将军，但他在就任途中又被委任负责和谈事宜。"

这似乎表明，英国的重新开战打乱了北京的政策安排，穆彰阿党羽从中胜出，如上文所述，皇室的忠实支持者被派往前线，竭力应付英国这个强大而可怕的敌人。1842 年 4 月 7 日，耆英被授予钦差大臣关防，要求立即前往镇江。就在三天之前，两位降职处分的满族官员被部分地恢复官职——上文提到的伊里布赏给七品衔，咸龄赏给四等侍卫。两人均由耆英带往浙江差遣。① 4 月 12 日耆英亲聆圣训，15 日在伊里布、咸龄等一行人的陪伴下离开京师。27 天之后，即 5 月 9 日他们到达杭州，行程 3050 里（约 1000 英里）。耆英在杭州呈递的第一道奏折再次重申了倒霉的前任琦善所遵循的信条，这也预示出他后来的对策："制夷之法，必须先知其性……即如吉林省擒虎之人，手无寸铁，仅止以一皮袄盖于虎首，则虎即生擒矣。是知其性而后获之。今若深知其性，既可以摄其心胆，而更可以早行藏事，此亦必然之理。所谓知己知彼，百战百胜是也。"孙子的这句格言强调以智胜敌。②

耆英和他的同僚带着开启和谈的特殊目的向南挺进，将军奕经的一份未刊奏折证实了这一点。奏折中敦促耆英既负钦差之名赶赴镇江，即应与前敌军事指挥奕经互通声气，积极备战。不过，奕经的提议被道光帝断然拒绝。甚至当时英国翻译都认为，尽管耆英和伊里布"与军情无涉"，并特意"远离"军事活动，但"其唯一职责仍在于借助武力结束战争"。③ 因此，当他们到达前线附近后，继续在奕经

---

① 《筹办夷务始末》（道光朝），卷 45，页 16b、10b。

② 《筹办夷务始末》（道光朝），卷 47，页 22b；页 23b 第 10 行到页 24a 第 4 行，1842 年 5 月 19 日。《孙子兵法》，第 3，"谋攻篇"。

③ 《筹办夷务始末补遗》（道光朝），1479—1480 页，1842 年 5 月 13 日发，5 月 21 日到。

的指挥下采取军事行动；而浙江巡抚刘韵珂则延续之前的和议策略。① 耆英此时委令伊里布、咸龄等人驰往乍浦，"体察情形，设法羁縻②……宣布天威，示以大义"，恰如奏折中所说，"以作缓兵之计"。③ 尽管耆英其后也曾协助其他官员参与军事部署，但我们几乎可以确定耆英作为钦差大臣的首要任务在于对外交涉。

钦差大臣耆英

耆英在 6 年多的时间里与奠定中国条约制度的基础紧密相关，他的生涯和个性具有非同寻常的意义。

耆英是宗室禄康之子，后者似乎是满洲贵族腐败的典型。禄康的宦旅生涯基本在京城度过，而京官自然具有很多的升迁机会。例如，1801 年他担任宗人府笔帖式，1811 年升任崇文门监督，负责在京师门户的大运河起点通州征收赋税，每年为国库提供约 37 万两白银的固定收入。由于征税者可能会截留固定税额之外的收入，因此这一职位成为帝国最令人艳羡的肥差之一，通常任期只有一年。④ 他在 1804 年和 1809 年因与下属合谋贪污而遭降职，最终于 1813 年被罢黜官职，永不叙用。1816 年，禄康去世。他一定留给了耆英敛财的本领，

———————

① 王之春的《国朝柔远记》中强调了刘韵珂当时对和议政策的影响力，但档案文献中并未找到明显证据。具体参见该书卷 10，14 页。

② 文献中的"羁縻"一词通常指通过非战争的谈判手段征服敌人。

③ 《筹办夷务始末》（道光朝），卷 47，页 43b—45，1842 年 5 月 23 日到。亦可参见卷 48，页 5b，7—8 行。

④ 《光绪会典》，卷 23，1—7 页。与嘉庆朝会典中记载的数字大致相同。这些数字是常规税额与盈余相加的总和。这一职位所捞取的好处似乎比广州粤海关监督从对外贸易中索取的回扣还要多。

并不仅仅是财富本身。

1806 年，耆英以宗室的身份开始步入仕途。当时消息灵通的郭实腊指出，耆英与一位年轻皇子情谊甚笃，这名皇子即 1820 年继位的道光皇帝，耆英又"通过姐姐的姻亲关系进入到皇亲国戚行列"。[①]其他西文资料中称耆英为"皇亲国戚"或皇帝的"表兄弟"，这大概源于他的宗室身份；中文文献中则几乎只字未提他与皇帝的亲属关系。不管怎样，耆英必定受到新君非同寻常的赏识。他在仕途的头14 年中从九品升至五品，在 1820 年又忽然超擢提拔为内阁学士兼副都统。接下来的 5 年中，耆英先后在 9 个与旗人事务相关的不同岗位任职——无论如何这都引人注目。他紧接着担任更为重要的职位：内务府总管大臣（1825 年）和步军统领（1827 年）。接下来的 10 年中，他 5 次担任礼部尚书，一次被任命为崇文门监督。不过，直到1838 年，他才开始第一次真正意义上的外放任职，出任盛京将军，筹划防务事宜，然而在他 3 年的任期中基本没有涉及对外交涉事宜。

综上所述，我们不难推测出耆英在 1842 年选择和谈策略的原因。他长期在京师任职，又是皇帝亲近的权贵，所有事情习惯于妥协让步。他唯一记录在案的地方经历是 1836 至 1837 年间前往南方的江西和广东调查腐败案件。他很少与地方发生诸如广州贸易之类的利益关系，这点或许比他缺乏地方任职的经历更为重要。

朝廷任命伊里布作为他的助手至少弥补了这一缺陷。伊里布年纪

---

① 参见郭实腊：《道光皇帝传》（*The life of Taou - Kwang, Late Emperor of China*），56 页。《京报》实习生论及官场轶事时，记述了这一出自 1842 年一位英国翻译的难以证明的说法。《京报》是当时的权威媒体，记载"耆英女儿在后宫中拥有显赫的地位"，参见该书 220 页；同时耆英的侄女也是道光帝的嫔妃，参见德庇时（J. F. Davis）：《战争及媾和以来的中国》（*China During the War and Since the Peace*），卷 1，251 页；另一相关论述以郭实腊翻译节选的"战争期间缴获的秘密国家文件"为基础。

较大，同样是宗室出身，于 1801 年考中进士。他早年因在云南抚驭（恩威并施）土司有方而声誉鹊起。他也非常善于管理地方事务，在山西、陕西、山东等省担任过高级官员，其后署任云贵总督。1839年，朝廷认为伊里布拥有边疆省份处理"夷务"的经历，任命其担任两江总督；1840 年以钦差大臣身份派往浙江，由于他延续琦善的和议政策，随之在 1841 年被降职。如今伊里布重获起用，无疑是为耆英提供他的地方经验和先前中英谈判的经历。档案文献显示，主要的谈判者是耆英，而不是伊里布。某种程度而言，年老体衰的伊里布也不能胜任。1842 年各种各样的英国媒体如此描述耆英：他"大约56 岁，矮小而结实"，"在马车里举止得体优雅"；"他在 60 岁至 70岁之间，身材矮小，精神矍铄，一副温和的老年绅士派头，从马车上坚定地迈下来"。而对于伊里布，令人印象深刻的是，他"大约 76岁，身体消瘦，相当虚弱"；"他的年龄在 80 开外……面露痛苦之色，承受着精神上的煎熬"。① 事实上，我们知道，伊里布当时是 72或 73 岁。

开启和谈之路

1842 年 5 月，耆英一行到达浙江之后面临这样的困境，他此行的目的在于和谈成功，或至少达成一项协议，而时局却需要一个投降者的形象。他的外交努力无论再怎么理想，也不能偏离朝廷意志太远。北京的意见显然摇摆不定，唯恐外交谈判影响战事胜负的起伏。

---

① 默里上尉（Lieut. A. Murray）：《中国纪行》（*Doings in China*），198 页；一名陆军校官（A Field Officer）：《在中国的最后一年》（*The Last Year in China*），179 页；罗赤上尉：《中国战事尾声实录》，162、191 页。

例如，广东当时盛传孟买暴动，当地人已占领英国人商铺的谣言，皇帝闻知后立即对英宣战。① 1842 年 5 月 25 日，道光帝得知第一次乍浦谈判两天之后，命令耆英仍以钦差大臣身份前往广东署理广州将军，并随时汇报广东省河、虎门各工事宜。他同时也调查了收复香港的可能性："至香港地方，岂容英夷久据？"② 5 月 25 日，协助耆英的伊里布和咸龄"即交奕经留营差遣，如无可委用之处，即一面奏闻，一面饬令回京"。耆英根据上谕做出如下安排：伊里布留在浙江效力，而咸龄和其他从盛京带来的随员与他一起前往广东。③ 朝廷做完上述部署之后，一定获知了 5 月 18 日乍浦满洲官兵被英军歼灭的消息。（当时将军奕经的奏折用 8 天时间到达京城。④ 首次记载乍浦失守的消息是 5 月 26 日还在江苏的耆英所收到的上谕。）乍浦失守的消息并没有在第一时间传达，某种程度而言也构不成耆英调往广东的原因，我们从另外的证据上似乎看得更清楚，即 6 月 4 日耆英接到圣旨，令其暂缓广东之行，继续留在杭州。⑤

---

① 邓嗣禹：《张喜与 1842 年的〈南京条约〉》，21 页；《筹办夷务始末》（道光朝），卷 47，页 40b。

② 《筹办夷务始末》（道光朝），卷 48，页 1。时人魏源阐述了道光帝这一决定："盖据御史苏廷魁之言，风闻廓尔喀国已攻袭英人驻防印度之兵，洋船将回兵救援，故命耆英体察虚实，乘机攻取香港。"参见蒋廷黻：《中国方面关于鸦片战争的记载》（*Chinese Account of the Opium War*），上海，1888 年，62 页，译自魏源：《圣武记》；萧一山：《清代通史》，901 页。耆英奉旨南下的当天，将军奕经在浙江上奏，英军船舰离开宁波后靠近乍浦和上海，乍浦驻军随之严阵以待。《筹办夷务始末》（道光朝），1842 年 5 月 25 日，卷 48，页 4。

③ 《筹办夷务始末》（道光朝），1842 年 6 月 5 日，卷 48，页 5；卷 49，页 10b—11。

④ 《筹办夷务始末》（道光朝），5 月 13 日发，5 月 21 日到。引自费正清、邓嗣禹：《清代公文的传递方式》（*On the Transmission of Ch'ing Documents*）。

⑤ 《筹办夷务始末》（道光朝），卷 48，页 5b—10、页 42。

一方面清廷的政策摇摆不定，另一方面重启和谈的呼声则与日俱增。乍浦陷落后，耆英上奏："舍羁縻之外别无他策，而羁縻又无从措手"；自 3 月份宁波兵败以来，羁縻政策的条件日益恶化；"至进剿之策，仍听扬威将军等办理"。不过，奕经不久便提出了和议策略，"不得不设法羁縻，冀可缓兵苟安"。6 月 4 日，道光帝收到耆英第一次谈判的奏报：伊里布已派"熟悉夷情"的陈志刚前往"夷船"，"面见夷酋郭姓（翻译郭实腊）"，英方提出"不愿战祸，只求通商，言词尚为恭顺"。6 月 5 日的上谕则询问这次谈判的更多细节，"必非两言而止，此外有何言语?"耆英回奏道：英人询问伊里布"是何官职，能否奏事"，交涉事宜"唯恐伊中堂不能了结，我们须见伊中堂面商"。若有钦差大臣，我们则可以在舟山会面。①

接下来伊里布仍派陈志刚等向英国递交外交照会，不过，直到上海陷落后才将照会投交（6 月 19 日）。6 月 23 日，英方回复"现已集兵，不得不战，并有约实一处办事地方"②。耆英和伊里布遵照先前约定回复英方，提出谈判地点，"如在浙江，即在镇海；如在江苏，即在松江"。当清廷 6 月 3 日得知谈判情况，认为"夷情诡诈，全不可信"，令耆英"断不可轻身前往，即该逆前来请见，亦不可与之会晤"。"倘有应行商办之处，只可令陈志刚等持书前去，免致堕彼奸计。"如有分外要求，"可剿则剿，当堵则堵"③。总之，清廷的

---

① 《筹办夷务始末》（道光朝），卷 48，页 9，1842 年 5 月 26 日到；卷 48，页 29b，1842 年 5 月 31 日到；卷 48，页 40b；卷 51，页 13，耆英 6 月 25 日奏；关于这些谈判过程的概述，参见矢野仁一：《关于黄爵滋和林则徐的鸦片奏议》，252—261 页。

② 《筹办夷务始末》（道光朝），卷 52，页 17，1842 年 6 月 3 日到。英国"对这些极其模棱两可的提议毫不关心"，因为璞鼎查决心不再重复义律的错误，不想太早谈判。参见伯纳德：《"复仇女神"号轮舰航行作战记》，412 页。

③ 《筹办夷务始末》（道光朝），卷 52，页 17b—18b。

指令中除了表达希望与恐惧的复杂情绪外，几乎看不到任何建设性意见。

　　直到 1842 年 7 月下旬，清廷依然坚持主战态度，而各省官员则小心翼翼地采取收效甚微的和谈策略。6 月 22 日，清廷要求耆英和伊里布"驰赴上海"，协助在沪防御的两江总督牛鉴。6 月 21 日，耆英等抵达浙江嘉兴，此时闻知上海陷落，转而赶往浙江、江苏两省交界。耆英接到命令驰援上海时，英国军舰已经离开吴淞口。因此，他和伊里布于 6 月 30 日到达江苏昆山，在那里与牛鉴会合。7 月 2 日，陈志刚返回，他在 6 月 28 日见到了英国翻译马礼逊，并带来璞鼎查的回信，信中再次表达对耆英和伊里布外交权限不足的担忧，从而拒绝停战。①

　　当英国的压力与日俱增时，京师与前线的意见分歧也迅速扩大。英军攻陷上海后的下一个目标恐怕是天津，甚至是北京，当时盛传更大规模的英军舰队正驶向北方。② 不过，英国很快宣布他们首先要进入长江地区，北上的船舰折回吴淞口，目标随之指向长江各战略要地，特别是镇江。③ 此时道光帝和官员们的主战决心前所未有地高涨。7 月 9 日的上谕指出，既然英国人拒绝停战，"若再事羁縻，不

---

　　① 《筹办夷务始末》（道光朝），卷 52，页 12、15b，6 月 3 日到；卷 52，页 16b；卷 53，页 7；卷 53，页 10。

　　② 《筹办夷务始末》（道光朝），卷 53，页 2b，1842 年 7 月 9 日寄到奕经奏折。"清政府似乎不知道我们选择攻打哪些战略要地（例如镇江），因此全力投入到京师防卫事宜，几乎彻底放弃对长江沿线的防御，直到一切都太晚了。"引自奥赛隆尼：《中国战争》，344 页。

　　③ 《筹办夷务始末》（道光朝），卷 53，页 10，1842 年 7 月 9 日到；卷 53，页 12—14。

特于事无益，且恐有伤国体"。① 7 月 14 日，清廷下令伊里布回任乍浦副都统，耆英在赴广州将军职任之前继续留在江苏办理防剿事宜。② 7 月 15 日的廷寄密谕似乎标志着清廷第一次承认战争失败，③ 7 月 21 日，镇江这一中国内陆商业的交汇之区被英军攻陷之后，清廷命令耆英不惜一切代价促成和议。④

　　当 1842 年英国发动战争时，清廷就立即意识到应采取和议策略，于是派耆英前往交涉，这一结论尚待进一步证明。不过，清廷绝不愿意承认投降这一无奈之举，它对谈判的认识比英国人的考虑更为复杂。清廷对耆英广州将军的任命恰好在北京得知乍浦失守之前，这或许表明清廷已做好让耆英通过谈判方式扭转战局的准备；无论当时还是之后，广州都是贸易中心，远离京师，是处理外交事务的合适地点（直到 1842 年 10 月，耆英才被正式任命为新的职位，即两江总督）。不管怎样，出于北京的主战态度和前任琦善下场的考虑，不难想象，耆英不会力主议和而使自己陷于危险境地，直到清廷明确出台不惜以任何代价进行和议的命令。

　　的确，只要耆英不具备璞鼎查反复强调的完全授权，他就可以明

---

　　①　《筹办夷务始末》（道光朝），卷 53，廷寄耆英 7 月 20 日的奏折中援引 1842 年 7 月 9 日的谕旨。

　　②　《筹办夷务始末》（道光朝），卷 53，页 29。

　　③　关于这一点，特向诺德（John J. Nolde）先生表示感谢，亦参见恒慕义的《清代名人传略》一书中房兆楹所叙述的内容，131 页。郭斌佳：《第一次中英战争评论》，161—163 页；至于耆英 7 月份外交斡旋的概述，参见《筹办夷务始末》（道光朝），卷 57，页 31—32，1842 年 8 月 6 日到。

　　④　值得注意的是，1842 年专供京师的稻米运输已从镇江向北迁移。辛顿（Harold Hinton）在他的博士论文中详细讨论了这一点。《晚清漕运体系研究：清朝衰落的一个方面》（The Grain Tribute System of China, 1845—1911: An Aspect of the Decline of the Ch'ing Dynasty），哈佛大学历史系，1950 年。

智地拖延下去。他的钦差大臣头衔与常规官职没有关联，也没有明确的法定职权。通常而言，钦差大臣携有关防，在职责范围内行使皇帝至高无上的权力。[1] 1842 年 7 月，整个帝国至少还有另外两位钦差大臣。[2] 一方面，这些钦差大臣在执行某种任务时比地方大员拥有更大的权力；另一方面，他们也并不具备西方人所要求的"完全授权"或"全权代表"。钦差的任命可能并不是预先授权以执行皇帝的命令，而更像是他无权以具体的书面指令回应西方公使的绝佳理由。同其他官员一样，钦差亦以极为常规的方式接受皇帝的指令。他最多只能得知所要解决的问题，并没有接下来处理问题的特殊权限。因此，钦差的行动方案并不单单是遵守命令，而取决于是否执行了命令所要求的结果。即使结果已经公布，朝廷赞成与否仍不明确。

直到耆英基本上得到完全授权之后，1842 年道光帝的妥协政策才算水落石出。7 月 26 日是痛苦的一天，这一天，北京收到镇江惨败的奏报，成为其妥协政策的转折点。本日谕令耆英和伊里布"前往京口（镇江对面），妥为办理。万一该逆驶至省垣（南京）肆扰，准该督暂事羁縻。如该逆游移不信，即告以业已降旨，交耆英、伊里布专办此事"[3]。

这里出现的问题是，那些非官方和私人属性的信息也会在京城和

---

① 马士：《中华帝国对外关系史》，"冲突"，15 页，"由皇帝直接委派，按照皇帝意愿执行命令……仅受限于其职责。"

② 《筹办夷务始末》（道光朝），卷 51，页 25b；卷 52，页 6。

③ 同一天（7 月 26 日）的密谕似乎也与此有关，兹引于下："惟前据该逆照覆，似以耆英、伊里布不能做主为疑。恐其心多惶惑，不肯遽敛逆锋，著耆英、伊里布剀切开导，如果真心悔祸，共愿戢兵，我等奏恳大皇帝，定邀允准，不必过生疑虑。该大臣等经朕特简，务须谨持国体，俯顺夷情，俾兵萌早戢，沿海解严，方为不负委任，不必虑有掣肘，以致中存畏忌，仍于事无益也。"《筹办夷务始末》（道光朝），卷 55，页 27、27b。

各省之间传递。我们很难相信此时耆英等皇帝近臣不用奏折传递私人属性的消息；而前文所引上谕的宽慰语气既是带有私人性质的答复，又是正式文书，这表明耆英被赋予更大的权限。7 月 31 日和 8 月 1 日耆英在南京连续接到两封廷寄印证了这一事实，皇帝要求他从"便宜从事"改为"从权办理"。[①] 8 月 7 日的上谕进一步重申："如该逆夷所商在情理之中，该大臣等尽可允诺。惟当告以彼此商妥奏明，即可施行，不必再加游移。"

这些谕旨最终允许钦差大臣具有全权公使的所有权力，以满足英国人的要求。8 月 3 日，璞鼎查在照会中表明停战态度，"总要大皇帝钦命全权大臣前来商办"。耆英回复钦差大臣头衔与英国人认为的"全权公使"毫无二致。8 月 8 日，璞鼎查迭次复文，指出"无权不能做主"。而尽管伊里布明白告诉对方，英国人还是"坚不醒悟"。[②] 8 月 11 日是英军打算进攻南京城的日子，那天中国使者戏剧性地在黎明时分到达江边，宣布"钦差大臣耆将军日内必到"。英军因此取消了军事行动，马礼逊给清军回了一封"文理全不通顺"的书信，大意为皇帝既然特派大臣，"畀以全权"，英国方面就"罢兵和好"。[③]

---

① 《筹办夷务始末》（道光朝），卷 55，页 32b—33。该廷寄引用了 1842 年 8 月 6 日收到的耆英奏折。（郭斌佳仅仅将其统称为"谕旨"，参见其《第一次中英战争评论》，161、293、294 页）廷寄是皇帝与大臣之间日常使用的一种交流方式；当时绝大多数圣谕（上谕、谕旨）是由军机处（军机大臣字寄）传递给钦差大臣，其他还有 8 月 6 日（《筹办夷务始末》（道光朝），卷 57，页 31b）和 8 月 16 日（《筹办夷务始末》（道光朝），卷 58，页 17）的廷寄。张忠绂指出林则徐在广东任钦差大臣期间也享有"便宜行事"的权力，"便宜行事"成为"全权代表"的代名词。参见张忠绂：《自鸦片战争至英法联军期间清廷办理外交之机关与手续》。

② 《筹办夷务始末》（道光朝），卷 57，页 33；卷 58，页 1、页 30。当时这些急件任命从北京到南京需要 3 天的时间。

③ 《筹办夷务始末》（道光朝），卷 56，页 6，1842 年 8 月 17 日到。

8 月 14 日，马礼逊检查并接受了盖有"皇帝御宝"的议和条款，8 月 18 日，英国正式撤军。[①]

和谈中的满汉一方

和议初始阶段，清方代表更像是调停者，而不是谈判的主角。他们分别同皇帝和"夷人"直接联系，自身命运取决于和睦相处的效果。远离京城的耆英将这种战战兢兢体现得淋漓尽致，如 8 月 17 日寄到的耆英奏折生动描述了英军可能进占安庆、九江、武汉等城市的危险，但有趣之处在于他并未直接表达这种忧虑。[②] 他早已知道必须向英国人证明自己的诚实，方能减轻对方的疑虑，不过也要让英国人同样了解这一点。最紧迫的事情莫过于发现那些能和洋人当面沟通的下属。他们的级别要足够低，这样才能直接登上英国军舰，而且还需要足够的机智，才可毫发无损地应付马礼逊（第一个来华的新教传教士马里逊的儿子）和英国翻译郭实腊。

至于这一点，几乎在伊里布所有照会中都有一名派往敌舰的低级

---

① 罗赤上尉：《中国战事尾声实录》，151 页；奥赛隆尼：《中国战争》，440 页。一些著作认为耆英、伊里布和牛鉴三人共同组成全权代表，负责谈判事宜。参见浅田文三：《支那外交通史》，66 页；黄鸿寿：《清史纪事本末》，上海，1925 年，卷 44，页 3；金兆丰：《清史大纲》，392 页；萧一山：《清代通史》，905 页；武埔干：《鸦片战争》，104 页。这种说法并无史料依据。

② 《筹办夷务始末》（道光朝），卷 58，页 34—35。

军官，此人即外委①陈志刚，他"尽管品级不高，却精明而机智"，"英军都知道他是一名特使"，"他第一次担任信使是 1840 年作为琦善白河口交涉的随行人员。"（原文如此）② 这一"众人皆知的角色"被"风趣地称作怀特下士"，同时，他也成为外国观察家们熟知的人物形象。③ 事实上，外国人似乎把琦善 1840 年的信使白含章的名字安在陈志刚的头上，白含章确实姓白，但他们把两个不同的人认定为同一个人，"怀特下士"的称谓只不过是英国人傲慢自信的错误观念。新的"怀特下士"化身陈志刚是一名机智的信息传递者，不过当时还急需更高级别的官员来开启和议之门。如今这一合格人选也被找到，此人即伊里布手下富有经验的家臣张喜，他身后留下一部日记，作为清方内部资料，极富价值。④

　　尽管张喜地位卑微，并无官职，但当务之急是火速劝说他赶往南京，协助谈判事宜。他曾在 1840 至 1841 年间帮助伊里布参与过浙江的英人交涉，后来还因此而获罪。显然，他担心会重蹈覆辙。不过，伊里布的随行人员都把张喜看作卓越的"夷务专家"，他在这方面拥

　　① 关于"外委"的解释，参见布伦纳特（J. R. Brunnert）：《清末中国的政治组织》（*Present Day Political Organization of China*），752 页；梅辉立（W. F. Mayers）：《中国政府》（*Chinese Government*），第三版，上海，1897 年，450 页。《筹办夷务始末补遗》（道光朝），1457 页，1842 年 3 月 4 日寄到的奕经奏折中指出陈志刚来自宁波以南的镇海驻军。

　　② 奥赛隆尼：《中国战争》，58 页；德庇时：《战争及媾和以来的中国》，267 页。

　　③ 罗赤上尉：《中国战事尾声实录》，51 页；伯纳德：《"复仇女神"号轮舰航行作战记》，412 页。奥赛隆尼：《中国战争》，425 页，他在 59 页解释道："他的名字叫白守备（梅辉立：《中国政府》，446 页），因此，英军称他白下士，而白的英文发音为怀特"。

　　④ 参见邓嗣禹在《张喜与〈南京条约〉》一文中翻译了张喜的《抚夷日记》。关于张喜的资料，参见《清史稿》，"邦交志"，卷 2，页 6。

有特别的洞察力，没有他的参与，恐怕谈判很难展开。1842年4月，耆英和伊里布在北京时都曾向其请教，最终在伊里布的斡旋下，张喜加入了谈判团队。作为谈判者的张喜，他善于控制自己的愤怒，热衷于对权利的援引，并且对洋酒情有独钟，不过他还缺乏某些外交官的气质。[①] 张喜的外交方式受限于个人的夸夸其谈、讨价还价等习惯特点，然而他的日记却生动地描述了满汉外交政策在实践层面的困难。

行程、交流以及情报都暴露出这些问题。例如，张喜在天津决定加入伊里布的谈判队伍，最后却迟至8月5日才在苏州以西大运河沿岸的无锡登船。恰好当晚他接到南京两江总督的急件，信中称英国军舰已抵达南京。因此，为了阻止英国继续进军，要求他第二天赶往南京谈判。张喜一行当晚沿运河乘船至丹阳，然后骑马90里至句容县，"两腿俱被马汗沤湿，难受之至。"次日（8月7日），时值中伏，天气炎热，他们步行45里，然后换马骑行45里，中午时分到达南京。（张喜甫一抵达，立即表现出他的专业性，指出次日乃"该夷礼拜之期"，因此英军不会发动进攻。虽然他的说法听来似乎合理，但第二天却恰好是星期一。）[②] 伊里布因在中途中暑，直到第三天才抵达南京。

张喜在南京登上璞鼎查的火轮船，开启正式谈判前的磋商。他和

---

① 他和另外一位姓张的清朝官员一样，"是声名狼藉的酒鬼"。参见罗赤上尉：《中国战事尾声实录》，175页。8月26日，年迈的伊里布派张喜到南京的"皇后"号上取药，这些药是中英会诊中伍斯南（Woosnam）大夫给他开具的。英方的故事版本是，张喜醉酒后丢失处方，然后告诉主人伊里布会立即取走"所有的药丸和液体"。罗赤上尉：《中国战事尾声实录》，187页；默里上尉：《中国纪行》，210页。条约签署的日期由于伊里布的生病而拖延到8月27日。参见"璞鼎查函件"，38号，1842年9月3日，FO 17/57。所有记录都表明，8月29日伊里布在身体非常虚弱的情况下登上英舰"皋华丽"号。

② 邓嗣禹：《张喜与〈南京条约〉》，注释218。

马礼逊陷入彼此讹诈的境地，马礼逊坚称英国军舰将兵分两路，一路逆流而上，攻取四川；另一路由天津攻到北京。张喜反驳道，一旦皇帝下令允许民间自造兵器，动员全民御敌，以至"到处草木皆兵"（当然这一建议极其危险，利弊难料，即使现代中国一些官员仍对其提出质疑），英国将会承受失败。根据张喜的记述，他当时发怒拍案，痛斥侵略者之不义，最后马礼逊让步道，中国要么签订条约，要么"不能存立"，只能二选其一。张喜那些汗水淋漓、缄默不语的同僚则对他的行为赞赏有加。①

钦差大臣随员们的工作非常糟糕。张喜将璞鼎查的最初方案转交给两江总督的一位幕宾，此人恰好次日"出门拜客，尚未回来"，以至于清朝在接下来的会面中不能对英国人的要求及时反馈。②

张喜在日记中亦表明几位主要满洲谈判者之间也心存芥蒂。伊里布"年长体衰"，此前刚遭贬谪，担心其"倘或决裂，断无逃避之理"。③耆英拥有更高的职位，不过他年纪尚轻，没有与"夷人"打交道的经验。每个大臣都有自己的随员，这样他们在联合行动中每次都能派出两名或更多的信使，这些随员在处理事务上会为各自的主子而争论不休。钦差大臣和两江总督分别住在不同的地方，为了共同议事，他们不得不彼此间进行正式拜访。

在整个谈判活动中，钦差大臣派遣三批甚至更多的使者预先参与谈判：第一批仅仅是信使，如陈志刚等；第二批是张喜这样的传话者，通过谈话彻底了解英国人的意图；第三批是主管官员，如咸龄、

---

① 邓嗣禹：《张喜与〈南京条约〉》，27—34 页。

② 邓嗣禹：《张喜与〈南京条约〉》，44、46 页。

③ "伊里布致张喜函"，参见邓嗣禹：《张喜与〈南京条约〉》，20 页。

黄恩彤之流，[①] 他们的职衔拥有讨论条款的权力。所有条款议定之后，不再有极不光彩的讨价还价时，钦差大臣最终出席签署条约仪式。正如耆英所奏，他的策略在于先行差遣级别低的官员"驰往面见夷目，看其如何措辞，再行次第派委职分较大之员，前往筹商"[②]。耆英利用下属不能做出承诺（东方外交的传统做法）的方式激怒了英国人，他们强烈谴责这种拖沓策略，要求见到更高级别的官员。令耆英尴尬的是，尽管英方要求高级官员面谈，但那些最富有经验且值得信任的使臣却出自低级别官员。为了挽回局面，耆英一方面向皇帝上奏提拔低级官员，另一方面对英国人使用障眼法，英国人已经知道他们需要与高级官员打交道，但并不清楚和他们谈判的究竟是何许人。

所有西方关于南京谈判的叙述都把耆英和伊里布标为钦差大臣。他们不应成为替罪羊，因为《南京条约》中英文正式版本的"前言"中都明确列出了他们的名字。[③] 不过，事实上伊里布在条约签订时并非钦差大臣。我们没有发现 1842 年 10 月 17 日以前任命伊里布为钦差大臣的谕旨，当伊里布准备前往广东谈判时，道光帝才下令"耆英所带钦差大臣关防，著交伊里布祗领"。[④] 英国人没有想到，两位钦差管理同一事务，且每个人都能代表朝廷，这点极为反常。

---

① 咸龄本为满洲侍卫，黄恩彤则是省一级财政官员。关于二人履历，参见《清史稿》。

② 《筹办夷务始末》（道光朝），卷 58，页 32b，1842 年 8 月 17 日寄到。参见植田捷雄：《支那租界论》，35—37 页。

③ 参见中国海关：《中国和外国签订的条约和公约》（上海，1887 年），"《南京条约》的中英文版本选自北京总理衙门原件"，16 页。萧一山在《清代通史》中同样列出条约全文，但"前言"中伊里布并没有加"钦差"头衔，卷 1，906 页。

④ 《筹办夷务始末》（道光朝），卷 61，页 25b。

　　显然，朝廷对这种张冠李戴的小伎俩并不知情，因为条约"前言"没有抄送给北京。或许可以解释为，耆英对英国人来说显得陌生，而伊里布拥有广泛而良好的名声，双方首轮谈判出面的是伊里布，而不是耆英。镇江陷落后，耆英第一次致函璞鼎查，但并未暴露其职衔和谈判权限。[①] 同时，中国信使口头通知英国人，"清方高官伊里布已接受最后通牒，准备签署永久性的友好条约。"[②] 后来在 8 月 4 日，英方接到伊里布的照会，声明耆英"与其共同负责和谈事宜"[③]。因此，耆英只能逐渐被英人所熟知。在 8 月份英方的表述中，如条约文本内提到中国"特派钦差"用的是复数形式。不过，没有证据表明，伊里布的地位如同他在英国人眼里那么高。恰恰相反，8 月 13 日耆英在奏折中提到，最终可能"面见该夷酋，以定大局"，因此恳请皇帝允许伊里布"届期暂带头品顶翎，庶足以启夷人之敬，而坚夷人之信"。[④] 伊里布很可能提前使用了钦差头衔，8 月 20 日登上"皋华丽"舰时他与耆英和两江总督同样穿戴。[⑤]

　　耆英与皇帝的关系几乎同他与敌人的关系一样微妙。有时他对北京的一些命令不得不置之不理。例如，8 月 17 日的谕旨声明，"夷

①　罗赤上尉在《中国战事尾声实录》中注明是 7 月 26 日，125 页；伯纳德：《"复仇女神"号轮舰航行作战记》，440 页。

②　奥赛隆尼：《中国战争》，424 页。

③　罗赤上尉：《中国战事尾声实录》，134 页；参见奥赛隆尼：《中国战争》，438 页，"满族高级官员耆英近日从北京出发，与伊里布会合。"《中国丛报》中报道耆英是"新钦差"，伊里布为"旧钦差"，第 7 卷，1842 年 9 月，515 页。

④　《筹办夷务始末》（道光朝），卷 58，页 32b—33、34，廷寄。伊里布谢恩折于 8 月 31 日到京，《筹办夷务始末》（道光朝），卷 59，页 34。

⑤　默里上尉：《中国纪行》，199 页。罗赤（1843 年）、伯纳德（1845 年）以及 1848 年卫三畏的《中国总论》（The Middle Kingdom）都将见面日期错写为 8 月 19 日。中英文文献以及其他资料都注明是 20 日。

人"狡谲异常，"总以不见面为是"；如大局全定，"必俟该夷兵船全数退出，酌定适中地方，约定夷目前来，该大臣等方与面见"，并且"切勿轻上夷船"。等谕旨到达南京时，耆英和同僚早已登上英舰"皋华丽"号（8月20日），之后的29日他们再次登上英船，签署条约。他们第一次见面的借口是为消除英人疑虑。[1]

满洲谈判者在南京的欺瞒还体现在几次官员伪任，如耆英下属咸龄曾冒充驻防将军。[2] 总之，这清晰地反映出谈判者当时的首要目标在于迎合英国侵略者，使其尽快离开长江流域。在他们看来，这比条约中的条款更为重要，他们毫不犹豫地将皇帝都不同意的一些条件承诺下来。[3] 如此做法，他们自然播撒下未来出尔反尔的种子。

条约协定的缺憾

最初耆英等人奏报朝廷的只是那些皇帝已同意或至少考虑过的英

---

① 《筹办夷务始末》（道光朝），卷58，页33 b；卷59，页31—34。

② 关于耆英的满汉随员，参见本书第11章。

③ 南京谈判体现的外交行为模式与坂野正高教授研究1854年修约谈判时出现的情形极其相似。他形象地总结了中国官员力图控制外国人的策略：彬彬有礼，推托，模棱两可的承诺，避而不谈，援引判例或条约款目（合则用之），以及宣称能力有限。他们也经常通过以下的标准程序来维护中华帝国的优越感，如文件使用不平等的词语，见面采取不平等的礼仪，委任低级别官员，拒绝向皇帝奏报，甚至退还外交文书。极端情况下，他们还会以私人情谊为基础取悦外国谈判者，通常会使用"民心"和帝国制度作为借口。同样，为了取悦皇帝，1854年省级官员娴熟地运用当时的官场语言，引经据典，强调充分考虑名声（面子）和民心。所有这些积重难返。不过，他们又寻求另外一套话语迁就外国人的要求，比如中外习俗不同，援引条约，强调让步对双方互利互惠，或解释这种做法是怀柔远人，而不是卑躬屈膝。最后在紧要关头，他们对皇帝谎报瞒报。坂野教授也阐释了清朝外交如何保持国内与国际政策问题的平衡。他的观点例证将在后文呈现。

方要求：一、赔款；二、外交平等；三、五口和香港通商。^① 道光皇帝拒绝了第一项要求，早在7月26日同意了其他两项要求。^② 当8月14日璞鼎查在南京提出十二项要求时，耆英和伊里布只报告了同上述三项大体一致的内容，并且补充道，"尽管还有其他要求，但这三项是基本要点"。这一消息轻描淡写地传到京城，直到8月22日朝廷似乎才知道璞鼎查的其他要求，包括废除公行制度、建立协定关税，以及通商口岸派驻领事等。

最终，耆英、伊里布和地方总督牛鉴于8月29日共同签订《南京条约》，并没有捍卫朝廷坚决反对的两项条件：福州开埠与外国人在新口岸永久定居。8月22日的上谕在同意他们签署条约的基础上，声明"福州地方万不可予"，英人在新口岸准其贸易，但"不得占据久住"。^③ 尽管1842年8月31日和9月6日的上谕都明文规定外国人准许在福州从事茶叶出口贸易，但事实上《南京条约》签署十余年之后仍不准其从事。^④ 这部分内容我们将在本书第16章讨论。与此同时，广州的中英外交争端集中在入城问题，英方声称这是条约要求（参见第20章），而中方不承认是1842年所规定的权利。

另一个通常被认为英国从《南京条约》中得到的权利是，尽管中国方面极不情愿，却在文字表述中正式承认中英两国君主和国民平等相待。中英双方在南京签署的条约原件上，清朝大臣按照中国传统，为了留出与皇帝有关的印记，提高了他们名字和条约文本之间的距离。不幸的是，进呈皇帝的中文条约与他们在"皋华丽"号上签

① 《筹办夷务始末》（道光朝），卷55，页27。
② 《筹办夷务始末》（道光朝），卷58，页34。
③ 《筹办夷务始末》（道光朝），卷59，页3b。
④ 《筹办夷务始末》（道光朝），卷59，页34b、46b。

署的条约不尽相同。[①] 英国人草拟的版本通篇都是国家平等的笔调。大不列颠简写为英国，而不是大英国，为了与大清平等一致，字符也没有抬头；这一原则同样适用于英国统治者的名称。值得指出的是，整个"前言"都被删去，包括耆英和伊里布的"钦差便宜行事大臣"官职，德庇时将该词最完整的概念翻译成"全权大臣"。[②]

这些缺憾只是观念不搭界的书面证明，表明 1842 年双方彼此认知上存在鸿沟，只能留待另一年的谈判中解决。[③]

---

① 中国海关：《中国和外国签订的条约和公约》，《筹办夷务始末》（道光朝），卷59，页43—46b。海关所存条约"选自北京总理衙门原件"。《筹办夷务始末》中皇帝阅示的版本有轻微变化，几乎每一条款都有一两处删节。毋庸置疑，英国人熟知的充满平等主义的中文版本成为后世标准。

② 德庇时：《战争及媾和以来的中国》，第 1 卷，302 页。

③ 如同下文所举各种例子一样，当中文转译成英文时，1842 至 1843 年间诸条约的中文版和英文版有时差距会相当大。这里没有空间来具体介绍，参见《由中文转译中英两国在南京签署的和平条约》，《中国丛报》，第 14 卷，1845 年，26—30 页，接下来30至 51 页是美国和法国条约的中文转译。中文转译"补充条款"参见《中国丛报》，第 13 卷，1844 年，143—150 页。

第七章　耆英的妥协政策

　　在签署《南京条约》以及 1843 年 10 月 8 日所谓"补充条款"期间，英国官员力图建立起一套条约法律体系，以替代过去的广州体系。他们的目标非常简单：英国商人进入自由市场，运用法律来保护其权益。通商口岸提供了这一市场，领事官员执行条约条款有了法律依据，遇到困难时则使用炮舰。同等重要的是，贸易应当在约定范围内自由扩大；同时，为了保持贸易自由，法律也应当随之扩展。尽管最终的结果是所有国家都乐于加入商业扩张的队伍，但常常是英国政府独自推动法治权属的扩大。

　　《南京条约》缔结后，为了更充分地明确协议内容，双方签约者在南京逗留了一个月的时间。双方最关心的问题是恢复贸易，因为这涉及新条约关税的履行。为了解决新关税和大量尚未解决的其他问题，双方决定签署"补充条款"。最后的"补充条款"也明确了清王朝和香港的关系。不过，直接引发战争的鸦片贸易问题只是达成非官方的协议，并未得到正式解决。上述每个重要问题都反映出英国的商业利益诉求，这远比钦差大臣耆英所代表的清王朝的政治利益诉求要自觉、具体得多。

近代中国的爱国者们批评耆英的中外交涉活动完全是卖国行径；而英国人则得到了他们想要的利益，称赞耆英信守承诺。不过，几乎没有人认为耆英具备政治才能。然而，中文文献清楚地表明耆英自认为他有一套政策，英文档案也在无意之间描述了耆英政策的发展历程。他的策略在于妥协政策以及对璞鼎查个人施加影响。不幸的是，妥协政策建立在完全误解的基础之上，而耆英在人际关系方面的努力也被证明是失败的。

当朝廷普遍对商业漠不关心时，耆英研究了安抚外国侵略者的办法，很快意识到商业妥协将会奏效。他始终积极地推进新条约体系的建立，但在政策方面仍然延续了清朝的旧有传统。他的目标是把清朝同英国的新型关系纳入大清帝国体制的传统框架之中。朝贡的外在表现已经消逝，但内在精神依然存在。耆英在奏折中使用了古老的术语——"怀柔"、"抚驭"和"羁縻"。清朝认为对它而言并不重要的对外贸易，却可以成为实现这一政治目的的主要手段，合理利用这一手段作为诱饵，能让贪婪的西方人遵守秩序。一旦无力逼迫英国，清朝就单方面使用这一奖惩并用体系，不过，耆英不得不以他的固有观念行事。[①]

有鉴于此，他制定了自己的政策：用贸易条约安抚英国人，同时赢得头目璞鼎查的信任和友谊。他在 1843 年始终奉行这一政策，与皇帝的谕令保持相当的独立性，在整个谈判中都努力创造私人友谊的氛围。他在给皇帝的奏折中解释道，展现真诚和谦虚实有必要。因此，他经常表现出一种谄媚的亲密感。例如，在南京的一次宴会上，这位满洲贵族一再取悦他的英国客人，"要命的是，璞鼎查爵士张开

---

① 柯士丁在《大英帝国与中国》一书中强调了英国在法治方面的利益。关于旧秩序下清朝的"驭夷"观念，参见坂野正高：《鸦片战争》，32—37 页。

嘴，他非常麻利儿地把一些糖话梅塞了进去。"① 郑重承诺加上如此温和的态度，极大地促进了璞鼎查的贸易规则计划。双方一致同意，在英国人凯旋离开南京之前，应当草拟"补充条款"，随后批准生效。璞鼎查提供了应提交的条款草案，② 耆英和同僚们则向北京汇报，他们的下属已经和英国翻译会面，酌定善后章程八条，双方互通消息，从而避免了误解。③ 这样，一些条款几乎立即得以解决，它们后来成为 1843 年 10 月 8 日《五口通商附粘善后条款》的一部分。璞鼎查和耆英还进一步同意，他们将于 10 个月后在广东见面，磋商解决新关税问题。

耆英的责任感

耆英真心实意地制定这些计划，这可从他的笃行实践中得到证明。几乎没有证据表明，耆英深受为国尽忠的爱国主义鼓舞，或曾寻求为王朝利益而牺牲自我的价值感。然而，他尽力获得清朝谈判方面的控制权，在接下来的 5 年，充当了事实上的外交部长角色。他显然从南京的经验中得到信心，希望能打败璞鼎查，进而通过他战胜整个英国。璞鼎查是英国在中国的统帅，年给俸银高达 1 万元，④ 他在重

① 罗赤上尉：《中国战事尾声实录》，170 页。

② 参见附件 31，"璞鼎查函件"，第 38 号，1842 年 9 月 3 日，FO 228/18。

③ 《筹办夷务始末》（道光朝），卷 60，14—17 页，1842 年 9 月 29 日寄到。1842 年奏报北京的协议包括以下要点：第一，拖欠外商之款，只准官为追欠，不能官为偿还；第二，罪犯交给所在国家官员，例如治外法权；第三，修改粤海关税；第四，进一步保证舟山和鼓浪屿的兵船驻扎；第五，英国的巡逻舰艇可停泊在五个通商口岸；最后，英国不准在五港口之外贸易。

④ 《筹办夷务始末》（道光朝），卷 62，页 18。这里的"元"是指中国贸易中的墨西哥银元。

洋之外的岛国议会中的权力不容小觑，当他回国以后可能还会影响英国的对华政策。于是当璞鼎查研究如何扩大英国法律的范围时，耆英也在研究璞鼎查。

10 月初，耆英向皇帝建议，他应当带着朝廷认可的预期目标立即以钦差大臣身份前往广州。为了准备好与英国人谈判，耆英在另一份奏折中强调了两位下属的功劳，咸龄和黄恩彤登船招抚，"不动声色，明白开导，折以大义"，挽救了南京城。他建议应将二人升职，安排更重要的职位以继续参与谈判事宜。在另一份奏折中，耆英和伊里布进一步建议，"夷人"对咸龄、黄恩彤二人"极为信服"，因此他们启程奔赴广州时这二人应当随同前往。①

朝廷对这些提议的回复也至为重要。1842 年 10 月 17 日，耆英接替牛鉴被任命为两江总督，伊里布替代耆英出任钦差大臣和广州将军，咸龄与黄恩彤随伊里布赴广州交涉。正如耆英所请，咸龄与黄恩彤二人应当给予奖赏，但要等到广州交涉完成之后。与此同时，耆英与伊里布讨论了关税交涉事宜，又与江苏、浙江和福建当局沟通了这几个省的贸易规则；②他虽然没有直接参与谈判，却成为外交事务的总指挥官。

这一决策表明，清廷最为关心的依然是防御措施，并没有意识到商业协议才至关重要。由于远离外贸事务，北京的官员难以将其视为头等大事，即使南京的谈判者已经逐渐了解到这一点。后者不止一次地宣称，"我们应与各省督抚同心协力，怀着永久和平安全的希望，

① 《筹办夷务始末》（道光朝），卷 61，页 22b—23，1842 年 10 月 17 日折；卷 61，页 18b—21，1842 年 10 月 17 日折；23—24 页，同日奏折。

② 《筹办夷务始末》（道光朝），卷 61，页 25b，1842 年 10 月 17 日上谕；卷 61，页 25b—26b，同日上谕；页 28b—29，1842 年 10 月 23 日上谕。

制定出合适的商业协定。"他们一再重申，英国人似乎只在意他们的商业利益以及如何有助于规范这些利益，① 实际上，朝廷不必过分担忧英国的领土要求，当务之急在于完善条约体系以满足侵略者。但是，他们的努力付之东流。接下来的 6 个月，耆英把大部分精力转移到筹划长江下游的防御措施，② 把实质性的交涉事务留给伊里布，而伊里布限于年老体衰，早已不得不在南京谈判中退居次要的位置。③

---

① 《筹办夷务始末》（道光朝），卷 61，页 23b、页 20、页 22b；卷 58，页 34—34，1842 年 8 月 17 日奏折。

② 参见本书第 16 章；《筹办夷务始末》（道光朝），卷 61—66，1842 年 10 月 26 日要求耆英重新部署防御力量；11 月 1 日要求耆英加强江苏省防务；11 月 24 日，耆英打算开始视察吴淞口和长江沿岸；1843 年 1 月 11 日和 17 日，朝廷接到耆英的视察情形；1月 17 日，耆英提出应训练水军，造船铸炮，而不是强化骑兵和弓箭手。这一时期，清廷投入防御规则和船只、炮台建设的精力远多于外交事务。亦可参见《史料旬刊》，第 35期，287 页。

③ 1842 年 8 月和 9 月的奏折也证明了伊里布在南京的次要地位，耆英和伊里布联衔上奏共有 10 件奏折（其中 8 件还包含有两江总督牛鉴），有 4 件是耆英单独上奏，而伊里布单独上奏的连一件也没有。这改变了我们对伊里布重要性的传统观点，尽管这并不意味着伊里布可能不会在耆英的政策上做出关键性的贡献。《清史稿》提到 8 月 23 日道光帝"命伊里布等议款"（"本纪"十九，页 4b）；不过，自此以后发布的上谕中并未提到对伊里布委以重任。（参见《东华续录》，8 月 23 日；《筹办夷务始末》（道光朝），卷 58，页 14）或许对伊里布重要性认识上的分歧缘于伊里布之前太过于重要，抑或老一辈的历史学家过分强调耆英的卖国贼形象；参见金兆丰：《清史大纲》，392—393 页，相关内容只有一次提到耆英。耆英的后台穆彰阿同样享有恶名。正如《史料旬刊》（第 38、39 期，页 4b）的编者所说，"穆彰阿察帝意，赞和议，罢林则徐，用琦善。二十二年和议成，偿款通商，以穆彰阿当国主和，为海内所丛诟。"耆英顶替琦善，成为穆彰阿在外交活动上的代表；从廷寄的内容来看，耆英在 1842 年 7 月 31 日和 8 月 1 日被授予大权，说明他成为南京交涉的主角。（参见《筹办夷务始末》（道光朝），卷 57，页 32）《东华续录》和《清史稿》（"邦交"二）中有关谈判的叙述非常简略。

　　耆英因此留守南京，10 天之后奔赴交涉前线。[①] 值得注意的是，他并不满足于两江总督这一实权职位带给他的安全感。恰恰相反，他坚持不懈地努力，最终成功地重新获得了谈判控制权，从而走上最危险的责任岗位。

　　首先，毋庸置疑的是，英国人期望耆英当面解决条约协议。当耆英滞留南京时，璞鼎查提出强烈抗议；伊里布于 11 月 6 日南下至杭州，随后驻此停留，而璞鼎查抗议的矛头却是耆英和道光帝。11 月 18 日朝廷下令，耆英妥善处置北方事宜，伊里布南下实质性推进贸易开放。伊里布遵照指示就地待命，观察“夷人”如何反应；如果他们静候通商，他就加紧赶往广州。[②] 随后伊里布在杭州一直待到 11 月 21 日，而耆英则向璞鼎查解释他自己依然负责条约谈判。伊里布在江西缓慢行进，直到 1843 年 1 月 10 日才到达广州。

　　与此同时，耆英对英国人的影响显而易见。令人错愕的是，10 月份因海难而登陆台湾的 139 名英国侨民在《南京条约》签订前不久被处决。[③] “该夷酋等均不知有正法情事，日望其人之归……惟事已至此，不能隐讳，惟有开诚布公，据实面告。”[④] 尽管事出有因，但其产生的可怕后果令人担忧。在这一紧要关头，朝廷下令耆英赶往福建，而璞鼎查早已抵达福建，为了防止新近建立的和平局面再次破

---

　　① 奏报从广州到北京通常最快需要 15 天，从南京到北京则需要 5 天，参见费正清、邓嗣禹：《清代的公文传递》。(*On the Transmission of Ch'ing Documents*)

　　② 《筹办夷务始末》（道光朝），卷 62，页 36b—41，1842 年 11 月 18 日奏折，同日上谕。

　　③ 该事件的概述参见马士：《中华帝国对外关系史》，“冲突”，293 页；《筹办夷务始末》（道光朝），卷 62，页 15b—25b，给台湾镇道官员的报告。

　　④ 《筹办夷务始末》（道光朝），卷 62，页 49b，1842 年 11 月 30 日寄到伊里布奏折；《筹办夷务始末补遗》，1528—1538 页，致清朝省级政府的璞鼎查照会中文译本。

裂，耆英此行似乎实有必要。耆英并未听从命令，而是在与璞鼎查沟通的基础上说服朝廷应该进行官方调查。最终经过多轮沟通，这一满城风雨的外交争端，通过负责台湾府的闽浙总督怡良给英国人的照会得以解决，怡良承认英国人的指控，即台湾地方官员为了邀功而歪曲事实，并处决了这些无助的海难幸存者，这些人并不是危险的侵略者。这次危机之后，清朝官员清楚地认识到，英国才能保证条约的履行，并不能指望耆英。[1]

这一时期耆英在奏折中表现出强烈的参与条约缔结的愿望。他一次又一次地向皇帝解释，"夷人"利益全在贸易，和他们打交道时尤不可不示以诚信；他露骨地暗示，只有自己才能处理这一问题。清廷依然一如既往地无法理解商业协议的重要性，只是要求耆英和伊里布随时书信联系："不必同驻广东"。[2]

耆英最终参与谈判的契机来自伊里布的去世，这位赢得广泛尊重的官员的去世令英国人松了口气。璞鼎查于 1842 年 12 月 2 日到达香港，他对其后不久在广州发生严重骚乱负有责任的英国人进行了严厉批评，随即决定最好的办法是在殖民地之外的贸易中心展开外交攻势。于是，他在 1843 年 1 月 19 日乘坐蒸汽护卫舰来到黄埔，会晤了伊里布及其随员，第二天又与省级高官会面。当关税谈判开始时，他

---

① 《筹办夷务始末》（道光朝），卷62，页51b—53，1842年11月30日上谕，1842年12月22日寄到奏折；《东华续录》，1842年12月21日；为了便于离任，耆英主动将两江总督关防交给他人。参见《筹办夷务始末补遗》，1531页，1842年12月27日寄到奏折。《筹办夷务始末》（道光朝），卷66，页5b—8，1843年4月23日怡良奏折；卷62，页5b，1842年11月30日伊里布和浙江巡抚刘韵珂寄到奏折。关于这一时期璞鼎查与耆英交往的更多文献，参见《筹办夷务始末补遗》，1516—1518页、1552—1557页、1565—1566页。

② 《筹办夷务始末》（道光朝），卷64，页5b—7b，1842年12月27日寄到奏折；卷64，页46，1843年1月19日上谕。

发现伊里布与两广总督祁墇都是"守旧派的老年人……完全在十三行商人的授意与指导之下……居住在黄埔，整天毫无作为，尽管没有任何恶意，但他和祁全然无知，不切实际"[1]。伊里布在最后一份奏折中亲口承认关税问题最为"头绪纷繁"。3月4日，他的去世终止了关税谈判。祁墇满怀希望地奏报说，伊里布对这一棘手问题刚刚"稍有头绪"，朝廷责成黄恩彤和咸龄接办此事。[2] 不过，由于掌握决定权的钦差大臣并不在场，英国代表随即在3月中旬分别撤回到澳门和香港。于是，外国货物继续运往中国，它们在武装船舰的保护下抵达还没开放的新港口，珠江流域的走私贸易出现了前所未有的繁荣景象。

英国和耆英本人都极力维持和谈局面。耆英得知伊里布去世的消息后，立即给黄恩彤和咸龄下令继续和谈。道光帝对此评价道："最值得称赞的是，尽管没有商讨，却和我们下发的谕令相同。"耆英也敦促璞鼎查继续和谈，道光帝赞赏他的行为"全然合适"。这种中央和地方想法一致的情况不难理解：和谈可以保证不会再恢复敌对行动；同时，我们也不能就此推论清廷已领会到商业协议的重要性。为了刺激中国方面有所行动，璞鼎查向耆英提出，为了省去耆英前往广州的麻烦，他可以北上到上海或宁波见面。耆英在回信中向璞鼎查保证，如果是他奉命前往广州，将会在5月上旬到达；如果任命其他人去广州，那么将在5月中旬到达。[3] 这封回信清楚地表明了清廷的选择，正如耆英在进呈皇帝的奏折中提出的，根据观察，恐节外生枝，

---

① 《英国驻宁波领事报告》，卷33，"罗伯聃致德庇时函"，1845年6月30日。

② 《筹办夷务始末》（道光朝），卷65，页26b，1843年3月6日寄到奏折；卷65，页45—47，1843年3月22日寄到奏折，同日上谕。

③ 《筹办夷务始末补遗》，1552页，1843年4月5日寄到奏折；1554—1555页，1843年4月6日寄到奏折。

因此谈判应在广州举行。那么他应该去广州么？① （几乎在同一时间，耆英明确向璞鼎查确认他是伊里布的继任者）② 4 月 6 日，道光帝接到耆英奏折，当天发布上谕，任命他为钦差大臣。③ 4 月 11 日耆英接到前往广东的命令，4 月 17 日离开南京；行至江西时，他接受了广东交来的钦差关防，同时得知英国人听说他去广东的消息后，"极为驯顺，安心静候"。④

友好政策的实施

早在耆英到达广州 3 周之前，他的重要下属咸龄和黄恩彤于 1843 年 5 月 11 日预先去香港拜会了英国人。他们在那里待了整整一周，清楚地了解到璞鼎查的关税提案，"只等耆英一来，他们就与耆英交换意见。"⑤ 他们住着最好的房间，在岛上有马车供其使用，并且乘坐铁轮船四处游览。他们参观了全副武装的九十八军团，与军官

---

① 《筹办夷务始末》（道光朝），卷 66，页 1—2，1843 年 4 月 6 日寄到奏折；《筹办夷务始末补遗》，1553 页，同日寄到奏折。

② "璞鼎查函件"，第 34 号，1843 年 4 月 17 日，FO 17/67。

③ 《筹办夷务始末》（道光朝），卷 66，页 2；《东华续录》，1843 年 4 月 6 日。这一任命似乎在所有相关奏议到达之前即已做出。两广总督提到，他收到耆英的钦差大臣任命和璞鼎查请求照会的副本都是在 1843 年 4 月 13 日。《筹办夷务始末补遗》，1565—1566 页。道光帝是在 1843 年 4 月 7 日看到广东奏报说璞鼎查北上谈判的计划已经被劝阻。《筹办夷务始末补遗》，1566 页，1843 年 3 月 19 日祁墳奏折。璞鼎查再次北上恐怕会引起沿海民心不安。

④ 《筹办夷务始末》（道光朝），卷 66，页 23，1843 年 6 月 4 日寄到奏折。《筹办夷务始末》（道光朝），卷 71，页 18b—19，1844 年 4 月 22 日上谕，正式任命耆英为两广总督，负责所有通商口岸一切外交事宜，同时拥有代表中央集权的钦差大臣关防。

⑤ "璞鼎查函件"，第 52 号，1843 年 5 月 14 日，FO 17/67。

共进午餐，观赏了火炮演练，并且访问了慈善医院和马礼逊教育机构，总之，英国人的"武力、风俗、品性"都给他们留下了深刻的印象。[①] 两人乘坐英国轮船返回黄埔时，陪同他们的翻译主事马礼逊进一步解释了关税各方面的细节。

作为这一政策的延续，6 月 4 日，耆英到达广州后亲自访问香港。这一年的和谈迎来了最佳时期，关税和一般贸易税则迅速得以解决，同时也清晰地体现出耆英的"治夷"技巧。

6 月 23 日，耆英一行在他自己的请求下乘坐两艘英国炮艇从黄埔出发。他们得到英方的欢迎，安排住在岛上最好的房子。第二天一早，璞鼎查前往拜访。耆英"充满热情和诚意地拥抱了我，像老朋友一样，甚至当我们再次会面时都明显感受到这种情感的影响"。他对护送他的"阿克巴"号和船长赞叹不已，"笑着请求我派一个能把他带回到南京衙署的人"。接下来的 5 天都在宴请这位钦差大臣。6 月 26 日，《南京条约》换约生效，马礼逊和黄恩彤继续进行关税谈判。与此同时，耆英被带往各处游览，参观海军司令旗舰，接受各级英国官员拜访，成为各种宴会的活跃人物。[②] 在随员的配合下，耆英唱歌剧，玩猜手指游戏，为每个人的健康干杯，同时对璞鼎查流露出无法抑制的真实友情。

璞鼎查对耆英一行的描述并非仅仅是愉悦之情，而且充满了惊奇和错愕。例如，耆英参加璞鼎查小规模的家庭聚会，他提出自己没有子嗣，希望领养璞鼎查的长子。当被告知男孩首先必须在英国完成学

---

① "璞鼎查函件"，第 55 号，1843 年 6 月 8 日，FO 17/67。

② 萨尔顿上尉记录道，这些来访者"享用非常美味的汤和鱼，不过当吃肉时，他们不会使用刀叉，我们替他们把肉切成小片，我像喂一只驯化的麻雀一样伺候着满人（咸龄）。"萨尔顿（A. F. Saltoun）：《费劳斯的费雷泽一家》（*The Frasers of Philorth*），第 3 卷，202 页。

业时，耆英的回答是"很好，从今天起他就是我的养子"；因此孩子的名字应当是"弗雷德里克·耆英·璞鼎查"。当他得到小男孩的小画像时，耆英冒昧地索要孩子母亲的画像，并拿自己妻子的肖像作为交换。犹豫再三，璞鼎查爵士也把璞鼎查夫人的小画像赠给他。耆英以精明的满人方式得到了画像，下令把它放在官椅里带回家。接下来他赠给璞鼎查一个金质手镯，作为回报，得到了璞鼎查专门从英国带来的刀和腰带。最后，耆英宣称三四年后他希望能调回北京，到那时他会请求皇帝赏赐璞鼎查爵士双眼花翎——璞鼎查爵士的名声足以传遍中国。在此期间，他们必须保持定期的通信。

璞鼎查以某种敬畏的口气向外相阿伯丁汇报，耆英的香港之行"彻底改变了我们对清政府作风和习惯的认识"。耆英在给皇帝的详尽奏报中解释道，璞鼎查夫人的图像乃是强加于他，"英夷重女轻男"，"据通华语之'夷酋'咸称"此等礼物确是"诚敬钦信"的标志。总之，耆英辩解他的谦卑之举是为了消除"夷人"的疑虑，他之前的实践证明实有必要；他和几名随员在南京与"夷人"会面时穿着便服。他在奏折中弱化了场合的重要性。[①]

满洲官员习惯于压抑自己的情感，这点几乎不必赘言。整个1843年，这位钦差大臣的装腔作势显而易见，离别时眼中饱含泪水，热情而持久的拥抱等欺骗璞鼎查的伎俩即为明证，这可看作是善后政策的一部分。例如，恰恰在耆英奉命前往广州之后，清方谈判者开始向璞鼎查传递私人层面的信息。5月，黄恩彤致璞鼎查信函的开头写道，"接到您的溢美之词，我甘之如饴"，这是中国私人书信中典型的夸张用法，并不是国家文书的写法。耆英向马礼逊请教英语中如何表达亲近或熟悉的朋友之情，借此在"夷人"的语言中寻求获得这

---

① 《筹办夷务始末》（道光朝），卷67，页5，1843年7月30日寄到奏折。

种亲近感。马礼逊告诉耆英英语中"亲密"一词的对应词汇，从此耆英在给璞鼎查的私人信函中都使用这一词汇，他用4个毫无意义关联的汉字拼写他们的发音——因提密特。① 这封钦差大臣在 1843 年 10 月 8 日缔结《五口通商附粘善后条款》之后写给璞鼎查的离别信中，多处体现出这一策略的精神实质，信中他还要求璞鼎查相对其他

---

① "我衷心希望我的因提密特朋友开心顺利"。

"当我前段在香港时，您给了我深厚的友谊，同时送我那口宝刀，无论何时佩戴，都会感受到您在我身边鼓励我。当我们握手以匆忙的方式分别时，我难以控制对您的思念之情；于是打算写信感谢您所有的好意，居然马上收到您的照会，似乎我们正在面对面聊天一样。与此同时，您以真诚之语向我致意，同样需要我以肺腑之言答谢；由此可见我们俩人的心都指向两国之好；当然圣上目之所及也会看到我们的忠实与诚信！无疑我们两国当下也会享用万年和平之福！"

"伍斯南（英国医生）皮肤病药物非常灵验……请您不必对我有任何担心……"

"耆英致璞鼎查函"附件，参见"璞鼎查函件"，85 号，1843 年 7 月 19 日，FO 17/68。在此感谢张德昌提醒我，这些函件的中文原件可能保存在伦敦的英国国家博物馆。

西方列强而言，要站在中国这一方。①

　　这一政策使钦差大臣在解决许多争议问题时变得高度合作。大量

---

　　①　"我们俩人在一年多的时间里做着同样的事情，彼此孤独，互相了解，全部身心奉献给各自国家；于是出于无私目的，不存欺骗之心，言行一致，我们的心灵似乎铭记彼此，以至于谈判时无可磋商；总而言之，或许可以这样说，我们是两个人，但心绝对是一体。"

　　"如今最重要的事情就是妥善安排和解决好商业往来事宜。我应该立即返回江南，监管上海的商务活动。离别在即，我还不知道在哪一年和什么地方，我可能还有幸和您面对面交流，这个想法几乎得不到支持；不过我国利益至为重要，尽管不愿意，我们还要最低程度地履行义务，这样人们会认为私人友谊已经让位于公共利益。因此我的离别语并无井井有条的安排，而是将肺腑之言一一列出。"

　　"首先，我向您提出一些离别的琐事；这有一些北方特产（例如人参）足以证明我们以后彼此的友情，这里给您一些微不足道的礼物，当我们离开时您能想起我，那将是对我会有些许的安慰。"

　　"其次，海上天气忽冷忽热，极为易变，许多重要的责任需要您；因此您必须多加休息，让自己感到舒适，留心自己的饮食，一切都要特别小心。这最为重要。"

　　"第三，我们握手离别之后，您一定要经常给我写信，届时由上海领事转交给本地道台；信中您要告诉我离别之后发生的一切，我也用相同的方式通过上海领事转交我的回信。"

　　"第四，江南和广东距离遥远；如果有难，我不能到场，您必须体谅我在远方；确实我也没必要提到这点。另外，至于其他国家，如果他们和我们出现意见分歧（或他们的是非观念与我们不一致），我希望您能部分起到调解作用，让事态平息，这样可以避免损失我们所关注的事情（例如，当我们与一个国家为敌时，会怀柔另外一个国家）而带来的恶果。我们通过这样的方式表明双方打破边疆敌对状态的立场（例如，尽管我们是两个国家，却形同一个大家庭）。我迫切地请您做到这一切。"

　　"第五，如果您有什么事忘记告诉我，或者我忘记告诉您什么事，让我们随时联系，或立即给对方写信，不需要什么繁文缛节。"

　　"第六，如果您喜欢北方特产，无论是食品、衣物或其他物品，请来信告知，我将立即寄给您；您不必把我看作陌生人，我们之间没有任何不同。"

　　"耆英致璞鼎查函"，"璞鼎查函件"，第 142 号，1843 年 10 月 8 日，FO 17/70。

例证说明，完全同意英国谈判者的要求对他而言是"合理"的。不过，没有迹象表明耆英在大多数情况下能为自己谋利，显然他们很少从经济角度捍卫清朝的利益。（耆英不是一个经济能手，几乎不可能关注协定关税这类事务）似乎存在这样的逻辑，耆英的合作态度是让英国人保持心情愉悦的政治策略——它不仅仅是避免"夷人"发怒的被动防御措施，而且也是俘获璞鼎查及其同僚友情的主动之举，通过微不足道的贸易优惠带给他们一种心理征服的满足感。这是传统中国的"治夷"之术。

这种私人交往的政策，尽管当时有助于消除摩擦，但长期来看并不奏效。没有证据说明璞鼎查曾修改过有利于清朝的指令。[①] 清政府既不懂经济，又不熟悉西方法律，几乎意识不到究竟失去了什么。

1844 年 11 月，耆英在他人生的鼎盛时期向道光帝总结了他的"治夷"之道。这就是英国人数年之后在广州发现的那份举世闻名的奏折，他们以此来嘲笑这位年迈的外交家，1858 年当他力图再次挽救王朝时，却把自己送进了坟墓。他的结论是，"此等化外之人……若执公文之格式，与之权衡高下……实于抚绥要务无甚裨益。与其争

---

① 在璞鼎查的"非凡成就"中，他对自己在中国交朋友没什么印象。1842 年 12 月，他给外交部长写信道："最开心的事情莫过于罗伯聘的重要来信（参见第 8 章），最近清廷急令所有我（夷酋璞鼎查）发出的文件一字不变地进呈皇帝详阅——我认为这一命令颇有深意，有利于中英两国政府的长久友谊和友好关系，我也满心喜悦地让女王政府知道此事。罗伯聘补充道，皇帝在日常事务中已经习惯阅读我的文件，我的某些观点已经导致奕山（后来驻广州的钦差大臣）的革职和奕经（扬威将军和驻浙江的钦差大臣）的降职。""璞鼎查函件"，第 71 号，1842 年 12 月 20 日，FO 17/161。

虚名而无实效，不若略小节而就大谋。"① 不幸的是，这一惯用策略
可能会对边疆部落有效，但对英国政府而言丝毫不受其影响。

---

① 《筹办夷务始末》（道光朝），卷73，页18—20b，1844年11月23日寄到奏折。
威妥玛的英文译本参见《1857至1859年间额尔金伯爵中日特殊使团的相关往来函件》
（*Correspondence relative to the Earl of Elgin's Special Mission to China and Japan* 1857—1859），
"1859年提交上议院的命令"，175—177页。该奏折在1858年的使用，参见马士：《中
华帝国对外关系史》，"冲突"，520—521页、524—525页。该书521页所载时间是
"1850年"是错误的。现在的英译本参见邓嗣禹、费正清：《中国对西方的回应：研究指
南》。

第八章　1843 年条约的签订

在中国对西方的开放问题上，"不平等条约"可谓毁誉参半的主题，作为一种政治法律系统的标志和保障，它一方面受到了"中国通"的追捧，另一方面则被年轻的中国爱国者们所诟病。本章我们主要讨论第一批中英条约为扩大中国的对外贸易而建立的新的机制。每一项这样的协定——条约关税的低税率、香港作为英国自由港的地位、所有开展中外贸易的条款和程序——都是英国政府强加给中华帝国一种新秩序的表达。不过，这些条约规定总体来说是妥协的结果，英国的要求在实现过程中不得不更改。璞鼎查爵士考虑到中国旧有商业传统的惯性，特别是英国能力的各种局限，最终不得不勉强接受行得通的方案。条约的制订与执行需要双方的仔细考虑和不懈努力，并不是英国一方就可以实现。这点或许从谈判长达一年之久就可以看出，1843 年 7 月 22 日制定了条约税则与《通商章程》，10 月 8 日签署了"补充条款"。

协定关税与过境税的博弈

从一开始中国的外贸征税就存在两方面的问题。一方面它可以在港口征收海关税，另一方面它也可以通过内地与各港口之间的往来货物征收过境税。1843 年只有第一种征税形式真正在法律权限内得以确立，第二种形式悬而未决，整整一代通商口岸的领事们为此困扰不已。直到 1852 年，上海领事才看到一条完整的"海关警戒线……像一道铜墙拦住我们的路"。[①] 这条警戒线绝大部分是虚的。

在南京，璞鼎查原则上接受了取消公行和在新通商口岸颁布单一的修正关税。北京政府花了数月时间才接受这个方案，毋庸置疑，它不得不这么做。过境税则是另外一回事。璞鼎查清楚地预测到，条约口岸的低关税可能被内地各种苛捐杂税所抵消。不过，他认为降低过境税率的要求并不明智，因为这种干涉中国内部事务的命令很难执行。他认为最好的处理方法是预防提高当下的稳定税率，这些税收的实际比率却无从知晓。因此，在南京璞鼎查的要求中包括一项过境税条款，"英国货物在进入上述任何一个口岸时已经支付一次进口税，因此才被允许转运到帝国各处，由此再缴纳适当的过境税税率在任何

---

① 6 月 8 日，"阿礼国函"，"包令函件"，第 56 号，1852 年 6 月 28 日，FO 17/190。下文第 16 章将更充分地讨论过境税。我很遗憾，本章完成时没有参考植田捷雄 3 篇有用的文章，这几篇文章运用中文外交文献，从国际法的视角全面分析了条约协议。参见植田捷雄：《〈南京条约〉研究》。

情况下不应超过进口税率的百分比。"① 这一要求原则上被接受，但没有具体指明百分比。璞鼎查随即提出这一税种应如何管理的建议，最好在通商口岸进口时"将这些货物标记，或提供一份注明货物品种、数量等项的凭据，以免对它们提出额外要求"。这项计划成为1858年最终建立过境免征制度的先兆；但1842年《南京条约》的第10条没有任何相关规定，只是声明过境税"不得超过关税价格的百分比"。英国外交部注意到其中的反常，要求璞鼎查要么在条约的批准复件中加上"适当税率"字样，而不是留着空白；要么与中方签署一项有关过境税的特别声明，外交部为此还寄给他一份草拟的声明。②

与此同时，以山东御史雷以諴为首的中国官员瞒着璞鼎查开始考虑过境税问题。雷以諴是一位财政专家，10年后提出了著名的厘金制度，厘金在太平天国时期支撑了清朝的财政，然而在此后一直阻碍着中国国内贸易的发展。③ 他在1842年10月提出的建议合情合理，不过带有某种学究气，虽然是当时最优秀的经济思想范例，却并无多大价值。④ 首先，雷以諴主张筹款收入，税务为急。外国每年花费洋

---

① "璞鼎查函件"，第36号，附件4，8月29日；"璞鼎查函件"，第38号，附件25，8月15日，FO 17/57；亦可参见"璞鼎查函件"，第6号，1843年1月19日，FO 17/66。从未有主权国家允许一次支付之后即可自由运输的权利，参阅丁祚肇（音译）：《中国海关》，91页。

② "阿伯丁函件"，第2号，1843年1月4日，FO 17/64。

③ 参见罗玉东：《中国厘金史》，第15页及其他各处。

④ 《筹办夷务始末》（道光朝），卷61，页44—46b，1842年10月29日寄到；"阿伯丁函件"，第2号，1843年1月4日，FO 17/64。

银五六千万元①购买茶叶、大黄②、湖丝；其所以屡次滋扰者，非必妄生觊觎，实欲据其利权。（上奏者很少提及这一论点）尽管目前英国人已被安抚，但正如南京所议，必须支付他们 2000 多万两白银。论中国现在情势，即竭大捐输将之力，不足以酬此项，则讲求税务，尤不可无术。

接着，雷以諴相当天真地推想出在通商口岸采用的征税办法。他写道，如果清朝当局征税，"夷人"也征税，商民必不胜其苦；如果"夷人"征收关税，清朝政府不得复征，则"夷人"日益富，而我日益贫；如果"夷人"允许清政府征收关税（英国正有意为之），其或给洋银，或给烟土，狡诈固未可知，偷漏（后来的确如此）亦复可虑。因此，雷以諴建议以下几方面分别酌加税银：（1）茶叶、大黄、湖丝出产地方，（2）经过各关口，（3）聚顿各牙行。因此，清政府自取于商民而有余，而商民之转卖者亦各取于该"夷"而非不足，积年陆续所加税务之项，抵归所偿该"夷"之项。至于有人提出加税恐别肇衅端的反对意见，雷氏自信满满地论证道，"夷人"以牙行凭信，我即向牙行征税，实为甚便；至出产地面及经过关口，"夷人"不能遍到，只需令该商民晓然于加税之项，均可取偿于"夷人"。

道光帝对这件过境税提案的态度是"所奏不为无见"。12 月，这份提案转到耆英手中，耆英表示赞成，"于夷商无加税之名，而于关

①　马士根据外国资料测算，1836 至 1837 年间的中国商品出口价值为 3480 万美元。1838 至 1843 年间中国商品出口的年平均额少于此数。马士：《中华帝国对外关系史》，"冲突"，168、366 页。

②　中国人认为，如果没有中国的大黄，西方人就会死去。这一有趣想法的起源还有待考证。梁廷枏引用林则徐的奏折戳穿了这一神话：向来大黄出口，多者不过一千担，尚非必不可无之物。梁廷枏：《夷氛闻记》，19—20 页。

税有增益之实"。伊里布奉命调查其可行性，[①] 甚至在他们与英国人见面讨论条约关税之前，满族的谈判者已经同意提高内地过境税。值得指出的是，他们的目标仅仅是维持现有的过境税收入，否则这些收入会因新口岸附近的产地距离比广州近而减少。

1843 年 1 月 23 日开始谈判时，黄恩彤立即提出过境税问题，他直截了当地提议新通商口岸的关税应略有提高，以此弥补过去广州一线预计会减少的内地税。伊里布还相当宽容地答应道，"决不允许妨碍国内交通或消费"。不过，璞鼎查坚决反对提高任何一种税率，认为海关关税和内地过境税的征收额都将大幅度增高。[②]

这一误解似乎基于以下事实，璞鼎查预计贸易会有大幅增长，因此中国的税收也会随之激增。而中国官员将对外贸易看作一个定量，当下将分散到 5 个港口，而不再是曾经的集中于一地。黄恩彤和他的同僚认为在这点上双方的合作希望渺茫，因此向璞鼎查承诺的过境税税率在条约缔结之前也没递交。[③] 当 1843 年夏海关税则终于完成时，璞鼎查决定不再等待过境税事宜。6 月 26 日，他和耆英签署了由英国外交部起草的无关紧要的声明，过境税"照旧轻纳，不得加增。"[④]

在此同时，清政府采取了单边行动，当然它完全有权这样做，这点将在下文（第 16 章）叙述。英国避免在华贸易征收内地税的努力

---

① 《筹办夷务始末》（道光朝），卷 61，页 46—47，1842 年 10 月 29 日上谕；卷 63，页 17b—19，1842 年 12 月 12 日寄到奏折，同日上谕。

② 马儒翰译："黄恩彤致马儒翰备忘录"，1843 年 2 月；"祁墳致璞鼎查函"，3 月 9 日；"璞鼎查致中国当局照会"，2 月 20 日；"璞鼎查函件"，附件 24，1843 年 3 月 25 日。

③ 《英国驻宁波领事报告》，卷 5，"罗伯聃致德庇时函"，1846 年 2 月 15 日。

④ 参见中国海关：《中国和外国签订的条约和公约》。"1843 年 6 月 26 日，双方在香港签署中、英两种文字关于过境税的声明。"

宣告彻底失败。

关税谈判

当谈判进展到通商口岸关税问题时，璞鼎查觉得自己的地位比以前更加稳固。[①] 外国商人自然渴望低税率关税，但英国官员有双重标准：中国的关税必须足够低，使偷税漏税无利可图；同时又要足够高，可以维持高效的海关征税机构。从英格兰的本土经验来看，英国政府清醒地意识到高税率容易引发偷漏税款。反而言之，由于他们不了解中国，或许太过轻易地忽略掉粤海关、行商以及海关下属除了关税之外的非正当收益的利益链条。税率是否可以低到符合英国人胃口，实际上又高到满足广东利益群体的程度呢？这种地方利益应当考虑到什么程度才是关税谈判的真正问题所在。

双方官员都不知道广州贸易的真实征税额，这使问题变得更为复杂。[②] 1843 年 1 月，伊里布宣称他已要求行商彻底申报所有的费用和收费，不过即使他得到这些，也绝不会出示给英国人检查。璞鼎查委托马地臣（Alexander Matheson）为主席的英国商人委员会做一个简要的清单，为了获得完整的税务清单，商人们进行了为期 10 天的"辛苦调查"，最终宣告失败，他们"确信即使在同一时间，各个公行常常情况各异"——事实上，这是公行商人给他们的必然结果。[③]

---

① 关于关税谈判的权威技术分析，参见魏尔特（S. F. Wright）：《中国关税自主沿革史：1843—1938 年》（*China's Struggle for Tariff Autonomy*，1843—1938），9—19 页。

② 《筹办夷务始末》（道光朝），卷 65，页 1—2b，1843 年 2 月 6 日寄到奏折。

③ "璞鼎查函件"，第 12 号，1843 年，FO 17/66；"商人致璞鼎查函"，2 月 8 日，澳门，FO 17/66。"璞鼎查函件"，第 6 号，1843 年 1 月 19 日，FO 17/74，"列敦致阿伯丁函"，1843 年 4 月 15 日。

简而言之，他们进攻的主要目标公行之所以占据有利地位，是因为行商具备关于贸易的独特认识。行商的领导者是一位年迈的浩官，他死于1843年9月3日，生前他激烈地反对新的条约规定。[①] 与此同时，他的儿子、第四代浩官伍崇曜，早在1842年7月被广东当局指派协助条约谈判，[②] 他无疑在幕后非常活跃。粤海关监督和广东布政使是与贸易接触最多的两个官职，但他们几乎没有正式参加谈判，北京派来的满族谈判者显然高度怀疑这些"广州利益"群体。1843年3月初，伊里布提出一项高额税率计划，以至于英国翻译断言璞鼎查不会接受；英国人得知钦差大臣"不得不考虑粤海关监督和地方官员的意见，他也完全明白其中有些建议不切实际，你可在任何情况下取消或修改它们"[③]。耆英在南京也表示他已意识到这种困难：他向皇上解释英国人希望祛除广州积弊；不过伊里布仅能综其大纲，因为他初至粤省，难以体察隐微。因此，耆英与璞鼎查通信，从南京派遣能干的下属，以便随时了解情形。[④]

1843年3月4日伊里布去世后的谈判停摆期间，英国货物继续来华，广州贸易经历了混乱的过渡期。因此，耆英敦促从速建立新关税制度，[⑤] 马儒翰从粤海关那里弄到大约10到20个定期往返穗港之

---

① "璞鼎查函件"，第118号，1843年9月11日，FO 17/69。这是第三代浩官伍敦元，参见梁嘉彬：《广东十三行考》，293—294页。

② 《筹办夷务始末》（道光朝），卷52，页35—36b，1843年7月15日寄到奏折，同日上谕；卷57，页20—22，1842年8月4日寄到奏折，同日上谕。

③ "罗伯聃致璞鼎查函"，1843年3月10日，"璞鼎查函件"，密件，3月11日，FO 17/66。

④ 《筹办夷务始末》（道光朝），卷64，页40—43，1843年1月19日寄到奏折。

⑤ "耆英致璞鼎查函"，2月26日，"璞鼎查函件"，第36号，1843年，麦都思译，FO 17/66。

间的牌照。① 直到 6 月耆英到香港互换《南京条约》副本时，双方才在沉重压力之下解决了关税问题。

璞鼎查决心证明"英国不打算要求任何无利于两国互惠的事情"，马儒翰描述道，清朝谈判者对璞鼎查提出的关税优惠条件"极为满意"。② 不过，罗伯聃（Robert Thom）才是真正的关税起草人，他曾在渣甸公司负责布匹生意，由于闲暇时学习一些中文，1833 年公司引荐他成为女王政府的一名翻译。罗伯聃拟订的税率"几乎在每个场合……甚至比商人自己敢提的要求还更有利于进口商"，以至于璞鼎查都怕中国人反对，授权他如果有必要可以略微增长一些（"不过，当然除非中国人明确开始反对，否则没必要涉及我的想法。"）同样，"罗伯聃提出的出口税率也比商人们提出的要低得多"，这使璞鼎查再次下令，如果中国方面坚持己见，我们有必要提高一些。③

经过这番准备，罗伯聃、马儒翰和璞鼎查的助手麻恭，于 6 月 30 日跟随耆英来到广州。④ 1843 年 7 月 9 日，耆英和他的同事，包括粤海关监督在内，接受了新关税，显然这是双方妥协的结果。双方还商定，在户部正式公布之前，根据 7 月 27 日条款，开放广州港进行贸易，这对于早已等候多时的大约 30 艘英国船只来说是个圆满的结

---

① "耆英致璞鼎查函"，3 月 9 日，"璞鼎查函件"，第 24 号，1843 年，附件 20，FO 17/66。

② "璞鼎查致阿伯丁函"，1843 年 3 月 11 日，澳门，密件；6 月 29 日备忘录，"璞鼎查函件"，第 85 号，1843 年，FO 17/68。

③ "璞鼎查函件"，附件 21、22，第 85 号，1843 年，FO 17/68。

④ "璞鼎查函件"，第 69 号，1843 年 6 月 30 日，FO 17/67。

局。[①] 7 月 22 日，税则的英文版在香港公布。

《通商章程》

与此同时，新制度发展更进一步，《中英五口通商章程》（以下简称《通商章程》）也于 1843 年 7 月 22 日在香港公布。它概述了从商船抵达中国沿海时算起，一直到购置和运走回程货物为止所应遵循的程序。它和关税一样，主要是英国人的创造，清政府当局只限于维护皇帝的利益，而不是广州的利益。例如，他们极力维持测量费的旧体系，不过，还是屈从了罗伯聃对英国吨位登记制度的解释。当面对中国人的反对时，英国人放弃了在黄埔这类泊船口岸设立医院或派驻下级领事官员等条款，并且允许他们行使司法职能。

最终马儒翰草拟的章程初稿共有 13 款，由罗伯聃修改后交给了清政府当局。中方发现中文版本"某些部分应更为明确"，而有些地方则不够全面，因此略加修改，将 13 款改为 16 款。中文版本被转译成英文，罗伯聃以同意或反对的方式对每一条款做出评论，马儒翰和罗伯聃从广州带回了这份章程草案，璞鼎查以此为基础，又动笔写了一些"评注"。7 月 15 日，他写信给耆英，附上最后改定的 15 项条款，耆英立即呈送北京。[②]

实际上，除了规定扩大领事监督权和保护英国商人之外，《通商章程》对各种杂费以及海关下属平时收取的佣金进行了沉重打击。

① "耆英致璞鼎查函"，7 月 9 日、12 日，"璞鼎查函件"，第 85 号，1843 年；《筹办夷务始末》（道光朝），卷 67，页 5b—7b，1843 年 7 月 30 日寄到奏折。

② "璞鼎查函件"，第 85 号，附件，1843 年 7 月 19 日，FO 17/68；"耆英致璞鼎查函"，附件 4，7 月 18 日，"璞鼎查函件"，第 99 号，FO 17/68。《筹办夷务始末》（道光朝），卷 67，页 39—40，1843 年 8 月 11 日寄到奏折。

《通商章程》尽可能地预防海关下属人员间接地从引航费、外国船只监管费、官方垄断的货物驳运费，以及每吨收银五钱的适当吨税之外的规费或接驳费中获取利益。测量银子重量或成色差异的费用，运输以及熔炼的费用等也一应废除。同时，粤海关的额外津贴也受到严重损失。

《通商章程》中似乎只有两条是中国当局的要求，每条都揭示出他们参加谈判的困惑。第一条涉及中国人对外国商人的债务问题，由于许多中国人依赖借贷外国资本经营，所以尽管官方一再禁止，债务却不断累积。鉴于各种破产情况，《南京条约》要求赔偿行商所欠债务 300 万元。清政府对此牵挂于心，从一开始就对将来官府免责问题表现出强烈关注。[①] 1843 年 1 月，伊里布和他的同僚希望建议所有中英贸易的商品交易此后应以现款或现货支付，不得拖欠借债。所有借出借入资金一律充公。[②] 璞鼎查断然拒绝了这项提议。这样的规定"旷世未闻……将使规则制定者成为全世界的笑柄……两国商人都不是推着学步车教他们如何走路的孩子，他们可以照顾好自己的利益"[③]。伊里布放弃了这项提议。正如他所说，[④] 贸易细节"极为细致繁琐"[⑤]。此时耆英和黄恩彤为解决这一问题，在《通商章程》中增加了第 4 款，拒绝承认中国政府或中国商人在中国人对英国商人的债

---

① 《筹办夷务始末》（道光朝）；《东华续录》，1842 年 8 月 22 日、9 月 6 日上谕。
② "璞鼎查函件"，第 7 号，1843 年，附件 22，1 月 24 日，FO 17/66。
③ "璞鼎查函件"，第 7 号，1843 年，附件 24，1 月 29 日，FO 17/66。
④ "璞鼎查函件"，第 24 号，1843 年 3 月 25 日，附件 18，FO 17/66。
⑤ 璞鼎查亲口承认，贸易问题"对我而言倍感生疏，因为我从未深入研究过商业事务"。他汇报道，广州的伊里布及其同僚"承认他们连最基本的商业原则都一窍不通"。由于中国官员的传统是总揽全局，又以文学训练为基础，事实上，他们对诸如关税之类的问题"一无所知"。"璞鼎查函件"，第 6 号，1843 年 1 月 l9 日；第 7 号，2 月 6 日；第 14 号，3 月 10 日，FO 17/66。

务方面承担任何共同责任。

另外一项增加的条款是第 15 款，该款旨在确认英国领事取代以前的保商。由于外国商船一向由公行行商轮流作保，这是领事部分地取代中国传统公行的一种努力。这条规定的措辞令许多书写者流传这样一个神话，即英国领事将要亲自收取中国的关税。[①] 然而，事实并非如此。的确璞鼎查在南京最初提出"一切行商均予裁撤，英国商人与他们喜欢的商人贸易所应缴关税通过领事官员缴纳"[②]。不过，这一最初的直截了当的声明不久即被修正。1843 年 1 月，英国的想法是，"船只到达任意指定港口时，领事应检查是否已保证缴纳所有税费，直到各项税费均已完纳或至少已经备齐，他才归还货单和其他航行文件"。璞鼎查希望领事们"明白定期支付关税和其他费用"。[③]

---

① 参见下文第 20 章。英国领事收取中国关税的说法在许多著作中得以保留，参见伍兆莘：《中国税制史》，第 2 卷，第 87—89 页；朱进：《中国关税问题》，第 123 页；盖德润（R. S. Gundry）证明这一错误说法在通商口岸的传播，参见其《中国今昔》（China, Present and Past），伦敦，1895 年，第 186 页。"领事们似乎发现唯一的办法……亲自着手收取关税，全额转交给地方海关税务司。"甚至（非官方的）《海关通志》的作者也郑重其事地沿袭这一说法，参见黄序鹓：《海关通志》，上卷，第 5 页。1842 年以后为"外国领事代理征收关税时代"。亦可参见夏晋麟：《中国外交史研究》，第 200 页。"收取他们本国国民进口税，再把如此收来的税转到中国。"

② "璞鼎查函件"，第 38 号，1842 年 9 月 3 日，FO 17/57。中国方面的回信将其解释为："英国商人……可以与任何他们最满意的商人进行贸易。他们应缴税款通过英国领事官员交给海关，以便简明清楚。"（参见附件 31）璞鼎查在南京同样回答称，领事的存在将是商人交税的"充分保障"。

③ "璞鼎查致马儒翰函"，其中引用马儒翰 1843 年 1 月 27 日来函，"璞鼎查函件"，第 7 号，附件 19，1843 年 2 月 6 日；亦可参见"璞鼎查致伊里布函"，2 月 20 日，"璞鼎查函件"，第 24 号，附件 19，1843 年 3 月 25 日，FO 17/66。在给伊里布的信中，璞鼎查明确地说明，"领事的责任是检查关税和其他费用的定期支付，防止胡作非为，完全杜绝走私活动。"

但 3 月份时，他却坚决否认他有意让领事们"个人对中国关税实行负责"①。直到 1843 年 7 月，他向首任驻广州领事下达指令时，才明确说明英国官员"弥补已经废止的行商代理公司的部分损失"是"同样错误和荒谬"的做法。②

这些说法似乎前后不一，相互矛盾，其原因在于将无所不能的行商与保商混为一谈，保商被看作仅仅是行商的一种，即有能力保证支付外国关税的行商。保商及其对中国政府承担的责任，作为确保支付的一种手段，如今已被领事和璞鼎查的指令所替代，璞鼎查下令扣留船只文件，直至其关税已被付清。不过领事的活动并不能代替行商的所有其他传统职能，领事在干预防止走私方面还没达到后来的比重。

这些文件呈送北京，一个月之内，以穆彰阿为首的军机大臣奏请批准关税税则和通商章程，同时发布了开放 4 个新口岸的谕旨。1843 年 8 月 16 日，道光帝允准。③ 9 月 2 日，耆英收到谕旨，随后通知五口官员。④

---

① 参见"璞鼎查函件"，第 24 号，1843 年 3 月 25 日，"读过这份照会的一到两个附件之后，我已注意到这些附件可能会抽象地导致一种推论，我有意让不同港口的女王政府领事亲自负责征收中国关税和缉私事宜；这并非出于我的本意。"FO 17/66。

② "璞鼎查致李太郭函"，1843 年 7 月 22 日，"璞鼎查函件"，第 88 号，1843 年，FO 17/68。在给李太郭领事的指令中，璞鼎查非常明确地提道："英国政府或官员没有任何责任对商业公司或个人提供《通商章程》明文规定之外的商业经营帮助……人们都有这样的印象（或一些人自称本来就这样，还灌输给其他人）：政府通过官员和机构多多少少会弥补已废止的行商代理公司的损失。"他强调这是错误的，事实证明，新的章程适用于全部 5 个口岸，其中 4 个口岸从未出现过行商。

③ 《筹办夷务始末》（道光朝），卷 67，页 50—58b，1843 年 8 月 16 日寄到奏折。"璞鼎查函件"，第 164 号，1843 年 12 月 15 日，附件 1，英译本有误，FO 17/71。

④ "耆英致璞鼎查函"，9 月 4 日，附件 1，"璞鼎查函件"，第 142 号，1843 年，FO 17/71。

1843 年《五口通商附粘善后条款》

1843 年 10 月 8 日，璞鼎查和耆英签订了《五口通商附粘善后条款》，这是英国新秩序的法律基石，由于签约地点在广州以南的河口，有时因此也称之为《虎门条约》或《虎门窄条约》（虎门窄源自葡萄牙语更形象化的 Boca Tigre 或 Bocca Tigris，意为"像老虎嘴一样窄"，中国沿海地区转称为 Bogue）。这份文件解决了整体方案中最困难的几个问题——对外贸易限定在条约范围内（第 4 款）、通商口岸的居住和旅行（第 6、7 款）、最惠国条款（第 8 款）、治外法权与罪犯引渡（第 9 款）、通商口岸停泊炮舰（第 10 款）、赔款支付后放弃舟山和鼓浪屿（第 11 款）、防止走私（第 12 款）、香港的地位（第 13—16 款），以及港穗之间的帆船和快艇贸易（第 17 款）。《南京条约》的"成功"，取决于这些关键条款的实施。

因此，这一条约究竟如何真正谈成颇耐人寻味。这些最困难的问题一直留到最后，英国政府自然十分重视。不过倒霉的是，华南的夏季气候给过于疲劳的英国职员带来了严重危害。璞鼎查身体欠佳。1843 年 8 月 29 日，他的首席翻译马儒翰患病 9 天后病逝，年仅 29 岁，[①] 当时正值其起到巨大作用的《南京条约》谈判一周年。马儒翰对中国的语言和民众有非同寻常的了解，而且精通商务和外交。毫无疑问，他本该升到英国远东机构的顶峰，他的去世对英国的远东贸易

---

① "璞鼎查函件"，第 112 号，1843 年 9 月 1 日，FO 17/69。马儒翰（1814—1843 年）是来华新教传教士的先驱马礼逊博士（1782—1834 年）的次子。1843 年，他是香港定例局和议政局委员，女王政府使团和驻华商务监督的中文秘书，并任职香港政府辅政司。

是非常沉重的打击。他的去世是关键时期劳累过度的结果，如同他父亲曾任律劳卑爵士的翻译时情形一样。璞鼎查只能依靠渣甸公司以前的布匹商罗伯聃，罗伯聃和蔼可亲，能力却极为有限，1843 年 9 月自己也"身患严重的疟疾"。①

　　当关税税则和通商章程议定之后，双方开始起草条约。7 月 25 日，耆英交给璞鼎查一份清单，列明在南京准备写入协议的要点。璞鼎查粗粗拟定一个草稿，8 月 10 日希望"两三天后"返回耆英。大约在当月中旬，他把草稿交给马儒翰，让他译成中文，但后者还未开始这项工作就去世了。在耆英的要求下，②罗伯聃因此于 9 月 4 日被派往广州，璞鼎查则在澳门与他保持联系。在广州，寒热交加的罗伯聃"把每天完成的译稿交给清朝官员吴廷献"③，吴是耆英派去帮助罗伯聃的助手。据罗伯聃后来证实，吴廷献在几天之后"返给我全部改写的附粘条约，在小册子上注明我过分生硬僵化的译文，黄恩彤

① 《英国驻宁波领事报告》，卷 33，"罗伯聃致德庇时函"，1845 年 6 月 30 日；参照约克：《中国皇室与怡和洋行的早期记录，1782—1844 年》，第 250 页。关于罗伯聃在加拉加斯、墨西哥以及 1834 年以后在中国相当活跃的履历概述，参见《中国丛报》，第 16 卷，242—245 页，1847。他出版过一系列书籍，包括 1839 年一个中国故事的英译本，1840 年《伊索寓言》的中文本，1843 年《汉英字汇》，1846 年在宁波出版《汉英会话》（《中国官话著作语录》），《中国丛报》，第 18 卷，1849 年，405—407 页。

② 耆英的信被译为下文："关于福州和其他港口，我们必须等待皇帝的命令才知道它们何时开放，不过附粘条约及通商章程尚未议妥，我深恐中国商人将持观望态度，消极应付，外国商船启程可能要推迟。您一定悲痛难忍（对马儒翰之死），乞望节哀，指定稳妥之人把章程译成中文转交于我，以竟重建和平友好之大业，马儒翰若九泉有知，定感欣慰。""耆英致璞鼎查函"，无日期（似为 1843 年 9 月 1 日），"璞鼎查函件"，第 120 号，附件 12，1843 年，FO 17/69。

③ 吴廷献，祖籍山东，举人出身。他曾在江苏仪征任署理知县，后改任上元知县。邓嗣禹：《张喜与 1842 年的〈南京条约〉》，注释 296，引自《仪征县志》，卷 24，页 75b；《同治上江两县志》，1874 年，卷 13，页 38。参见下文第 16 章。

已用更地道的汉文改正了我的错误"。璞鼎查得知后很典型地评论道："对我而言条约写成什么样的中文无关紧要，只要忠实地表达出我原文的精神和意思即可；他们可以保留他们的中文，我要保留我的英文，等等。"罗伯聃接着把黄恩彤的版本译回英文，最终在 10 月初参加谈判的英国人在澳门碰头，对照了璞鼎查的原文和罗伯聃的重译版本。他们稍做改动之后分别校对英、中文本，然后合订成册。罗伯聃写道："不过我不记得在这之后是否比对过中英文本，实际上没有一个同事或学生帮助我，我的部门只有我一个人，当时我对这种境遇非常失望。"①

条约中英文本的统编工作以这种方式落到一个人身上，这个人并非合适人选，虽然他此时也出版过一本在北方各港口使用的英汉词汇书籍，② 但他根本不是一个中国通。因此，后来发现中文文本中的一些关键点却不包括在英文文本中也就不足为奇了。

耆英以种种巧妙的理由反对正式批准条约——这相当于质疑第一个条约的有效性，否则，一旦批准就不能再改变③——不过，璞鼎查要求的是皇帝的同意，1843 年 11 月 15 日条约批准生效。④ 当黄恩彤拒绝将批准的条约副本带去香港时，12 月，英国派战舰"普罗赛尔皮娜"号前往广州将其取回。英国那边也在焦急等待同时送往英国的另一份副本，因为璞鼎查太过于匆忙，甚至没给外交部寄一份内容

---

① 《英国驻宁波领事报告》，卷33，"罗伯聃致德庇时函"，1845 年 6 月 30 日；"璞鼎查函件"，第 102 号，1843 年，FO 17/69。

② "璞鼎查函件"，第 154 号，1843 年 11 月 24 日，FO 17/70。该书发行数千册，耆英告诉璞鼎查，有一册甚至放在北京的皇帝和军机处那里。

③ "耆英致璞鼎查函"，1843 年 9 月 19 日，附件 2，"璞鼎查函件"，第 142 号，FO 17/70。

④ 《筹办夷务始末》（道光朝），卷 69，页 27—34。

概要。当分别由英国女王和清朝皇帝批准的两种文本在伦敦对照时，大家发现在英文措辞方面存在出入。[①] 这只是中英文差异的前奏，后文将会提到这点。1844 年 7 月 10 日，条约在香港正式公布。[②]

香港的商业地位

新条约中足足有四分之一的条款（第 13—16 款以及第 17 款的部分内容）与香港有关，这涉及英国在中国沿海建立殖民地的种种问题。英国在中国海域建立岛屿基地的想法由来已久，大约一个世纪之前，东印度公司就曾提出这个问题。航海者很早就注意到，香港是个深水港，不受台风侵扰，从两端均可以入港。[③] 1840 年 2 月中英战争开始时，巴麦尊要求将此岛作为"居住和通商之地"。[④] 一年之后，义律在夭折的"穿鼻草约"中开始筹划割让香港给英国和（多少有些自相矛盾）在香港设立中国海关。

1842 年，璞鼎查继续把香港作为行动基地。英国商人不等英国主权得以确认就开始大兴土木。但是，巴麦尊的继任者、外交大臣阿伯丁并不想把该岛"作为永久占领地"，他预见占领该岛会"付出相

---

① "璞鼎查函件"，第 142 号，1843 年 11 月 3 日，FO 17/70；"璞鼎查函件"，第 173 号，1843 年 12 月 23 日，FO 17/71；"阿伯丁函件"，第 10 号，1844 年 1 月 30 日，FO 17/77；"阿伯丁致德庇时函"，1844 年 3 月 30 日，"阿伯丁函件"，第 33 号，FO 17/85。

② 1844 年 7 月 8 日，英国驻广州领事马额峨将维多利亚女王批准的条约副本交给黄恩彤。《英国驻广州领事报告》，"马额峨第 32 号函"，1844 年 7 月 8 日。

③ 佘雅（G. R. Sayer）：《香港：诞生、青年与成长》，第 4 章，"早期的接触"。

④ 马士：《中华帝国对外关系史》，第 1 卷，第 621 页。

当大的代价"，并将陷入与中国政府的政治纠纷。① 为了得到香港，璞鼎查不得不在南京越权行事。璞鼎查最初要求割让香港"作为（在广州）冒犯女王陛下尊严的补偿"。为了挽回清朝皇帝的颜面，这一要求在条约中委婉地改为英国商人需要某个港口"倾侧待修和保存所用物料……"②

阿伯丁默许了璞鼎查"造就"的既定事实，任命他为首任殖民地总督，下令使香港变成自由港，主要依靠租赁土地来增加收入，尽管的确"向出口到香港岛供居民使用的果酒、烈酒、鸦片和烟草征税，肯定会像其他殖民地一样带来可观收入"。殖民部从一开始就希望殖民地能够自给自足。③ 商业界乐于使香港成为受保护的贸易堡垒和小型的故土家园，同时也是商品存储的廉价仓库。战争期间，随着军队和战舰蜂拥而至，广州的贸易商和中国的供货商也纷至沓来，香港被大家认为是巨大的贸易中心，"东亚的大型百货中心……另一个

---

① "英国财政部致坎宁函"，1842 年 1 月 29 日，FO 17/62。柯士丁：《大英帝国与中国》，第 98 页。1842 年 1 月，伦敦官方的看法仍然是临时占据香港，只是将其作为抵押。最高当局在很久之前同样怀疑 1510 年阿尔布克尔克（Albuquerque）占领果阿（Goa）和 1819 年莱佛士（Raffles）建立新加坡。桑塞姆：《西方世界与日本》，第 65 页。

② "璞鼎查函件"，第 8 号，1842 年 5 月 20 日，FO 17/60，他至少早在 1842 年 5 月已经下定决心；"璞鼎查函件"，第 36 号，附件 4，1842 年 8 月 29 日，FO 17/57；参见《南京条约》第 3 条。璞鼎查报告："我知道最早提出要求的文本已到达北京，关于条款措辞的修改尽管一定程度上可避免皇帝失信于民众，但事实终究不可抹杀。"璞鼎查最初的要求也并未逐字转达。

③ "阿伯丁函件"，第 22 号，1843 年 1 月 6 日，FO 17/64；"阿伯丁函件"，第 4 号，1843 年 1 月 4 日，FO 17/63；"斯坦利给香港总督璞鼎查的训令"，"殖民部致外交部函件"，第 8 号，1843 年 6 月 3 日，附件，FO 17/75。

迦太基城，拥有和古代罗马一样多的人口"。① 不过，1843 年军队撤离后，商业活动又重返广州，繁荣景象不复存在。"整个的香港贸易主要是走私商为逃避关税而转运的货物"。到了 7 月，低的条约关税生效时，甚至连这类活动都无人问津。"为了减轻广州沉重的港口税，船只都把两三批货塞到一艘船的底部，过去这些船运常常借道香港，现在立即转到黄埔"。② 因此，璞鼎查在《五口通商附粘善后条款》中实现的主要目标之一即发展这一新殖民地的贸易，特别是中国沿海各港的舢板贸易。

满族外交官员和璞鼎查之间关于中国在香港贸易的争论，充分说明他们对于商业和中国商业规则的不同看法。英国人希望香港成为自由港，"一种保税仓库"；除在中国始发港或大陆目的地之外，此地不应征税。伊里布和他的同僚并不了解曼彻斯特学派的学说，称赞璞鼎查甘愿"不计较个人利益，也不为自己谋私利"。不过，自由贸易对他们来说意味着无法无天。"香港四面环海，舟楫处处可通……毫无原则的本地商人可能引诱英国商人从事走私贸易。"③

对英国全权公使而言，这种观点"不可理喻……香港四面环海的实际情况正好可以预防走私，因为未付关税的货物难以到达……也很难由此运往大陆，除非中国海关官员确实失职和纵容"走私。④ 这

---

① "米切尔（W. H. Mitchell）致文翰（Bonham）函"引用了璞鼎查的原话，"文翰函件"，第 114 号，1850 年 11 月 1 日，附件，附于"梅里韦尔（Merivale）致阿丁顿（Addington）函"，1851 年 3 月 15 日，FO 17/183。

② 《英国驻宁波领事报告》，卷 33，"罗伯聃致德庇时函"，1845 年 6 月 30 日。

③ "璞鼎查函件"，第 24 号，附件 18，1843 年 3 月 25 日，FO 17/66。植田捷雄：《〈南京条约〉研究》，157—163 页。

④ "璞鼎查函件"，第 24 号，附件 19—24，1843 年 3 月 25 日；"璞鼎查致伊里布等人函"，1843 年 2 月 20 日，FO 17/66。

么"公正"的声明意味着，璞鼎查要么过于天真地以为不存在清朝官员的纵容，要么愿意让它发生，只要不影响到英国的声誉。他发表的"只要中国海关官员诚实正直"，中国税收就不会受损的言论，只能说明他对中国税收人员的问题缺乏了解。

1843 年 6 月，耆英改变策略，提议在牌照制度下进行内地与香港的贸易。当璞鼎查本着自由主义的精神要求他宣布香港与中国所有港口（不仅仅是条约口岸）之间的贸易不受任何限制时，耆英爽快地答应下来，但附加一项条款，即中国必须报告海关并缴纳中国关税，"在离港贸易之前领取牌照。若有不请牌照前往贸易者，一经发现，以罪论处。"① 这意味着中国海关可以通过扣留牌照的方式在实

---

① "璞鼎查函件"，第 85 号，附件 8，"致璞鼎查 6 月 25 日备忘录的回信"，1843 年，日期不详，FO 17/68；"璞鼎查函件"，第 147 号，附件，1843 年，FO 17/70；"璞鼎查函件"，第 85 号，附件 1，1843 年 6 月 25 日备忘录，FO 17/68。

践中阻挠内地与香港的舢板贸易。^①

最终耆英将其写入条约，这就是著名的第 13 款，我们可将中、英文版本做如下对照：

表 3　《五口通商附粘善后条款》第 13 款
（1843 年 10 月 8 日）

英文	All persons whether Native of China, or otherwise, who may wish to convey Goods from any one of the five Ports of Canton, Fuchowfoo, Amoy, Ningpo and Shanghai to Hong Kong for sale or consumption, shall be at full and perfect liberty to do so on paying the duties on such Goods and obtaining a Pass or Port Clearance from the Chinese Custom House at one of the said Ports. Should Natives of China wish to repair to Hong Kong to purchase Goods, they shall have free and full permission to do so, and should they require a Chinese Vessel to carry away their purchases, they must obtain a Pass or Port clearance, for her at the Custom House of the Port whence the Vessel may sail for Hong Kong. It is further settled, that in all cases these Passes are to be returned to the Officers of the Chinese Government, as soon as the trip for which they may be granted shall be completed.

---

① 《英国驻宁波领事报告》，卷 33，"罗伯聃致德庇时函"，1845 年 6 月 30 日。罗伯聃在下文中不厌其烦地记录了清政府在这一问题上的理由："当我们一再敦促整个沿海向我们的香港殖民地开放之后，他们答复说，香港确实已割让给英国政府，我们自然拥有它，可以在那里随心所欲，但在《南京条约》中并未写明香港是贸易港……他们接下来又变卦了。我们怎么看待香港？它是英国的一部分么？还是中国的一部分？我们回答道，香港目前是大英帝国的组成部分。他们对此回应道，如果香港是英国的一部分，简而言之是小英格兰，我们必须把它看作是外国，将其置于同所有其他国家同等的地位。我们可以允许香港在五口通商，但我们不能也不敢再进一步。（当时清政府微妙地暗示，如果香港与澳门是同等地位，那么就可以在它的边界设置清朝的行政长官和海关；不过，英国拒绝了这一方案）当我们再次敦促香港与沿海的往来不受限制时，他们又用另外的理由来应对。他们说道，我们最近正在拟定关税和贸易章程草案，将来清政府通过它在五口公平征税；你们现在是让我们同意在珠江口设立一个走私仓库么？这难道不是要……取消我们自己的关税么？我们提醒他们注意这样的事实，其他国家或地区的舢板贸易是被允许的，比如暹罗、新加坡、婆罗洲、马尼拉、日本和琉球等，同时也不止 5 个通商口岸，比如广东的潮州府，福建的泉州，浙江的台州和乍浦等地，因此要求给予香港同样的特权。他们回答说……他们不敢在皇帝面前提出这样的建议，耆英将会被他的对立派指控为超出条约范围而向外国人开放更多的港口，如果允许香港英国人与这些港口进行贸易的话，其他各国都会要求同样的特权，与本地贸易发生冲突不是《南京条约》所期望发生的事情，如果继续抓住这一点不放，钦差大臣耆英和他的整个集团都无疑会受到牵连，等等。"根据这段谈话和当时的文献，我们不免得出这样的结论：清政府比英国人自己更清楚地认识到，香港是东亚打开整个中国沿海的入口。

| 中文 | 嗣后凡华民等欲带货往香港销售者，先在广州、福州、厦门、宁波、上海各关口，遵照新例，完纳税银，由海关将牌照发给，俾得前往无阻。若华民欲往香港置货者，亦准其赴广州、福州、厦门、宁波、上海华官衙门请牌来往，于运货进口之日完税。但华民既经置货，必须用华船运载带回，其华船亦在香港请牌照出口，与广州、福州、厦门、宁波、上海各港口给牌赴香港者无异。凡商船商人领有此等牌照者，每来往一次，必须将原领牌照呈缴华官，以便查销，免滋影射之弊。其余各省及粤、闽、江、浙四省内，如乍浦等处，均非互市之处，不准华商擅请牌照往来香港，仍责成九龙巡检会同英官，随时稽查通报。① |

---

① 费正清译稿；其他版本参见《中国丛报》，第 13 卷，147—148、460 页，1844 年；中、英文本参见中国海关：《中国和外国签订的条约和公约》。罗伯聃两年以后的解释如下："那时我给璞鼎查爵士写信的内容大致如下（我凭记忆引述）：'耆英把我翻译的附粘条约彻底改成极为流利的中文。意思大致相同，不过有几处改动，这给我增加了把他们的中文再译回英文的麻烦。'于是我将它们转译为英文，这也解释了香港的档案馆为何发现据说是我的手写草稿。阁下信件的附件 3 是其中一部分。"参见"罗伯聃函件"，《英国驻宁波领事报告》，卷 33，1845 年 6 月 30 日。罗伯聃重新转译的译文（该条款末尾省略的那段话）相当草率，这或许暗示出作为翻译，他的能力实属平常。译文如下："附粘条约第 13 款结尾的粗率译文，在递交英国本土的副本中被省略……中国各省商人不准申请与香港往来的牌照或许可证，境内各港或粤、闽、江、浙四省五口之外的地区亦不得申请。例如，乍浦港不具备相互往来的特许权，因此不得在此地取得这一牌照。驻扎九龙的中国官员得到指令，随时与英国官员协商，协助完成并审查其报告。"参见《英国驻宁波领事报告》，卷 36，附件 3，"德庇时致罗伯聃函"，1845 年 5 月 31 日。

1845 年 6 月，罗伯聃继续写道："10 月初，我们在澳门布朗先生的寓所中碰面，因为在文件誊清之前，需要将附粘条约的英文原文和我重译的黄恩彤中文的英译文进行比较。在场的有璞鼎查、布加斯（Soliciter Burgass）、伍斯南（Sect. Woosnam）、颜士理（Elmslie）、我本人和其他好像一两个人。每一条款都被仔细阅读和比较；关于第 13 款我们讨论良久，还有一两个条款也是如此，我们被授权做出了某些修改，最终认为一切弄清和安排妥当，颜士理奉命负责英文副本，我则负责中文副本。颜士理先生和我分别誊清后，将各自的中英文版本装订在一起。不过，我不记得在此之后我们还进行过中英文的比较。由于颜士理先生根据璞鼎查爵士的英文原稿誊写，原稿中没有这一条，所以在条约的英文版中也没有出现；而我是根据黄恩彤的中文版本誊写，我没有收到删减条款问题的任何命令（这一点我此时能记得清），因此它不幸地出现在中文部分。我只能推测，璞鼎查爵士可能将其视为一个附加说明的注解，如果中国人愿意的话可以选择保留，因此他没有让这段话写入英文版本的条约。"

　　1843 年，璞鼎查对于中文版中只准使用中国船只以及有效地将通商口岸以外的所有中国沿海排除在外这两个条款显然毫不知情。他认为这一条款"显然钦差大臣为了核查走私而提出，我个人非常愿意接受为此提出的任何计划"。直到一年之后，1844 年 10 月英国外交部才得知条文出入的情形。当外交部要求做出解释时，罗伯聃领事一口咬定这"既不是偷摸放进去的，也不是纯粹的纰漏"，无论条约怎么写，"我们殖民地的效力完全一样"。① 他这番话的根据是，悬挂英国旗帜的转口贸易显著增长，早已开始取代中国沿海的舢板贸易。

　　同时，广州领事的报告则反映出第 13 款的牌照制度如何用来抑制内地与香港之间的贸易。当首任英国领事在缔结条约后不久为中国商人请发牌照时，粤海关监督一本正经地拒绝了他：签发牌照并不是英国当局的事情。与此同时，海关办事人员索要的高额费用令中国的申请者望而却步。一年以后，1844 年 8 月，一位中国船主向香港总督求助，总督要求广州领事再次向粤海关监督请领牌照。为了和平起见，官员为其发放单次牌照，并承诺办事人员将不会收费。后来这个费用被固定为一次两元，但几乎没有发过牌照。在第 13 款订立之前的 1843 年 3 月，最早的 20 份牌照发给了往来于广州和香港之间的补

---

　　① "璞鼎查函件"，第 142 号，1843 年 11 月 3 日，FO 17/70；"阿伯丁函件"，第 10 号，1845 年 2 月 22 日，FO 17/96；《英国驻宁波领事报告》，"罗伯聃函件"，第 33 号，1845 年 6 月 30 日。

给船，一年之后不给它们更新，因为粤海关声称①其中几艘船涉嫌
走私。②

表 4 香港注册的帆船贸易与英国在广州的国际贸易比例表

（1844—1847 年）

年份	类别	英国商船		香港帆船	
		数量	吨位	数量	吨位
1844 年	进口商品	206	104 322	96	5774
1845 年	进口商品	158	78 823	60	3508
1846 年	进口商品	182	85 937	100	5510
1846 年	出口商品	175	78 374	58	3450
1847 年	进口商品	184	78 763	73	4285
1847 年	出口商品	176	74 664	66	4211

英国的航行牌照

悬挂中国旗帜的船只与香港往来在法律上被禁止，因此，悬挂英
国旗的船只自然而然得到发展。珠江三角洲纵横交错的航道，形成一

① 《英国驻广州领事报告》，"马额峨函件"，第 57 号，1844 年 9 月 23 日；"马额
峨函件"，第 57 号（原件如此），1845 年 6 月 26 日；"耆英致璞鼎查函"，1844 年 3 月
30 日，"璞鼎查函件"，第 59 号，1844 年，FO 17/66；"祁墳致璞鼎查函"，1843 年 3 月
9 日，"璞鼎查函件"，第 24 号，FO 17/81；"璞鼎查致耆英函"，1844 年 3 月 21 日，参
见魏尔特：《赫德与中国海关》，第 61 页。

② 下文中香港三桅帆船在广州的贸易数据来自英国领事档案：三桅帆船每艘平均
载重约 60 吨，同期相比英国在广州的商船平均载重 450 或 500 吨，三桅帆船将英国进口
货物的 5.5% 运到广州，但运送的出口货却很少，很可能是因为他们只把不交税的日常
用品运往香港，而不是贸易商品。具体数据见表 4。

系列相互连接的水路，把大都市广州及顺流而下 12 英里的锚地黄埔与位于三角洲外部边缘澳门的外国人居住区联系起来；川流不息的小型船只——快艇、四角帆帆船、快船、三桅帆船以及各种各样的渡轮——几百年来在这些航道上穿梭，保持着广州与大海之间的联系。香港的建立，增加了另外一个交通中心，因此，《五口通商附粘善后条款》在第 17 款标题注明"今将（英国）各小船定例开列于后"，鼓励小船以航行牌照为媒介，悬挂英国旗帜。

正如下文（第 17 章）所说，这些牌照是英国单方面的发明，只得到英国政府的批准，与中国毫无关系。但如今通过条约与中国当局达成协议，这些牌照在广州就有了特殊的价值。第 17 款只涉及往来于香港、澳门和广州三地之间的地方船只，最初的目的并不是用英国旗帜介入三角洲的运输业，而只是让当时使用的英国船只每次去广州时免交沉重的吨税。最晚到了 1843 年 8 月，英国商人被告知，不仅运货到广州的英国帆船必须照常纳税，而且每次进入广州的船只也要交纳每吨 5 钱的固定吨税。不过 8 月 20 日，璞鼎查交给罗伯聃一份关于小船的特殊条款草案，希望将其插入条约。①

在最终的条约条款中，"仅只搭客，附带书信、行李"的英国船只免交吨税，而载有征税货物且不足 150 吨的英船每吨纳税一钱，75 吨以下船只按 75 吨收税，超过 150 吨则按每吨五钱的常规税率征税。凡此等英国"二枝桅、一枝桅、划艇等小船"，必须在香港领取英国牌照，到广州港时寄存在英国领事馆。

这一条款插在条约的结尾，几乎成为附言部分，它为悬挂英国旗帜的船只进入中国沿海贸易提供了依据，也为后来香港的某些法令提

---

① "广州领事致冈韦尔函"（Gunwell），1843 年 8 月 21 日，FO 228/29；"璞鼎查致李太郭函"，"璞鼎查函件"，第 349 号，1843 年 8 月 20 日。

供更坚实的法律基础。因此，这一条款的最后一句话至关重要，要么表明璞鼎查缺乏想象力，要么是耆英深谋远虑的标志："至福州等口，并无此等小船往来，应无庸议。"在短短的几年中，恰恰是这类持有香港所发牌照的英国小船，活跃于整个东南沿海。

香港的华人

最后的控制在港华人问题，通过与控制中国贸易几乎相同的方式得以解决。面对种种新问题，英国官员最初考虑在中国政府的帮助下得以解决，但随后改变了主意。清朝谈判者先在南京，后在 1843 年 2 月再次建议，香港华人应由九龙巡检根据中国法律进行管辖。璞鼎查原则上同意这一建议。但是到了 1843 年 3 月底，他主张港英当局必须拥有对华人居民的治安管辖权，这纯粹是为了维持秩序。诉讼的华人如果愿意，可以向九龙巡检提出申请；"如外国人涉案，英国官员自当调查一切，若发现错在华人，则将华人及证据一并交给九龙当局，按照清朝法律惩处。"① 两广总督祁墳在伊里布死后同意了这一要求。

这种办法实际上相当于一种互惠的治外法权。它在纸面上是符合

---

① "璞鼎查函件"，第 24 号，1843 年 3 月 25 日，附件 18、19、20，FO 17/66；"璞鼎查函件"，第 85 号，1843 年 6 月下旬，附件 8、10，FO 17/68。参见 3 月 28 日的备忘录："本全权特使在南京同样暗示过钦差大臣，他很愿意满足众位的建议：香港人民应由他们自己的法律管辖，因此清朝官员应当驻扎在九龙。本特使仍然同意那项建议（虽然英国的治安管辖权当然有必要，等等）……关于这一点，与所有其他必须要点一样，需要在南京通过。"FO 17/66。亦可参见"璞鼎查函件"，第 24 号，3 月 25 日，附录 19；"璞鼎查致伊里布函"等，1843 年 2 月 20 日："我完全赞成阁下派一名巡检或下级地方官员，用以调查犯罪和解决居港华人之间的争端，我将下令周知，所有华人控告华人者，可据本人意愿向他提出……"（省略部分上述正文已引用），FO 17/66。

逻辑的折衷办法，但可能会削弱英国法律在香港岛的执行。因此，伦敦的英国政府对这一方案予以取消。当耆英 6 月份到达广州时，他被告知本土政府已经决定，香港既然割让，其居民不再以任何方式受中国管辖。耆英有充分理由发现，这和前面的协议不一致。他争辩说，中国人不愿意遵守英国法律，"与英国商民拒绝中国法律的强制管辖是性质完全相同之事"。他争论道，条约上虽规定将该地转让给英国使用，但并未规定香港华人应成为英国臣民。既然璞鼎查被"赋予全权采取行动以及可根据自己的判断做出决定，他又怎么能够被自己国家遥远的内阁所控制！"从璞鼎查早期的协议来看，耆英在这场争论中占据上风，因此争论很快偃旗息鼓。罗伯聃在一份秘密备忘录中概括了当时的形势："香港的司法权——目前是英国的土地，璞鼎查是总督，他对土地上的人民想怎么做就怎么做。耆英除了已尽力做到之外，不能再以书面形式进行欺瞒。关于这一问题何必穷追不舍呢？"①

实际上，1844 年 4 月英国方面发现，要求广东巡抚在九龙设置一名巡检实有必要，这样可以与香港官员合作控制来自大陆的不良分子。程巡抚答复，九龙已为此设立治安官员，尽管英国当局还不知道。② 当时中国当局已完全放弃在香港要求司法权的想法。到 1844 年底，德庇时总督最终从耆英手中得到书面性的承认，即英国对整个岛屿及其人民拥有主权。③

---

① 3 月 28 日，FO 17/66。

② FO 228/38。

③ "德庇时函件"，第 116 号，1844 年 12 月 14 日，FO 17/90。

条约税则的实施

1843 年，英国似乎实现了它的"雄心壮志"和"伟大创新"。璞鼎查意识到自己在两大文明交汇点的历史作用，宣布"如今和平已经实现，我认为自己身为两大帝国间的仲裁人……我决定让所有商业协议都尽可能成为互惠协议"[①]。为了达到这个目的，他力图确保中国政府的对外贸易收入和英国政府也认为合适的数额大体一致。更重要的是，他努力给英国商人提供书面的关税保证，并严格施行于所有竞争对手。为了与伴随商业扩张而产生的不法行为做斗争，他提出双管齐下的政策——直接把防止逃税的任务抛给中国当局，归根结底这必须依靠中国政府；同时，他最大限度地令英国臣民遵纪守法。

不过，当1843 年远去时，粤海关显然成为当地走私猖獗的主要参与者。4 月，运出茶叶的价格为每担一两的私价，而不是降价的每担六两的公行价。河面至少发生一次激战，总督和巡抚的军队攻击粤海关人员押运的装满茶叶的船队。英国商人谴责走私活动竟公然在海边的洋行台阶上进行，"声称得到了粤海关监督及其下属的援助和支持"。璞鼎查给总督写了一封公开信作为回应，信中痛斥了这些非法行为，并宣称"打击走私必须依靠中国海关官员的廉洁和行动……无论英国官员、商民或船只都不能从事走私活动"。[②]

1843 年4 月15 日，璞鼎查还发表声明，表达他"全然反对"英

---

① "璞鼎查函件"，第70 号，1842 年12 月10 日，FO 17/59。

② "璞鼎查致祁塻函"，4 月13 日，"璞鼎查函件"，第34 号，1843 年，FO 17/67；马士：《中华帝国对外关系史》，第 1 卷，"冲突"，第 320 页，引自《中国丛报》，1843 年 5 月。

国商人在这一罪恶行径中的共谋之举，这种恶行如果继续，将会使"稳固、正规、令人尊重"的贸易付之一炬。他将竭尽全力帮助清政府制止走私活动，走私者别指望在香港找到庇护所。总督的回信并未否认这一事实，恳请璞鼎查"比以往更严厉"地阻止其国民任凭"粤海关属员及其追随者诱惑"。这种局面之后有所改善，不过，两个月后璞鼎查依然"对这种公开而毫不掩饰的走私体系"愤怒不已，"串通走私的活动不但熟视无睹，而且还被鼓励纵容"。①

根据英方原则，《五口通商章程》第 2 款规定："凡应严防偷漏之法，悉听中国各口收税官从便办理"；《五口通商附粘善后条款》在第 12 款中也有如下明确规定，这一条款后来被认为是"领事对中国查禁走私的干预"：

"则例船钞各费既议定平允数目，所有向来英商串合华商偷漏税饷与海关衙役私自庇护分肥诸弊，俱可剔除。英国公使曾发布告示，英商不许稍有偷漏，并严饬所属管事官等，将凡系英国在各港口来往贸易之商人，加意约束，四面察查，以杜弊端。倘访闻有偷漏走私之案，该管事官即时通报中华地方官，以便本地方官捉拿，其偷漏之货，无论价值、品类全数查抄入官，并将偷漏之商船，或不许贸易，或俟其账目清后即严行驱出，均不稍为袒护。本地方官亦应将串同偷漏之华商及庇护分肥之衙役，一并查明，照例处办。"

后来的几年中，愤愤不平的商人们认为领事执行了这一条款，由于中国方面对此漠不关心，因而领事成为帝国税收唯一的保护人。当时英国官员否认了这种解释，认为条约文件并未要求他们采取"任

---

① "璞鼎查函件"，第 34 号，1843 年 4 月 17 日，附件 2，FO 17/67；"祁墳致璞鼎查函"，罗伯聃译，参见"璞鼎查函件"，第 41 号，1843 年；"璞鼎查函件"，第 85 号，1843 年 6 月 25 日备忘录，FO 17/68。

何的查禁走私行动"，而是仅规定"保留英国主权的管辖权，这一特权"不得妨碍中国方面保护税收的必要措施。① 不过，这并不是唯一的解释，我们必须承认在 1843 年时还不能预见到第 12 款的实际执行情况。一言以蔽之，条约并不那么奏效，当领事通报中国当局之后，"他们将继续查抄"。② 这一条款的实际运用方面，英国领事为皇帝的"合理关税和其他收费"提供理论帮助，不久便在现实中被外国贸易

---

① "致文翰函"，第 85 号，1850 年 10 月 9 日，FO 17/176。外交部档案中一份日期为 1851 年 3 月 31 日回应巴麦尊质询的备忘录表明，第 12 款可能源自"璞鼎查爵士的意愿，希望通过这种方法获得额外保障，用来防止英国商人的逃税企图，以及由此产生的与中国当局的争议……在璞鼎查最初提出的要求文件中提到，'第 10 条，一切行商均予裁撤，英商通过领事官支付中国政府应征之款项；与何人交易，听从其便。'另一个原因……可能是为了给中国政府提供一种新的获得税款的安全保证，使他们愿意废除公行垄断，一封中文信件中提到'确保扼要简便'。"FO 17/183。英国最初的建议或"要求"是税收应当通过领事来支付，1842 年 7 月 4 日的上谕中下令共同商酌此要求。参见植田捷雄：《〈南京条约〉研究》，120 页，引自《筹办夷务始末》（道光朝），卷 59，页 4。

② 《五口通商章程》公布当天，即 1843 年 7 月 22 日，全权公使写信给广州领事李太郭，"你是否获得确凿无疑的证据，证明任何英国商船在内河已经或正在从事走私，或逃避缴纳中国政府在关税税则和通商章程中规定的合理税饷，你要立即采取措施，同时通知中国的高级官员和海关官员，以便他们如果愿意的话，可以阻止船只靠岸或装载更多货物，你同样可以视情况而定，通知这些船只的雇主、船主或承销人，告诉他们如果继续走私，或违反中国当局的意愿和命令进行任何形式的贸易，我将被迫让这些船只离开内河。"当天的政府公告中也刊布了这些命令。"璞鼎查函件"，第 290 号，"致李太郭函"，1843 年 7 月 22 日，附于"帕克斯（parkes）致包令函"，第 82 号，1857 年 7 月 9 日，FO 228/235。

1844 年 1 月 17 日，璞鼎查收到上海走私生丝的消息，写信给巴富尔领事，"你是否随后获得了任何关于这一不光彩行径的确切情报，我相信你一定会认真地向中国当局告发参与此事的同伙，我很乐意知道中国政府不仅强行让这些接受走私品的船只离开港口，而且进一步拒绝属于同一个人或公司的任何船只今后再进入上海港。"《英国驻宁波领事报告》，卷 8，"璞鼎查致巴富尔函"，1844 年 1 月 17 日；卷 4，"璞鼎查致罗伯聃函"，1844 年 1 月 17 日。几乎没有比上述规定更为严格的命令了。

者的私人协定以及腐败的中国当局所干预，下文（第 20 章）将会阐述这一点。

正式缔结《五口通商附粘善后条款》的法律形式还包括许多其他规定，下文将会涉及，不过此刻还是可以冒昧地做些断想。首先，谈判对双方政府而言都是一次受教育的经历，他们都对中国贸易的详情知之甚少。在商业谈判中，英国的优势不仅因为他们在军事上的胜利，而且他们心中有明确的目标，即扩展英国的商业。但璞鼎查认为在过境税问题上毫无希望，从而做出让步，他未能觉察到英国沿海贸易迫在眉睫的增长，对走私问题的处理则表明，他对清朝官员的正直、诚实存在相当天真的看法。耆英及其同僚则显得更为缺乏洞见，因为在他们的观念中，商业谈判只是安抚"夷人"的一种手段。他们在接受固定条约关税和最惠国条款时，几乎没有意识到拱手相送的是什么。他们至少假装相信，中外贸易的数量固定不变，预计不会增长。

与此同时，北京对商业谈判重要性的认识远远落后于钦差大臣。耆英在 1843 年 12 月 1 日的廷寄奏折中汇报道，广州谈判已完竣，他再次北上，穿越梅岭，到达南京，咸龄与其同行，以便到上海办理事宜。他询问是否应当返回北京，亲自全面汇报他的安排。不过，皇帝对外交事务的紧迫性持有完全不同的看法。既然耆英已回南京赴任，即令他将所有广州未竟事宜移交广东总督祁墳，通常祁墳会通过粤海关监督文丰督办这类事务。由于南京的两江总督职位重要，负责所有战后重建事宜和上海的贸易事务，皇帝要求他等一两年后再亲聆圣训。[1]

耆英最终也对经济一无所知，加之精通私人交往的艺术，使他在

---

[1] 《筹办夷务始末》（道光朝），卷 70，页 5—6、8b—9。

后来交涉中的合作比其所了解的还要充分。条款并非命令的结果。事实上，由于当时英国人的无能，使得最终《五口通商附粘善后条款》的中文版取决于中方谈判者之手。

当然，就鸦片而言，双方为建立和平贸易的永久基础所表现出的诚意证明效果甚微，只要这一进口贸易的重要组成部分从条款中被删去，那么，整个的条约结构便不完整。鸦片这个第一批条约的最大缺点已被单独提出来。不过，进一步的研究表明，璞鼎查和耆英的确在1843 年时规范过鸦片问题，即使他们并未在条约中宣扬这一事实。

第九章　1843 年鸦片问题的解决

　　一个世纪前中国沿海的鸦片贸易具有邪恶的闪亮魔力，大量文章在一段时间里对其进行了道德评价。毫无疑问，鸦片贸易是一种社会恶习，如同美国同时代大量的奴隶贸易制度一样。不过，和奴隶贸易一样，它的经济价值在几十年中超越了它的道德堕落。19 世纪中叶的几十年里，每年从非洲以走私贸易方式出口 10 万多奴隶，这种贸易在 1807 年以后的英国被视为非法。[①] 中国鸦片问题的道德状况颇为复杂，一方面存在中国民众的需求，同时还有商人合作和我们前文讨论过的官方默许。考察 1843 年鸦片问题的解决，我们必须关注毒品贸易在中外关系中的实际作用，而不是追溯它的道德状况。

　　1843 年，英国条约制定者面临的鸦片问题是件非常实际的事情，因为它不在于是否允许这一贸易存在，而是怎样去规范它的问题。当确保鸦片贸易合法化的持续努力遭到失败时，制定某些非官方的管理方式和可接受的游戏规则成为当务之急，以保障贸易的正常进行和贵

---

　　① 　罗伊德描述了截至 1860 年跨大西洋奴隶走私贸易的规模和持续时间，参见罗伊德（Christopher Lloyd）：《海军与奴隶贸易》（*The Navy and the Slave Trade*）。

重货物的安全。这一任务得以完成，不过，并未见诸文件。最终璞鼎查和耆英提出的各种中英联合管理方案都未能实现，璞鼎查不得不建立自己的鸦片贩运限制体系——这一过程中充满了踯躅不前的行动、模棱两可的谈话以及双方之间的误解。

英国鸦片贸易的建立

我们只需浏览一下渣甸洋行在 1832 至 1842 年 10 年间的发展历史，就能看到鸦片贸易的惊人规模。在渣甸洋行的早期活动中（详见第 4 章），这个一流商行在中国主要充当着印度鸦片所有者的代理人。他们索取销售额的 3% 和利润的 1% 作为佣金，每出售一箱鸦片可获利 20 元左右。这使他们避免了大幅价格波动的风险，早期一箱孟加拉鸦片（公班土）的价格从 550 元到 1375 元不等（麻洼的价格是其三分之二）。影响贸易的价格波动至少体现在以下五个方面："加尔各答售卖的巴特那和贝拿勒斯'公班土'的数量，孟买和达玛出口麻洼的数量和质量，印度和中国的鸦片存量，市场投机者的活动，以及清朝官员对本地鸦片贩子的态度。"正如我们前文已经提及，1832 年后，渣甸洋行在扩张中建立起一支颇具规模的船队。郭实腊乘坐"施路夫"（Sylph）号进行了 6 个月的探险航行，北上远至天津。在众所周知的渣甸洋行代理人胡夏米乘坐"阿美士德"号航行之后（详见第 4 章），这种偷偷摸摸的鸦片市场调查接踵而来。到了 1836 年，渣甸洋行已拥有一支 12 艘船只的船队，其中 6 艘小型船只在沿海活动。[①] 他们定制的第一艘船是载重 161 吨的双桅帆船

---

① 约克：《中国皇室与怡和洋行的早期记录，1782—1844 年》，96、170 页；郭实腊：《三次航海记》，297 页，以及《第三次航海日志》。

"仙女"号,于 1833 年在利物浦完工。1835 年,渣甸洋行单独拥有早期的飞剪船"红海盗"号,载重量达到 254 吨,该船创造了 18 天从加尔各答驶至伶仃岛的纪录,并在一年内完成 3 次往返。[①] 1834年,渣甸洋行还首先开辟与伦敦的直接茶叶贸易,成为广东商界的主导者。在随之而来的广州危机期间,渣甸洋行通过中立的美国代理商继续在广州经商,在沿海地区,则通过一位马尼拉的合伙人经营。[②] 不过,在新的时期,渣甸洋行不再像从前一样扮演代理人角色和鼓励低价倾销,它不断将自有资金押注在鸦片贸易上,并亲自购买鸦片,趁着因钦差大臣林则徐在广州的坚决行动而造成暂时低迷的廉价市场大获其利。因此,他们凭借这种预见性,以实质上的垄断价格很快卖掉廉价购得的存货,大发其财。他们通过领先的船队、更多的资本和

---

① 约克:《中国皇室与怡和洋行的早期记录,1782—1844 年》,179、189、260 页;参见格林伯格:《英国贸易与中国的开埠:1800—1842 年》,140—141 页。

② 合伙人和船长们之间的通信反映出渣甸洋行的想法与安排。洋行在 1839 年 10 月 16 日的信中这样写道:"我们将调整我们公司的安排,以防止我们在马尼拉的毒品活动被义律上校的观点所干扰,它们可能会付诸实施,不过我们却深表怀疑。我们难以相信英国政府将采纳这一奇特的前所未闻的建议,不顾自己臣民利益而去执行一个外国的财政规定,除非英国能从中国方面获得比迄今所想到的大得多的让步……"约克:《中国皇室与怡和洋行的早期记录,1782—1844 年》,243 页,所引"私人通信集"的内容,亦可参见该书 234、238、448、456 页。

更快速的运输，必要时甚至以更低的价格，逐渐挤掉那些弱小的竞争者。①

　　到了 1843 年，怡和洋行独自拥有 5 艘飞剪船在印度航行，6 艘飞剪船在中国沿海航行，接驳广州下游的黄埔（悬挂瑞典国旗）、厦门之外的 6 个岛屿、宁波的舟山和上海下游的吴淞——即除福州之外所有的新条约口岸，广东、福建交界的泉州和南澳，以及澳门西南的电白等处的船只。宝顺洋行具有类似的创建过程和迅速发展记录。②

---

　　①　"我们采用的计划是，在他们（如商行委托人）运送（例如马尼拉的鸦片）期间预赊部分净利润，其数目根据我们对沿海市场状况的评估，扣除我们大量的船队费用和我们以及指挥官们所冒的各种重大风险的合理补助之后，我们能获利多少进行调整。"

　　"总的说来，我们的销售要比我们的竞争对手好得多，这不仅因为我们有优越的资源，而且因为我们总是愿意给予我们的委托人丰厚的酬劳……我们拥有立即结账汇款而不担风险的优势，无需在中国沿海逡巡两三个月等待结果，至于中国政府方面是有风险的，它并不提供安全保障。"（"私人通信集"，1839 年 11 月 24 日）

　　"只要贸易限于少数人，同其他商行船只达成分割销售的协议便极为可行，不过，近来很多人带着一小笔资金进入，这样的安排对他们有利，我们已决定今后终止与他们的协议。因此，我们要求你们尽力去做而不用考虑分割问题……不过，我们并不阻止你们对事物进行自己的判断，由此出发，我们希望根据不同船只的货运量分割销售。"

　　"我们认为舟山的市场是个例外，在那里我们希望自己更长久地占有市场，并保持至少比泉州高 100 元的价格。"（"沿海通信集"，1841 年 3 月 10 日）。

　　约克：《中国皇室与怡和洋行的早期记录，1782—1844 年》，第 418、426—427 页。鸦片贸易避免赊账交易。1844 年，在广州的波士顿商人抱怨说，帕西斯信任中国掮客，赊欠一半货款；怡和、旗昌和琼记公司由此失去了市场，不过，它们希望一些掮客很快失败，结束这种状况（"小约翰·赫德致奥古斯汀·赫德函"，1844 年 10 月 3 日，《赫德文件》，微缩胶片，第 4 卷）。

　　②　约克：《中国皇室与怡和洋行的早期记录，1782—1844 年》，434、468 页；需要再次指出的是，卢博科的《鸦片飞剪船》部分地依据宝顺洋行档案而写成，因此包含大量该公司的信息。《对华商务关系特别委员会报告书》（*The Report from the Select Committee on Commercial Relations with China*）（1847 年）中记载了怡和洋行和宝顺洋行合伙人的证词。

条约后的市场体系早已建立，条约的制定者们面临着一个既成的事实。因为璞鼎查和他的助手们清醒地认识到这一发展及其重要的商业和财政意义，他们没有其他选择，只有寻求中国朝廷对鸦片贸易的法律承认，将其纳入新的条约法规当中。

双边监管原则

在南京，双方最初关于鸦片的谈判很快陷入僵局。简而言之，清方不同意鸦片贸易正式合法化，而英方不愿意取缔这一贸易。英国人提出很多理由申辩：只要中国人继续有鸦片需求，鸦片注定会从某些地方以某种方式继续输入；英国人难以阻止鸦片贸易，最好从中国方面加以规范；难以控制的罪恶最好通过适当的税收进行管束。中国人对这种陈词滥调给以常规的答复，声称要遵从曾经禁烟的皇帝的主张，现在不能改弦更张。双方没有达成协议，中方的谈判者在给皇帝的奏折中也没有提到鸦片未来的地位。[①] 谈判朝解决的方向只迈出了一步。这就是耆英和伊里布写给璞鼎查的书面声明，他们承诺不干涉外国方面从事鸦片贸易。他们说，清朝官员的注意力只限于清朝臣民，"各国商船是否携带鸦片，清朝不必予以追究，或对此采取有关行动。"[②]

清朝方面的提法显然预示了最终的解决方案，一个双边（或平行）的非正式管理体系。不过，这一方案的接受，意味着过去不确

---

① 《筹办夷务始末》（道光朝），卷 57—60，多处可见。

② "璞鼎查函件"，第 38 号，1842 年 9 月 3 日，附件 20a，FO 17/57；亦可参见 1857 年向下院提交的《关于对华鸦片贸易的文件汇编》。由于缺乏这一文件的中文原件，和其他文件的情形类似，我们不得不采用英文翻译的译稿。

定的局面会继续存在，鸦片贸易在清朝法律中仍为非法，而清朝官员却对此视而不见。这直接与英国的主要目标之一背道而驰，即通过确立法律规条来保护商业。因此，璞鼎查极不愿意接受这种双边规则。他一再重申，要求鸦片贸易正式合法化，这种情形后来记载于特殊蓝皮书中。[①] 在 1842 年南下的途中，他极力向闽浙总督怡良表明他的观点，但却无济于事。[②] 他逐渐被迫接受清廷最初的提议，采取一系列行动朝非正式的平行管理方面努力。

他的第一步首先标明在条约规定开放的 5 个通商口岸之外，所有港口的英国对华贸易都是非法的。这是耆英和伊里布在南京提出的要求，而璞鼎查承诺发表一个声明，为履行条约不惜动用英国军舰。耆英把璞鼎查的书面声明奏报给皇帝："除五港口外，中国沿海一带，不准英船驶往"，否则将受到中国当局拘捕入官的惩罚。[③] 璞鼎查一方则请求英国外交部获得枢密院的命令，必要时相应限制本国商人的活动。"我认为，应由中国政府来执行禁令。"随后在 1843 年 1 月，璞鼎查在香港发布了他的上述承诺，英国商人及其雇员不许深入中国内地或离开海港进行贸易，英国船只不准驶入条约规定开放以外的任何港口。[④]

到那时起，他开始执行第二步措施，《南京条约》签订后不久，

---

① "璞鼎查函件"，第 38 号，1842 年 9 月 3 日，附件 20a，FO 17/57；亦可参见 1857 年向下院提交的《关于对华鸦片贸易的文件汇编》。由于缺乏这一文件的中文原件，和其他文件的情形类似，我们不得不采用英文翻译的译稿。

② "璞鼎查函件"，第 70 号，1842 年 12 月 10 日，FO 17/59。

③ 《筹办夷务始末》（道光朝），卷 61，22 页，第 10 行，耆英奏折，1842 年 10 月 17 日寄到。

④ "璞鼎查函件"，第 38 号，FO 17/57；"璞鼎查函件"，第 6 号，1 月 16 日通告，1843 年 1 月 19 日，FO 17/66。

新开埠的 4 个口岸（厦门、福州、宁波和上海）显然在几个月内不
能开放。在那些地方的合法贸易得到适当规范之前，贸易必须被禁
止。为兑现已做出的承诺，在中国当局的再次要求下，璞鼎查于
1842 年 11 月 14 日在舟山发表声明："所有英国商船不准进入广州以
外的任何港口……直到税率和征税范围固定之后，同时领事官员需要
得以任命。"与此同时，舟山的定海和厦门的鼓浪屿仍保持开放，它
们是英国军队的驻地。①

　　由于璞鼎查缺乏足够的合法权力，这使形势变得复杂，妨碍了他
最初企图控制悬挂英国国旗船只的努力。② 他的权力来源于 1833 年的
枢密院敕令，现在又辅之以 1843 年 1 月 4 日的另一道敕令，英国的
刑事和海事法庭由广州迁到香港。③ 不过，敕令还规定"帝国政府不
具备对侨居国外或公海行动的英国臣民授予立法权的特权"。因此，
如果没有另一道议会敕令，璞鼎查对英国国民的合法控制将只限于香
港。为了尽力执行璞鼎查将贸易限定于通商口岸的提议，伦敦的司法

────────

①　这一声明于 11 月 28 日通报给了厦门的闽浙总督怡良，FO 17/76A。《澳门月刊》
刊印了这一声明，11 卷，629 页，1842 年。

②　孖地臣在 1842 年 12 月 6 日的一封信函反映了此时商界的看法："鸦片问题变化
莫测。璞鼎查认为鸦片最终必须合法化，但很难说具体什么时候。同时，很明显新制度
大幅增加了沿海贸易的困难。在新通商口岸若发现船只携带鸦片将被没收充公，全权公
使已经答应……英国船只禁止在沿海其他地方进行贸易。"

"如果严格执行这项规定，鸦片贸易将会仅限香港一地，鸦片消费势必受到极大抑
制。这种情况下，我们认为在印度高价购买鸦片极度危险，在这里持有大量存货也是轻
率之举。毋庸置疑，权宜之计在于争取一些时间把鸦片运到北面的港口，即使政府发布
禁令。不过在此之前，贸易可能会受到严格检查。"参见约克：《中国皇室与怡和洋行的
早期记录，1782—1844 年》，435 页，"私人通信集"，1842 年 12 月 6 日。

③　"阿伯丁函件"，第 81 号，1843 年 9 月 2 日，FO 17/65；又见柯士丁：《大英帝
国与中国》，42 页。

官员为其签署了一份措辞恰当的通告，但他们也承认他们怀疑这一通告是否具有法律效力。如果没有议会的进一步授权，英国政府也可以签发一道仅限于通商口岸进行贸易的命令，但是否为推行这一命令而实行惩罚呢？答案仍然难以确定。[①] 在官方场合中，这份不确定的敕令最终于 1843 年 2 月 24 日由议会发布。这一敕令支持璞鼎查的立场，禁止英国臣民在 5 个通商口岸之外的中国任何地方从事商务活动，[②] 不过，其是否真正能执行却值得怀疑。

这一敕令在中国沿海引发轰动，其直接后果是把鸦片贸易推到美国旗帜的掩护之下，这一点在最近的广州冲突期间被证明是有效的。例如，怡和洋行现在购买了 3 艘美国快艇，分别是"气精"（Ariel）号、"马济帕"（Mazeppa）号和"小羚羊"（Gazelle）号，前两艘的所有权和经营权名义上属于美国人乔治·弗雷泽。这一现象变得越来越普遍。既然美国船只尤其是旗昌洋行的船只早已参与到从印度运输鸦片的竞争中，这对英国运输业而言并不是好兆头。[③] 因此，璞鼎查不得不考虑他限制英国船只活动的禁令如果执行的话，要么受到英国商人的公然藐视，要么将有损于英国船只在中国沿海的运输贸易。

璞鼎查的地位变得更加岌岌可危，因为鸦片贸易在英国国内遭到激烈批评。200 多名与鸦片贸易无关的商人和工场主于 1842 年 7 月

---

① "阿伯丁函件"，第 10 号，"阿伯丁致璞鼎查函"，1843 年 1 月 4 日，FO 17/64。

② 孖地臣在 1843 年 4 月 21 日评论道："全权公使已发布最激烈的反对走私声明，但我认为它就像中国皇帝的谕旨一样毫无意义，只是为了取悦英国的圣徒们。璞鼎查从未打算将其付诸实施，私下里他一定认为这是个好玩的笑话。"约克：《中国皇室与怡和洋行的早期记录，1782—1844 年》，438 页，"私人通信集"，1843 年 4 月 21 日。

③ 我非常感谢斯特尔博士（Dr. C. C. Stelle）允许阅读他的手稿：《美国对中英鸦片贸易的参与》（*American Participation in the Sino - British Opium Trade*）。

向首相皮尔递交请愿书，指责鸦片是英国产品在中国市场的敌人。[①]
请愿者认为，中国资本越来越多地被用来支付进口鸦片，留给购买英
国商品的资金所剩无几。不过，此时鸦片贸易对英国政府已变得非常
重要，很难遇到有力攻击，除了对印度国库的贡献之外，如今还成为
英国在华远征军的主要经费来源。两家顶级商行——怡和洋行和宝顺
洋行，随着英国向北进军而扩张它们的势力，有必要时，它们会联合
挤掉竞争对手，并定期将鸦片销售的白银卖给英军的总审计长。[②] 在
这种微妙的情境下，一名再普通不过的英国年轻海军舰长的"鲁莽
行动"，迫使这位英国全权公使做出了决定。

霍普船长的鲁莽行动

驻舟山的海军军官并未意识到鸦片的特殊地位，他们一直认为鸦

---

① 《中国丛报》，第 7 卷，1843 年，168 页。整体研究参见吴文藻：《见于英国舆论
与行动中的中国鸦片问题》。目前关于鸦片问题的研究，参见植田捷雄：《英国的鸦片走
私及〈南京条约〉》。

② 约克：《中国皇室与怡和洋行的早期记录，1782—1844 年》，425 页。正如孖地
臣在 1847 年证实道，当英军撤退之后，"我们（怡和洋行）不断地派船带了将近 100 万
元去印度"。见《对华商务关系特别委员会报告书》，第 341 页。

片船队的活动违背了航行法规。①查尔斯·霍普舰长真心实意地接受了璞鼎查 1842 年 11 月 14 日的通告。根据以往经验，他认为如果不采取相应措施阻止众多英国船只前往还未正式开放的 4 个新通商口岸，他很可能被送上军事法庭。尽管没得到香港长官的命令，但他无法"想象英国大臣会发出一个并不想付诸实践的敕令"。1843 年 3 月，当他听说英国致力于开放吴淞口贸易时便立即采取了行动。

1843 年 4 月 4 日，霍普命令属下舰船扣留那些出港证上没有提供舟山海事部门指定目的地的英国船只。②舟山的英军司令对此予以合作，下令港务长不签发除鼓浪屿、香港、广州和澳门之外任何中国

---

① 时任舟山英军翻译的罗伯聘于 1842 年 11 月 24 日给前任雇主孖地臣写信道："上个月，我一直在军舰上生活，因此深入到海军军官圈子……鸦片贸易和从事这一贸易的船只当然被讨论过……我只听到一种意见，即这些船只的航行显然违反了《航海条例》。他们告诉我，《航海条例》规定：每一艘船都有携带武器证明和出港许可，否则，船只将被扣留……使我特别为您感到焦虑的是，他们告诉我，舰队司令本人也持类似观点，很可能采取强硬手段，我对这一结果深表担忧。我曾争辩道，这些船只事实上为印度提供了税收；如果没有它们，印度政府将难以为继，甚至我们远征军的经费都无从着落；它们都有孟加拉政府的通行证；它们的防卫武装也得到印度政府的默许；它们传递信息、侦察敌人沿海以及探测未知海域，等等。他们对此回答道，任何情况都不能成为违反法律的掩饰，没有哪个殖民政府会在违反《航海条例》的条件下发放通行证；他们援引大量案例反驳我，诸如某某司令已扣留过持有殖民政府通行证、却违反《航海条例》的某某船只。由于他们对这种事情远比我知道得多，所以我只能保持沉默，表示赞成……我担心司令在澳门时可能会发生骚乱，有关海盗、谋杀、夺权等故事将广为流传，这位旧派绅士可能会突然下令扣留所有鸦片船只，这将是一场真正的灾难。孖地臣先生，这封信的内容最好不要外传，因为它可能在很多方面对我不利。但与此同时，我强烈希望您对信的内容予以最认真的考虑。不要忘记，去年史密斯舰长扣留了"安娜"号。我向您保证，只要有可能，海军官兵从不会错过任何领取奖金的机会。"参见约克：《中国皇室与怡和洋行的早期记录，1782—1844 年》，423—425 页。

② 1843 年 11 月 24 日，FO 17/67A；1842 年 3 月 7 日公布的香港和定海港务规则中，出港证并无指定船只目的地的规定。

沿海的出港证。怡和洋行纵帆帆船"雌狐"（Vixen）号的出港申请因此遭到拒绝，只能本分地申请驶往位于长江入海口的崎岖岛屿。"雌狐"号极不走运，它希望得到官方对非法航运的认可，而舟山驻军司令方面本来可能会继续纵容这种活动。① 不过，霍普船长并没有这样做。当"雌狐"号在 4 月 10 日申请去鼓浪屿时，他"严重怀疑"其将驶往上海，于是命令手下船舰，一旦发现，即予以扣留，同时还下令拘捕其他无法出示航海日志的船只。耽搁了一段时间之后，他派遣"基尔德斯"（Childers）号炮艇和"美杜莎"（Medusa）号轮船前往上海，指令所有英国船只于 24 小时内驶离黄浦江，一旦逗留，将予以拘捕，此后他的舰队驻扎在吴淞口下游大约 20 英里的地方，阻止其他船只再进入长江。霍普船长的动机毋庸置疑。他认为，"那些鸦片绅士迄今为止一直被允许在舟山和澳门之间的海岸无证航行，从未有人曾向他们提出过疑问。由于上司允许他们这样做，我亦从不干涉，只要他们将走私活动限定在舟山以南——不靠近那 5 个被禁止的城镇……不过，当他们前往长江，首先驶向上海时，我认为应出手制止这种非法行径——尤其是那些船只的人员和武器配备更像是战船，而不是商船，它们从事的各种非法活动早已尽人皆知，追逐起他们的私利来毫无节制……"②

为了确保成效，霍普令郭实腊将他给上海的主要官员——地方道台的信件翻译成中文。在这封信中，船长代表舰队司令谴责那些出现在吴淞或上海的所有英国船只，简述了他给"基尔德斯"号发出的

① "威灵顿公爵致阿伯丁勋爵函"，1843 年 11 月 24 日；"史库德（Schoedde）致萨默塞特（Somerset）函"，1843 年 5 月 2 日，FO 17/67A。

② 1843 年 8 月 12 日哈丁顿致阿伯丁的信中摘录了霍普 1843 年 4 月 21 日的函件，FO 17/75。

指令，应道台要求，他主动扣押了英国的为非作歹之徒。4 月 20 日，"基尔德斯"号在长江入海口发现 4 艘英国船只，要求它们于 24 小时之内离开，之后向上海道台递交了这封信函。

接下来发生的事情显然是个深刻的教训：中英双方的商人和官员共同谴责这一做法，霍普船长的主张被明确否决，官职也遭罢免。在他厄运降临之前，璞鼎查一名"与商业毫无瓜葛"的信使已从舟山报告，"上海道台已在吴淞附近为英国商船指定了锚泊地，双方感情融洽，商业非常活跃，很多民众和不少下层官员纷纷造访英国商船，宁波当局和当地商人焦急地不断询问他们的港口何时能开展贸易。"① 的确，"基尔德斯"号收到的"所有各省在沪商人"请愿书可作为佐证，该书详述了 3 月 3 日以来他们与英国商船的友好贸易关系。"商人企盼贵国宝船云集上海……各色人等欣喜以待通商设厂。"② 中国方面即使有反对贸易的抱怨，这里也没有显示。

另一方面，英国商人更为直言不讳。怡和洋行的"雌狐"号实际上已返回香港，立即将霍普船长的行动报告给璞鼎查。4 月 20 日，璞鼎查收到来自澳门、署名为"所有主要鸦片贸易商行"的私人信件，信中抗议霍普船长对他们船只的干涉。他们的声明"出于显而易见的原因，他们不愿在这样一个他们认为使我们饱受困扰的问题上正式致函给我，他们主要代表了其他人的利益，我也理解其中利益攸关的价值所在。众所周知，今年头两笔鸦片交易获得的巨大利润归于政府的东印度公司，英国政府也在考虑进一步的限制或重大变化，他

① "璞鼎查函件"，第 40 号，1843 年 4 月 29 日，FO 17/67。耐人寻味的是，江海关向北京报告说，1842 年所征税款不足 33 000 两白银。参见《筹办夷务始末补遗》（道光朝），1567—1568 页，1843 年 3 月 14 日奏折。

② "璞鼎查函件"，第 53 号，1843 年，附件，巴夏礼译，FO 17/67。

们认为他们有权期望和要求之前的通告；他们随时准备遵守这些通告，直到尽到对委托人的责任，他们自己愿意承认（原文如此！）一切为之制定的法律规定。不过，他们也委婉地表示，中国沿海的地方官员非但允许，而且实际上支持鸦片贸易（我在这里交代一下，这无疑出于他们自己的私人利益），同时我们也很难指望他们（商人）会放弃鸦片贸易，而拱手让给其他人（据我进一步观察，下一状况可能会立即发生，那些不具备同样手段和资本的肆无忌惮的商人，可能会为攫取更多利益而不计任何风险）。"①

璞鼎查的反应概括出他那个时代鸦片贸易的"合理性"，既有言之凿凿的理由，亦有荒谬不经的说法。他向英国外交部报告，最广泛的调查彻底驳斥了一些人提出的鸦片有害的意见。他已说服中国当局，②"只要中国人愿意拥有和吸食鸦片，取缔这项贸易是完全不可能的，不必抱有任何希望。"③ 他也敏锐地意识到，英国司法官员已经质疑禁止英国船只进入条约规定口岸之外的其他港口是否合法。他不愿在正式场合表现出支持鸦片贸易的态度——这并非由于鸦片贸易的邪恶，这种邪恶"微不足道"，而是因为它被中国政府所禁止。不过，任何事情都比放任事态发展要好——"让中国政府认为，只要

---

① "璞鼎查函件"，第 39 号，1843 年 4 月 21 日，FO 17/67。

② "璞鼎查函件"，第 56 号，1843 年 6 月 9 日，FO 17/67。

③ 1843 年 9 月 10 日，孖地臣写道："璞鼎查爵士使我明白，在所有函电中，他以最强烈的措辞谴责干涉香港的鸦片贮存或中国沿海的鸦片销售。他完全否认艾希利爵士（Lord Ashley）关于鸦片商人犯下暴行或中国人吸食鸦片产生恶劣影响的论断——这两点从未得以证明。清朝的钦差大臣耆英则声称，在长江和其他大河沿岸的潮湿地带，如果人们不吸食鸦片，他们可能会死于发热和疟疾。"参见约克：《中国皇室与怡和洋行的早期记录，1782—1844 年》，442 页；"私人通信集"，1843 年 9 月 10 日。

我们愿意，就能停止鸦片贸易"。璞鼎查随后宣布，[①] 他在 1842 年 11 月发布的通告即霍普采取行动的依据"并不涉及鸦片贸易，我也从未承认过鸦片贸易，今后也不会承认，除非我能成功使其合法化"[②]。他要求舰队司令请霍普船长撤回其在舟山的命令，同时从长江召回"基尔德斯"号。船长使用了他不具备的权力，可能会被那些扣留船只的船主起诉，因此最好解除他的指挥权。从此，海军军官与中国官员打交道时应避免涉及政治协定。类似观点[③]同样也适用于指导陆军的行动。[④] 与此同时，鸦片贸易照常进行，其中一部分置于美国旗帜的保护之下。

---

① "璞鼎查函件"，第 33 号，1843 年 4 月 12 日，"璞鼎查致帕克密札"，4 月 10 日，附件；"璞鼎查函件"，第 39 号，1843 年 4 月 21 日，FO 17/67。

② 孖地臣在 1843 年 4 月 22 日给麦克明尼斯（McMinnies）船长的信中写道："璞鼎查不仅不赞成霍普船长的行动，而且命令'雌狐'号轮船返回舟山，一切事情应完全遵照他去年 11 月离开舟山时所确定的关于鸦片和其他问题的方针进行。我们最真诚地恳请您牢记，尽可能赢得舟山指挥官的好感实有必要，毕竟当前状态下您不能表现出任何战胜他们的痕迹。我们认为无需提醒您在长江地区贸易时注意防范，避免引发更多的风险。尽可能取悦清朝官员，例如，当他们要求时，从一个锚地移到另一个锚地；不要距离他们的城镇太近。鸦片贸易目前在英国如此不受欢迎，我们要小心从事，尽可能保持低调，远离公众的注意力。"参见约克：《中国皇室与怡和洋行的早期记录，1782—1844 年》，437 页。

③ "璞鼎查函件"，第 40 号，1843 年 4 月 29 日，"璞鼎查致帕克函"，4 月 26 日，附件，FO 17/67。

④ 霍普船长非常了解，"东方的整个商业世界……都将强烈反对我……如果一些与鸦片贸易有关的议员得知我的所作所为，我期望可以'出现'在议会。"他以"英国贵族"的身份愤怒地求助于海军部的朋友和外交大臣本人。舟山的指挥官写信给他的上司，威灵顿公爵又写信给阿伯丁。不过，后者却赞成璞鼎查的方案。参见"哈汀顿致阿伯丁函"，1843 年 8 月 12 日，FO 17/75；"阿伯丁函件"，第 70 号，1843 年 8 月 4 日，FO 17/65。

中国的反应

这位英国大臣与他的盎格鲁—撒克逊良知之间的斗争似乎并未引起中国更高级别官员的兴趣。在他们的奏折中，大家对鸦片贸易保持了默契的沉默。北京朝廷则对东南沿海局势表现出极为错误的想法。例如，1842 年 11 月底，一艘悬挂美国旗帜（也可能是英国）的商船从舟山出发，希望进行售卖布匹的合法贸易，并在宁波纳税，但这一行动被完全误解。宁波政府断然拒绝了这一要求，并奏报朝廷。① 但是在北京，它被错误地等同于美国海军准将加尼最近提出的条件，加尼要求在华美国商人在广州应与英国人享有同等特权。② 此外，中国官员还向北京奏报，1843 年 1 月，两艘外国商船出现在杭州湾石浦，试图寻找向导，一艘驶往福州，而另一艘据说前往山东的登州港。由于山东在新条约规定的英国通商范围之外，这一奏报引起北京方面深刻的怀疑与猜测，直到最后确定这艘神秘莫测的船只只是英国勘探船，璞鼎查已将该船任务预先通知过清朝，其驶往山东的担心纯然缘于翻译错误所致。③ 当然，这一切都源于中外之间长期以来的彼此隔

---

① 《筹办夷务始末》（道光朝），卷 63，页 29，1842 年 12 月 15 日寄到奏折；卷 64，页 3—4b，1842 年 12 月 25 日寄到奏折，同日上谕；《东华续录》，1842 年 12 月 25 日；《筹办夷务始末补遗》（道光朝），1524—1525 页。

② 《筹办夷务始末》（道光朝），卷 63，页 29b—30，1842 年 12 月 15 日上谕。加尼所提要求，参见《筹办夷务始末》（道光朝），卷 63，页 17，1842 年 12 月 12 日广东寄到奏折。

③ 《筹办夷务始末》（道光朝），卷 65，页 8，1842 年 2 月 11 日寄到奏折；页 10b—11b，同日上谕；页 41，3 月 17 日寄到奏折；页 45—46，1843 年 3 月 22 日寄到奏折。《筹办夷务始末补遗》（道光朝），1542 页，刘韵珂奏折，2 月 11 日；1559 页，祁𡐫寄到奏折，4 月 7 日；1561—1564 页，保昌寄到奏折，1843 年 4 月 8 日。

膜和相互误解。

在重重误解和揣测之中，耆英试图用沿海督抚奏报的那些令人印象深刻的"夷船"活动统计表以减轻朝廷的疑虑。这显然是隐瞒实情的矫饰之举，因为我们发现他在报告中作假。例如，1843 年 2 月 7 日，一艘双桅帆船从南方驶入吴淞（鸦片在上海的接收地），清方已决定对该船介入调查，但它却在接受调查之前的 2 月 9 日已经南返。鸦片贩子们完全没有必要担心诸如此类的监督。大约与此同时，一位御史奏报南澳地区（南澳岛是广东沿海的鸦片接收地）的"夷人"建筑以及各种非法行径，不过再次对鸦片绝口不提；一份官方调查错误地宣称，曾经登岸的"夷人"已全部离开。[①]

在掩盖真相的默契气氛中，中国当局并未对霍普船长 1843 年 4 月的行动而感到欣喜，反而是充满了疑惑与焦虑。1843 年 3 月，一艘英国船曾试图在上海开展合法商品贸易，耆英令其返回舟山静待官方开埠，但他却并未采取进一步行动。[②] 耆英 4 月赶往广州后，他在南京的继任者显然认为必须报告上海方面的情形，以免即将发生的事件对其不利。这位继任者的奏折详细叙述了 3 艘美国船已于 3 月 3 日到达上海，其通商要求被拒绝，停泊在港口外"修理"时遇到了第四艘美国船，随后一艘英国汽船于 4 月 20 日到达，要求美国船只返回舟山，以免引起麻烦。[③] 此后不久，南京当局认为署理上海道发布的通告（显然是对霍普船长来函的回应）有欠考虑，这一通告公开

---

① 《筹办夷务始末》（道光朝），卷65，页27b—33，1843 年 3 月 8 日寄到奏折；尤其注意页30b；卷65，页33b，3 月 10 日寄到奏折；卷66，页 22，1843 年 6 月 4 日寄到奏折。

② "璞鼎查函件"，第64 号，"耆英致璞鼎查函"，6 月 13 日，附件，1843 年 6 月 19 日，FO 17/67。

③ 《筹办夷务始末》（道光朝），卷66，页11—12b，1843 年 5 月 16 日寄到奏折。

提到当时在吴淞的非法贸易在税则公布之前应当禁止。不过，尽管道台发布了禁令，但5艘来自英国和美国的船只还是于5月8日再次出现在吴淞，其中两艘曾在3月份来过。因此，道台最近的通告变得"含糊不明"；省级官员认为这甚至可能导致百姓与"夷人"接触，建议解除这位不幸的署理道台的职务。皇帝如其所请，并下令调查。①

霍普船长听说他撤职的消息而未获得详细指示之前，于5月18日再次向上海道台发出照会，这使局势进一步复杂化。他解释说"目前情况有所变化"，他的军舰必须撤离吴淞口，不再阻止英国船只进入长江。他在照会中不恰当地提到了"长江"和"扬子江"，后者是中国人对镇江以上长江干流的称呼。这使中国当局不无担心地揣测，英国船只可能如第一次宣布的那样不进入吴淞，但现在暗指将不会阻止其进入长江流域，于是要求璞鼎查对此做出解释。② 璞鼎查用面谈和书信两种方式通知清政府，霍普的行动已遭否决。璞鼎查宣称，"这取决于中国地方官员是否执行我的声明，他们禁止该国人民与外国商船进行贸易，在此情形下这些商船将会自行离开。"③

由此可见，公众否定英国船长的"耻辱"行为，中国道台切实采取行动，这两方面都执行了上级关于未开放口岸的贸易禁令，而鸦片贸易却获得日后事实上的豁免权。显然，官方关于"贸易"的通

---

① 《筹办夷务始末》（道光朝），卷66，页13b—16，1843年5月31日寄到奏折；同日上谕。

② 《筹办夷务始末》（道光朝），卷66，页27—28b，1843年6月18日寄到奏折；"璞鼎查函件"，第64号，1843年6月19日，"耆英致璞鼎查函"，FO 17/67。

③ "璞鼎查函件"，第75号，"璞鼎查致耆英函"，7月1日，1843年，附件，FO 17/68；《筹办夷务始末》（道光朝），卷67，页46b—47b，1843年8月11日耆英寄到奏折，原文引用璞鼎查的致歉。

告并不适用于鸦片。与此同时，英国商人在吴淞的鸦片、布匹、棉纱和棉花等生意依然兴隆。他们把货物卖给"停在旁边的中国船只，这些船只要么将货物走私上岸，要么与地方海关官员讨价还价"。因此，吴淞在上海开埠前的 6 个月成为繁荣的商业中心。璞鼎查报告说，"类似体系出现在中国东部沿海的一些港口，并依然继续下去，直到领事设立和正式宣告五口开埠。"① 他却没有预见到，这一"体系"在未来的 15 年内严重困扰了他的继任者。

霍普事件开启了处理鸦片问题的第二阶段，即比从前更为简单，即使贸易非法却依然可以继续。不言而喻，其基本要点可以概括为：无论中国人还是外国人，鸦片对太多人都具有利益。因此，英国外交部方面带有良好意图的声明与中国皇帝的谕旨一样毫无实效。

1843 年 1 月 4 日，外交大臣阿伯丁勋爵在回复璞鼎查关于鸦片问题的请示时，已经发出了恰当的指令。他在敦促中国方面鸦片合法化之后采取了如下立场：尽管英国政府无法阻止臣民从事鸦片贸易，但至少能拒绝为其提供帮助。为此，璞鼎查采取各种措施"防止香港岛成为英国走私者的集散地和市场"。这个立意"高尚"的政策声明得到了维多利亚女王的批准，并被广泛引用，② 尽管它在香港并无太大影响。孖地臣在 1841 年 1 月英国占领香港时就已明白，"香港如此独立，以至我们一旦在那里建立货栈，甚至将允许贮存鸦片。"③ 璞鼎查主动向中国政府发布通告，"要求所有从事鸦片贸易的英国船只离开中国港口和内河，违者扣留没收"。不过他补充道，英国政府

---

① "璞鼎查函件"，第 56 号，1843 年 6 月 9 日，FO 17/67。

② "阿伯丁函件"，第 7 号，"阿伯丁致璞鼎查函"，1843 年 1 月 4 日，FO 17/64；全文亦参见马士：《中华帝国对外关系史》，"冲突"，附录 P。

③ 约克：《中国皇室与怡和洋行的早期记录，1782—1844 年》，463 页，"沿海通信集"，1841 年 1 月 22 日。

不能为扣留和没收事宜提供帮助，通告只是提醒人们注意：中国政府既无权控制外国商人，又无法控制自己的腐败官员。① 全权公使于是从现实出发，继续努力寻求鸦片的合法地位，或正如阿伯丁所指出的，"减少贸易甚至是走私贸易的不良声誉"。他也寻求条约之外的解决方案，很快就不得不将外交大臣关于香港的指令弃置一旁。

璞鼎查的计划与安排

当耆英在 1843 年 6 月访问香港时，璞鼎查提出一项切实可行的举措，"将鸦片船限定在沿海的一两个点。这一措施无论如何都会限制鸦片贸易，使其从形式上变得切实可控。"② 通过其简要概述，璞鼎查心中的解决方案似乎是征得中国当局的非正式同意，在广东、福建沿海的南澳和泉州建立鸦片集散中心——按照英国 1843 年 2 月 24 日的命令，他有能力不让英国船只前往 5 个通商口岸之外的其他地方；他能通过君子协定允许它们驶往鸦片仓库；中国政府方面也能批准中国买家前往那里。

"这一安排的好处在于彻底区分合法贸易与走私贸易（鸦片）。事实上，它是对鸦片贸易的直接认可。这摆脱了女王臣民走私鸦片到中国的恶名，并尽可能实际性地防止我们商船与中国政府缉私船之间的勾结。"璞鼎查希望用这种方法"将鸦片贸易（如果不能合法化）置于规范和体面的基础之上；尽管在固定地点的鸦片价格可能会降

---

① 《关于对华鸦片贸易的文件汇编》（1857），"璞鼎查致帕克函"，1843 年 4 月 10 日。

② "璞鼎查函件"，第 85 号，6 月 25 日，"致耆英备忘录"，1843 年 7 月 19 日，附件，FO 17/68。

低，利润也随之减少，但当与现在我们船只携带鸦片驶往沿海各地（甚至超出条约开埠的五口之外）相比，我认为无需再加考虑，同时那些投机者也不会抱怨。"①

中国对这一提议的反应也未表现出道义上的愤慨。耆英已向皇帝阐述了外国商人最好控制在某些固定口岸的传统原则。② 他和同僚们都同意禁止走私和保证税收的原则，在处理贵重商品人参时通过降低税率来保证税收。③ 即使从中国方面的角度看，璞鼎查的计划也为切实解决鸦片会引起的行政问题提供了最接近的解决方案；但它还是胎死腹中，耆英无条件地拒绝了开辟沿海任何地方进行非法贸易的建议，理由是清朝的禁令依然存在。

耆英提出的相反建议是清朝解决鸦片问题的可行办法。他要求璞鼎查代表英国鸦片商人每年保证输入 3 万余箱鸦片，④ 向中国政府交纳 300 万元税款或 210 万两税银。他建议整个计划持续 10 年，前 5 年的税款要提前支付，他在备忘录中提到新税则将由皇帝裁定。璞鼎查拒绝考虑他的建议，因为耆英关于税则的备忘录根本没有涉及这样的想法。⑤ 不过，耆英的提议再次表明，鸦片管理对清朝而言首先是经济和政治问题。只要没有进一步削弱朝廷的威望，清政府并不反感对罪恶之物征税。英国政府提供资金担保一定会带来财政收入，同时

①　"璞鼎查函件"，第 56 号，1843 年 6 月 9 日，FO 17/67。

②　《筹办夷务始末》（道光朝），卷 64，页 45，1843 年 1 月 19 日寄到奏折，第 7 行。

③　《筹办夷务始末》（道光朝），卷 68，页 24b—28，1843 年 9 月 23 日寄到奏折。

④　马士估计，1842 年输入中国的鸦片为 28 508 箱，1843 年为 36 699 箱，《中华帝国对外关系史》，"冲突"，556 页。

⑤　"璞鼎查函件"，第 85 号，1843 年 7 月 19 日，FO 17/68；《关于对华鸦片贸易的文件汇编》（1857）；《筹办夷务始末》（道光朝），卷 67，页 1—7b，1843 年 7 月 30 日寄到奏折。

也要向公众隐瞒。它无疑还会给中国的钦差大臣带来好处。

璞鼎查拒绝了耆英的建议，因为这会让英国政府太过直接地承担道德责任，同时不得不做出自己的安排。他深信，即使英国政府授权他"将英国的鸦片商船驱逐出香港或附近水域，这样做的后果是既不可取，也无必要"①。7 月 8 日，他通知清朝钦差大臣，建议不要从英国殖民地驱逐鸦片船只，因为此类驱逐只会加剧局势恶化。与此同时，他主要根据阿伯丁 1843 年 1 月 4 日的指示，准备递交一份给中国皇帝的备忘录，阐明鸦片贸易合法化的观点。耆英本人也持同一立场。出于和清朝钦差大臣"非同寻常的友好和善意"，璞鼎查认为无论遇到何种礼仪上的困难，也不应拒绝耆英的要求。②

这位英国全权公使并未坐等恳求中国皇帝的结果，而是尽其所能将鸦片贸易置于安全和规范的基础之上。他的措施涉及香港和中国沿海，既包括鸦片运输船只，也包括鸦片的贮存地。

英国臣民往来于中国海域的飞剪船、三桅船和小艇显然都需要一系列注册文件，以便获得使用国旗的权利并受之保护。1842 年 7 月，阿伯丁发放了航行许可文书的表格，许可文书由作为首席英国商务监督的全权公使签发。③ 不过，获得英国许可文书的机会是在美国海军司令加尼（Lawrence Kearny）的强力推动之下才得以广泛利用，1843 年 5 月，他率领的美国东印度舰队在厦门港扣留了鸦片船"气精"号。这艘鸦片船实际上属于英国的怡和洋行，但当时它悬挂着美国国旗，使用美国驻澳门副领事、旗昌洋行的约翰·斯特吉斯所签发的经

---

① "璞鼎查函件"，第 56 号，1843 年 6 月 9 日，FO 17/67。

② "璞鼎查函件"，第 87 号，1843 年 7 月 25 日，FO 17/68；《关于对华鸦片贸易的文件汇编》；参见《筹办夷务始末》（道光朝），卷 70，页 7—8。

③ "阿伯丁函件"，第 22 号，1842 年 7 月 2 日，FO 17/55。

营证。早在 1842 年 3 月，加尼已公开谴责鸦片贸易，禁止美国对该贸易进行保护。1843 年 5 月 18 日，他发布另一则声明，告诫所有人"任何从事鸦片贸易的船只不要在美国国旗的掩护下"运输货物。因此，与"气精"号境遇类似的英国船只立即申请本国的航行许可文件，璞鼎查批准了他们的申请。璞鼎查用这种方式将香港的鸦片集散贸易进一步处于他的保护和控制之下。①

同时，璞鼎查采取措施将非法的鸦片贸易与合法货物的走私活动明确区分（关于后者，详见第 19 章）。这是英国政策发展的重要一步。外交大臣支持璞鼎查关于纵容珠江流域走私的谴责，"中国官员对非法贸易（如鸦片）的纵容可能会……导致主管当局干涉合法贸易"。② 茶和生丝等合法贸易必须摆脱因与鸦片有关而引起的各种危险。针对这一目的，璞鼎查在 1843 年 8 月 1 日发布一项通告，对所有商人警告道，鸦片输入在中国法律中属违法行为，因此，鸦片不在值百抽五的商品之列，新关税中也未将其计入，携带鸦片进入通商口岸的个人将自行承担风险，不会得到领事的保护。③（这也暗示着对通商口岸之外鸦片接收地的特许豁免权）。耆英在 8 月 24 日的回函中对此表示认可，敦促中英两国政府应消弭争端，阻止事态发展，共同在通商口岸禁绝鸦片，并要求其他国家的领事采取同样行动。④

---

① "璞鼎查函件"，第 55 号，1843 年 6 月 8 日，FO 17/67；马士：《中华帝国对外关系史》，"冲突"，292 页。《五口通商附粘善后条款》第 17 条对英国小型船只活动的规定，前面章节已予讨论，主要针对广州港而言；1843 年，外国小船的沿海贸易在宁波和北方港口尚未开始。

② "阿伯丁函件"，第 76 号，1843 年 8 月 4 日，FO 17/65。

③ 《中国丛报》，第 12 卷，1843 年 8 月，446 页。

④ 《关于对华鸦片贸易的文件汇编》（1857 年），附件，"璞鼎查致阿伯丁函"，1843 年 11 月 4 日。

最终，外国（可能是英国）鸦片贩子在中国北方沿海的出现，加速了中英双方以非官方的方式达成管理鸦片贸易的合作。1843 年 8 月 18 日，道光帝接到一份报告，两艘外国船只企图在山东登州开通鸦片和其他货物的贸易。尽管英国人涉嫌企图售卖鸦片，但道光帝为此下发的上谕却丝毫没有斥责鸦片贸易，而是谴责外国船只将中国奸民运到五口以外的地方。不久，两艘类似的外国船只，载有"二十多个广东人和五六十个黑、白人种的洋鬼子"，来到天津寻求贸易。下发的上谕同样全然关心企图展开贸易的非法地点，并不关心货物的种类。[①] 至少对朝廷统治者来说，"夷人"远比他们的鸦片更为可恨。上述两起 1843 年 8 月外国船只出现在山东和直隶沿海的事件都通报给了耆英，使他迅速采取了行动。他和璞鼎查着手制定了外国人商业游历的种种限制，当然鸦片是主要的限制商品，因此，非官方的鸦片贸易限制也应运而生。

鸦片问题的非官方解决

由于鸦片问题没能通过立法途径解决，因此解决方案在文件中并没有明确表述，而是被略过不提。根据 1843 年 10 月 8 日签署的《五口通商附粘善后条款》第四条，英国商人只限定在 5 个通商口岸，中国人亦禁止在其他地方与英国人进行贸易，中国政府有权扣押和没收英国臣民"违反本协定以及英国全权公使大臣签发的具有同样目

---

① 《筹办夷务始末》（道光朝），卷 67，页 58b—60，1843 年 8 月 18 日寄到奏折；同日上谕；卷 68，页 10—12b，1843 年 8 月 31 日寄到奏折；同日上谕。

的的通告"的商船①和货物。于是璞鼎查随后发布的通告成为条约协议的有机组成部分，该通告发布于 1843 年 10 月 24 日。英国政府于 8 月 1 日再次发布 2 月 24 日的敕令，重申禁止五口之外通商。璞鼎查在通告中阐述了发布不到 3 个月的敕令。通告要点在于明确区分长江口以南和以北违反敕令船只的不同情况。通告宣称，考虑到漫长的海岸线、风速以及其他航海困难，"英国船只出于安全原因在长江口以南沿岸停泊抛锚，将不视为违法或破坏上述敕令"，不过所有英国臣民必须要意识到他们在五口之外的其他地方进行贸易的风险。与此形成鲜明对照的是，通告宣称"所有英国商船都应清楚地知道……驶往北纬 32 度以北中国沿海的任何地方（除非它因绝对恶劣的气候所迫）将被视为违反敕令"；这些船只可能会被皇家船队扣留，"然后遣返香港进行质询和判决"。②

　　表面来看，上述警告的确只针对出售合法货物的商人，但是考虑到当时的情境，1843 年 10 月 24 日通告的结论似乎只能视为是直接针对鸦片贸易的禁令。

　　"总而言之，女王的全权公使特别郑重警告所有英国臣民，不得以任何理由或借口向中国官民采取暴力行动。如果经再三警告之后，还有商船因商业和贸易目的前往通商口岸之外的任何港口，他们显然自动将自己置于可能被袭击、驱逐、扣留和没收的境地，无论何种状况，他们非但不会得到英国军舰和中国各级政府的保护或支持，而且如果他们试图自卫的话，将会发生流血事件甚至丧失生命，随后将作

---

　　① 1844 年《中法黄埔条约》第二条通过最惠国待遇，将规定修改为只能扣押和没收货物，而不涉及船只。

　　② 《中国丛报》，第 12 卷，1843 年 10 月，558—559 页。

为海盗被捕，送往香港，等候英国政府的决定和命令。"①

　　耆英在给皇帝的奏报中同样对长江南北的贸易做了重大区分。尽管言辞含混，但奏报也告诉北京，鸦片贸易在长江以南将会持续。②

　　耆英的奏折进一步显现出 1843 年中国的鸦片政策，他同意璞鼎查的要求，向朝廷提出了鸦片合法化的问题。密奏于 1843 年 12 月 1 日寄到北京，耆英在汇报所完成的条约协议之后，引述了璞鼎查的主

---

　　① 璞鼎查将这一通告视为或许"自其来中国后所尽复杂责任中最重要的一步"，他建议最好适用于所有英国臣民，而不仅限于悬挂英国旗帜的商船。"我的确不相信中国政府的官员甚至皇帝本人非常在意我们的商船前往长江以南的少数（条约未规定开放的）其他港口进行贸易，但越过黄海或突破我主张的北部界限的商船将引起惊慌，触犯清政府的成见和尊严，因此，我非常愿意看到在世界其他任何地方预防这种独断的行动权力"。璞鼎查给耆英的建议是，"应当扣留所有从这些船只登陆的人，直到他们每人支付 1000 英镑的罚款后再予以释放"。如果有人使用武力救援这些人，"我将下令进攻这些船只，无论它们出现在中国的任意地方，如果它们悬挂英国国旗，将作为海盗予以拘捕，然后遣送香港。""璞鼎查函件"，第 147 号，1843 年 11 月 10 日，FO 17/70。亦可参见《英国驻宁波领事报告》，"璞鼎查函件"，1843 年 10 月 23 日。

　　② 耆英在叙述璞鼎查要求中国共同防止五口之外的贸易后，向沿海各省政府发出扣押所有五口之外通商船只的指示，那些拒捕船只应向广州报告以便通知英国。不过，他对南北情势做了区分。自 1830 年以来，外国船只仅偶尔前往北方，但他们在南方的福建和浙江沿海活动频繁，与当地奸民勾结，并得到下层官吏的纵容，事态几将不可收拾。耆英引用了孔子的格言："法必自治而后可以治人"，"若奸民勾结之禁令不严，兵役故纵之弊端不绝，利之所在，人必趋之，则物腐虫生，办理既多掣肘，更虑关税因而短绌。"《筹办夷务始末》（道光朝），卷 69，页 18b—19，1843 年 11 月 7 日寄到奏折。

　　朝廷采取同样路线回应这一问题。道光帝要求相关长江以南省份"如有奸民于夷船到口，抑勒阻掯，致令商货不能流转"，各省督抚应严密查拿，痛加惩治。非通商口岸遇有夷人船只，遵照成约，将船货一并入官。这道上谕下发给所有相关官员。《筹办夷务始末》（道光朝），卷 69，页 19，1843 年 11 月 7 日上谕。未发现进一步证据之前，我们只能断定这一极为含糊的上谕的前一部分是单纯地防止当地人在外贸中勒索诈骗而引发的各种麻烦；不过这些命令可能同样首先受到耆英的影响，他的目的在于，只要鸦片贸易保持在认可的渠道，不给官府造成麻烦，那就不妨任由它去。

张：英国政府只能禁止英国商人从事鸦片贸易，他们不能控制其他国家的鸦片商人；如果鸦片继续走私的话，合法商品势必受到牵连，从而招致麻烦；最好对鸦片征税。耆英接着汇报他回复英人，中外应协力查禁，冀挽颓波，而平允之税，似难核议在案。他向皇帝进言，凡事"皆当先清其源"，独禁烟应先截其流。不过，利之所在，奸民必触而不顾。与其徒务严禁之名，任其阳奉阴违，不但贻笑"外夷"，即内地奸民亦将狎而生玩。当此"夷务"初定之时，张弛均无把握，操纵实出两难。尽管对现在情形不敢缄默不言，但反复筹划后，耆英和同僚还是不能提出任何良策。[①]

朝廷对这些"合理建议"的反应正如钦差大臣所料，皇帝对这一问题的难处深表同感："鸦片烟虽来自外夷，总由内地人民逞欲玩法，甘心自戕，以致流毒日深。如果令行禁止，不任阳奉阴违，吸食之风既绝，兴贩者即无利可图。"

因此，皇帝指示耆英下令严惩贩卖烟土、开设烟馆以及吸食鸦片者，同时也要防止官吏勒索。这样，吸食积习自可渐除，兴贩之徒亦不禁而自止。[②] 由此可见，朝廷亦无解决办法，除了冠冕堂皇的空洞指令外别无良策。

与此同时，璞鼎查继续执行条约之外的计划。1843年11月初，他向香港的英国人公布了航海许可文件的表格，这是准备"为了更好地管理和保证诸如小汽艇、纵桅帆船、三桅船等小型船只的安全"；通过《五口通商附粘善后条款》第17条，广州的吨位税率已

---

① 《筹办夷务始末》（道光朝），卷70，页7—8，1843年12月1日寄到奏折。
② 《筹办夷务始末》（道光朝），卷70，页8—9，1843年12月1日上谕；《东华续录》和《筹办夷务始末补遗》的1628页的确都在同一日期下收录同一份文件；李圭：《鸦片史略》，卷2，页1。中国学者的著作几乎都没有涉及这一重要谈判时期的鸦片问题。

得到削减；同时，英国舰队司令公然命令英国海军执行上述 10 月 24 日的通告。不悬挂国旗、没有注册证书或航行许可证的船只将因违反航海法而被遣送至英国港口。[①] 同时，英国外交部一直到 7 月底都在考虑璞鼎查的整个计划。阿伯丁的结论是，如果全权公使愿意的话，最好让他"暂停目前在香港水域和港口驱逐鸦片船的措施"。殖民部的斯坦利勋爵表示赞同，璞鼎查接受了该命令。[②] 于是，香港成为印度鸦片的公开接驳点，变成悬挂英国旗帜的纵帆帆船和小船向中国提供鸦片的巨大货栈，这一局面维持了 30 年之久。

综上所述，1843 年中英之间关于鸦片问题的真正分歧，在于鸦片贸易是否按照西方的方式管理并予以保护。英国政府致力于鸦片贸易合法化，从而进行安全监管。但我们确信，反对他们的不仅是道光皇帝——他不愿支持这一罪恶，还包括鸦片贸易的既得利益者——中国的下层官员和"奸民"、外国的鸦片垄断商，前文已经讨论过他们在其中所扮演的各种角色，所有这些既得利益者都希望沿袭旧有走私系统，继续获取更多利益。因此，西方的管理方法和英国官员企图建立的法律制度等条约之外的计划最终失败了。作为退而求其次的替代方案，英国官员最终同意了英国鸦片垄断商的观点，鸦片贸易"应像目前一样由受人尊敬的社会团体进行，而不应转入海盗和暴徒手中；如果阿什利勋爵（英国反对鸦片贸易的倡导者）及其朋友们的

---

① 《中国丛报》，第 12 卷，1843 年 11 月，615-616 页。

② "外交部致殖民部函"，1843 年 11 月 11 日；"殖民部致外交部函"，11 月 15 日；"阿伯丁函件"，第 87 号，"致璞鼎查函"，11 月 15 日，FO 17/76A。标题为"FO，1834 年 11 月 6 日的备忘录"，FO 17/69。

动议通过的话，这种情况将不可避免地出现。① 条约之外的计划似乎同样得到负责外交事务的满族官员的默认和支持。

于是，中国的对外贸易被分为合法与非法两部分，由此发展出两类外国群体、两种贸易渠道以及两种行为准则。一位不开心的英国领事说过，两国官员都期望承认连体婴儿中的某一位存在，而把另一位兄弟忘得一干二净。非法的鸦片贸易与茶叶、生丝以及外国制造品等合法贸易之间的两极分化现象一直持续到 1858 年，影响了两次条约之间的整个时期。

如果我们将 1843 年的鸦片解决办法放到前述各章的条约解决办法的背景下，可以得出如下结论：到 1843 年 10 月底，璞鼎查已经成功建立了监管框架，在该框架的保护之下，英国的对华贸易进一步扩大。这一制度安排可能有四个方面尤其值得注意。

首先，英国商人知道他们必须在广州缴纳协定关税，即使他们不知道中国内地的过境税或地方政府的佣金究竟提高多少。其次，香港即使不是一个合法的对华贸易的商业中心，也是他们的自由港。② 第

---

① "孖地臣函件"，1843 年 7 月 31 日。他继续写道："没有人比璞鼎查更为清醒，当然他把自己的意见告诉了皮尔首相。"他在 1843 年 9 月 10 日总结了当时的形势："鸦片贸易合法化的所有希望已经破灭，您大可放心，一旦鸦片贸易合法化，从那时起将不再有利可图。合法化遇到的困难越多，对我们就越有利。不管有多少障碍，我们总会找到办法和手段继续进行。"约克：《中国皇室与怡和洋行的早期记录，1782—1844 年》，340、443 页。巴富尔领事在 1847 年议会委员会的证词中，同样认为"如果涉及利润问题，在非正常状态下（鸦片贸易）更有利可图，中国目前正处于这一状态"。孖地臣也证明他很遗憾地目睹了"（鸦片）垄断在孟加拉的崩溃"，因为垄断保证了产品质量。《对华商务关系委员会报告》，334、342 页。

② 1945 年，北京出版了由日本人资助的关于"英国对华经济侵略"的研究成果。其中特别强调香港作为英国人活动基地的作用。魏胥之：《英国在中国的经济侵略史》，"大东亚丛书"之一，北京，1945 年，75—94 页。

三，根据双方政府官员和鸦片商人之间的总体协定，鸦片贸易在一种已知的限度内繁荣发展，即使它仍处于法律和官方征税的范围之外。第四，从香港出发从事沿海贸易的英国小型船只最终获得悬挂英国旗帜的许可；《五口通商附粘善后条款》第 17 条规定，如果没在其他地方缴纳吨税的话，这些小型船只允许在广州港降低所缴纳的吨税。总体而言，这一条约体系既不全面，也不完善，但它确实已经形成，并为在各通商口岸实施做好了准备。

第三部分

条约履行：1843—1845年

第十章　通商口岸和英国领事

　　19世纪40年代初期中国通商口岸的开放，与同时期的美国西部开发极其相似，是一项在遥远的边陲充满冒险的开创性工作。不过，中国边疆的问题不在于如何征服自然，而在于如何对待古代中国的行为准则。如同北美大平原的"表亲"一样，上海的西方边民一方面需要适应当地情况，另一方面继续扩张事业直到最后占领。通商口岸是这一问题的答案，他们也能有效地将中国的贸易货栈和采矿营地与美国西部的堡垒及邮政系统相提并论。例如，他们最主要的问题是"法律与秩序"的范围——与其说如何保证通商口岸的居住区居民遵纪守法，不如说如何确保中国人服从盎格鲁—撒克逊的法律体系。条约的起草、签署和批准仅仅是漫长征程的第一步。

　　在1842—1843年长达一年的条约制定过程中，西方的对华贸易在广州和沿海地区继续保持良好的势头。广州于1843年7月27日开埠，《五口通商附粘善后条款》在10月8日签署。不过，新通商口岸的开放却花费了好几个月的时间，直到1844年年中才结束。官方公布的开埠日期如下：1843年11月2日厦门开埠，11月17日上海开埠；1844 年 1 月 1 日宁波开埠，6 月福州开埠。[①]

通商口岸居住区

　　早期通商口岸的形成并非偶然，更不是欧洲贸易的新发明。中国的海洋贸易由来已久，而这些通商口岸被精心挑选为贸易入口。厦门是海峡两岸舢板贸易的主要中心，与广州存在长期的竞争。福州是琉球朝贡贸易和对台贸易的港口，也是福建省的主要城市。宁波是浙江同中国北方重要的国内贸易以及与日本、韩国对外贸易的传统大本营。上海则从通商口岸作家所描述的一个靠近泥滩的小村庄变成几个

---

　　① 马士的记载两处有误。一是"厦门在 1844 年 6 月开埠"，参见《中华帝国对外关系史》，"冲突"，359、362 页；二是"宁波的官方开埠日期是 1843 年 12 月"，参见《中华帝国对外关系史》，"冲突"，359 页。最近关于早期港口的背景与开埠参见植田捷雄对租界的全面研究。植田捷雄：《关于中国租界的研究》。

世纪以来长江入海口的重要港口。[①] 东印度公司和游弋于海岸的鸦片
商人早就知道这些港口的重要性，英国军队在战争期间也到过福州之
外的所有港口。诚然，由于中国海岸的自然分布，如南澳岛和舟山岛
等地长期具有重要的战略意义——无论是对于 1660 年的郑成功，抑
或 19 世纪 40 年代的英军舰队司令和鸦片船船长而言都是如此。

　　英国对中国的商业渗透形态大概可以比喻为，一条长长的胳膊从
印度穿过各个海峡到达香港，而前端的 5 个指头则紧紧抓住中国内
地。领事馆和鸦片贸易均由同一位行政首脑负责，领事也听其指令行
事，这个人就是英国对华商务监督，他同时还兼任对华全权公使和香
港总督。另一方面，美丽的香港湾和维多利亚城是存贮印度鸦片商品
的中转地，鸦片在这里等待装船，然后运往销售地区。虽然合法的商

---

　　①　上海位于长江三角洲数个世纪以来形成的新土地，是最年轻的贸易中心。赖肖
尔在唐代海路的研究中指出，那一时期作为对外联系的枢纽要地，长江下游不如淮河入
海口重要；从日本到长江下游的旅行记录中，往往会提到苏州，而不是上海。赖肖尔：
《唐代海路考》，《哈佛亚洲研究杂志》，5 卷，2 期，163 页，1940 年 6 月。苏州经由松
江通向海洋，在上海港兴起前，松江亦被近代在上海的外国人称为吴淞江或苏州河。资
料记载，这条河最初是苏州到长江入海口的直接通路，"在吴淞附近流入大海，并未与
黄浦江合流。"不过，明朝初年，辽阔的吴淞江淤泥充塞，其重要性渐渐被如今成为上
海主干流的黄浦江所替代。夏德（Worcester）：《长江之帆船与舢板》，191 页。尽管上海
在宋朝末年作为市镇开始出现，并在元代设立县治，但它在很长时间里并不重要：扬州
是唐代重要的商业中心，宋元时期其地位被泉州、杭州和宁波所替代。上海最初是个渔
港，后来可能通过与苏州的联系而逐渐发展为市镇；不过，由于苏州河较浅，上海在 19
世纪以前无论作为国内贸易中心还是海上舢板运输枢纽都没处于显著的位置。直到 1840
年，一名中国学者才提出舟山岛如上海一般重要。武堉干：《唐宋时代上海在中国对外
贸易上之地位观》。
　　1843 年，苏州河入海口的宽度还足以容纳部分英国船队。不过，自从 1866 年"热
刺"（Hotspur）号搁浅事件发生后，苏州河失去了与黄浦之间的水路枢纽作用，河道淤
塞，不久形成所谓"领事泥滩"，1868 年移交上海工部局管理，最后成为一座公共花园。
如今的苏州河仅有 40 码宽。

品很少在香港转运，但几乎所有商船都将其作为停靠港口。

某些共有的地理特征使香港和 5 个通商口岸成为英国商业侵略的前沿阵地。每个地方的外国人居住区不仅要求有水，而且必须有水路防御的保障。香港证明了这样一个原则——英国人把聚居点建在多山的岛屿上，通过一个拥有双入口的港口与大陆的九龙分隔开来，因此很难对其进行封锁。厦门的外国人定居点建在鼓浪屿岛，通过一个港口将其与有城墙的厦门城分隔。汕头不久之后也发生同样的情形。福州的外国人居住区建在南台岛，与福州城隔河相望，离罗星塔 9 英里，距离海边 25 英里。宁波和上海沿用同样的模式。宁沪两地的外国人居住区都在城市之外，位于通航河流杨溪和黄浦江岸边，分别距离河流的入海口 18 和 12 英里。宁波的外国人居住区建在河道两个支流的交汇处，正对着宁波城。上海的外国人居住区在黄浦江东岸、苏州河北岸，与南边的上海城隔另一条河相望；不过 10 年内它在西边又扩建了一条水道，"名曰护界河，由北向南连接 3 条河流。英国人和法国人的聚居点因此共同占据有利的战略位置，形成所谓的不规则岛屿。"[1]（据说直到 1900 年才最终形成）

在厦门、福州和上海，寻求保护的恰恰是商人，而不是领事。这些口岸的第一任领事为了维护他们的声望，坚称对城市拥有管辖权，因此，他们的领事地位必须在城墙内的中国城市中得到体现。直到后来，他们才效仿外国商人，搬到城外贸易的水道附近。1858 年以后，城外居住的模式通过修建人工岛、沙面岛在广州得以实现，它提供了更大的空间、更方便的用水和更便捷的防御，随后同时在北方各港得

---

① 庄延龄（E. H. Parker）：《愿尔中兴——中国：她的过去和现在》，160 页。关于上述地势的描述，参见迈尔斯、丹尼斯、金等编：《中国和日本的通商口岸》，以及马理生各种版本的《中国商业指南》。

到推广。

各通商口岸之间的共性超越了彼此间地形上的差异。锚地、码头、俱乐部、教堂、公墓、领事馆、赛马场等都是早期"通商口岸文化"必不可少的具体体现，这种文化从民族志的角度看，更贴近于当时的英属印度文化。这一文化形成了自身特有的风格，包括地方性、狭隘的个人成见、自身的学者类型（把所有中国学问纳入自己领域的汉学家）以及独特的中国观念——这种顽固的现实观念后来被称为"上海心理"。这一时期电报刚开通从英国到意大利的航线，轮船和邮政尚未普及，早期通商口岸的外国人居住区孤悬海外，只能自生自灭。商业合伙人及其助理、领事官员以及一部分传教士都定期在通商口岸之间迁徙。直到1850年，很多商业领袖和传教士仍属于开埠之前的那一代人，他们聚居在拥挤的广州和澳门。这使得早期通商口岸成为一个真正的社区，一定程度而言，它们持续了整个世纪。由于外国侨民社区位于丰饶大陆的边缘，因此对它们的敌意更多来自文化方面，而非政治层面，不过，这也使外国侨民之间有时会产生潜在的凝聚力。①

新通商口岸开埠后的第一次扩张中，外国侨民的人口规模在广州10年基本上保持不变（1846年为305人，1854年为321人），增长主要发生在上海（1846年为108人，1854年发展到214人）。其他3个通商口岸外侨增长也不显著，厦门从1846年的23人发展到1854

---

① 1844年，通商口岸共有94个商业公司和机构代表，大约有300个合伙人和助理列在它们名下。其中有19个印度的巴斯公司，名下有64人。大约有33家西方国家的公司在个人名下。剩余的40多家来自英国、美国和欧洲的公司名列有226名合伙人及其雇员，其中一些并不是英国人。怡和洋行规模最大，拥有5位合伙人和20名助理，宝顺洋行拥有5位合伙人和8名助理，旗昌洋行（美国）有6位合伙人和4名助理，罗心治公司（印度）有15名合伙人。马理生：《中国商业指南》，1844年，275—278页。

年的 29 人，福州从 1846 年的 5 人发展到 1854 年的 14 人，宁波同期从 11 人增至 19 人。（这些外国侨民的数字仅仅是估算；记录差别很大，因为很多人口是暂住人口。）

由于上海发展如此迅速，成为中国贸易的商业中心，所以其早期历史和管理情形受到很多人的关注。[1] 外国人定居点的建设一切从零开始。上海领事巴富尔在 1842 年 10 月进行了选址，一年后他再次任职时确定了边界。第一年只有 44 艘外国船只来到上海，外国人居住区（据统计）"由 23 户居民和家庭组成，只有 11 栋商人的房子，两名新教传教士和一个领事馆"；外滩刚刚在旧的纤路基础上开始修建，新街道只有 25 英尺宽，还有大量等待填埋的沼泽和低洼海岸。第一条下水道直到 1852 年才竣工。[2]

这些地方的外国人居住区逐渐发展成为独立的系统，类似于中国的官方衙门或广州的旧式工场。一个英国或美国公司的商行可能在一两英亩的土地上围墙而治。这片区域内有大班（公司经理或合伙人）的豪宅、低级职员的住宅、各个商务办公室（通常在同一栋建筑物内），以及仆人、买办及账房的工作生活区，马厩，存放茶叶、丝绸或布匹的各类货栈。港口贸易发展之后，商行将合伙人的高级住宅与

---

[1] 例如，研究书目请参阅马士：《中华帝国对外关系史》，"冲突"；琼斯（F. C. Jones）：《上海和天津》。徐萨斯（C. A. Montalto de Jesus）的《历史上的上海》记录了大量宝贵的地方特色内容。亦可参见巴富尔在 1847 年的见闻，《商业关系委员会报告》，320 页。

[2] 梅辉立、丹尼斯和金：《中国和日本的通商口岸》，353 页；《1843—1893 年间上海的模范居住区：产生、发展和庆典》，《文汇报》，1893 年 11 月 17 日，2—5 页；费唐：《费唐法官研究上海公共租界情形报告书》，50 页，文中例举了 1844 年外国人数量为 50 人，1849 年达到 175 人，1855 年增长到 243 人。卜舫济（Hawks Pott）：《上海简史》（A Short History of Shanghai），21 页，文中指出 1845 年外国人口数量为 90 人。非常遗憾的是，英国驻上海领事馆及相关记录在 1870 年被焚毁。

低级员工的住宅区分开来。大型的公司组织不同部门分别经营茶叶、丝绸、布匹、衬衫布料和其他进口货，运输、保险以及各种各样的中国出口商品。商行的重要职员包括丝绸检验员、文书和品茶师等，品茶师凭借味觉能力和节制的生活，一年可赚取 300 到 600 英镑。

来自家乡的消息断断续续，外国居民主要通过每月一次的邮件与外界联系。通商口岸居住区内部的新闻主要靠小道消息传播，以每周的出版物作为补充。在香港，《中国之友》（*The Friend of China*）创办于 1841 年，《德臣西报》（*China Mail*）创办于 1845 年；在上海，《北华捷报》（*The North China Herald*）创办于 1850 年——这些刊物都是广州的《中国丛报》（*Chinese Repository*）月刊（1832—1851 年）的有力补充。

19 世纪 50 年代初，在华西人经营着大约 200 家从事贸易或与之有关的商行（为了明确总数，商行必须包括船舶商、银行家、钟表商、仓库保管员、医生、建筑师、出版商、轮船代理以及公司的各种分支机构，它们当中很多集中在 3 个较大的聚居点）。英国人的公司占到商行总数的一半，大约四分之一属于巴斯商人或印度公司，因此英国公司占据了总数的四分之三。剩余的 50 多家商行中，欧洲和美国的数量大约各占一半；不过美国船只的数量大约占到三分之一，仅在上海的对外贸易中就几乎占据一半，法国和瑞士主要垄断了红酒销售和钟表业务，而斯堪的纳维亚诸国很少派本国人出任领事。英国在其中起到示范性的作用。美国是主要的竞争对手，尤其在运输业方面。十几家英国公司垄断了保险业，它们在伦敦、加尔各答和孟买都有代理商。大规模的茶叶和丝绸出口商都拥有自己的船队，而小型公司采用租船方式进行单程航运，承担区域销售或充当伦敦、利物浦以及纽约公司的代理商，它们通过佣金或投资货物获取利润。因此，通商口岸的商人真正充当了对华贸易的急先锋。

19 世纪中期，通商口岸的生活沿袭了东印度公司时期的标准方式，安逸和平静常被紧张繁忙的邮件和转运船只的往来所打破。由于记者和高级合伙人之间通常距离遥远，如香港与英国或美国之间，因此大公司的地方代理承担了这一责任，他们决定着联络的范围，后来电报的出现使其变得无关紧要。通商口岸保持了庞大的机构，维持着热情好客的传统。当地的书童、轿夫和其他仆人价格低廉，侨民过着奢华的生活。当时的上海侨民习惯"正餐以一碗浓汤和一杯雪莉酒作为开始；然后是香槟以及一两道配菜；接着是牛肉、羊肉或飞禽和培根，配以更多的香槟或啤酒；然后是米饭、咖喱和火腿；之后是游戏时间；接下来是布丁、点心、果冻、奶油蛋羹或牛奶冻，配以更多的香槟酒；然后是芝士与沙拉，面包和黄油，配一杯波特酒；接下来通常是鲜橙、无花果、葡萄干以及核桃仁，配两三杯干红或一些其他红酒。"鉴于饮食可能会引发疾病，一位资深的上海医生针对英国冬天的经验向他们建议："适度的早餐包括羊排、新鲜鸡蛋、咖喱、黄油面包，喝些咖啡、茶、紫红酒或水之类的饮品。"①

极少数外国妇女保持了男子的社交方式，投入到艰苦的运动训练当中，如赛艇、壁球、墙手球、板球、保龄球、骑马以及打猎等，这些运动被认为是每日必备的生活方式。除此之外，一切都是生意。正

---

① 梅辉立、丹尼斯和金：《中国和日本的通商口岸》，396—397 页。关于通商口岸的生活记录，参见阿侬（Anon）：《在中国的英国人》（*The Englishman in China*），30—31 页；戴斯（Charles M. Dyce）：《三十年模范租借地的个人回忆录：上海，1870—1900 年》（*Personal Reminiscences of Thirty Years' Residence in the Model Settlement*，Shanghai，1870—1900），32—33 页，56 页。宓吉（Michie）的《阿礼国传》（*The Englishman in China*）或许是最全面，同时也最具同情心和欣赏力的描绘早期通商口岸图景的著作，如第十三章，"贸易者"。

如一位上海侨民所说，[1]"商业是我们在中国生活的开端、过程以及结束；如果没生意可做的话，除了传教士之外根本没人到这里。"[2]不难看出，贸易规则和领事执法对商贸企业为基础的通商口岸居住区来说尤其重要。

英国的领事馆职员

通商口岸以英国领事为中心而设计。同中国的地方官一样，领事几乎拥有政府的所有权力，条约上注明的领事职责令人印象深刻。英国领事在遵守贸易总则的前提下独立全职负责贸易事宜。他负责领航费（条款1），接收商船文件、通知海关船只的抵达情况（条款3），商船离境时归还文件（条款4），质询货物检验事宜和审理关税上诉请求（条款7），核定货币标准（条款8），核定重量和尺寸标准（条款9），授权转运货物（条款11），管理英国水手（条款12），审理中英国民冲突案件和惩办英国罪犯（条款13），向中国当局通报英国巡航活动（条款14），以及为所有英国商船提供保障。"补充条约"针对上述事宜增加大量内容，包括实施港口限制、租用土地和房屋、犯人引渡、防止走私以及航行文件的管控等。[3]

---

① 戴斯：《三十年模范租借地的个人回忆录：上海，1870—1900年》，95页。

② "最长等待两三年，我希望赚到钱离开"，一位上海商人对领事坦白道，"我莫非还在意上海日后因火灾或水灾而消失么？你不要指望谴责和我同样立场的人，我们都为了子孙后代的利益而在不健康的天气下苟活。我们的生意是赚钱，尽可能更快地赚到更多钱——为此，只要法律允许，各种手段和方法都可使用。"阿礼国：《大君之都》（The Capital of the Tycoon），上卷，38页。

③ 图森（E. W. A. Tispm）：《英国领事指南》（The British Consul's Manual），第6章，100多页关于中国的内容；条约规定只是整个法律框架的一小部分而已。

在 1843 年，能干之人方能运转这套全新的法律机制，因此，璞鼎查遇到的第一个问题便是人员问题。他必须找到能够运用条约的领事人选以及足够多的随身翻译，才能开放通商口岸。不过这一过程进展缓慢，商人们对此怨声载道。

第一批的 5 个英国领事中，两人有长期的在华经历，他们可以自己充当翻译，但几乎没有任何管理背景；另一个人是当下从军队中选拔而来，其他两位可以胜任的官员却从未来过中国。5 人之中，只有一人升任到最高职位（通商口岸英国领事表参见附录 A）。

李太郭（George Tradescant Lay）是首任广州领事，后任福州和厦门领事，1845 年在厦门去世。他在 1825 年至 1828 年作为自然学家跟随比奇的船队航行，1836 年后作为大英圣书公会（British and Foreign Bible Society）传教士在中国传教，鸦片战争期间成为一名英文翻译。他性格温和，同中国人相处融洽，从未向中国官员拍案示威。罗伯聃（Robert Thom）曾是怡和洋行职员，也是令人厌恶的"补充条约"的起草者之一，他担任了首任英国驻宁波领事，1846 年 9 月 14 日在任上去世。他是英国贸易忠实的拥护者，却不像一位外交官员。巴富尔（George Balfour）曾是马德拉斯炮兵营的上尉军官，从璞鼎查的私人团队中脱颖而出，1842 年 9 月作为未来的上海领事会见了耆英。璞鼎查认为他早已具备尚可接受的中国方面的知识，因此将他推荐给外交部；幸运的是，他从未依赖过自己掌握的中国方面的知识。①

在所有从英国派遣的官员中，马额峨（Francis C. Macgregor）是

---

① "璞鼎查致马德拉斯总督函"，"印度当局致外交部文件"，1843 年 5 月 10 日，FO 17/74。《筹办夷务始末》记录了李太郭的中文名字（这个名字也用于他更著名的儿子）。

重要口岸广州的首任代理领事，曾担任英国驻赫尔辛格（Elsinore）领事多年，在广州干练而中规中矩地服务了4年之后退休。另一方面，阿礼国（Rutherford Alcock，1809—1897）在通商口岸中收获了自己的事业，先后担任英国驻日本和中国公使，他是维多利亚时期英国帝国主义的绝佳例证。他是真正的行动主义者，极具责任感，同时几近虔诚地为英国的贸易利益提供服务。他年轻时专攻外科医学，为付学费曾在巴黎制作过假肢。1832年，他加入了英国外籍军团，作为雇佣军的外科医生参加了葡萄牙和西班牙内战。他目睹了因雇佣军对军医规定的漠视而导致的医疗混乱，而南丁格尔（Florence Nightingale）在20年后开始对这种状况进行回击。1838年，阿礼国返回英国后，迅速在职业生涯上声誉鹊起，到处进行外科方面的演讲与写作，后来成为国王学院的校长。35岁时他患上奇怪的风湿热，拇指丧失了功能，从医生涯戛然而止。几乎同时，他被任命为英国驻华领事，先后在新通商口岸厦门、福州和上海任职，开始第二个职业生涯。[1]

船长记里布（Henry Gribble）是被临时任命的厦门港首任代理领事（作为第二选择）。[2]他曾为东印度公司服务，在澳门从事贸易，

---

[1] 宓吉：《阿礼国传》；阿礼国：《西班牙的英国驻军医疗史》（*Notes on the Medical History of the British Legion in Spain*），伦敦，1838年。其他关于阿礼国的稀见文献包括阿礼国自己在《孟买评论季刊》（*Bombay Quarterly Review*）发表的文章：《生命诸问题》（*A Life's Problems*）；《精神、社会与心理的随笔》（*Essays：Moral，Social，and Psychological*），1857年；《我们的对华政策》（*Our Policy in China*），1858年；《大君之都》，1863年；《日本的艺术与工业》（*Art and Industries in Japan*），1878年。

[2] 璞鼎查的第一选择是戴维森（William Davidson），"一名非常值得尊敬而且见多识广的商人，他后来从巴达维亚来到香港"。不过后者拒绝了这一临时任命，因为这将中断他的商业生涯。参见"璞鼎查函件"，第118号，1843年9月11日，FO 17/69。戴维斯在后文中描绘了宁波的沿海贸易情形。（第18章）

不过，由于他对新的职位感到困惑，很快被解职。

副领事和使馆文员由英国派出的各种年轻人以及赞助人的推荐者担任。一类是之前广州的茶叶品鉴师，另一类则是来自伦敦的律师和英国政界的常客。例如，列敦（Temple Hilliard Layton）在 1832 年剑桥大学毕业后来到广州，成为东印度公司的茶叶检查员。他的年收入为 500 英镑，在广州和澳门都有房子，每月还有津贴 10 英镑，东印度公司还承担一部分费用。1834 年后，他留在东印度公司广州代理处，年薪从 600 英镑、1200 英镑最终涨为 2400 英镑，后来服务于私人的外国商业社区。列敦在广州的 7 年间品尝了价值 900 万到 1000 万英镑茶叶的样品，1839 年带着小部分财产返回英国。被任命为宁波副领事后，他于 1844 年 2 月 8 日从朴次茅斯坐船到德里，6 月 18 日抵达香港，随行的有他的妻子、5 岁的独女及其家庭女教师、妻子的妹妹、中国女仆及其 15 岁的儿子，还有一名英国女仆，英国政府为这些随从家眷提供了 206 英镑的额外旅费。

另外一名派出的副领事是亨利·瑟尔（Henry Charles Sirr），他的父亲瑟尔（1764—1841 年）因代表都柏林当局镇压世纪之交的爱尔兰叛乱而广遭非议。老瑟尔收藏了 500 幅油画，其中一个儿子成为教区大牧师，写有很多少儿宗教书籍。亨利在林肯律师学院成为一名律师。接受赴华任命后，他于 1844 年 5 月抵达香港，随即遇到了困难。他租住的公寓价格与伦敦最好的酒店持平，但雨水却从窗户涌入，而妻子是住在这里唯一的女性。他听说英国军艇即将撤销对领事馆的保护，觉得自己还没有做好"牺牲妻子或自由"的准备，随即辞职。1844 年 8 月，他和妻子两人因殴打房东被罚款 10 英镑。[①] 后

---

① "德庇时函件"，第 22 号，1844 年 5 月 18 日，FO 17/87；亦参见 FO 17/88 和 FO 17/86 的相关内容。

来他成为锡兰南巡团的政府律师，写有两本著作，即《中国和中国人：他们的历史》（*China and Chinese*, *their History*, *etc.*）和《锡兰和锡兰人：他们的历史》　（*Ceylon and the Cingalese*, *their History*, *etc.*）。

其他第一批任命的副领事还包括：后来出任上海和广州领事的罗伯逊（D. B. Robertson），璞鼎查在香港随意找到的服役 20 年的皇家海军军官索利完（G. G. Sullivan），以及若逊（Robert Belgrave Jackson）等。另一名在中国选拔的人是"在比利时银行工作 5 年"的辛克莱尔（Charles. A. Sinclair），他开始在广州担任会计，后来成为副领事。领事文员中有一些是英国政府的工作人员，如帕里什（Frank Parish）、赫茨莱特（Hertslet）、贾尔斯（C. F. Giles）、巴克豪斯（Backhouse）、黑格（Patrick Hague）、哈维（Frederick Harvey）等。

这些领事馆官员既是女王政府的公仆，也是通商口岸居住区的一员。在最初的那些年里，他们必然与英国商人发生社会联系，有着和商人一样的生活方式，用社会地位弥补他们相对较低的收入。

语言问题

翻译是基本纽带，没有他们的话，所有条约和规定都将只是领事脑海中的无用观念。这个深刻教训首先发生在厦门，那里最初没有英文翻译，这个福建沿海的港口也缺乏广州贸易所讲的洋泾浜英语的人才积累。除了商人讲的广东话和满族官员讲的北京官话之外，还需要掌握当地方言。当记里布上尉作为代理领事到达厦门时，两名广东翻译与其随行，一名叫安福，一名叫阿平，他们在香港做翻译时每月分别领有 40 和 30 英镑的薪水。正式会面时，他们被证明既不懂福建方言，又不会说北京官话。"我的翻译们错误屡出，完全不胜任"，记里布不得不完全依赖当地的美国传教士雅裨理（Rev. David Abeel），而雅裨理当时忙于自己的传教事业，而且住得离领事馆也比较远。① 尽管雅裨理能懂大多数官话的意思，但他还是不会讲。于是记里布又聘用两名中国人：一位是个聪明的厦门本地人，曾在新加坡学过一些英语，月薪为 20 英镑；另一名通译可以在福建话和官话之间转述和笔译，月薪 12 英镑。为了平衡预算，不幸的两位粤语专家——安福和阿平的月薪均降至 20 英镑。他们作为仅有的领事馆职员必须保留，因为他们熟悉贸易条款的类目。与此同时，同地方当局沟通的唯一媒介是薪资不高的通译，但他却无法与领事进行交流。

在准备与中国官员会面谈判的前一天晚上，记里布上尉以备忘录的形式起草了一个问题列表。第二天清晨，他就这些问题与中国翻译交流，翻译将这些问题抄录下来。会面时，记里布用英语告诉那个在新加坡受教育的中国人，那人转译成福建话告诉通译，通译再用官话讲给中国官员。领事开始逐渐怀疑他的中国助手已被清朝官员收买，尤其中国当局有时为达到自己的目的居然引用一些备忘录上的内容。②

尽管小麻烦不断，中文还是在所有港口常规保留了下来。当时郭实腊从舟山指派到香港，替代马儒翰（John R. Marrison）出任商务监

---

① 《英国驻厦门领事报告》，"记里布函件"，第 2 号，1843 年 11 月 10 日；雅裨理将在第 15 章予以更多讨论。转引自"巴富尔函件"，第 5 号，1843 年 10 月 21 日，FO 228/31：美国传教士裨治文曾任香港马礼逊教育会会长，上海开埠时他向英国领事推荐两名该教育机构的中国男生作为翻译，这两名学生学习了 3 年的欧洲和中国课程，记录忠实、可靠。他认为这样的男生一方面仍继续在学校学习，同时还可以辅助领事工作，一月应提供 8 英镑薪资。不过，这一建议未被采纳。

② 《英国驻厦门领事报告》，"记里布函件"，第 17 号，1844 年 2 月 12 日。

督的中文翻译，^①舟山驻军则失去了翻译。1843年底中国当局前来登记渔船，管事的英国军官立即将其驱逐，他们对中国官员抱有"盎格鲁—撒克逊"式的误解，认为这些官员只效忠他们的朝廷，却藐视女王。在香港时，翻译使彼此的交流有礼有节。

贸易过程同样混乱，因为英国船只的名称可能在一个海关被译为某个中文名，而在另一处海关则译为完全不同的中文。"斯塔哈特"（Stalhart）号轮船在厦门译为"史德格"号，在虎门又译为"史多吉"号，这使广州的粤海关困惑不已。事实上，外国船只的中文名字有时是海关人员起的，而这些新起的名字在领事给海关的报告中又无法体现，这给中国当局掌握贸易的准确数量带来了困扰。^②清朝官员奏报，一艘名为"河轮的"的荷兰船于1845年1月驶抵宁波，船长名叫"嚤哒蛮"。2月底该船到达厦门，厦门方面的奏报将船长名字译为"唎咈得"。该船鉴别无误，而船长名字由于两地"各以土音翻译，故致参差"。^③

中文文献没有表明美国人在早期广州的传教事业中有语言能力方面的优良传统。当1844年美国开始条约谈判时，耆英的副手黄恩彤认为美国使团甚至比英国更难教化。英国使团中起码有马儒翰和其他掌握中文表达和写作的人，而美国使团只有伯驾和裨治文两名传教士粗通中文，而且只懂粤语，与他们沟通颇为费力。^④

---

① "璞鼎查函件"，第415号，"致郭实腊函"，1843年10月23日，FO 228/29；"阿伯丁函件"，第55号，1843年4月6日，FO 17/64；"阿伯丁函件"，第90号，1843年11月15日，FO 17/65。

② 《英国驻广州领事报告》，"粤海关监督致领事函"，1846年3月19日、3月23日。

③ 《筹办夷务始末》（道光朝），卷73，页37；卷74，页5b—6b。

④ 《筹办夷务始末》（道光朝），卷72，页3b—4。

　　翻译在商业活动中的重要地位为那些愿意在语言学习方面投入的人才提供了机遇。[①] 1850—1875 年间，诸多英国在远东的公使和领事都出自翻译岗位。厦门领事馆的译员巴夏礼（Harry Parkes，1828—1885）在 1844 年 6 月之后平步青云，成为翻译群体中最耀眼的明星，后来担任英国驻日本和中国公使。他 13 岁来到中国，跟随郭实腊和马儒翰学习中文，见证了《南京条约》的签署，1844 年 1 月担任璞鼎查和耆英欢送会的翻译。口音的混乱给威妥玛提供了机会。九十八军团的威妥玛（Thomas Francis Wade）是位年轻的语言天才，鸦片战争快结束时，他"已掌握一定程度的官话"，并致力于福建方言的研

----

　　① 密妥士（John A. T. Meadows）追随赫赫有名的弟弟密迪乐（Thomas Taylor Meadows），立志成为中国政府的一名翻译。1845 年 1 月密妥士到达广州，当时弟弟还是领事馆翻译，他立即开始学习北京官话，每月付给老师 20 英镑的薪酬，同时阅读《红楼梦》，坚持用毛笔每天练习书法一小时。一年之后，他开始学习粤语，跟第二个老师研读奏疏公牍，同样付教师 20 英镑月薪。从 1846 年 9 月到 1849 年 11 月，他在广州外国人的居住区任公共翻译，为中国人起草各种商业文件，同时还为荷兰、法国、比利时和普鲁士代理领事担任翻译，并为《香港记录报》（*Hongkong Register*）翻译《京报》（*Peking Gazette*）的内容。1850 年上半年，他接替了密迪乐在英国领事馆的职位，最终于 1850 年 8 月 1 日成为宁波领事馆的代理翻译。7 年之后，他仍坚持每天工作之余跟老师学习中文，总共付给老师 2517 英镑的薪酬。《英国驻宁波领事报告》，"密妥士致包令函"，1852 年 6 月 14 日。

究。1847 年他请病假从英军退伍，7 月在厦门成为一名翻译。①（这段厦门经历对他的影响与韦氏标准拼音之间的关联值得研究。）

上海首任领事得到了麦都思（Dr. Walter Henry Medhurst）的极大帮助，麦都思是伦敦布道会（London Missionary Society）来华传教的先驱，也是被誉为《新约全书》"代表本"的译者。他的儿子麦华佗（Walter Henry Medhurst）20 岁时正式成为领事馆翻译，父子俩对租界贡献良多。麦华佗后来担任过福州、上海和汉口等地领事。

领事人员和他们的健康

第一批领事馆大张旗鼓地建立起来。5 个通商口岸领事馆最初的工资预算为每年两万英镑，每个领事馆被批准配备领事、副领事、翻译、医生以及所需的英国助理、大量的中国雇员和文书人员。由于宁波没有开展贸易，因此削减了领事馆英国雇员的数量，甚至开馆时最初只有一名领事。1847 年，宁波领事馆中国雇员共有 10 名：书记员、翻译、信使、门房各 1 人，船夫、护卫和苦力各 2 人，所有人的工资每月 59.50 元。如果我们预计每个人养活五口之家、照顾 3 个兄

① "璞鼎查函件"，第 17 号，1844 年 2 月 5 日，FO 17/78。当璞鼎查 1845 年返回中国时，外交部长推荐了威妥玛。1845 年 8 月 5 日，FO 17/96。另一个追随威妥玛步伐的是马德拉斯军团的外科助理医生金执尔（W. Raymond Gingell），1844 年 11 月，他从舟山来到厦门，顶替缺勤 6 周的巴夏礼出任随军翻译，月薪为 100 英镑，巴夏礼因再次发热而请假。他在中国的临时任命得到马德拉斯当局的批准，身兼医生与翻译二职。1845 年 9 月，他从厦门被派往福州接替巴夏礼，后者因生病再次请假，1847 年 3 月，他改任宁波领事馆翻译。1849 年，为了参加伦敦巴黎亚洲学会，他得到巴麦尊的批准，在闲暇之余翻译厦门的历史资料。参见金执尔译：《胡必相：〈周礼贯珠〉》，伦敦，1852 年；邓嗣禹：《中国对西方考试制度的影响》，《哈佛亚洲研究杂志》，7 卷，4 期，310 页，1943 年 9 月。

弟姐妹，那么就有 80 个宁波居民依靠英国政府生活。其他地方的数量会更多。

厦门和广州的情形如下表所示。①

表 5　厦门领事馆员工年薪表　（1843 年 9 月）

职位	年薪（单位：元）
领事（代理）	1500
副领事	750
翻译	800
医生	600
合计	3650
头等职员	1800
二等职员	1200
2 名中国翻译（每名月薪 30 元）	720
	3720（其他 845）
合计	4565

表 6　广州领事馆员工年薪表　（1844 年 6 月）

职位	年薪（单位：元）
领事	1800
副领事	750
翻译助理	600
头等助理	405
二等助理	324
3 名中国书记员（每名月薪 30 元）	243②
合计	4122

一旦这些英国员工在港口定居，健康就成为他们关心的主要问题，而不是外交部。由于预算原因，外交部下令自 1844 年 3 月 31 日

---

① 《英国驻厦门领事报告》，第 283 号，"璞鼎查致金执尔"，1843 年 9 月 25 日；《英国驻广州领事报告》，第 17 号，"马额峨致德庇时函"，1844 年 6 月 6 日。

② 译者按：原文如此。

起裁撤所有领事馆的医务室。① 这些人的去留成为不确定的因素。

　　总之，第一年在中国服务的人死亡率很高，存活下来的人也感到垂头丧气。厦门即是例证。1844 年初，领事馆职员的新房子还未动工，天气阴冷潮湿。职员米切尔患病发烧，其他职员和他房子里的所有人都出现发热和寒颤的症状。副领事索利完患病数周，濒临死亡。一名中国仆人死于恶性"鼓浪热"。领事记里布眼睛发炎，已经 10 天看不到东西。到了 8 月，索利完因病重而被送往舟山，刚来不久的文员帕里什（Frank Parish）又病倒了。到了 11 月，与帕里什在 6 月份同到厦门的翻译巴夏礼请了 6 周的病假，原因是体温再次升高。1845 年 4 月 19 日，李太郭在福州独自待了 9 个月之后来到厦门就任领事。他右手的一个掌骨开放性骨折，在香港期间几乎 4 年没见过妻子，情绪十分低落。11 月 6 日，他患病 17 天后死于高烧，留下"妻子和无助的孩子"，而且没有足够的钱将尸体运回英国。1852 年 7 月，副领事索利完在厦门去世；1854 年 7 月，福州副领事若逊去世。其他港口的情况也并没有好多少。1847—1858 年的 10 年间，在中国共有 25 名年轻人被任命为实习翻译，到了 1872 年，13 人仍在服务，4 人因健康原因辞职，3 人死在他们所服务的港口。②

---

　　① 《英国驻宁波领事报告》，"璞鼎查函件"，第 6 号，1844 年 2 月 7 日。

　　② 领事李太郭在 1842—1845 年间给当时还在伦敦米尔希尔学校读书的儿子李泰国的信中反复说明他身体的不适：1842 年 6 月 16 日，他在吴淞战役中头部和脸部都受了伤。1843 年 6 月，他自称"尽管各处奔忙，和没事人一样，但其实感觉非常不好"；11 月，他"极少有舒服或愉悦的时光"。1844 年 3 月，他每天凌晨 1 点到 5 点都失眠，"我不能再像以前那样努力工作了"。1845 年 5 月，"痛苦对我来说已经习以为常，舒服是我最想要的东西。"参见"李太郭致李泰国函"，巴里，安大略。转引自议会文件："中国和日本通译学生回国"。

通讯及经费

这些早期通商口岸领事的凄惨生活还体现在与欧洲世界的分离，中国至英国的航线仍然需要大约 4 个月的时间。政府文件通过新开辟的西奈半岛陆路航线还需要 3 个月的时间。例如，1841 年 10 月 10 日到 1843 年 5 月 6 日之间的 20 封陆路月报邮件的平均时间为 8—9 天。半岛东方公司（Peninsular and Oriental Company）的侧轮蒸汽船从伦敦到锡兰的时间表是 35 天。1843 年 9 月，公司打算在锡兰至香港之间增加一项 24 天的运输服务，这比伦敦到香港间的 3 个月要提前一个月。① 不过，直到 1845 年 6 月中旬，"玛丽·伍德夫人"（Lady Mary Wood）号蒸汽船（553 吨量）才将邮件送至香港。在接下来的 8 月份，中英之间开辟了 54 天的常规航线，航路分为三段，每段有两艘或更多的船只运输，三段航线分别是香港至锡兰，锡兰至西奈，亚历山大港至南安普敦。西奈半岛的乘客坐 24 小时的车到达开罗，然后乘内河轮船或运河船前往亚历山大。在头 8 个月，半岛东方公司的蒸汽船从英国到香港的平均时长为将近 56 天。普通舱包括饭费在内每个人的所有费用是 185 英镑。② 1850 年，"玛丽·伍德夫人"号开始了半岛东方公司在香港至上海之间的航运。尽管这些早期汽船的平均时速可以达到 7 海里，但它们的航行频率还不足以代替帆船。

---

① FO 17/75，"怀斯（Wise）致阿伯丁函"，1843 年 9 月 28 日。根据 1844 年 12 月的合同，半岛东方公司最初打算提供 250 马力轮船，1846 年 6 月后改用 400 马力轮船。中国和锡兰的运输服务始于 1845 年 8 月 1 日。《中国丛报》，第 15 卷，619 页，1846 年。

② 《德臣西报》（China Mail），第 25 期，1845 年 8 月 7 日；第 27 期，1845 年 8 月 21 日；第 104 期，1847 年 2 月 11 日。马士在《中华帝国对外关系史》中列举了这一时期邮政服务的数据。"冲突"，343—345 页。

数年来持续的鸦片飞剪船仍然是中国和印度之间最快的交通工具，政府毫无顾忌地使用飞剪船运送邮件。1842 年，璞鼎查通过飞剪船"架华治家族"（Cowasjee Family）号将邮件发往印度，1843 年他又先后使用飞剪船"红海盗"（Red Rover）号、"海燕"（Petrel）号和"水妖"（Kelpie）号。政府邮件只不过是个幌子，这些贵族船只装载的是船主的毒品以及公司专业的市场报告。1843 年，宝顺洋行的鸦片帆船"微风"（Zephyr）号从孟买出发，比时刻表提前了 4 个小时，一艘邮船"在它后边不远处跟随"，不过无人顾及这一点，以至于全权公使和驻华舰队司令的邮件只能等待鸦片船缓慢地经过加尔各答。公使和舰队司令不约而同地激烈批评"邮件运输规避体系"，船主们只是为了给他们的朋友或商业伙伴传递国内市场的独家新闻；他们提议新设一项法律，所有邮船派送的正式文件必须通过邮局系统完成。

在中国的条约谈判期间，皇家海军轮船"普罗赛尔皮娜"（H. M. S. Proserpine）号已经用于传递香港和广东之间的邮件。当新的港口开埠时，璞鼎查与舰队司令商定在香港与舟山之间开通每月两次的军舰服务。1844 年 1 月，一艘更大的蒸汽船开始从舟山驶往南方，2 月份时该船返回了舟山。与此同时，上海和宁波领事馆每月收集的报告通过汽船从舟山传递到南方。不过，用蒸汽船传递领事邮件的方式因成本太高而难以为继，特别是对于像福州这样的死港，它在 1844 年底还没有英国船只通行。璞鼎查已经在使用"生命"（Zoe）号快速帆船，为了把邮件送往舟山，他要求该船等到 1843 年 4 月再出发。① 领事们沿用了璞鼎查的先例。

在厦门，领事记里布安排使用鸦片帆船提供的便利，这些船只在港口之外的南北航路上迅速穿梭。他在 1844 年 7 月解释道，这些快船每次航行几个小时后经常抛锚，但公司在它们离开后才会通知它们的到达情况，船主在他们自己方便时才想起这些邮件。因此，从英国到福州的邮件经常悄无声息地送到舟山。普通邮件可能有三周或一个月的间隔，而外面的快船则一周一次或两次。所以，他建议小型的领事馆警用船不仅可用于港务工作，也同样有助于和鸦片船队建立联系。②

在北方港口，尤其是宁波，毒品贸易几乎从一开始就为领事馆提供了便利。由于通过日常的邮局渠道经常造成延误，宁波领事在 1847 年要求政府邮件通过香港宝顺洋行派送给他，洋行愿意"在船长的精心照顾下，通过前往沥港（宁波城外早期的鸦片贸易点）或吴淞的鸦片帆船，将任何包裹或信件寄送到我的地址"③。1848 年，福州利用"微风"（Zephyr）号、"奥克达斯"（Audax）号、"小羚羊"（Gazelle）号这些中国沿海鼎鼎大名的鸦片船派送邮件。

同等重要的是，鸦片贸易还为女王政府在银行业务方面提供服务。曾任香港总督和英国对华商务监督的德庇时（John Davis）在 1844 年底抱怨道，由于缺乏公共运输，他很难将现金或公共资金送到北方的 3 个港口。④ 利用现成的鸦片贸易所提供的便利，使资金运

---

① "璞鼎查函件"，第 280 号、第 332 号，"璞鼎查致帕克函"，1843 年 7 月、8 月，FO 228/29；"璞鼎查函件"，第 460 号；"德庇时函件"，第 111 号，1844 年 12 月 5 日，FO 17/90；"璞鼎查函件"，第 40 号，1843 年，附件 3，FO 17/66。

② 《英国驻厦门领事报告》，"记里布函件"，第 48 号，1844 年 7 月 5 日。

③ 《英国驻宁波领事报告》，"索利完函件"，第 26 号，1847 年 5 月 26 日。

④ "德庇时函件"，第 111 号，1844 年 12 月 5 日，FO 17/90。

送再次变得顺理成章。孖地臣在给他的代理人达拉斯（A. G. Dallas）的信中写道："上海领事巴富尔上尉和宁波领事罗伯聃先生都是我们特殊的朋友，他们会尽量不给我们的船只制造麻烦，不过明智的做法还是要完全保持在这些港口的视野之外……当然你也可以通过替他们支付账单或别的办法逼迫他们。"[1] 达拉斯后来成为怡和洋行上海分行的首任大班。宁波领事在 1850 年偶然提到，领事馆的资金运送由"特尔纳特"（Ternate）号的霍尔船长提供，该船是宝顺洋行的鸦片接驳船，停泊在离定海 12 英里的地方。1846 年，领事官员希望把 100 英镑送给香港的李太郭遗孀，他们向怡和洋行发送了订单。1855 年，领事馆仍然用怡和洋行的帕特里奇船长向香港汇款。[2]

不过，在华南地区，英国当局并未完全依赖这种官方视而不见的既有贸易。璞鼎查最初打算在香港和广州之间开通一周一次的邮政交通，这种频率差不多维持到 1849 年，共有 245 封邮件从广州领事馆寄到全权大臣和商务监督手里。1844 年，邮件也通过三桅帆船和广州河的快艇寄送，费用付给送信人，有时是中国人；有时也由收件方支付。

福州港最初开埠时，璞鼎查和耆英感情融洽，1844 年 7 月双方约定，由于贸易还未展开，英国从香港到福州的邮件通过厦门的中国当局承运。耆英答应与闽浙总督商议陆运事宜，很可能使用厦门和福州之间的驿站系统。不过，在 1845 年初，英国人控制下的广州、厦门和福州之间的陆路速递系统已经建立。这一系统继续沿用至 1850

---

① 约克：《中国皇室与怡和洋行的早期记录，1782—1844 年》，439 页，"沿海通信集"，1843 年 9 月 22 日。

② 《英国驻宁波领事报告》，"罗伯逊函件"，第 49 号，1850 年；"温彻斯特函件"（Winchester），第 43 号，1855 年 5 月 2 日。

年，其后形成了香港到福州之间的专线。1845 年 5 月，陆路邮件一个月送一次。快递费付给中国邮差，不同时期一次往返的费用在 20 到 26 英镑之间；离开广州的费用是 8 或 10 英镑，通过厦门到达福州的费用为 8 或 10 英镑，剩下的 4 或 6 英镑是用带锁邮箱将邮件从福州返回到广州。邮差步行或乘轿往返一趟花费的时间是 32 或 34 天。1849 年 7 月，福州领事命令广州方面付给送信人 7 英镑的邮费，条件是他能在 17 日之内送到——因为这么炎热的季节里他不可能走得更快。领事阿礼国曾提议将这一服务延伸到上海和宁波，不过，或许是因为成本问题，邮费预计在 100 英镑左右，他的提议未获通过。①

从宁波到上海的地方邮件偶然也通过信使派送。1851 年 12 月，宁波领事雇佣蔡思德（音译）把邮件送往上海，蔡因生病和风浪等原因耽搁了 10 天，当另一名送信人将邮件送回后他才到达上海。他在第 16 天才返回宁波，但他非常害怕将此事汇报给领事。到上海最快的邮递方式当然是船运。1855 年，宁波领事馆的邮件交由怡和洋行在吴淞的鸦片接驳船"福克斯通"（Folkestone）号的贝利斯（Baylis）船长派送，到宁波的邮件也由怡和洋行的小帆船递送。怡和洋行似乎已经有官方的运输合同，帕特里克船长的"爱尔兰"（Erin）号直接从宁波取件送往吴淞。②

领事馆通过各种手段与香港建立了月度联系。这显然非同寻常，例如 1849 年夏天福州有 7 周没收到任何邮件。

---

① "德庇时致耆英函"，1844 年 7 月 16 日，FO 228/900；"耆英致璞鼎查函"，1844 年 7 月 24 日，FO 228/38；《英国驻福州领事报告》，"若逊函件"，第 27 号，1849 年 7 月 30 日；《英国驻广州领事报告》，"马额峨函件"，第 30 号，1846 年 3 月 6 日。

② 《英国驻宁波领事报告》，"黑格致董的函"，12 月 23 日；"董的回函"，1851 年 12 月 31 日；"温彻斯特函件"，第 30 号，"致海兰函"（Hyland），1855 年 6 月 22 日；"帕特里克致领事函"，1856 年 7 月 26 日。

最初新领事就任时乘坐的是海军舰艇，一些年之后，领事官员在转运或请假时能够享受到更加便宜而便捷的港口到港口的服务。这样的旅行常常使用三桅帆船和小型快艇，它们在海岸线上的兴旺发达尤其依赖毒品贸易。1846年副领事索利完从厦门到达宁波，他乘坐的是75吨的双桅横帆船"圣安东尼奥"号，旅费为500英镑。1849年6月，翻译金执尔乘坐三桅帆船从厦门来到福州，旅费为100英镑；助理帕里什当时乘坐葡萄牙人的帆船从福州到达宁波。① 所有的通讯、经费和旅行服务都由鸦片贸易所提供，它有时也为外国商人和传教士提供服务。

德庇时爵士在1844年9月和10月游历了新的港口，目的在于视察各领事馆并对贸易前景进行评估。他发现，在上海鸦片可以"自由带入市镇并公开出售"；地方当局熟悉厦门城外的鸦片接驳船，清楚"他们应该向其支付固定的税收"。上海已有15名英国居民，包括6名女性；外国人居住区正在厦门的鼓浪屿发展壮大。不过，宁波港和福州港仍沉寂于合法贸易。②

英国领事的对华策略

作为英国商业扩张的主角，早期的领事人员继承了东印度公司的长期传统，并带有浓厚的英国在印度的殖民色彩。如克利夫（Clive）、黑斯廷斯（Hastings）、康沃利斯和莱佛士等人都坚持英国人天生的优越感、白种人责任、正直的法律信念和伸张正义的信仰，当然也混杂着蔑视当地人的观念——所有因素共同塑造了这些新的官

---

① 《英国驻福州领事报告》，"若逊函件"，第19号，1849年6月4日。
② "德庇时函件"，第85号，1844年10月21日，FO 17/89。

员在通商口岸的态度。在中国，他们发现自己处于"改革者"的位置，整天同中国方式展开斗争。面对实施新条约这个复杂而永无尽头的任务，他们不得不应付所有"改革者"遇到的问题：是立即对小错误进行打击呢，还是等占有完全主动的证据后再出手？是不管是否可行都要求条约履行呢，还是暂时接受妥协，日后再重新提出要求？中国旧有的外交处理方式仍用于条约形式，领事的地位通常具有影响力，却不具备权力，既不了解实情，又无法控制中方的行动。作为最后的资源，他只能求助于皇家海军。但军舰不总在手边，而使用时可能意味着外交已遭遇毁灭性的失败。炮舰可以维持秩序，或当中国当局无能为力惩治无序时，但它难以替代外交。领事首先要努力从策略上取胜，而不是强迫他的中国对手。

对此，他们很快发现只有一种方法——清楚表明自己的立场，然后毫不手软地维护它。坚强的意志最为重要。成功的领事要真正具备儒家伦理制度的视野，用中国人的眼光找到立场的逻辑性，这样他才能够建立在被认可的道德原则基础上，从而无懈可击。鲁莽固执的行动，如滥用武力，很可能遭到失败。建立在合理原则基础上的立场可能赢得中国人的默许。在最终的对决中，领事的决断力和坚持己见的声誉最有可能使他达到目的；他的决断暗示着最终可能诉诸英国的优势兵力，没有中国官员希望出现这样的结局。

英国领事强硬外交的背后通常有道德狂热，他们笃信英国商业和英国法律具有超越一切的文明价值。领事阿礼国将商业视为"真正的文明先驱……人类的使命就是在神圣天命的指引下，将人们从野蛮孤立的罪恶和束缚中解脱出来"。他也相信，"自然和道德法则支配着国家的诞生、发展和衰落，这和人类的生命一样清楚。人类的文明努力总是——当种族处于劣势，在智力和体力上变得虚弱时，国家文明只有一条出路，即弱者在强者面前俯首称臣。"（这段话比《物种起源》出版提前了 4 年左右）阿礼国相信，"中国还会苟延残喘……垂死挣扎"，但最终一定会屈服。怀着对贸易事业的虔诚和中国衰落的判断，阿礼国野心勃勃地计划强行打开中国市场，这支持着他在颓废的氛围中前行；丰富的行政经验也给予他强大的信念，使他用合适的方式与中国人打交道。"良好或成功的对华政策，必须特别适应传统、个性以及朝廷、统治者和人民的偏见……必须不能向他们叩头——一个过去的痼疾——而是在合适的时间和地点适当谨慎地向他们申明，他国的尊严和权利在本国都被视为至高无上，这体现的是国家价值和民众力量……除了增加傲慢无礼和固执的自负，不会再有屈从与妥协。"①

1844 年 8 月，领事巴富尔在与上海地方当局的冲突中演示了维护英国声誉的传统做法。上海的同知、知县和胥吏似乎发给领事一封文辞不当的照会，同时又抓获了一名姚姓中国教徒，而此人曾在战争期间帮助麦都思进行过翻译工作。晚上 8 点，巴富尔派麦都思前往衙门，宣称必须在一个小时之内释放姚，否则领事将登上英国军舰离开上海。于是，姚姓教徒被释放。次日早晨 6 点，巴富尔拜访道台，留下一份要求同知和知县道歉的备忘录。道台回信示好。下午 3 点，中

---

① 阿礼国的同事、美国驻沪商务领事、旗昌洋行的金能亨（Edward Cunningham）附和这一观点，"自我约束和司法实践与一个国家的待遇并不一致，诞生于 17 世纪的这一常识和政策似乎在 19 世纪才得到印证，这如同一个孩子长大成人。博爱之心推动的文明世界很容易得出这样的结论，即我们在与东方国家的贸易中得到更多的好处，其实他们和我们一样都从中受益，只不过我们对不礼貌和非基督教的行为提出简单的要求。这种情感建立在高尚原则的基础之上，但它忽视了民众的幼稚程度，我们不得不面对这些民众，也可以说我们有责任引导和启发他们。"参见阿礼国的文章，《中华帝国及其命运》（*The Chinese Empire and its Destinies*），载于《孟买评论季刊》（*Bombay Quarterly Review*），孟买和伦敦，1855 年 10 月，4 页；《中华帝国及其外交关系》（*The Chinese Empire and in its Foreign Relations*），1856 年 4 月，6 页。

方仍未道歉，麦都思再一次拜访道台要求道歉。晚上 9 点，错误的照会已经改正并送达，但仍未收到致歉信。午夜时分，巴富尔给道台写信，告知打算关闭领事馆。凌晨一点，道台回信请求宽限。破晓时分，领事通知道台，为此他已从怡和洋行雇佣"雌狐"号，无需办理清关手续，中午时分前往舟山，向那里的英国驻军寻求帮助。道台回信说他将在下午一点拜访。巴富尔回信说，"雌狐"号将于中午启程。道台中午来访，告知道歉信已经在写，但还未写完。巴富尔同意升起国旗，表示对道台的信任。随后巴富尔收到中方的道歉信，这场风波告一段落。道台承诺今后下级政府只能通过他才能和领事来往。德庇时对巴富尔的行动表示赞赏，尽管威胁撤离的做法值得商榷，但他不会打击领事的主动性。[1] 不久便证明，这种闪电袭击的方式几乎总能成功。1848 年上海的青浦事件中，阿礼国为保证对受袭英人进行赔偿，采取了著名的扣押漕运粮船行动，这也是这种方式的另一例证。[2]

　　领事把威胁和行动作为提出要求的替代方案，并能诉诸儒家的行为准则，表明他足够了解儒家文化。宁波领事罗伯聃给一位地方官员的信中写道：宁波是著名的"礼仪之地"，但不幸的是，"一伙缺乏教养的年轻人"习惯用"各种污言秽语"迎接外国人，旁观者也受到鼓舞。现在"来自西洋的外国人性格极为暴躁，容易冲动"，这样的麻烦非常可怕。地方官员难道不应该发布声明，告诉百姓如同

　　① "德庇时函件"，第 37 号，1844 年 10 月 21 日；"巴富尔函件"，第 54 号，1844 年 8 月 14 日，FO 228/43。

　　② 宓吉：《阿礼国传》，129—135 页；马士：《中华帝国对外关系史》，"冲突"，392 页；中方的记录参见《中西纪事》，萧一山：《清代通史》，第 2 册，928—929 页。

"父亲训导儿子或哥哥教育弟弟"一般谦卑地对待外国人么?① 这种给县令留面子以避免麻烦、用儒家原则教化百姓的方法并不是特别成功。旧秩序不可能仅仅通过自身规则而改变。

　　阿礼国和巴夏礼是通商口岸最有效率的领事官员,因为他们能把强有力的行动和对儒家准则某种程度的理解结合起来,尤其是"道德威望来自正当的行为"这句格言,这种行为不仅本身"正当",而且要看起来正当。当他们在福州担任领事和翻译的共事岁月中(1845年3月—1846年8月),他们敏锐地发现提高英国声誉的做法。某一事件发生之后,他们要求地方当局发布禁止侮辱外国人的声明,并在其他19个地方一体遵行。巴夏礼巡视了这些地方,发现只有8处发布声明。最终,当书面起诉收效甚微时,阿礼国给香港写信寻求炮舰支持。后来巴夏礼被人投掷石块,他抓获了3名犯人并枷号严惩。② 他早已明白,持久的警惕是英国声誉的代价,积极而及时地表达对侮辱的愤慨将会阻止后面可能发生的多起侮辱。

　　① 《英国驻宁波领事报告》,第81号,"罗伯聃致鄞县知县函",1844年12月24日。

　　② 《英国驻福州领事报告》,"德庇时函件",第77号,1845年10月27日;"克拉伦登(Clarendon)函件",第2号,1846年1月24日,两者都记录了此事。转引自莱恩(Lane–Poole):《巴夏礼在中国》,第4章。

第十一章　中国接触西方后的应对

新的"夷务专家"

本章所涉及的中国回应问题并非是中国乡村民众的回应，甚至也不是城市民众的回应。它只涉及一少部分满汉精英，他们从事着充当"夷务专家"的工作。毫无疑问，这些人几乎都是官员阶层的代表，但他们作为一个群体数量极少。同样，他们受到的英国"冲击"主要在物质层面——战争和贸易，武器和商品。目前还没有涉及文化价值甚至制度变迁等诸多意识层面的问题。官员对英国胜利的反应首先表现在物质和实践层面。

新的"驯夷专家"似乎已被他们的同僚所谅解：他们做着吃力不讨好的工作，类似下水道的检查员，不过19世纪40年代中期人们已逐渐认识到这是一项必需的工作。（几年之后，与英国人打交道被指控为纯粹的背叛行为）正如前述第一章所论，此前中国的水手、领航员、商人和语言专家已经漂洋过海，不时留下关于西方人的记载。如今，对上层社会和学者官员而言，关心"夷务"成为必要，

252

用合适的语言进行讨论，获得对"夷人"本性的理解，这样才能达到通常所说的"知己知彼，百战百胜"[①]。了解敌人的动机等于成功了一半——我们用合适的手段将其引入无害状态。

19世纪40年代的中国形势与今天并非完全不同。如今美国人对某些远东人民的新的社会运动特别关注，尽管他们早已闻知远东的形势，但还是希望听到"远东专家"们的政治表达，这些专家的作用就是从各个方面解释东亚文明，进而消除受众的疑虑。同现在的西方"远东专家"一样，中国的"夷务专家"可能会发现令人难以接受的事实，引起他们阶层中更多的保守人士的不快，随之遭受质疑和谴责。在这种情况下，他们经常会屈从于当时的舆论环境，重复当时的惯用说法，而对这些传统术语的阐释恰恰是最早的中国"夷务专家"对他们所处时代的应对。

"夷情叵测"[②] 这一醒目词汇经常出现在衙门的书面用语中，用现代的话说，即西方人的心理难以理解。就像最近西方信仰在东方看来不可思议一样，这种感觉同样建立在无知的基础之上，中国事物对西方人而言仍难以理解。这激发了中国对未知的西方威胁的恐惧，类似于后来西方人对"黄祸论"的担忧。"夷情诡谲"又加剧了这种不确定性。"夷人"是变幻莫测而又贪得无厌的机会主义者，他们总是弄虚作假，闪烁其词。反复重申"夷人"的"诡谲"和"叵测"，仅仅说明中国官员并不清楚西方人的动机。西方人的行动没有源于"礼"的标准，而"礼"是所有信仰儒家文化的人们遵守的行为准则。

---

① "知己知彼，百战百胜"，耆英在1842年将其作为座右铭，参见第6章。

② 这一词汇在《筹办夷务始末》中随处可见，如《筹办夷务始末》（道光朝），卷1，页24b，第3、4行；卷4，页16，第8行；卷4，页19b，第8行。

只有一个方面存在普遍共识——"夷人"的主要目的在于贸易利润。[1] 1850 年，两广总督再次向皇帝重申"英吉利一国，全赖众商之贸易为生计，上下交争，无不惟利是视，该国若有举动，转先听命于商"[2]。清朝官员经常指出，"夷人重商而轻官，凡欲举事，必先谋之众商。"[3]

在这种情况下，只要英国人不生事端，满汉官员倾向于满足他们的贸易要求。正如我们在一些固定用语中看到的那样，清朝官员的反应几乎完全是防御性的。从北京发出的谕旨中，最常见的一个要求是"不致另生枝节"。处理"夷务"的主要目的是"免生事端"，尤其防止"夷人"提出难以遵守或无法拒绝的要求而出现"要挟"、"挟制"情形。为此，各省和京师官员经常提到"防范"一词。他们要求下属遇事"不动声色"，当然首先要做好防范，免生事端。总的抵抗策略是不合作、拖延和逃避问题，这反映出学者型官员本能的不安全感，面对英国人的坚船利炮，他们开始失去信心。不过，我们不确定这些成为"夷务专家"的官员多大程度上开始意识到他们其实无法抵抗这些了解甚少的侵略者。

对英国人的称呼仍然沿用儒家的经典用语。这些西方"夷人"，表现出难以捉摸而贪得无厌的"犬羊之性"。英国人在和平时期被称为"英夷"[4]，而在战争时期则称之为"英逆"。这预示了同所有"夷人"一样，他们平时承认天子至高无上的地位，而战时他们变成

---

① 例如，《筹办夷务始末》（咸丰朝），卷 2，页 11b；卷 3，页 28，第 4 行；卷 6，页 10，第 2 行；卷 12，页 6b，第 3 行。这一观念长期盛行，参见《粤海关志》，卷 26，页 1，"夷人之性，惟利是图。"

② 《筹办夷务始末》（咸丰朝），卷 3，页 30，第 6 行，徐广缙奏，1850 年 12 月 31 日收到，其中显然引用了《孟子》第一章的原话："上下交征利，而国危矣。"

③ 《筹办夷务始末》（咸丰朝），卷 7，页 24。

④ 关于这一词汇，参见前述第三章。

对公认的人类秩序真正的"反叛者"。因此，1843 年初，英国人刚刚被《南京条约》抚平，钦差大臣极其自然地使用了"犯顺"一词来表示中英之间潜在的进一步敌意，"犯顺"一词通常指反抗宗主国的叛乱。（"犯顺"是指处于弱势的一方对年长者或势力强大一方做出的反叛行为）①

这一时期，尽管"夷务专家"或许已注意到与西方打交道的问题，但还不足以引起他们真正地去理解对方。中国官员几乎没有与西方的商人和传教士发生直接的联系，领事馆官员是他们最接近的对手，他们与这三种类型的外国人通常也没建立起私人的或友好的关系。因此，这些处境已相对安全的开拓者们仍需继续引领对西方的研究和理解。

林则徐、魏源的外交政策

林则徐是近代中国真正努力解决"夷务"问题的第一人，他的影响无与伦比，既有广东的英勇实例，又有归于其名下的一些著作。对后者而言，《海国图志》充分反映了他的观点。1844 年该书第一次出版，共 50 卷，1849 年第二次出版时扩充到 60 卷，1852 年第三版又增加到 100 卷，该书对第一次鸦片战争之后的影响可见一斑。②

---

① 参见《筹办夷务始末》（咸丰朝），卷 64，页 44b，第 6 行，耆英奏折，1843 年 1 月 19 日寄到；卷 61，页 19，第 6 行，耆英、伊里布、牛鉴奏折，1842 年 10 月 17 日寄到。

② 魏源：《海国图志》，1844 年版，50 卷。关于该书作者与不同版本的比较，参见陈其田：《林则徐》，23—30 页；张锡彤：《西方政治科学引入中国的最初阶段》；杜联哲、恒慕义编：《清代名人传》，850 页。第一版的 50 卷在一些著作中被错误地标为 60 卷。齐思和讨论了 1852 年版的《海国图志》及其中西文资料，参见其《魏源与晚清学风》，204—207 页。后来 1902 年孙灏出版了 20 卷的关于《海国图志》的勘误及补充。参见孙灏：《海国图志征实》。

《海国图志》的作者是魏源，他以关注现实政治问题和历史研究而著称，1826 年他协助编纂了后世竞相模仿的《皇朝经世文编》初编。魏源是当时极少数敢于直面"夷务"问题的学者之一。他与林则徐相交多年，鸦片战争期间完成另一部著名的著作《圣武记》。这部书是魏源对清朝历次战役的传统记述，1842 年 8 月完成，几乎与《南京条约》签订的时间同步。他的《海国图志》"序言"则完成于 1842 年底。

正如中国学者所指出的那样，这两部著作在观点和体例上完全不同，很容易得出这样的推论：与其说魏源是《海国图志》部分内容的作者，倒不如说他是一个编者。无论林则徐是否真正写作过《海国图志》，当时的资料和书中描述都表明他与该书编纂的早期阶段有着密切的关联。在广州时，他热衷于翻译西方的地理资料，也对西方武器充满好奇，这些都很好地记录并保留下来。《海国图志》的"序言"表明，该书是在《四洲志》基础上完成的。《四洲志》是林则徐组织翻译的西方人的著作。[①]

尽管《海国图志》因地理学研究和西式武器而为人们所熟知，但却没有从清朝外交政策的角度对它予以关注。它最重要的意义在于，试图将传统中国的观念适用于中国与西方"夷人"新的关系。它的基本思想是古代的"以夷制夷"思想。作者的这一观念引导他提倡使用外国武器，不过这只是书中论述的一部分内容。该书的主要篇幅描述了世界的城市、人口、宗教和总体特征。作者的信息来源于

---

① 林则徐和早期的西方传教士编纂的一些书籍被收录到"地理丛书"，王锡祺编纂的《小方壶斋舆地丛钞》，"前言"，1877 年，1897 年《再补编》，共收录 1438 种著作，计 84 册。《中国丛报》将《海国图志》完全记在林则徐的名下，第 16 卷，417—424 页，1847 年。全面研究参见张锡彤的文章。至于对魏源的传记和评论，参见齐思和：《魏源与晚清学风》。他于 1828 年开始撰写《圣武记》。

西方文献，不过他的目的并非只为地理学的研究，描述西方世界的目的在于中国可以更成功地应对西方。作者的首要兴趣在于政治，而不是机械设备或地理知识。

作者在"序言"中明确声明，该书写作的目的是利用"夷人"的知识和特长建立同他们的稳定关系。这里暗含着它使用的原则与过去的剿抚、和战同出一辙。写作初衷非常简单——无论打算用武力制服敌人，还是以真诚打动敌人，"知其情与不知其情"的利害得失相差百倍。中国官员必须审视"夷人"的现实威胁，并研究这些情况。他们必须停止画饼充饥的做法，避免被一厢情愿的想法而误导。只有这样，他们才具备"师夷长技以制夷"的灵活知识。"制夷"策略包括进攻、防御、贸易以及从总体战略考虑的让步，本书显然关注两个方面，一是阻止"夷人"鸦片的经济威胁，二是防止"夷人"宗教的文化威胁。

魏源（或许是林则徐）的外交政策思想主要体现在"筹海篇"的4篇文章。[1] 第一篇文章批判了以往政策制定者极端的激进做法，要么彻底剿灭"夷人"，要么绝望地一味求和。同这些狭隘的观点相比，文章主张剿抚并用的双重政策，目的在于最终能控制"夷人"。"攻夷之策"有二："曰调夷之仇国以攻夷，师夷之长技以制夷"。"抚夷之策"亦有二："曰听互市各国以款夷，持鸦片初约以通市"。

第三篇文章描述了"以夷制夷"的具体策略。[2] 作者认为，"以官军攻水贼则难，以水贼攻水贼则易。"那么，远隔重洋数千里之外的"海夷"又将如何应付呢？具体而言，英国所惮之仇国三：曰俄

---

① 《海国图志》，卷1。这部分文献翻译参见邓嗣禹、费正清：《中国对西方的回应》。

② 《海国图志》，卷1，页36—54。

罗斯，曰佛兰西，曰弥利坚。惮我之属国四：曰廓尔喀，曰缅甸，曰暹罗，曰安南。这些国家可资利用。英国征服印度后，在尼泊尔与廓尔喀接壤，在中亚与俄罗斯隔山相望。最近廓尔喀致信驻藏大臣，愿出兵攻击印度。简而言之，中国外交政策的制定者"若许廓夷扰其东，俄罗斯捣其西，则印度有瓦解之势"，驻华英军则不得不考虑其印度基地。同样的策略也适用于美国和法国：

"海攻之法，莫如佛兰西与弥利坚。佛兰西国逼近英夷，止隔一海港；弥利坚与英夷则隔大海。自明季国初之际，佛兰西开垦弥利坚东北地，置城邑，设市埠。英夷突攻夺之，于是佛夷与英夷深仇。及后英夷横征暴敛，于是弥利坚十三部起义驱逐之，兼约佛兰西为援。三国兵舶数百艘，水陆数十万，不解甲者数载。弥利坚断其饷道，英军饥困，割地请和。弥利坚遂尽复故地二十七部，英夷止守东北隅四部，不敢再犯。"

"即印度地亦荷兰、佛兰西开之，而英夷夺之。乾隆初，印度土酋约佛兰西、荷兰二国合拒英夷，连兵数载。始分东印度属英夷，而南印度属西洋诸夷，立市埠，此各国之形也。"

"其互市广东，则英夷最桀骜，而佛、弥二国最恪顺。自罢市以后，英夷并以兵艘防遏诸国，不许互市。各国皆怨之，言英夷若久不退兵，亦必各回国调兵艘与之讲理。去年靖逆出师以后，弥利坚夷目即出调停，于是义律来文，有'不讨别情，只求照例通商'之请，并烟价、香港亦不敢索。此机之可乘者三（除廓尔喀和俄罗斯之外）。乃款议未定，而我兵突攻夷馆，反误伤弥利坚数夷，于是弥利坚夷目不复出力。"

这些段落表达的传统原则在其后一个世纪仍是中国外交官的第二天性。表面新颖的"以夷制夷"观念，只不过是古代"以夷攻夷"原则的延伸，正如下文明确指出的："甚至廓夷效顺，请攻印度而拒

之，佛兰西、弥利坚愿助战舰，愿代请款而疑之。以通市二百年之
国，竟莫知其方向，莫悉其离合，尚可谓留心边事者乎？……止防中
华情事之泄于外，不闻禁外国情形之泄于华也。然则欲制外夷者，必
先悉夷情始；欲悉夷情者，必先立译馆，翻夷书始……未款之前，则
宜以夷攻夷；既款之后，则宜师夷长技以制夷。夷之长技三：一战
舰，二火器，三养兵、练兵之法。"①

从这些最初建立的原则来看，整个中国 19 世纪的自强运动，包
括所有军工厂、造船厂、纺织工业和西学知识，都不过是古代防御理
论的现代变种。进一步的研究表明，中国并未出现革命性的制度
变迁。

对西方宗教的审视

不过，《海国图志》并未只局限于战略和物资方面的防御，它还
试图对外国事物提供心理上的理解，以表的形式介绍了南洋、西洋诸
国的宗教信仰。②"西域自佛未出世以前，皆婆罗门教"，婆罗门教又
分支为"耶稣之天主教"和"穆罕默德之天方教"。与佛教一样，天
主教和天方教也各有三个支派。天主教分为加特力教、额利教和波罗
特士顿教。这些分支差异显著，一些不供他神，尚供天主画像。有供
十字者，有不供十字者。只有英国抗拒天主教。因此，英国国王加冕
时，国民允许他拒加特力教，"而尊波罗特士顿教"。

---

① 《海国图志》，卷1，页 39b—40。
② "故自东海以至西海，自北极以至南极，国万数，里亿数，人恒河沙数；必皆有
人焉，魁之桀之，纲之纪之，离之合之。"参见《海国图志》，卷 43，1—6 页。译者引
文出自《海国图志》，表一，《南洋西洋各国教门表》，卷 71，1814 页，岳麓书社，2011
年。

　　由此得出的结论是，"夷人"与中国人不同，他们通常执着地信仰一种宗教。当然，他们之间也存在各种各样、程度各异的差别。《海国图志》的作者没有找到将"夷人"并入大同世界的办法。例如，清朝能统一回部，却无法使他们"舍回教而被儒服"。蒙古可以归顺，却不能让他们"舍黄教而诵六经"。"鄂罗斯兼并西北，英吉利蚕食东南"，也都不能让当地人民"尽奉天主"。[①] 可见，作为中国防御政策的一部分，魏源正在寻找影响西方意识形态的方法，但并没有找到。

表 7

宗教	人数（单位：万人）
加特力教	11 600
额利教	7000
波罗特士顿教	4200
犹太教	约 4—5
伊斯兰教	12 000
道教、佛教及其他宗教	25 300
宗教人口总计	67 100[②]

---

　　① 当探讨世界各地的人口和宗教时，《海国图志》不得不在传统中国的外国知识和 19 世纪 40 年代所见的西方地理书籍中的新信息之间协调、取舍，这也就需要在新旧术语之间进行调适。在"南洋海岛之国"表中，它将菲律宾归为加特力教，大爪哇（苏录和文莱）、小爪哇（爪哇岛）原本信佛教，今信伊斯兰教。亚齐（苏门答腊）的情况与此相同。在印度五国表中，东、南、中印度皆信佛教，西印度（波斯和阿拉伯）最初信佛教，今信伊斯兰教，北印度（克什米尔）的情形与此相同。

　　欧洲各国的宗教情形偶尔通过复制产生混乱。葡萄牙、佛兰西和意大里属于加特力教国家，荷兰和英吉利是波罗特士顿教国家。耶马尼国 27 部中，一半是加特力教，一半是波罗特士顿教。奥地利也有两种宗教。波兰是加特力教，普鲁士则有犹太教、鲁低兰教、加特力教和波罗特士顿教。俄罗斯分为大、东、小、南各部，共 42 部，均信额利教。北美弥利坚的 27 部信奉加特力教和波罗特士顿教。这些资料来自《四洲志》，具体情形如表 7。

　　编者在最后的注解中写道，编纂这些图表的西方人具备一定的西方基督教知识基础。但对各洲信仰佛教、喇嘛教、伊斯兰教和道教的人口来说，"英夷是从哪里得到这些人口数据的呢?"《海国图志》，卷 71，1818 页。

　　② 作者按：原文如此。

中国的战后防御计划

《海国图志》特别强调对西式武器的采用。其实，1840—1842年鸦片战争期间中国已大批购买进口大炮，英国人最后在战斗中发现了这一点，那时的各种西文文献也有记载。中国还尝试施放西式大炮和建造西式船只。[①] 中国最初追赶西方武器步伐的做法是将明轮作为新式战船，这一努力持续到战争结束。这场防御运动的杰出创新者是广东文人潘仕成，他是富裕的公行行商潘振承的后代。潘仕成试造了一艘西式船体和中式桅杆、帆蓬相结合的船只。[②] 这艘船为战船，基本上和民用的三桅帆船采用同样的原理。潘仕成还实验了铸造技术，并鼓励具有开拓性的西洋武器专家丁拱辰完成名著《演炮图说》。丁拱辰早年在国外经商，学习了国外的机械和工程知识。《演炮图说》不仅描述了西式枪炮及炮架，而且介绍了炸药制作、西方的防御工事和军事训练原则，陆、海军作战以及蒸汽机在西式轮船和铁路中的运用等。[③]

战争结束时，清廷承认有必要发展新的西式武器，但它的性质依然成谜。朝廷给各省下发的谕旨要求建造更为强大的船只和防御工事，以及威力更大的枪炮。《南京条约》签订时，朝廷召见了丁拱辰。接下来的几个月里，清廷实行改革，重建了整个南方沿海省份的防御体系。[④]

---

① 参见陈其田：《林则徐》，第 1 章。

② 恒慕义：《清代名人传略》，606 页。

③ 陈其田：《林则徐》，39—49 页。

④ 此时沿海防务的指导手册和地图源自更早的有关明代倭寇入侵的传统著作，参见严如煜：《洋务辑要》；俞昌会：《防海辑要》。

糟糕的是，外国停止入侵后，省级当局过于沉迷旧有的彻底革新方式，加强海防的措施完全停留在纸面上。1843—1847 年间的奏折和谕旨提供了一长串新港口和战略要地装备武器的清单，不过，这些纸面文章的背后显然未能实现任何目标。公共防御工程首先受限于财政问题，一方面，省级财政缺乏资金；另一方面，腐败官员从中获利。

1843 年 10 月，闽浙总督刘韵珂制订了《沿海口岸防条二十四则》，重新组织浙江海防。这些措施包括：省级官员承担海防责任，增强镇海、石浦、乍浦、澉浦、海宁和其他战略要地的兵力，裁撤全省内陆各营官兵。全省兵丁选取十分之三"专习火器"。水师各镇照例出洋统巡。提督每年亲往沿海各营"校阅兵技"。造战船、募士兵、添筑宁波河口等地炮台、添制所需"火药铅丸"。10 月 26 日，清廷奏准实施。[①]

1844 年 5 月，两江总督孙善宝到任，从前任耆英手中接管海防任务。他检查了船只情况，下令水师按期演习。炮台按照规划正在建设，不过，由于"库款支绌"，前一年的工程已经延误。[②] 1844 年 8 月，署理两江总督璧昌奏报巡视长江下游从江宁到福山 600 余里的要塞工程情形。他提出后路接应章程九条，首要在于炮台建设。[③] 后来在 1846 年 2 月，清廷专门委派钦差大臣赛尚阿和刑部左侍郎周祖培前往视察吴淞等地江防情形。5 月，赛尚阿和周祖培奏报长江下游沿岸新设炮台和大炮的规制、数量详情，"布置尚属得宜"。尽管赛尚阿和巴富尔素未谋面（由于赛尚阿故意躲避英国领事），但他们对彼

---

① 《筹办夷务始末》（道光朝），卷 69，页 1—10。
② 《筹办夷务始末》（道光朝），卷 71，页 22—23。
③ 《筹办夷务始末》（道光朝），卷 72，页 25—30。

此的行动还是表示出深深的疑虑。6月6日，赛尚阿的奏折中提出在上海秘密设防，为抵御外敌提供军事保障，包括严格训练、添置武器等。10月，江南当局联衔会奏，赞成赛尚阿的思路，提出"设法预备"，"严密设防"。①

一场追寻西式武器的运动正在发生，我们可以用一两个例子予以证明。闽浙总督刘韵珂在1844年2月奏报说，"前督臣怡良接到两江督臣耆英咨送炮架图四件（丁拱辰所绘）"，"拟将择定之式各制一具"。不过，省级当局在调查中发现，西式炮架只适用于西式船只，中国船只"难以安放"，"似可毋庸制造"。他们使用了广东的磨盘炮架，制造70座以应军需。

英国人携带火药数百斤，鸟枪、手枪二十余支，在上海"欲图售卖"。两江总督下令"已来者饬令收买，未来应否查禁尚未可知"。不过，"澳门及广州十三行，售卖火药洋枪向不禁止，盖恐一经查禁，不敢携带进口，即在外洋卖给匪人也"。上海道台"遵批收买，会营试验，均属有用之物"，地方当局遂"发营配用"。②

直到耆英即将离任广东之时，他的随员潘仕成等人仍对外国武器怀有兴趣，③访问香港期间利用各种机会调查这些武器。英国人注意到，1845年11月耆英访问香港时，他的军事随员特别关注西式武器。耆英亲自在"雌狐"号船尾发射大炮，并对机舱室表现出浓厚兴趣，还巡查了"阿尔库金"号的武装甲板。在香港会晤期间，④他

---

① 《筹办夷务始末》（道光朝），卷75，页1b、页26b—30、页41—44；卷76，页20b—23b。

② 《筹办夷务始末》（道光朝），卷70，页34—35、页32—34。

③ 陈其田：《曾国藩》，1—9页。

④ 《德臣西报》，第41期，1845年11月27日；第42期，1845年12月4日。

仔细观察英军的武器，并与随员们讨论很久。[①]

不过，从政府的行动来看，它对使用西方武器的持久推动工作证明是无效的。洋式枪炮弹药既得到了满汉军事官员的青睐，又令他们的敌人——海盗、匪徒以及南中国的叛乱者爱不释手。在 19 世纪中叶的混乱时期，西方武器贸易得到发展，在政府与反政府势力之间迅速流转。不过，武器贸易并未引发中国官方制造现代化武器的需求。包括耆英在广东的继任者在内，他们都不喜欢外国人，同样也不喜欢外国产品。

耆英的随员

当时充斥着各种对"夷人"的不同看法，如"夷人"的动机可疑而愚蠢；可利用一方来制衡其他"夷人"；"夷人"的武力虽然强大，却更令人厌恶，等等。中国第一批"夷务专家"在这种背景下的行为方式便成为一个有趣的问题。

在通商口岸开埠过程中，耆英和璞鼎查遇到了同样的人员问题。耆英从条约中充分意识到每个英国领事的核心地位，他们个人代表了新的体系。在 1843—1844 年的奏折中，他努力表达这些领事都是能干可靠之人。1843 年 10 月《虎门条约》签订时，耆英奏报说，璞鼎查带有罗伯聃以及其他 22 名随从——英国人对清朝皇帝都表达了深深的感激之情，发誓不再破坏条约，声称已将李太郭派往广州，记里布派往厦门，巴富尔派往上海，他们负责贸易事宜并监管外国人。罗

---

① 在给朝廷的奏报中，耆英只是不经意间提到他在香港视察了英军，"该夷肃列队伍"。《筹办夷务始末》（道光朝），卷 74，页 29b—31。潘仕成当时告诉英国人，中国正在佛山制造炮弹，但"多年以后才能投入使用"。

伯聃被派往宁波，由于马儒翰去世，他暂时接任空出来的中文翻译职务。当郭实腊从舟山接手这一工作时，他马上又返回了宁波。不过，当时英国没有派往福州的合适人选。耆英回复英国人，由于福州没有负责的官员，那里不应该开展贸易。耆英通知沿海各省英国人的安排，指出应在各通商口岸派驻相应的对等人员。[1] 他还特别强调，出于广州贸易的先例，相较于那里的公行制度，在新通商口岸与西方打交道的中国官员应有机会获得私人收入。在选派官员进入通商口岸的问题上，北京派出的钦差耆英似乎和省级政府之间产生了竞争。

1843 年 11 月，耆英向朝廷奏称，广州以北各通商口岸"华夷素不相习"，一切事宜尚须因时因地，酌量办理。但"夷人"本性多疑，若无职分较大为该"夷"信服之员妥为抚驭，势必事事皆须大吏亲往料理。然而，督抚大吏既不便与之时常接见，亦有断非亲自能办之事，因此，筹派各口办事人员，实为第一要件。（朱批：所见甚是）

钦差大臣接下来提出他意向中的候选官员，其中一些曾参加过谈判事宜。[2] 他提名的广东布政使黄恩彤，是条约签订的得力助手。奇怪的是，在整个签约过程中，我们对黄恩彤知之甚少。黄恩彤于 1826 年考中进士，担任热河刑司多年（曾因受贿而受罚），1840 年升任驻南京的江南盐巡道。1842 年，42 岁的黄恩彤出任江苏按察使，其后代理江苏布政使，英国人记载他是一个"极好的聪明人"[3]。奕经第一次起用他办理夷务，耆英发现了他的价值。黄恩彤显示出非凡

---

①　《筹办夷务始末》（道光朝），卷 69，页 13—15。

②　《筹办夷务始末》（道光朝），卷 69，页 15—16。

③　默里：《中国纪行》，206 页。

的外交才干，很快被英国人评价为"受欢迎的人"①，"即使在我的国家，我还从未遇见过比他更温文尔雅、教养十足的中国人，在和外国人打交道的过程中，他和大部分中国人并不一样。"② 璞鼎查指出，黄恩彤"热衷于"促进中英"联盟"（他愿意这样称呼），他将黄恩彤于 1843 年底出任广东布政使视为道光帝对其总体满意的证据。最终黄恩彤于 1845 年出任广东巡抚，而当时耆英担任两广总督。1846 年 12 月，黄恩彤因"行为不当"而去职，在山东度过 30 余年的致仕时光。③

在最复杂的港口上海，耆英推荐了一位从北京就跟随他的满人、

---

① 邓嗣禹：《张喜与 1842 年的〈南京条约〉》，注释 269；罗赤：《中国战事尾声实录》，150 页。

② 1844 年，一位法国外交人员发现黄恩彤"很有教养，而且非常睿智，能够不加预设判断而去理解事务。"勒维耶（Th. de Ferrière le Vayer）：《法国驻华使团》（*Une Ambassade Francaise en Chine*），载于《游记》，245 页。

③ "璞鼎查函件"，第 142 号，1841 年 11 月 3 日，FO 17/70。关于 1846 年对黄恩彤的弹劾情形，参见《中国丛报》，第 16 卷，103、151—152 页，1847 年。

最信任的助手咸龄。① 1843 年 11 月，耆英称赞咸龄是"文义通畅、事理明白"、"不避艰险，能耐劳苦"、"随机措置，各得其宜"的官员。各国"夷人"对其"皆极信服"。耆英认为咸龄"若以道员知府酌量补用，洵堪胜任"，因此，建议将咸龄"留于江苏差遣委用，遇有江苏道府缺出，请旨简放"。1843 年 11 月 7 日，清廷发布上谕："咸龄著以江苏道员候补"。② 清廷决定由黄恩彤在总督和巡抚负责下处理广州的外交事务，江苏的外交事务交由咸龄和上海道台宫慕久处理。咸龄随后辅助办理上海开埠事宜，至晚在 1848 年出任苏松太道，1850 年转任宁绍台道。咸丰皇帝（1851—1861 年在位）即位后，重

---

①　咸龄于 1835 至 1838 年在吉林当差，1838 年底回到北京。1839 至 1840 年出任喀喇沙尔办事大臣，1840 年 6 月被革职。参见《清史稿》，卷 207，"表"47，"疆臣年表"11，8185—8187 页。亦参见邓嗣禹：《张喜与 1842 年的〈南京条约〉》，注释 98。1842年 4 月，应耆英之邀，咸龄以四品侍卫的身份加入谈判队伍，（参见本书第六章）8 月他得到了五品官衔。（头戴水晶官帽）8 月 14 日，咸龄在南京第一次奉命与英国人会面，当时为了阻止英军的攻城，英方首席翻译马儒翰要求清政府立刻派出使臣。咸龄争取到了这个职位，并成功充品级很高的官员。在英方照会中他被指为"满洲都统"，而当时一些英国人也把他记述为"满洲将军"。参见"璞鼎查函件"，第 38 号，1842 年 9 月 3 日，FO 17/57；罗赤记载为"满洲将军金"，参见罗赤：《中国战事尾声实录》，149页。卫三畏分别记载为"满洲指挥官"以及"金，满洲指挥官"，参见卫三畏：《中国总论》，第 2 卷，1848 年，565、566 页。默里上尉记载为"满洲将军"，默里：《中国纪行》，206 页。事实上，当时耆英才是广州将军。

一个英国目击者记录道："将军是个身材魁梧、精于世故的老人，大约 60 来岁，留着灰色的山羊胡，衣着朴素，官帽上有水晶球和孔雀翎。在我们到来之前，他故意把官帽上的红顶珠（一品或二品衔）收起来。"他"喋喋不休，仿佛对新鲜事物有强烈的好奇心，逐一察看与战争有关的物品"。另一位英国官员对此解释道，"这位满洲将军已遭皇帝失宠，但并没被免职。可笑的是，三位看起来装饰更为精致（蓝色官帽顶珠）的官员侍奉左右……失宠的满洲人是整个会面中唯一相貌堂堂的人。"参见罗赤：《中国战事尾声实录》，150、162 页；默里：《中国纪行》，179—180 页。

②　《筹办夷务始末》（道光朝），卷 69，页 16；卷 70，页 24b。

新实行排外政策，咸龄因"惟夷酋之言是听"而遭罢斥。[①]

李廷钰（1792—1861 年）是耆英提名的处理浙江"夷务"的官员，但这一建议未被朝廷认可。李廷钰时任浙江提督，他的父亲是镇压海盗的名将李长庚，由于他在最近的战事中连尝败绩而遭弹劾。耆英称赞他一年来驾驭定海"夷人""颇称得法"，英人对其"深信不疑"。不过，清廷仅要求浙江当局遴派熟悉"夷务"大员前往各海口，协同地方官"严禁走私漏税，不准内地奸民勾串滋弊"。浙江巡抚刘韵珂曾弹劾李廷钰在战争中的表现，因此他寻找李廷钰之外的熟悉"夷务"之人，不过最终并未找到合适人选。1844 年 1 月 12 日，朝廷要求刘韵珂与耆英会商，既然奏参李廷钰在先，"于闽、浙水师总兵内密行保举一人，听候简用"。清廷最终在浙江的安排似乎折衷了钦差大臣和省级当局的建议。闽浙总督刘韵珂与宁绍台道陈之骥、宁波知府李汝霖讨论"夷人"交涉事宜。不过，由于此二人"均未与该夷目谋面"，不得不起用前任宁绍台道鹿泽长，他曾因战败而革职回籍，但"因有经手军需款目，于本年九月，饬调来浙办理报销"。他曾会同咸龄和黄恩彤与璞鼎查面议条约，"为该夷目等所信服"，因此，他被派往宁波效力。朝廷确认了这一安排：鹿泽长协同陈之骥、李汝霖经理通商事宜。[②]

耆英和刘韵珂似乎在浙江外交事务的管理权上持续争论不休，绝大多数争论涉及在舟山岛的英国驻军。为了处理定海的中外关系，1843 年 12 月，耆英认为前任宁波知县舒恭受"洁己秉公，最得士民

---

① 《筹办夷务始末》（咸丰朝），卷 1，页 27b。陈恭禄指出，咸龄因 1848 年的青浦事件而遭弹劾。参见陈恭禄：《中国近代史》，93 页。

② 《筹办夷务始末》（道光朝），卷 70，页 25—28；《筹办夷务始末》（道光朝），卷 68，页 29b—31。

之心，尤为夷人所信服"，建议其戴罪当差。1841 年，英国人攻陷宁波，向商民索去 25 万银元，但《南京条约》中并未言明扣除此款。事后舒恭受据理力争，索要此款。璞鼎查答应如数给还，"归于本年应给项下照扣清款"。尽管舒恭受因失守城池而获罪，但因战后重建需要人才，因此耆英恳请皇帝将其留在定海。皇帝批示道：碍难准行。[1] 当天的谕旨亦重申宽恕舒恭受"已属法外之仁"，不可能再起用。既然耆英"善后需人"，那么，他应与刘韵珂为代表的浙江当局共同遴选合适之人。

在 1844 年 6 月的奏折中，浙江巡抚梁宝常提到了耆英和刘韵珂关于定海人事安排的奏折。4 个月以来，梁宝常并未找到合适人员，而定海"华洋并处"，形势复杂，最合适的人选是"协理通商事宜"的已革宁绍台道鹿泽长。梁宝常令其"督率定海厅同知"，就近经理，以专责成，现任道府于应办事宜随时商议。梁宝常对鹿泽长随时体察监督。1844 年 6 月 2 日的上谕明确指定鹿泽长为负责定海"夷务"的官员。[2] 不过，对鹿的任命后来又发生了变化。

1844 年 12 月，耆英提出，英国赔款已经交付，舟山正值接收之际，"若非熟悉夷情人员办理得法，恐别生枝节"。他再三思考，认为已革同知舒恭受"素为民夷所信服"。近日奉上谕：舒恭受等发往新疆。耆英认为，"新疆效力废员人数尚多，而定海止有已革道员鹿泽长一人，殊觉不敷差委"，应将舒恭受留在定海处理民夷交涉事宜，等定海事竣后再发往新疆。朝廷批准了耆英的建议，令舒恭受返

---

① 《筹办夷务始末》（道光朝），卷 70，页 6—7。
② 《筹办夷务始末》（道光朝），卷 71，页 24b—25、页 27。鹿泽长后来 1847 年在福建的活动，参见本书第 15 章。

回浙江效力。[①] 可见，钦差大臣搁置一年之后还是任命了他所推荐的人选。

我们从档案无法判断这些任命在多大程度上是官员派系之间的斗争。一个经常出现的主题是"夷务专家"，这指的是那些为"夷人"所信服的官员。鹿泽长和舒恭受同咸龄、黄恩彤一样，都参加过南京谈判。舒恭受曾为翰林院庶吉士，1838 年出任鄞县知县。1839 年，舒恭受得到道光帝的接见，次年年初升任定海同知，后因抵御英军失败而遭革职。[②] 不过，他在谈判中"得到英国官员的普遍认可，尤其是璞鼎查"[③]，这使他免遭谪戍的命运。鹿泽长除了在战争期间担任宁绍台道之外几乎乏善可陈，不过，也因这一点而被耆英招入 1842

---

① 《筹办夷务始末》（道光朝），卷 73，页 25b—26b。

② 一位英国传教士大量记载了 1842 年至 1843 年舒恭受在宁波的活动，他描述道：这位"夷务专家"身材矮胖，头大脸圆，外貌令人印象深刻。他的面容充满智慧和欢乐，和蔼可亲。他的眼睛又大又黑，反应迅速，富有表现力。他留着又黑又长的尖状胡须，嘴唇上也有两撇浓密的胡须。头上戴着官帽，帽顶有透明的水晶珠，帽后拖着厚厚的孔雀翎毛。他的衣着并不华丽，穿着考究的深色缎子，脖子上挂着朝珠，胸前绣有白鹇图案的方形补子。他的声音非常动听，当他讲话时，有一种威严的气质。对我而言，他的讲话很难听懂，一部分是我不习惯听他讲话，一部分是他带有很浓重的江西口音，还有一部分原因是他残缺不全的牙齿，尽管他才 53 岁。他的举止令人舒适，高贵却不傲慢，温和友善却不亲昵。他给我留下极好的官员形象，民众对他也有很高的评价，英国人常称呼他为'好老头'"。美魏茶大量记载了他与舒恭受及其同僚李汝霖、鹿泽长之间频繁友好的社会关系。参见美魏茶（Rev. W. C. Milne）：《宁波七月记》（*Notes of a Seven Months Residence in the City of Ningpo, from December 7th, 1842. to July 7th, 1843*）。他曾借给他们书籍，包括怀尔德（Wyld）绘制的中国地图，与他们进行广泛讨论；美魏茶患疥疮期间也得到鹿泽长的照顾。参见《中国丛报》，第 8 卷，1844 年，16、29、41、79、90、127、132、140、142 页。山东人李汝霖 19 岁中举，美魏茶评价他是"那个时代最幸运的人"；他年仅 33 岁，却表现出睿智谦逊的气质，对外国人非常友好。参见《中国丛报》，第 8 卷，1844 年，79 页。

③ 邓嗣禹：《张喜与 1842 年的〈南京条约〉》，注释 167、228、356。

年 8 月南京谈判的团队。① 总之，耆英在新通商口岸安置自己的亲信以谋求权力和腐败的说法似乎站不住脚；与其这么理解，倒不如说耆英面临寻觅合适的外交官员的问题，而这些外交官员被英国人顺理成章地认为是耆英的人。

钦差大臣耆英以这种方式通过长期努力，终于在 1844 年将他中意的代理人安排在处理"夷务"的主要位置。同时，他在广州也建立自己的团队，我们对这些官员除名字之外知之甚少。1844 年 7 月，耆英向朝廷奏报，1843 年南下所带办理"夷务"随员（包括咸龄、陈柏龄②、张攀龙、陈志刚等）此次均未随同来粤。所有粤省人员，除藩司黄恩彤外，仅有准补同知铜麟、效力废员吴廷献于"夷情"尚属谙悉，此外别无熟练人员。吴廷献，山东举人出身，曾任南京附近的上元县知县。他曾参与《南京条约》谈判，并以主人的身份接待巴夏礼等人参观瓷塔。正如第 8 章所述，他的声誉主要来自他是《五口通商善后附粘条约》中文版的起草者。③ 1844 年耆英南下途中，在南雄遇到曾任肇庆知府候选主事赵长龄。耆英知道该员才具出众，官声甚好，因此"将其带回粤省听候差遣。"④

耆英在道光帝面前褒奖的另一名"夷务专家"是潘仕成，他是

---

① 《筹办夷务始末》（道光朝），卷 51，页 13b；邓嗣禹：《张喜与 1842 年的〈南京条约〉》，注释 169、281。关于徐继畬对鹿泽长的褒扬，参见后文第 15 章，注释 47。

② 邓嗣禹：《张喜与 1842 年的〈南京条约〉》，注释 311。

③ 《筹办夷务始末》（道光朝），卷 72，页 43b；邓嗣禹：《张喜与 1842 年的〈南京条约〉》，107—109 页，注释 296。法国翻译加勒利回忆道，吴廷献以浓厚的兴趣告诉他，圣女贞德是拯救人民的女英雄，但后来毁于人民之手。格罗斯（Grosse - Aschhoff）：《耆英与拉萼尼谈判记》（*The Negotiations Between Ch'I - Ying and Lagren*），29 页。

④ 《筹办夷务始末》（道光朝），卷 72，页 43b；卷 72，页 3b—4。据 1849 年 11 月 21 日的《中国丛报》报道，"赵长龄后来署理广东按察使，据说他带父亲棺材回浙江途中，被丐帮抢去白银 3 万两。"《中国丛报》，第 18 卷，1849 年，672 页。

富裕的行商后代，对西方船舰有浓厚兴趣，这点在本章前面已经论及。耆英评价他"生长粤东，明习土语"，却未提及他的行商背景。战后重建时期，潘仕成购买外国枪炮，雇佣西方工匠，试造水雷，与美国商人颇多熟识，"亦素为该国夷人所敬重"。因此，耆英调潘仕成入署，令其与赵长龄协同黄恩彤办理"夷务"。1844 年 7 月，法国人向耆英提出缔结条约，中方派补用同知铜麟探听法国人的意图以及消息是否属实。耆英令潘仕成秘密调查在澳门居住的法国人，以探听其缔约目的。[①] 潘仕成随后成为耆英最主要的西方地理顾问。1844 年 9 月，澳门贸易受到香港的有力竞争，潘仕成奉命调查此事。为了调查贸易情形和法国人的动向，潘仕成和赵长龄随后都驻留澳门。在处理法国人的问题上，耆英委派潘、赵二人"以慰劳为名，前往澳门，察看夷情"。潘、赵二人由澳门知县和吴廷献共同管辖。耆英在澳门会见法国公使拉萼尼时，他的随员有黄恩彤、潘仕成、赵长龄、铜麟和吴廷献。[②]

显然，这些"夷务专家"大多是品学兼优的学者型官员，得到了满汉官僚内部系统和外国人的双重认可。这些"夷务专家"在多大程度上从中捞取个人财富，档案资料并没有记载，不过鸦片贸易等投机生意的确产生了巨额财富。

在所有"夷务专家"中，徐继畬（1795—1873 年）是其中的佼佼者，他主要负责福建的通商事宜。徐继畬祖籍山西，出生于学者型官员的家庭。1826 年他考中进士，后任翰林院编修。他随后出任御

---

① 《筹办夷务始末》（道光朝），卷 72，页 3b—4；卷 72，页 19—20；亦可参见《史料旬刊》，第 35 期，页 294b，耆英讨论潘仕成任职资格的奏折。潘仕成搜集并重印了各种各样的外国书籍，参见其《海山仙馆丛书》，1845 至 1849 年所印。转引自格罗斯：《耆英与拉萼尼谈判记》，18 页。

② 《筹办夷务始末》（道光朝），卷 72，页 32b、35b、37、43b。

史，1836 年担任广西知府，随后任福建道台、两广盐运使和广东按察使。1843 年，他还不到 50 岁，出任福建布政使。1843 年 11 月，在耆英的举荐下，他奉命负责对外交涉事宜。出于职业操守，徐继畬开始主动研究西方，1850 年完成著名的《瀛环志略》。[1]徐继畬逐渐接管福建的通商事务，接下来创造了对外贸易的一段传奇。不过，通过下层官员的活动来看，事实似乎并非如此。

1843 年 11 月 2 日，厦门开埠，地方当局由兴泉永道、水师协领和同安县知县共同组成。他们发现代理领事记里布"极为恭顺"，并帮他寻找货栈。但这些地方官都不是对外贸易的专家，福州将军和福建巡抚掌管福建的海关事宜，他们无视朝廷对布政使徐继畬的任命，推举他们中意的道台戴嘉毂负责通商事宜。12 月 4 日，朝廷接到奏报，戴嘉毂已前往厦门协同经理通商事务。朝廷立即下发谕旨，纠正福州将军的安排，重申"徐继畬得以专心经办通商事务"，闽浙总督和福建巡抚酌量情形，"妥为调度"。[2]1844 年 4 月，北京在 4 个月之后才收到福建当局的人事确认，而此时福建省的海关税额（璞鼎查于 1843 年 7 月 27 日发布）也已确定。同时，戴嘉毂负责向记里布解释必要的条约规定。直到此时，作为布政使的徐继畬才在奏报中出现。他从福州的官署出发，前往厦门。[3]1844 年 2 月，记里布向徐继畬和厦门道台恒昌回复照会。[4]新任英国公使德庇时前往各通商口岸查看贸易事务，1844 年 10 月访问福州，他在"藩司和知府的陪同下"[5]登上皇家军舰"普罗赛尔皮娜"号。徐继畬自然向北京隐瞒了

---

① 参见恒慕义：《清代名人传略》，309 页。

② 《筹办夷务始末》（道光朝），卷 70，页 20—21。

③ 《筹办夷务始末》（道光朝），卷 71，页 19—22。

④ 《英国驻厦门领事报告》，"记里布函件"，第 19 号，1844 年 2 月 14 日。

⑤ 德庇时：《战争及媾和以来的中国》，74 页。

这一情况。徐继畬在这次厦门之行中遇到了记里布的临时翻译、美国传教士雅裨理，雅裨理向他展示了一张世界地图。[1] 这极大地激励了徐继畬的编纂工作，我们将在后文详述。[2]

上海的"夷务"问题

上海第一次为人所知缘于它是最重要的新通商口岸。1843 年底，耆英在奏折中指出，"统计五口，应以广州为首，上海为尾，将来贸易，似亦为该二口为最旺。该二口之章程大定，则宁波、厦门、福州三口亦因之皆定。"江苏起初从未与"外夷"交易，"见有夷船，莫能辨其何项船只"，民众对其心存畏惧。早期到达吴淞口的外国船只引起了民众的恐慌。"现既开市，夷船云集"，而江苏并无通达"夷情"之员，"既不能取信于夷，亦不能取信于民"。耆英对此深感忧虑。1843 年，他北上经过梅岭，特意沿长江顺流东下，使民众皆知"夷务"完结，穿梭外海的外国船只不会进入长江，"安民心而止谣言"。[3]

同时，江苏官场的省级官员为我们描述了他们解决上海"夷务"问题的有趣想法。两江总督璧昌是蒙古人，参加过平定新疆回部的战争。在他看来，抚驭"外夷""先在折服其心"，使"夷人""因感生畏"，进而达到"固边防而崇国体"的目的。他提议应开诚布公地赢得"夷人"信任，顺应他们的"嗜利之情"，使他们明白等级差

---

① 恒慕义：《清代名人传略》，309 页；徐继畬：《瀛环志略》，"自序"；关于雅裨理的报道参见《中国丛报》，第 8 卷，1844 年，233—238 页。

② 参见本书第 15 章。

③ 《筹办夷务始末》（道光朝），卷 70，页 5。

异，彰显"天朝体制"。璧昌写道，今"英夷"既经就抚，上海开埠事属初创，拟于开埠前，督抚二人中择定一人前往上海，暂驻督办。不过，"恐该夷领事到后，知有大员驻节，事无巨细，辄向臣等干求，转多窒碍"。事实证明，璞鼎查各种来文均呈递上海道台。总督认为，这次派来的上海领事是有能力的"夷商"头目，平素与广东商人熟识，"所称官职名曰领事"。他的地位远低于璞鼎查。于是总督得出结论，出于他的体面和尊严，上海开埠之事应由上海道台办理，他继续忙于科举考试。江苏巡抚应留在上海附近的苏州，最近上海附近的宝山海塘工程竣工，巡抚必须亲自查勘验收，借此机会可与上海道台会商，随后决定是否接见英国领事。①

1843年11月8日，领事巴富尔到达上海，未受到任何一位省级高官的接见。第二天，苏松太道宫慕久、上海同知沈炳垣、上海知县蓝蔚雯和其他地方官员会见了巴富尔，对其"颇为尊重"。上海地方官与翻译麦华陀逐条对照彼此副本的贸易章程和税则，双方定于17日开埠。中方官员隐瞒了登上英国战舰"美杜莎"号的事实。朝廷确信巴富尔表现驯顺，服从"夷人"的传统方式，同时也未与中国民众发生接触。据麦华陀称，巴富尔显然品级卑微，中国官员要求巴富尔禁止英船水手"上岸闲游，强买食物"，巴富尔表示照办。地方官还派随员数名，"以接递文札为词"，在巴富尔暂居之处附近监视。②（不过，没有证据表明这些监视者能懂英语，这类似于1853年欢迎佩里准将的那些面色无辜的日本仆人）

江苏巡抚孙善宝随后到达上海，并与上海道台和其他官员进行协商，江苏提督也在其中，他奉命移驻离上海更近的地方。英国领事似

---

① 《筹办夷务始末》（道光朝），卷70，页5。

② 《筹办夷务始末》（道光朝），卷70，页12b—14；卷70，页9—11。

乎未将这些地方高官放在眼里，也没有小心翼翼地遵守这些条约。巡抚孙善宝重申，"抚驭外夷，全在乎以恩信，俾其知感知畏"，方能长治久安。他对宫慕久大加赞赏，评价他为"实心可靠之员"，推荐他与耆英提名的咸龄共同办理上海通商事务。① 从英方的资料来看，巴富尔早期打交道的中国官员主要是道台宫慕久、同知沈炳垣（他在道台之前预先活动）和知县蓝蔚雯（10 年后成为上海道台），仅仅在 1844 年 2 月才见到咸龄。②

闽浙总督刘韵珂在开埠前专程赴宁波，嘱咐宁绍台道陈之骥做好地方应对。浙江当局将开埠事宜推到地方道台与知府身上，委派已革道员鹿泽长积极协助办理。当罗伯聃抵达宁波时，他见到了耆英最初举荐的浙江提督李廷钰。李廷钰发现罗伯聃"汉语汉字俱皆谙晓"，但他"机心自用，疑虑过深，所以往往不能自决"。罗伯聃要求宁波定于阳历新年在鹿泽长的监督下开埠，同时浙江提督安排军队和舰船维持秩序。③ 领事罗伯聃最初打交道的人包括道台陈之骥、知县李汝霖和鹿泽长，后者对"夷务"的热心显然受到革职的打击，英军攻陷宁波是他被革职的原因。据说鹿泽长在宁波需要服务 8 年，且没有薪水。④

正如上文所论，通商口岸新的外交关系掌握在"夷务专家"手中，他们在清代官僚制度的集权框架下出现了专业化的发展。自通商口岸开埠之后，全新的"口岸官员"应运而生，他们游离在普通官员系统之外，并与大量外国公司中的中国商业买办同期出现。

---

① 《筹办夷务始末》（道光朝），卷 70，页 22—24。

② "巴富尔函件"，第 54 号，1844 年 8 月 14 日，FO 17/81。

③ 《筹办夷务始末》（道光朝），卷 70，页 11—12；卷 70，页 26b—27b；卷 70，30—32b。

④ "德庇时函件"，第 85 号，1844 年 10 月 21 日，FO 17/89。

"最惠国原则"：中美、中法条约

1844 年的中美、中法条约亦显示出中国对英国侵略的回应。这些后来签署的条约只是一系列中英协定的延续，尽管有一定的发展，但保护他们利益的主要外交进展莫过于"最惠国原则"的建立。英国条约通过战争得到保障，法国条约则通过复制美国条约而得到保障，因此，法国人称赞美国为其他西方国家建立了规则，能以和平方式获得英国人不得不通过战争而得来的特权。无知的美国舆论界要求海军准将加尼"光荣"地捍卫第一次获得的美国人在华平等权利的原则，这一原则的大部分内容最终也成为"门户开放"政策的先导。

这些条款其实并没有什么依据，只是因为 1842 至 1843 年间的满人在谈判中主动采取了所有"外夷"一视同仁的原则。既然皇帝习惯于泽被四方，大臣们几乎本能地决定将与英国人签订的条约惠及美国人。他们的目的在于防止英国人亲自承认美国人拥有这些特权，因为这样做会让美国人对英国心怀感激，而他们真正感激的应该是清朝皇帝。具体而言，海军准将加尼宣称美国享受的平等待遇政策主要取决于他和两广总督祁㙍在 1842 年的交涉，当时祁㙍在某个场合告诉他（领事的翻译官员口头翻译）"美国商人显然不应只得到一根干柴棍"。施维许教授曾指出，祁㙍的答复"一定是含糊其词的借口"，而不是一些作者所认为的确定的承诺。① 祁㙍和加尼都没有接到谈判

---

① 参见施维许（Earl Swisher）：《美国外交事务的管理：1840 至 1860 年间的中美关系》（*The Management of the American Barbarians：A Study in the Relations between the United States and China from 1840 to 1860*），博士论文，哈佛大学，1941 年，60 页。这里的使用已得到作者授权。

命令，也没有奏折表明祁墫单独得到过皇帝的授权。① 恰恰相反，伊里布和耆英却分别提过给予美国人平等待遇的建议，最终作为耆英妥协政策的一部分而实施。这一政策始终受到英国人的欢迎。②

由于清朝的这一政策，即使在美国海军和顾盛动身前往中国之前，美国商人在英国人的默许下已经适用英国的贸易条款。因此，当顾盛于 1844 年到达中国时，他的首要目标已经实现。最新关于中美谈判的研究表明，早在顾盛和耆英于 1844 年 7 月 3 日在澳门附近的望厦签署条约之前，他们来了场"太极拳表演"。正如美国的传记作家们乐于相信的那样，美国人的精明智取了他的东方对手。顾盛的主要策略是，通过威胁耆英进京呈递总统文书，逼迫他签署条约。事实上，顾盛既无此打算，也未得到前往北京的命令，如果他的欺诈得到中方呼应的话，他将非常尴尬。与此同时，耆英随时做好签约准备，心中也有"最惠国待遇"的观念。不过，他还是使用了各种伎俩，

---

① 祁墫曾向北京递送加尼的平等待遇要求，《筹办夷务始末补遗》，1521—1523 页，1842 年 12 月 12 日奏折。不过，并无授权给祁墫的上谕。

② 这一问题的整体研究参见普理查德（Pritchard）：《"最惠国待遇"的源起与中国的开放政策》（The Origins of the Most‐Favored‐Nation and the Open Door Policies in China）；坂野正高：《鸦片战争后的"最惠国待遇"问题》；后者考察了清朝政策的意识形态基础。亦可参见蒋廷黻：《〈南京条约〉签订之后平等商业特权在英国以外其他国家的扩张》，《中国社会及政治学报》（The Chinese Social and Political Science Review），15 卷，3 期，422—444 页，1931 年 10 月；16 卷，1 期，75—104 页、105—109 页，1932 年 4 月；加尼：《加尼准将与 1842 至 1843 年间中国的开放与"最惠国待遇"政策》（Commodore Kearny and the Open Door and Most Favored Nation Policy in China in 1842 to 1843），《新泽西历史学会进展》（New Jersey Historical Society Proceedings），50 卷，162—190 页，1932 年；更多讨论参见《中国社会及政治学报》，16 卷，75—104 页，1932 年；《天下月刊》，3 卷，1936 年。加尼的报告 1846 年在美国出版，众议院报告，29 卷，1 期；参议院文件，12 月，139 卷，1—47 页。顾盛的传记中没有提到这一点。菲斯（C. M. Fuess）：《顾盛的一生》（The Life of Caleb Cushing）。

包括"威胁拒绝谈判，谈判开始后突然中止，协议达成后拒绝在条约上签字盖章，最终让顾盛放弃了北上要求，在澳门递送了国书"。这场交锋中满人赢得了胜利，美国人毫无进展。当顾盛放弃北上时，他得到了想要的条约。

另一方面，顾盛和璞鼎查一样有明确的目标，希望通过条约确立已存在的商业特权；耆英则处于守势，希望把条约仅仅限定在商业领域，避免割让其他岛屿或开辟更多港口。因此，美国外交官能借鉴璞鼎查的错误及其一年来的遭遇，并从中获利。他不止一次地看到英国当局听从清朝官员的建议，美国商人也因此有一定程度的让步。1844年10月1日，中美《望厦条约》在没有互换批准的情况下正式生效。英国驻广州领事马额峨根据"最惠国原则"，宣布中美《望厦条约》的条款适用于英国对华贸易。①

1844年10月24日，根据所有"外夷"一视同仁的观念，中方与法国顺利签约。拉萼尼与顾盛一样，被派往中国的目的在于追随英国步伐，与中国签订贸易条约，不过，当他抵达中国时，他发现这一目标已经实现。法国驻广州领事拉第蒙冬（Ratti‐Menton）已确认法国将享受和英国同样的特权。因此，拉萼尼使华，"失去了法国政府耗资不菲资助其远征的实际意义"。最近一名学生在1844—1846年间拉萼尼和耆英谈判的研究中发现了拉萼尼支持宗教的主要原因，宗教原本不在法国政府的最初训令之中，后来却变成了拉萼尼使团的主要任务。与璞鼎查一样，拉萼尼对中方"极其友好的招待"始料不及，耆英和他的主要助手黄恩彤、潘仕成的确表现出热情好客的态度。法国人对中国坚称他们是中国的第一个西方朋友而感到困惑（这主要归因于"佛朗机"与"法兰西"相近），两国"三百多年来保持了真诚的友谊"。耆英的确在奏折中表达了

---

① 《英国议会文件》，"马额峨致德庇时"，1845年2月4日。

他对法国人意图的极度怀疑，但基于同璞鼎查和顾盛打交道的经验，他的幕僚已制定出完美回应拉萼尼使团的"驭夷"之策。对华交涉的外交官很少有拉萼尼这样愉快的外交之旅。[①]

1845 年，中国的平等对待观念再次得到适用，这次是鲜为人知的中国与比利时的交涉。4 月 10 日，耆英、广东巡抚和粤海关监督联衔会奏，"西洋诸夷来粤贸易，除大西洋寄居澳门不计，此外旧准通商者共二十国。"近年只有法国、荷兰、西班牙、美国、英国和印度每年派货船前来贸易。其他诸如奥地利、比利时等国"或数年一至，或多年不至"，"统计旧准通商各国已减去十之六七。"最近北尔日喀国领事兰瓦呈称，该国曾在百年前来华贸易，"嗣遭国难，遂以中止。"今闻清朝皇帝恩施各国，国王派他前来商谈共享五口通商事宜。法国公使拉萼尼亦来信帮其引荐。耆英等以前从未听说过北尔日喀的国名，其发音与"比利时"发音相近。潘仕成秘密调查后发现，比利时确实和法兰西一样"同在欧罗巴部落之内"。因此，耆英允许该国贸易。但道光

---

① 张延真（音译）在《1844 年的〈黄埔条约〉》一文中注意到，耆英在拉萼尼面前表达了亲密无间的友情，但向皇帝汇报时却将其描述为"狡诈、阴险而恶毒"之人，57 页。这篇文章利用了《筹办夷务始末》，不过，最全面的研究是格罗斯的博士论文《耆英与拉萼尼谈判记》，32 页、35 页等处，该文翻译了《筹办夷务始末》的 19 篇文献，很好地利用了加勒利日记和其他法文文献，从多个角度阐释了中法关系。亦可参见《筹办夷务始末补遗》（道光朝），1705—1707 页，耆英奏折，1844 年 10 月 6 日、11 月 6 日。1842 年法国调解的努力有待进一步研究，当时法国战船于 7 月 31 日突然在上海出现，参见《筹办夷务始末》（道光朝），卷 59，页 18b—21。1842 年 8 月 24 日，牛鉴奏折中记录了牛鉴为驱逐法国人而向英国求助的事实，《筹办夷务始末补遗》（道光朝），1506—1509 页。其他法国文献，参见加勒利：《中国外交通信集》（Correspondence diplomatique Chinoise）；勒瓦耶（Ferriere le Vayer）：《法国驻华领馆》（Une Ambassade Francaise en Chine）；高第（H. Cordier）：《真盛意使团》（La Mission Dubois de Jancigny）。魏源在《海国图志》中对 1842 年法国人的记载令人困惑，1844 年，卷 1，页 38b—39。法国翻译加勒利在他日记中观察到当时耆英随员们的性格和态度。

帝要求进一步核查，[1] 他不确定这种情况下应否暂准贸易。

1845 年 7 月，耆英和黄恩彤回奏解释道，比利时位于法国和英国之间，"素称微弱"，"商船为数无多，于夷务尚无关轻易。"该使臣言词甚属恭顺，似乎未便拒其所请。目前广州只有法国、英国和美国设有领事，其他的荷兰、西班牙、丹麦、印度、瑞典等国偶尔有商船驶到，多由以上三国领事代为报验输税。这些小国家商人的衣服、言语和样貌大同小异，"其究系何国之人，实亦无从深考"。如果比利时潜附他国仍来贸易，反不足以示其怀柔。既然法国人代为请求，"尤应藉事羁縻，俾该夷等同深感戴。"该使臣兰瓦现在马尼拉，希望和拉萼尼一起来广州。道光帝最终批准耆英等人的建议，同意"将五口贸易章程一体颁发，以示怀柔"。[2]

具有讽刺意味的是，清朝实行平等对待西方各国的政策，目的在于使各国分而化之，彼此争斗，但却产生了使他们结盟的相反效果。因为中国是处于守势的弱者一方，"最惠国待遇"条款被证明是一条单向道——任何一个西方国家得到的让步或特权，立即延伸到所有国家。中国从未扭转乾坤，通过废除某个国家的特权进而废除其他国家的特权。条约特权不断积累，持续损害中国的利益。

1844 年，耆英和穆彰阿不会预见到"最惠国原则"的深层含义，谁曾料想这一法律齿轮会不可逆转地运行下去。他们认为，他们只不过把长期以来在"内亚"诸部落中成功适用的原则运用于西方各国。他们的错误在于，没有认清中国再也不是宗主国和世界的中心。

---

① 《筹办夷务始末》（道光朝），卷 74，页 7b—9；卷 74，页 16。

② 《筹办夷务始末》（道光朝），卷 74，页 16—18b。关于兰瓦和其他人谈判记录的比利时档案，参见弗罗切斯（J. M. Frochisse）：《比利时与中国》（*La Belgique et la Chine*），22—40 页。

第十二章 条约在新通商口岸的应用问题

在中国，中西方的日常接触交织着中西各自不同的生活方式与价值观。即使在外国势力具有巨大优势的时期，外国人在中国的行为依然受到中国环境细致而深刻的影响。对半中半西的通商口岸生活方式而言，西方人需要不断努力才能在一定程度上摆脱中国方式的影响，从而保持通商口岸的某种独立性。中西双方共同创造了通商口岸的生活方式。下文所述各通商口岸发生的一系列事件，都可视为外国人面临普遍性问题的例证，无论其寻找中西之间的一致性，还是调适西方以适应中国环境。①

---

① 接下来的讨论以英国领事档案为基础。这些档案显得太过美好，似乎多年惊心动魄的经历都被浓缩到一些页码中以供消遣——历史书写对这种叙事方式充满怀疑——事实上，我们应当记住，当时的环境异常凶险。另一方面，读者应充分认识到，除了领事之外，其他人在通商口岸的生活枯燥乏味。领事的函件浓缩了各种真实或充满想象的生活；人事关系紧张，沙文主义猖獗，部分可归因于书信内容乏善可陈；沉闷舒缓、忙碌喧嚣的中国生活成为所有早期领事的活动背景。下文选择引用的事件旨在显示出现过的危机类型，而不是每天都出现的危机。

领事馆问题

每一位英国领事的首要任务是建立领事馆，选址首先不是考虑优越便捷的地理位置，而是通过在行政城市的城墙内升起英国国旗以保障英国的特权。新通商口岸的这一政策在广州表现为著名的"入城"问题，允许外国人进入广州城的议题在蓝皮书中占据大量篇幅，它直接导致第二次中英战争的爆发。[①]

第一批条约正式签订前的交换文件期间，英国商人的贸易要求已经生效，领事的居住地亦已提供，但是并未提供商人的居住地。[②] 英文版条约的第二条指出，"英国商民允许在广州城镇居住"。但中文版的对应部分却载明，英国商民只许在 5 个通商城市的"港口"或"江口"暂时居住，英国领事可以在"城邑"居住。耆英和他的同僚们对此当然心知肚明。以此一条约术语为基础，1842 年 9 月 1 日，耆英、伊里布和牛鉴提议在通商口岸建造外国工厂，商人及其家眷可来新通商口岸；"但商务事竣后，他们应离岸上船，返回英国；他们似乎没必要整个一年都住在工厂。"[③] 这实际上还是旧体系的保留，允许外国商人在香港居住，在新的口岸贸易；这与他们（名义上）

---

① 参见马士：《中华帝国对外关系史》，"冲突"，第 14 章。

② 南京的一份英文备忘录指出，"香港作为居住地的要求当然要满足，要在广州等 5 个地方开展商业往来，等等。"中方对此回应道："英国人早已在香港建造房屋，允许他们继续保留住所。至于 5 个通商口岸，允许英国开展贸易和商业往来，允许任命的下属官员居住在那里。""璞鼎查函件"，第 38 号，1842 年 9 月 3 日，附件 23，日期为 8 月 15 日，FO 17/57。

③ "璞鼎查函件"，第 38 号，1842 年 9 月 3 日，附件 23，日期为 8 月 15 日，FO 17/57。

从前在澳门居住、在广州贸易的情形毫无二致。璞鼎查断然拒绝了这一建议。他显然没有意识到中文版条约的含混性以及"港"和"城"之间的区别，他回信道，"不可能有任何改变……即便其内容可取，也断不会承认。"英国人的目标是建立"自由而不受限制的贸易"，绝不允许这种对商人的限制。尽管这一问题没有解决，双方还是中止了讨论。一年之后的《五口通商附粘善后条款》保留了同样的说法：英文版中既有"港口"，也有"城镇"；中文版则仅仅提到"港口"或"江口"。这一遗留问题没有真正地予以解决，英国政府只承认他们自己的解释并将其付诸实施。

1843 年 11 月 2 日，厦门开埠。代理领事记里布首先考虑领事馆建在石壁炮台旧址，这里曾是 1841 年清朝抵抗英军的主战场，[1] 靠近现在的厦门大学。[2] 英国商人反对这一建议，因为从海边到这里需要半天的时间。事实上，记里布的新领事馆建造计划"对璞鼎查来说完全不得要领，其他人也明白这一点"[3]。因此，他受到璞鼎查的严厉斥责，东印度公司当时提出领事馆要有堆放货物的货栈和转运码头。最终，记里布租用一个姓吴的人的空房子作为领事馆，位置在"海关署的隔壁"，这样既挨着海关，又靠近海边，租金为 400 元一年。不过，他很快发现这一地区人员嘈杂，还经常发生火灾，房间也不舒适。因此，他请求搬到鼓浪屿居住，当时那里还有英国驻军。1844 年 2 月 19 日，记里布向璞鼎查报告，他已经得到地方当局的承诺，允许外国人住在鼓浪屿。[4] 这只是承认一个既定的事实，因为怡

---

① 梅辉立等：《中日商埠志》（*The Treaty ports of China and Japan*），257 页。

② 参见郑德坤：《鸦片战争的炮火：厦门大学校园的历史》（*Cannons of the Opium War: a history of the campus of Amoy University*）。

③ 《英国驻厦门领事报告》，"璞鼎查函件"，第 5 号，1844 年 1 月 15 日。

④ 《英国驻厦门领事报告》，"记里布函件"，第 26 号，1844 年 3 月 14 日。

和洋行的代理人福布斯船长从 1841 年底就在那里定居,[①] 他在岛上修建了房屋和厦门的办公室,其他商人也跟着仿效。不过,双方官员并不关心商人的舒适感。福建官员的奏折丝毫没涉及对记里布的承诺:"夷人"付清欠款后才可在鼓浪屿居住。但是正式批准的永久领事馆则是另外一回事,他们将该问题抛给了钦差大臣。璞鼎查支持记里布的建议,但耆英在整个 1844 年始终坚决支持福建地方当局,反对英军撤离后将鼓浪屿提供给外国人居住,因为他担心这样做可能会真正影响该岛屿的收复。

负责对外贸易的徐继畬到达厦门后,与记里布进行了长久交涉。他奏报说,虽然他从道理上使记里布折服,但对方仍不同意住在厦门。道光帝对耆英和徐继畬的做法表示支持。[②] 与此同时,璞鼎查的继任者德庇时给钦差大臣的回信言辞激烈,认为他的反对"愚蠢而幼稚",而记里布也得到当地人的默许,同意他在厦门的房子建好之前住在鼓浪屿。[③] 德庇时最终将决定权留给了记里布的继任者阿礼国,威胁他如果厦门没有良好的住宿条件,他可能要住在军舰上,或者直接返回香港,[④] 两种选择似乎都不是耆英想要的结果。

1844 年 11 月 7 日,阿礼国就任厦门领事,他最初考虑的是在厦门城内升起英国旗帜来维护英国的威望。1845 年初,他和道台商定应在过去的行政中心道台衙门旧址建造领事馆,道台衙门因为战争而

---

①　约克:《中国皇室与怡和洋行的早期记录,1782—1844 年》,460 页。

②　《筹办夷务始末》(道光朝),卷 71,页 46—66;卷 71,页 19—23b;卷 72,页 13。

③　《筹办夷务始末》(道光朝),卷 73,页 35—37。

④　"德庇时函件",第 120 号,1844 年 12 月 30 日,FO 17/90。阿伯丁建议德庇时克制这种不合作的威胁,"阿伯丁函件",第 36 号,1845 年 5 月 23 日,FO 17/96。

被毁。建造期间，领事馆人员仍在鼓浪屿居住。[①]

　　1845 年 1 月，德庇时提议英国提前撤军，在赔款全部付清之前将鼓浪屿归还清政府。他还建议领事馆人员仍暂时住在鼓浪屿，直到城里的房屋彻底竣工。这一提议引发了中国民众对某种开放契机的不安，厦门当局却很高兴地将此事报告给耆英。1845 年 2 月，耆英向朝廷奏报鼓浪屿的早期情况和记里布对厦门领事馆的选址情形，他认为"夷性实不确知"：提前归还岛屿自然是好事，但它与条约却不一致。如果鼓浪屿提前归还，那么舟山是不是要拖后归还？最好还是等到条约规定的时间，两个岛屿一并归还。耆英认为，对德庇时而言，之所以提前归还鼓浪屿，是因为它不是一个贸易港口。道光帝对耆英的方案表示赞成。[②]

　　1845 年 3 月 22 日，英军从鼓浪屿撤离，道台敦促领事阿礼国要么自己离开该岛，要么在该岛保留一名领事馆的安保人员。果然，英军甫一登船，一场对门窗和便携物品的抢劫随之发生。其实阿礼国并未离开岛屿，身边也无保卫人员，他将自身安危的责任推给了中国当局。最终在 1845 年 8 月，阿礼国的继任者李太郭离开鼓浪屿，迁入厦门城内的新领事馆。由于新领事馆和记里布最初设在海边的商栈有半小时的步行路程，李太郭打算取消领事馆的货栈，将自己的办公地点和住处合二为一，以免在大热天通过肮脏的厦门街道。这把压力推

---

① 《筹办夷务始末》（道光朝），卷 74，页 12—14b。

② 《筹办夷务始末》（道光朝），卷 73，页 36—37；卷 74，页 1—2b、页 12b。

给了英国的船主和商人。[1] 有趣的是，在 7 月 1 日福建当局的奏折中，这场争端的最终结尾竟然是道台和地方官陪同领事李太郭逐一检阅新落成的领事馆。领事"欢欣鼓舞"地在约定时间迁居新馆，所有领事馆人员撤离鼓浪屿，没留下一个外国人，地方民众重新接管该岛。朝廷下令，流离失所的避居难民分别给以抚恤。[2] 多年以后，城里居住的英国领事出于对鼓浪屿的和风美景的眷恋，重新搬回该岛，1903年，鼓浪屿正式成为公共租界。

英国人在其他通商口岸的经历与此类似。领事巴富尔于 1843 年11 月初到达上海后，以 400 元的价格在城内租了一栋房屋作为官邸，位置在东西城门之间的城墙附近。几个月之后，他搬到新的领事馆。[3] 另一方面，宁波领事罗伯聘更关注贸易事宜，因此，他将领事馆建在宁波城对面的河岸。[4] 不过，当宁波道台提出英国商民须限定在城外一定区域时，罗伯聘断然拒绝了这一建议。他解释道："所有英国商民，从婴儿到老人，都习惯无差别的自由活动"，因此，他提

---

① 《英国驻厦门领事报告》，"李太郭函件"，第 61 号，1845 年 8 月 16 日。李太郭领事寻求这种自我满足感："我们很少关注家庭经济，因为我们自己饲养鸡、鸭、鹅、羊和马。鸡在厨房旁边占据一间大屋子，鸭和鹅养在围栏里，马厩修在游廊的一侧，他们可以绕着二层楼跑，羊则在一座建筑物的拱门下面休息。我们在手上拥有所有的存货，这样做实有必要，因为这些仆人不一定是世间最诚实的人。""致李泰国函"，1845 年 9 月 20 日，巴里，安大略。

② 《筹办夷务始末》（道光朝），卷 74，页 21—22。

③ FO 228/31。参见马理生：《中国商业指南》，198 页。《上海简史》一书指出，英国领事官员于 1849 年 7 月 21 日搬到后一地点，第一座领事馆建于 1852 年。卜舫济：《上海简史》，21 页。

④ 《筹办夷务始末》（道光朝），卷 70，页 30—32b。1844 年 2 月的奏折表明，罗伯聘在城外江北地区租用了一所私宅。

议宁波城完全开放，城外区域限定在周边 10 里（3 英里）的地区。①

领事李太郭在 1844 年年中福州开埠时得到了徐继畬及其同僚的帮助，他们帮他在可以停船的南台岛上找了一所普通民房。徐继畬奏报说，李太郭对此非常满意。但香港总督德庇时在稍后不久的巡查中却发现，"简陋的房子建在泥滩之上"，尤其每次涨潮时经常受洪涝之苦。② 出于维护英国声誉的考虑，他要求李太郭在福州城内找一块地方。这个建议促使徐继畬仔细研究了《南京条约》（1845 年 5 月的奏折），他发现条约中并未明确标明外国领事馆一定设在 5 个通商口岸城内。由于福州士绅请愿禁止李太郭入城，徐继畬专门划定一大片区域，希望他继续待在南台。李太郭拒绝了这一建议，要求住在福州城内人口密集的白塔寺附近。他最终选择在位置较远的乌石山的一座废弃寺庙基础上建造领事馆。

徐继畬的态度是始终对英国人"示诚信而期折服"，全凭和约各条约束他们。即使条约未注明内外分别，但徐继畬还是希望避免在英国人面前造成违约的口实。他指出，"英夷""情既诡诈，性复贪刁，控驭稍未合宜，无论或亢或卑，皆难折服"③。

1845 年 3 月，阿礼国占领了寺庙旧址，他向福建巡抚抱怨道，"大雨通过薄薄的板墙从四面八方涌入每间房子的屋顶"，这严重损害了领事馆人员的健康。李太郭花 300 元修建的墙体被大风吹倒。第二年经过多次协商后，地方当局终于同意花费 2980 元修复主体建筑，并新建 3 间平房，县令则每年再支付 298 元的维修费用。这种租佃关

---

① 《英国驻宁波领事报告》，"罗伯聃函件"，第 9 号，1844 年 1 月 31 日。

② "德庇时函件"，第 85 号，1844 年 10 月，FO 17/89。参见德庇时：《战争及媾和以来的中国》（*China During the War and Since the Peace*），卷 2，72 页；莱恩：《巴夏礼在中国》，52 页。

③ 《筹办夷务始末》（道光朝），卷 73，页 11b；卷 73，页 9b—15。

系成为中英关系的基调。维修进度长期延误，修缮使用劣质材料，虽然地方政府扣留一部分费用，但从未进行过监管。（福州开埠后的一段时间里，一名领事助理为贸易计而住在南台岛离船很近的地方。当南台岛没有发展时，他又返回了领事馆。）①

在所有这些情形中，专业外交人员最重要的工作是维护英国声誉，因此，巴富尔和阿礼国通常被认为是成功的典范；而记里布和李太郭遵循了贸易便利原则，因而不断受到批评和谴责。

条约适用问题

吨税问题。通商口岸的贸易存在大量条约条款的解释和应用，这些问题只能通过与中国地方当局合作才能解决。这其中产生了很多的争端插曲。

在厦门，鼓浪屿的英国驻军阻碍了当地海关的正常设置。因此，海关监督于 1843 年 2 月通过伊里布向英国交涉，要么重开鼓浪屿海关，要么在附近岛屿设立海关，璞鼎查同意选择后者。② 厦门开埠后，地方当局援引《五口通商附粘善后条款》第 17 条，只针对所有在厦门没有卸货的船只每吨货物征收 1 两白银吨税。③ 这一条款的真正意图是对那些不进入厦门贸易的鸦片飞剪船正常征税。英国人的分歧在于，按照贸易规条第五款，进港贸易船只应交吨税，税率为每吨

----

① 《英国驻福州领事报告》，"若逊函件"，1848 年 10 月 28 日。1854 年福州港振兴之后，1855 年 3 月 31 日，领事麦华陀付了头 3 个月的租金在南台岛建立领事馆，提议废弃城内的领事馆，只留寺庙一部分地方在城内。引自马理生：《中国商业指南》，185 页。

② "璞鼎查函件"，第 24 号，附件 8、9，1843 年 3 月 25 日。FO 17/66。

③ 吨税替代了古代中国的测量费。参见魏尔特：《中国关税自主沿革史：1843—1938 年》，48—50 页。

交纳 5 两白银，但对那些只装载信件、水和补给的船只，以及入港不超过 48 小时的船只，无论如何都不应征收吨税。福建巡抚坚持领事记里布应遵守中国方面的解释，不过，徐继畬和广东巡抚最终同意只装载信函和珠宝的船只不必交纳吨税。与此同时，璞鼎查认为允许这些装货不足的小船免交吨税可能会促进走私，他甚至建议入港超过 12 小时的船只都应征税，而不是中国方面提出的悠闲的 3 天时间。可以想象，双方你来我往的通信是让妥协方案尽快生效。1844 年 10 月，以徐继畬为代表的厦门地方当局率先公布对外贸易规条。[①] 不过，3 年之后领事却报告说，福建当局从未付诸行动，也没有制造事端。[②]

牙行

对习惯使用本国标准货币的外国商人来说，他们在中国贸易面临最困惑的问题之一是货币兑换。根据贸易通则第 8 条，交纳关税的外国货币需折合为清政府承认的"标准银或纯银"（这本身就是含混的

---

① "璞鼎查函件"，第 59 号，1844 年，FO 17/81；第 43 号，1844 年，FO 17/80；《英国驻厦门领事报告》，"璞鼎查函件"，第 11 号，"致记里布函"，1844 年 1 月 26 日，等等。十条规则涉及英国商民数量的常规报告；英国船只在鼓浪屿等处的停泊地；日出和日落之间货物的上岸情况；固定上岸地点；对水手的管控；阻止外国人误闯民宅；广东和福建当局对通事与兑换商的联合监管；登陆船只需全额支付吨税；装卸货物船只需交纳吨税；免除吨税商船只能沿岸途经（停留时间不超过 48 小时）；外国船只禁运犯法的中国人。徐继畬制定的厦门贸易规则以上海贸易规则为基础，于 1844 年 4 月奏报朝廷。《筹办夷务始末》（道光朝），卷 71，页 19—22。

② 《英国驻厦门领事报告》，"列敦函件"，第 65 号，1847 年 7 月 28 日；"列敦函件"，第 38 号，1848 年 7 月 19 日。

词汇）。①不过，这一规则的运用掌握在有牌照的银行机构或牙行手中，它们虽然自主经营，却充当了清政府的代理人。在广州，两个彼此互持债券的商人在登龙街附近的 13 号公行成立了收取关税的牙行（海关银行前身），他们在粤海关国库存放了两年期的 6000 两白银作为保证金，存放的银锭上刻有他们的名字和日期。他们由以前的牙商担保，持有清政府颁发的执照和封印，钦差大臣宣布了牙行的开业。在上海，政府的银行业务交由一家 6 名合伙人组成的公司，每名合伙人都能开具有效的海关票据。他们的公司最初在城外小东门到河堤的街道上。②

正如璞鼎查所料，"火耗"问题很快出现，同时也提供了一种新外交"联盟"的范例。这方面的通信来往如下：上海的巴富尔拒绝和清政府协商所有给清政府的银两款项中另外再加 1.2% 的火耗费用。上海当局给广州的耆英写信，后者明确指出，福建和广东海关已与领事李太郭商定征收 1.2% 的火耗。耆英在 1844 年 11 月 24 日就此事向德庇时做了解释，德庇时随后写信通知了巴富尔。巴富尔在 12 月 25 日向英国商民发布通告，并对德庇时报告，德庇时又回信给耆英。③整个事情从头至尾大约持续了两个月。

厦门的汇兑业务闹剧持续了数年。领事记里布最初与地方当局商定，减少"不同货币和纹银的汇率"之后再支付清朝关税。④1843 年

① 有关五口使用海关两的起源以及 1843 年 7 月官方检验外国货币的细节，参见魏尔特：《中国关税自主沿革史：1843—1938 年》，25—32 页。
② 《英国驻广州领事报告》，"粤海关监督致领事函"，第 4 号，1843 年 10 月 6 日，FO 17/71；"璞鼎查函件"，第 167 号，1843 年 12 月 19 日；第 1 卷，FO 228/31。
③ "耆英致德庇时函"，第 37 号，FO 228/38；"巴富尔函件"，第 87 号，FO 228/43。
④ 《英国驻厦门领事报告》，"记里布函件"，第 3 号，1843 年 11 月 13 日。

12 月初，厦门道台和海关监督通知领事，他们任命 4 人负责检测和收取外国税收的银钱，4 个人的家人、村长以及邻居给他们做担保。1 个月之后，这些新的政府银行工作人员要求英国的仁记洋行（Gibb Livingston and Company）除支付火耗费用之外，还对其用于交税的西班牙和墨西哥散碎银元大打折扣。记里布提议的折银方案遭到了拒绝，璞鼎查批评他"间接地破坏了条约"，因为条约载明，商人应当交纳标准银，或者如果他们愿意的话，也可以交纳银元。厦门的海关监督对此表示同意，但牙行继续抵制接收标准银，除非标准银打折，另外还须交纳火耗费用。道台也无法强迫牙行，因为他们特许收取的是铜钱税，而不涉及白银。记里布曾尝试各种方法检测市面流通的白银纯度，希望能发现它们与政府的纯度标准还差多少，但最终还是失败了。因此，香港总督德庇时照例向着英提出了交涉。[①] 1844 年 8 月，福建地方当局以广州经验为基础，出台了一系列规定，声称这些规定应在所有口岸通行。他们承认将 100 两关平银[②]作为法定的税收支付单位，另外加征 1.2% 的融炼费，作为替代品的劣质银两等价估值。但是，厦门牙行并不理睬这些规定，继续使用他们认定的比率定价征收，例如，100 两的天津宝丰纹银在广州折价为 98 两，但厦门却折抵为 95.7 两——从中获利 2.3 两。

1844 年 11 月，领事阿礼国到厦门后发现了这一问题，开始着手解决。12 月，他征得海关监督的口头同意，对商人提供的所有白银样品进行了含量检测。不过，海关监督却书面声称自己误解了协议。

---

① 《英国驻厦门领事报告》，"致英国领事函"，1843 年 12 月 8 日；"璞鼎查函件"，第 6 号，1844 年 1 月 18 日；"记里布函件"，第 44 号，1844 年 6 月 1 日；1844 年 6 月 15 日，FO 228/900。

② 关平银的计量和纯度，参见马士：《中朝制度考》（*The Trade and Administration of China*），第 5 章。

阿礼国迫使其接受广州已使用的各种银两的折抵标准。1845 年 1 月，海关监督在一次会面中再次口头同意了此方案，但仍拒绝以书面形式声称对此负责。阿礼国随即宣布让英国商人实行广州的折银税率，如果遭到拒绝，他将待在领事馆静待裁决。这极有可能造成英国商人拒绝支付关税，后来阿礼国在上海仍使用了这一策略。厦门海关监督向耆英和德庇时提出了解决方案。阿礼国对方案表示认可，但强调如果不执行的话，他将按照自己的计划行动。这使牙行陷入进退维谷的境地。几天后，海关监督同意采用广州的税银标准，以 98 两的天津宝丰纹银作为纳税单位，这正是阿礼国最初期待的方案。但是，当阿礼国将书面协议交给海关监督时，海关监督再次找到不发表声明的借口，牙行出面承认他们以前的折银方法是错误的，从此以后以 98 两为标准，而不是之前的 94 或 95 两。阿礼国仍然拒绝接受这种只覆盖单一海关银的解决方案，海关监督最终发给他一封正式信函，里面包含了之前同意的所有方案。至此，广州使用的折银比率终于在厦门得到应用，也证明了厦门曾经历过"很不公平的征税"。①

上述整个过程是通商口岸领事坚忍执着的一个有趣例证，这种执着通常会给他们带来成功。厦门牙行商人对阿礼国的评价很低，因为他的继任者带来了更多的巧取豪夺。政府的特许牙行似乎是真正的大型商业公司，它以"泰昌"商号的名义主要在马来亚开展贸易。他们通常在马六甲海峡装船，利用他们的官方地位令槟城和新加坡的华商成为船货的承销人。他们确实权力很大，控制了日渐增长的非法苦力贸易，他们威胁贸易者，如果不与之合作，将向官府揭发他们。他们把矛头对准厦门最主要的马尼拉贸易商塞姆（Syme），同时尽量阻

---

① 《英国驻厦门领事报告》，"阿礼国函件"，第 9 号，1845 年 2 月 8 日；"德庇时函件"，第 13 号，1845 年 2 月 22 日。

挠新加坡英国商人的贸易活动。例如，牙行对悬挂英国国旗的英国商船征收关税，而对悬挂荷兰国旗的英国商船则允许他们免税。英国领事就此再次向耆英交涉，要求打破牙行的特权。耆英在回信中指出，"这些可鄙的牙行商人唯利是图，他们为我们征税，却欺骗我们的海关"，并将此信转交福建地方当局。厦门领事亦将耆英回信的副本直接交给厦门海关。1846 年 2 月，厦门的牙商终被裁撤。[1]

1844 年中美《望厦条约》的影响

早期通商口岸的英国领事没有从同样以条约体系进入中国的美国和法国那里得到有力支援，因为美、法两国政府并不像英国那样对贸易规则和市场培育有那么多兴趣。美国人在新口岸使用了一套成本低廉的商务领事体系，而法国的领事馆主要限于广州和上海两地。不过，1844 年中美《望厦条约》、中法《黄浦条约》是英国条约的重要补充，都是同一条约体系的组成部分。

顾盛签署的条约"被誉为纽约律师改进英国外交的典范"。它的确为中外关系提供了更为彻底的法律框架，将几乎所有璞鼎查提出的条款和规则都集中在一个文件，此外，还特别增加了关于治外法权的某些非常重要的条款。表面看来，正如许多作家乐于见到的那样，条约似乎对中国更加"公平"，因为它禁止美国参与鸦片贸易。但是，条约中美国不承担禁止美国人从事鸦片贸易的任何责任，繁荣的鸦片贸易主要掌握在波士顿的旗昌洋行手中，它的成员在广州和上海担任

---

[1] 《英国驻厦门领事报告》，"李太郭函件"，第 66 号，9 月 23 日；"索利完函件"，第 84 号，11 月 26 日；"德庇时函件"，第 96 号，12 月 4 日；"耆英致德庇时"，1845 年 12 月 12 日；"索利完函件"，第 13 号，1846 年 2 月 14 日。

美国领事的职务。① 同时，治外法权条款增加了中国对潜在美国鸦片走私者采取行动的难度。没有人会被事实所遮蔽，这一本质上的单边条约同样能在其他许多地方体现。尽管第 21 款标明"司法应平等公正地由双方共同管理"，但它不会改变治外法权的本质。

事实上，中美《望厦条约》的要点在应用中并未得到支持，直到 10 年之后才出现了领事裁判权。因此，通常对中国有利的条款并不实施，而对外国人有利的条款则被广泛采纳，并由英国领事实施，即便不是英国领事，也由美国领事负责实施。顾盛已预见到他起草的条约如果可能，将全部由商务领事实施。因此，他特意省略了璞鼎查的领事干预查禁走私事宜等条款，从一定程度上削弱了英国改革中国海关的努力。另一方面，顾盛加入了大量促进外国进入沿海贸易的条款，加快了西方对中国的经济渗透。从这点来看，他起草的条约中有大量西方特权许可的条款。② 关税方面也有一些对美国有利的变化。

---

① 关于美国的鸦片贸易，参见本书第 13 章。

② 顾盛自己声称他起草的条约有 16 个优点。"致尼尔森函"，1844 年 7 月 5 日，《中国丛报》，1845 年 12 月。马士补充了另一些优点。《中华帝国对外关系史》，"冲突"，330 页。

所有这些条款①的背后，最重要的目的是促进美国在各通商口岸之间的埠际贸易，从而抵消英国占领香港所具有的贸易优势。②

机敏的商人毫不犹豫地启用"最惠国待遇"条款。中美《望厦条约》所规定的减少150吨或更小排量船只的吨税，在6个月后的1845年1月对广州的英国船只生效。当年9月，中法《黄埔条约》、中美《望厦条约》生效，来到中国的外国船只凭借其条款只交纳一次吨税。1848年，雄心勃勃的默罗公司（Murrow Company）提出，公司船只从外国来到中国东部沿海时已交纳吨税，因此只要待在中国，无须再交吨税。尽管免税显然不是中法《黄埔条约》的目的，但广州的商人似乎在一段时间内心照不宣地达成默契，那就是海关监督已同意对在华的外国船只减少吨税，而且一年只征收一次。免税协议在上海顺利签署，这样，几艘外国贸易船可以在1849年初通过提

---

① 以下是中美《望厦条约》获得的特权，有时仅仅是已形成惯例的书面文件。1. 150吨以下的商船吨税由每吨5两减少到1两（第6条）。2. 在中国任一港口已交纳吨税的船只到另外的港口时不应第二次交纳吨税（第6条）。3. 运载乘客、行李、信件等不用交税的船只前往五口或从五口出发时无须交纳吨税（第7条）。4. 进入港口但没有卸货的商船只要在48小时内离港，无须交纳吨税（第10条）。5. 在任一港口已交纳进口关税的商船在其他通商口岸转口贸易时，无须再交关税（第20条）。它详细规定了海关监督应当"记录港口货物清单和纳税金额，并给商人开具清单，以便向其他港口的海关官员提供证明"。下列条款是争端解决事项。6. 商船只交纳卸货部分的关税（第10条）。7. 当货物卸下或起运时分别交纳进、出口税（第13条）。8. 关税既可用银两交纳，亦可按照有效汇率用外国货币交纳（第13条）。1844年10月24日拉萼尼在黄埔签订的中法《黄埔条约》几乎复制了中美《望厦条约》，只有几处微小的变化。

② 不过，一部分新的条款经过几年之后才逐步实施。直到1849年7月，至少广州的转口货物免税才通过专门的转口程序或免税证明予以生效。尽管中美《望厦条约》已经提到，相关的转口贸易应在出关清单中注明（第20条）。海关监督最终请求5年之后实施这一条款。两份文件因此合并一处，并推广到其他通商口岸。《英国驻广州领事报告》，"包令函件"，1849年7月；《英国驻厦门领事报告》，"包令函件"，1849年7月。

供它们本年度内在其他通商口岸交纳吨税的证明免除纳税。领事阿礼国最终介入了此事。广州范例并没有提供海关监督正式赞成免税条例的证据。美国领事与英国领事共同认为，免税条例并无条约基础，整个交涉过程毫无意义。①

对外国人游历和狩猎的限制

对外国人执行地方法规如同用地方法规限制中国商人一样困难。中英两国政府都要遵守条约所规定的英国人在每个港口进入内地旅行的范围。旅行范围通常是半天的旅程，以便旅行者能在夜幕降临时返回港口。随着时间的推移，港口限制之外的货物接驳点逐渐增多，外国人出现在没有开埠的沿岸小港的现象也就不足为奇。外国人在内地的游历逐渐增多，其中一部分是传教士。②

在厦门，关于内地旅行的问题甚至在开埠之前便已出现。1843年 10 月，一伙美国人在漳州城区游玩一天，一直走到九龙河口，澳门的《中国丛报》对此做了报道。清朝地方当局向英国方面抱怨道，在核实过璞鼎查在 11 月 27 日发布的通告之后，他们谴责外国人在内地的游历行为，并警告了两名英国公民和其他国家所有在华的外国人。他们希望这比美国驻广州商务领事、旗昌洋行的福布斯（Paul

---

① 《英国驻广州领事报告》，"埃尔姆斯利函件"，第 127 号，1848 年 7 月 27 日；"文翰函件"，第 45 号，1849 年 3 月 24 日；"埃尔姆斯利函件"，第 55 号，3 月 26 日；"文翰函件"，第 124 号，1849 年 7 月 27 日。

② 例如，麦都思从上海进入浙江，进行了两周时间的旅行；艾约瑟（Joseph Edkins）也进行了类似的 17 天 300 英里的旅行。这方面的记述参见《上海年鉴：1855 年》（Shanghae Almanac for 1855），详见本书第 16 章。

S. Forbes)① 所做的更为有效，因为璞鼎查认为福布斯的领事功能
"仅仅是个名字，他完全在同胞的控制之下"②。不过，清政府抱怨后
不久，一群在厦门的英国官员便进行了类似的游历活动：他们向厦门
道台提出申请，但厦门道台不置可否，让他们询问厦门县令，最后他
们在没等到允许的情况下自行离开。1844 年 7 月，当道光帝询问为
何英国代理领事记里布从厦门撤离时，大臣们奏报道，记里布非常不
明智，他不懂得中国的语言和文字；不能驾驭本国商人；给璞鼎查的
报告错误百出；还秘密允许 10 个人在未获准的情况下前往漳州，擅
自在城外活动。这些内容都报给了耆英，后者要求璞鼎查禁止这些活
动。③ 最终璞鼎查对英国的陆军将领和海军司令提出批评，这些军官
随即向清政府道歉，厦门的记里布和罗伯聃则通知地方官员，他们可
任意使用武力阻止此类游历活动。清方接受了英国的道歉。④ 结果是
外国人的游历活动并未停止，而是变得更加谨慎。举例来说，一年之
后，厦门的清朝官员抱怨说，2 名白人和 4 名黑人的团队在港口附近
登陆，他们猎杀野鸭的行径吓坏了当地人。

几乎在上海开埠的同时，外国狩猎者在此制造了通商口岸历史上
第一起真正意义的"争端"。正如前文所述（第 11 章），领事巴富尔
乘坐"美杜莎"号在 1843 年 11 月初到达上海，港口范围包括上海
至长江入海口的整个河流沿线。11 月 4 日"野狼"号军舰抵达，宣
布从 11 月 7 日起上海正式开埠，6 艘商船随后进入港口。其中，美

① 转引自格里芬：《飞剪船与领事》，359 页。

② "璞鼎查函件"，第 160 号，1843 年 11 月 29 日，FO 17/70。

③ 《筹办夷务始末》（道光朝），卷 72，页 9b—10b。

④ "璞鼎查函件"，第 11 号，1844 年 1 月 30 日，FO 17/78；第 24 号，1844 年 2 月
10 日，FO 17/79；第 43 号，FO 17/80；《英国驻厦门领事报告》，"罗伯聃函件"，第 9
号，1844 年 1 月 31 日。

国商船"瓦尔帕莱索"（Valparaiso）号是英国宝顺洋行的特许商船，于 11 月 16 日抵达上海。开埠当天，宫道台要求巴富尔限制船上的海员上岸。美国船主随即于第二天表示遵守条规，并把商船手续移交给宝顺洋行"皇后岛"号（当时著名的鸦片船）的船长约翰·韦德。巴富尔向道台解释道，他虽然无权干涉美国人，但英国的承销人会对其负责。

　　几天之后，即 11 月 20 日，"瓦尔帕莱索"号上的一名美国人（可能是大副）和两名中国人前往 1.5 英里之外的地方打猎，深入到上海的乡村地区。好奇的人群跟随美国人，他慌乱之间向两名"躲在家门口篱笆"后面的中国男孩开枪，民众对此异常愤怒。3 天后，上海知县谨慎地告诉巴富尔，其中一名男孩已经负伤。英国领事并未找到和外国狩猎者随行的两名中国人。他警告英国人不要携带武器离开货船，并把两名受伤男孩带往领事馆，请领事馆的哈勒医生（Dr. Hale）为其诊治。据说一个孩子恐怕会失明。在这种情况下，清政府当局诉诸条约途径解决，立即援引第 12 条的规定，即大副等离岸通常应有船员陪伴。巴富尔回应道，狩猎者确为大副本人无疑，因为普通船员没有配枪。尽管璞鼎查赞成巴富尔利用"野狼"号战舰在港口各船之间搜捕罪犯，但巴富尔并未采取进一步的行动。璞鼎查亦指出，英国领事不应成为非英国商船的保护者。事发一个月后，巴富尔取消了上海的狩猎禁令，但狩猎者必须要得到领事许可，并有警察伴随，同时不必进行打猎方面的培训。男孩的视力很可能得到了恢复，英国商人安排给两个男孩一笔钱，后来给他们找了工作，这似乎不应称作"血钱"。"瓦尔帕莱索"号事后离开上海港，道台再次要求狩猎者应由船上的同伴陪同。①

上海的第一次外交争端是中外关系诸多方面的一个缩影。外国人自始至终更关注受伤男孩的个人福利。不过，同样是出于对个人的尊重，在西方法律中，如果没有目击证人的明确指认，罪犯不可能被抓获归案。中国当局则坚持自己的责任观念，在各种情况下将责任直接归于某个人，因此，道台只能从条约文本出发，这点倒与外国人强调条约的神圣性不谋而合。英国法律的缺陷使美国人的基本罪行免予责罚。进入内地游历的戒备心理很快在上海再次体现，领事巴富尔的哥哥、马德拉斯 28 军团上尉巴富尔准备在上游地区进行调查，清政府当局拒绝了该活动。1844 年 5 月，领事通知外国侨民，尽管河道测量已在进行，但所有政府都警惕这样的活动："清朝政府和任何其他国家一样具有独立性"，因此，他愿意"捍卫清朝的正当权利，但政府无权惩罚那些违规的人"。② 这一事件恰好证明，随着时间的推移，治外法权的责任意识变得越来越淡，外国侨民逐渐习惯了他们的特权。到了 1851 年 4 月，一切变得习以为常，3 名美国人从宁波经由内地的杭州到达上海，其中一人是同孚洋行（Olyphant and Company）的金先生。他们的旅行引发广泛的关注，从宁波运送他们的中国船主被地方官抓获，并在杭州正法。1852 年 6 月，宁波道台宣布禁止此类游历活动。③ 1854 年 3 月，广州再次发生 3 名英国人（柯克斯、领事马理生和约翰逊）前往距广州城 25 或 30 英里之外的山丘游览的事件。他们提出了警卫跟随的申请，但并没等到回信便擅自出发，在路

---

① "巴富尔函件"，第 9 号，1843 年 12 月 2 日；第 1 号，1844 年 1 月 27 日，FO 228/31；"璞鼎查函件"，第 20 号，1844 年 2 月 5 日，FO 17/19。

② "巴富尔函件"，第 36 号，1844 年 5 月 16 日，FO 228/31。

③ "文翰函件"，第 35 号，1852 年 8 月 26 日。

上遇到了村民的袭击。由于他们未能在 24 小时之内返回广州城，属于越限行事，广州侨民将其视为轻率冒险之举。其他同类事件在《英国蓝皮书》中非常引人注目。[①]

英国对其他国家侨民的控制问题

如何控制英国以外的外国侨民，起初对中英两国政府来说都是件伤脑筋的事情，正如前述在上海发生的"瓦尔帕莱索"号枪击事件。清政府的观点是，正如英国领事对英国商船提供保护一样，所有外国商船应由该国当地领事提供保护。口岸开埠后，英国领事几次向清政府提出保护他国商船的要求。在某些情况下，他们这么做是因为他们感觉自己是西方的代言人，事实上也的确如此。此外，获得英国商人授权的外国船只，可以很方便地得到英国领事的保护。璞鼎查自己也在 1843 年底允许广州领事李太郭对一艘智利商船提供保护，该船拥有怡和洋行的书面授权，怡和洋行对该船所有税费和船员的行为负责。与此同时，宁波的英国领事罗伯聃也对美国船"奥斯卡"号提供保护，"该船的船长和货运监督正式给我写信，他们打算和英国商船同样遵守我的命令。"几周后，厦门的记里布也对丹麦的"登斯堡格"（Danesborg）号帆船提供保护。1844 年 5 月，李太郭承认他在广州已经两到三次对荷兰商船提供担保，为其登记注册，他们都承诺在港期间照章纳税，并遵守领事的命令。不过，这种做法风险很大，

---

① 《英国驻广州领事报告》，"文翰函件"，第 16、17、18 号，1854 年 3 月。《英国下议院文件：1847—1848 年》，930 号，118 卷，617、699 页；《英国上议院文件：1847—1848 年》，110 卷，535 页，"1847 年 12 月 6 名英国人在广州附近被谋杀案件"卷宗。

因为英国领事对外国公民并无司法管辖权，一旦遇到严重的麻烦，领事无法为其承担责任。因此，璞鼎查随后下令停止这样的担保。[①]

这也为另一种形式的实践铺平了道路。当地的英国商人很快纷纷接到各国政府的任命书，让其出任代表该国利益的领事或副领事。不久，每个通商口岸都出现大批英国商人充任的外国官员，由于他们的官员身份，自然成为中国人眼中令人尊重的特权阶层。在厦门，苦力贸易的开创者德滴（James Tait）在海关附近拥有一家货栈，因而变成了西班牙副领事。1846 年底，菲律宾总督任命他为西班牙代理领事，这一任命得到了巴麦尊的认可。1847 年 1 月，厦门道台和海关监督向北京奏报道，1846 年 12 月 7 日英国人德滴乘坐西班牙货船来到厦门，要求面见地方官员，他们答应了他的请求。这名外国官员极为恭顺，告知他本来在西班牙从事贸易，西班牙政府要求他来厦门担任该国领事。他提出租用房屋作为领事馆的要求，地方当局帮他租下了原先记里布租住的房屋。德滴非常满意，一年给房屋吴姓主人 400 银元房租，随即搬入居住。闽浙总督认为，既然英国有领事驻居各口办理税务，那么也很难禁止其他国家不派驻领事。德滴出任领事后，厦门的西班牙商船在其控制之下。[②] 1851 年，德滴变成了荷兰驻厦门副领事，这一任命再次得到英国政府的认可。他的双重职位自然对他在东南亚开展贸易极为有用。1848 年，他的对手李太郭揭发他利用官方身份强迫和讹诈清政府当局。1852 年，德滴再次出任葡萄牙领事，同样得到英国的认可。4 年之后，他在苦力贸易的中心汕头非法

---

① 《英国驻宁波领事报告》，"璞鼎查致巴富尔函"，"璞鼎查函件"，第 9 号，1844 年 1 月 15 日；"罗伯聃函件"，第 5 号，1 月 20 日；"致记里布函"，"璞鼎查函件"，第 38 号，4 月 17 日；"璞鼎查函件"，第 13 号，1844 年 5 月 6 日；"璞鼎查函件"，第 77 号，1844 年 5 月 6 日，FO 17/82。

② 《筹办夷务始末》（道光朝），卷 77，页 14b—16。

任命一名西班牙人担任代理领事，充当了苦力贸易的领袖先锋。另一名英国人康纳利（John Connolly）在 1849 年出任法国驻厦门领事，后曾尝试出任普鲁士领事，但未获得成功，他的大部分苦力贸易和货物生意在普鲁士。1851 年，美国人布拉德利（Charles W. Bradley）加入德滴的德记洋行，他是美国驻厦门领事。1853—1855 年间，比利时、秘鲁、丹麦、西班牙、葡萄牙等国的领事馆都设在广州的英国社区。上海的国际社区同样醒目。①

英国政府通过条约控制那些担任其他国家领事代表的英国人。条约规定，如果领事代表没有得到清政府的正式承认，他只能通过英国领事来接近清朝当局。因此，其他相关国家通常希望请求伦敦的英国政府物色一名英国公民充当在华领事。1853 年，英国商人沃金肖（William Walkinshaw）在广州收到比利时国王的来信，令其出任该国领事，但这并不符合常规手续。两年后，为了直接与中国政府打交道，他放弃了英国的公民身份。随后，他进入比利时政府，按照常规的外交手续行事。英国政府通常在收到清政府的允许或授权书后才会表示同意。因此，1857 年英国政府起初不承认斯图尔特（Alexander Stuart）的汉堡驻福州领事身份，因为清政府当局并不认可汉堡的中文拼写。②

英国副领事出任他国领事代表的惯例减轻了商务领事制度的罪恶。1854 年，广州的英国副领事温彻斯特出任黄埔的秘鲁副领事。1855 年，英国驻上海副领事罗伯森担任丹麦领事。

① 《英国驻厦门领事报告》；《英国驻广州领事报告》；参见《中英日历：1851 年》（Anglo - Chinese Calendar）；《上海年鉴杂志》，1854 年、1855 年、1856 年。

② 《英国驻福州领事报告》，"麦华佗函件"，第 14 号，"致包令函"，1857 年 1 月 23 日。

毫无疑问，商务领事制度进一步混淆了中国人本来就模糊的对西方各国之间差异性的认识。英国驻厦门领事耐心地向地方同知解释道，不论其他国家的外国人如何扰乱治安，他也无权管辖，地方官却有被冒犯的感觉。他指出，荷兰和西班牙的领事代表德滴与法国领事代表若逊其实都是英国商人。"由此清政府可能认为这些国家本质上是一样的，它们之间没有什么差别。"他要求将厦门其他国家的外国人名单交给英国进行司法管辖。① 英国在通商口岸的优势地位自然愿意努力将所有西方人纳入其管辖之下。

英国对英籍华人的控制

中国人成为英国公民，使国籍问题变得更为复杂。这种情况在厦门尤其突出，当时厦门和马来亚之间的舢板贸易已经非常繁荣，且直接对接英国与马六甲海峡之间的贸易，这刺激了中国人向新加坡和槟城移民，这些移民纷纷加入了英国国籍。马六甲海峡的商品很快变成厦门主要的进口货，苦力则是主要的出口商品，进出口贸易共同促进了厦门中英居住区的发展。在厦门，领事馆登记的英籍华人数量似乎超过了英国本地人。1846 年，领事馆登记的英国人有 53 人，其中 27 人是航行季结束前返回马来亚的英籍华人。1847 年，35 名英籍人士中，有 16 名是航海季结束时离开的英籍华人。1848 年底，厦门的英国公民中包括 13 名本地人、4 名印度人，以及 26 名来自新加坡、满刺加和槟城的华人。②

这些东南亚的英籍公民如果不是本地人的话，绝大多数是厦门移

---

① 《英国驻厦门领事报告》，1851 年 9 月 26 日、10 月 9 日。

② 《英国驻厦门领事报告》，1851 年 9 月 26 日、10 月 9 日。

民的后代。这些华人与当地土著通婚融合，除非当地人不允许他们这样做。不过，当他们能够证明自己是英国人时，英国政府承诺对他们的保护符合法律原则。作为英国法律扩展的第一步，1844 年 3 月的《香港条例》将香港法院的司法管辖权延伸到中国境内的所有英国公民或海岸线 100 英里的范围之内，这自然包括马来亚的英籍华人。香港总督要求新加坡、满剌加和槟城三地总督给英国领地出生的华人提供一份入籍证明，无论何时他们前往中国，到达通商口岸后可向英国领事出示证明。中国政府则放弃对英籍华人的司法管辖，并严格要求他们在华期间禁止中式打扮。① 因此，西式装束成为接受外国保护的廉价而易获得的标志，尽管上面还有中国"裁缝"的徽章。最佳的走私者是西式打扮的中国本地人。

保护这些"半洋鬼子"是英国领事的权利，同时也有控制他们的义务。例如，他们不得进入条约为西方人规定的半天旅程之外的地区。1846 年 9 月，领事向所有拥有英国殖民地身份的中国人发布通知：第一，如果他们不能提供英国国籍证明，或到中国后未在领事馆登记，他们将不会得到英国的保护；第二，如果他们深入条约规定之外的内地地区，他们将失去英国的保护；第三，他们必须遵守条约关于走私及相关事宜的规定。几名槟城的英籍华人带着日用品进入内地，清朝当局将其作为走私者抓获，厦门领事由于营救困难，特此发布了通知。1849 年，英国政府以法律形式再次确认，出生在英国属地的华人在通商口岸与英国公民享有同等待遇。他们在通商口岸之外

---

① "德庇时函件"，第 70 号，1844 年 8 月 6 日，FO 17/88。印度总督本廷克勋爵（William Bentinck）在 1831 年给广州当局的信中，涉及英国公民在外国的保护问题。《中国丛报》，第 11 卷，2—4 页，1842 年。

的其他地方不享受英国保护，将被视为中国法律管辖下的中国
公民。①

　　1847 年发生了一起典型的因双重国籍而引发的事件。一名叫李
顺发的厦门当地人迁居槟城后成为英籍华人，他在苦力贸易中充当掮
客，后被当地民众抓获。民众认为李顺发应对苦力的死负责，移民船
"弗雷泽"（Sophie Frazier）号在途中遭遇台风，位于船舱下部的苦
力全部遇难。清政府当局迟迟没有释放李顺发，但最后他还是获得了
胜诉，被移交给英国领事。事后，道台按照英国公民的标准付给他
605 银元的赔偿金。另一事件的结局则没有这么简单。厦门当局抓获
了一名怡和洋行的雇员陈清真（音译），这名新加坡的英籍华人在洋
行享有英国本土员工的待遇，他同时也是反清组织小刀会厦门分会的
组织者。他因此而被捕，于 1851 年 1 月在狱中受刑而死。包令总督
向钦差大臣索要陈清真的赔偿金，同时恢复了 1844 年德庇时制定的
英籍华人在华期间须着西式装扮的规定。他也把英籍华人的名单提供
给清政府，所有新入境者在道台衙门由领事馆通事进行审验，以便消
除日后的隔膜。尽管巴麦尊政府认为继续对此案施压"既无必要，
亦无益处"，厦门海关监督还是在 1851 年 2 月最终承诺，如果领事馆
"没有预先接到正式通知"，地方政府将不会抓捕英国雇佣的中国人。
另一方面，厦门道台兼署甘肃按察使衔，他拒绝承认英国领地出生的
华人在华期间具备中国人的身份。首先，条约中并未写明这一点；其
次，中国出生的英国孩子也不是中国人，他们返回英国后也不是中国
人的身份。不过，他建议中英国籍应从装扮上予以区别，剃光头的是
中国人，留长发的是英国人，如果厦门居住的英国公民身着中式服

---

　　① 《英国驻厦门领事报告》，"列敦函件"，第 46 号，1846 年 9 月 9 日；"文翰函
件"，第 20 号，1849 年 5 月 1 日。

装，头发剃光且住在中国乡村，那么，他们也可视为中国人。这种观点当然充满学究气，并不可行。①

英籍华人通过西式装束鉴别自己身份的实践，促使其他口岸的广东人在他们从事非法勾当或在内地为其外国雇主工作时都采用这样的装扮。

早期的苦力贸易

苦力贸易是外国人在中国沿海最为惊心动魄的生意。这种"贩人"活动于19世纪40年代末在厦门兴起，随后发展到未开埠的汕头。厦门领事列敦在1848年的年中面临的困境是如何巧妙地应对那些维多利亚道德标准的坚定支持者。德滴是厦门英国居住区的领导，成员总数不超过6人，他向领事抱怨清政府当局抓捕了一名叫韦森特（Vicente）的中国人，此人皈依了天主教，却是德记洋行著名的从事苦力贸易的人贩子。领事列敦让德滴把他的抱怨写成文字，然后找厦门道台。厦门道台回信道，如果领事承认英国公民卷入非法的苦力贸易，并对此事负责，他将释放韦森特。列敦因掌握德滴的犯罪证据而感到欣喜，不过，当他在法庭起诉德滴时，德滴却否认那些笔供是自己所写，当庭为自己辩护说并没有指认他的证据。

领事馆的调查表明，德滴已经同100名中国苦力和21名男孩订立了契约合同，这些人乘坐拉金斯船长（Captain Thomas Larkins）的

---

① 《英国驻厦门领事报告》，"列敦函件"，第87号，1847年11月10日；"列敦函件"，第100号，1847年12月27日；"文翰函件"，第4号，1851年1月16日。《英国驻厦门领事报告》，"致索利完函"，1851年2月23日。几个月之后，厦门海防同知亲自向领事馆申请提取两名涉案的德记洋行中国员工，希望他们能出现在他面前。"致巴克豪斯函"，1851年7月7日。

"猎人"（Nimrod）号前往悉尼，"猎人"号原属东印度公司，现在停泊在香港。100 名苦力和 21 名男孩同意为拉金斯船长服务，签署了 5 年在南威尔士工作的合同，报酬分别为每月 2.5 英镑和 1.5 英镑。另外，他们每周配有 10 磅肉、10 磅小麦、四分之一磅茶叶和 1 磅糖，其他条款可能也经过了他们的同意。离开厦门前，每个苦力可得到 8 美元的预付金。这笔钱可能由家人接收，以弥补他离家的损失。到了澳洲后，他每周再还雇主 50 美分。厦门的苦力贸易非常有名，引发当地百姓的热议，民众认为这些人都被德滴买走。由于苦力来自最底层、最危险的贫困阶层，领事认为他们的离开会使社区获益：每年 1 万人离开对当地大有裨益，持续输送大量"堕落之人"将会提高当地的文明程度，并让他们按照诚实的方式生活。另一方面，清政府有意避免卷入整个事件，以免使事态变得更为复杂，领事馆翻译金执尔目睹了协议的签署，似乎充当了苦力贸易的监督角色。因此，领事接到大量苦力父母的请愿书，他们因自己儿子被诱拐而伤心欲绝。

领事列敦并不确定自己的法律地位，于是向上级发出疑问："我究竟怎样影响那些精明的货运人、贪婪的代理人和狡猾的承销人呢？英国司法部长认为'领事无权扣押船只'。货运人请求说'请给我文件让我航行。'悲痛的父母喊道，'还我的儿子！'德庇时命令道，'不要设置任何障碍。'道台则要求道，'请安抚好民众，照顾好自己。我要做到的是保持冷静，避免在此事上面摔跟头。我对移民之事一概不知，所以只能睁一只眼闭一只眼，静待事情有所改观，你最好把所有失踪的人完璧归赵，否则定会尝到苦头．'……"①

　　1852 年 11 月，厦门民众对苦力贸易的不满达到高潮。道台声称 3 名喝醉的英国人因几名"英国人购买"的苦力问题而挑衅官衙外的士兵，随后双方爆发了冲突。道台随之接到厦门"绅商各界"的请愿书，抗议他对那些苦力经纪人的处理过于宽大，"那些虚伪狡诈的人成功地从家乡诱拐大量中国人，这些不幸的人陷入圈套被卖给英国人。"当道台准备采取行动时，一名英国商人正试图搭救一名被抓的中国的苦力贸易掮客。作为报复，中国士兵抓捕了德记洋行的职员麦基（Mackay），对他进行了讯问，并用矛抽打他的头顶。其他英国人则被投掷石块，"蝾螈"（H. M. S. Salamander）号战舰的一名卫兵因此登上陆地。一时商店歇业，暴民云集，乱石横飞，周边的村民鱼贯涌入，肆行劫掠，最终英国卫兵向人群开火射击，死伤 10 余人。"传教士完全没有参与贪婪的人口贸易，因此在暴乱中安然无恙。"（最终，1855 年英国议会通过《中国乘客法案》（*Chinese Passengers Act*），抑制了这种虐待行为。）

作为英国人随从的广东人

　　英国人在多大程度上为他们的广东随从提供保护，这可能是最难的问题之一。新口岸的开埠是广东人向北扩张的标志，也意味着广东人带着洋泾浜英语以及他们从事对外贸易和与外国人交往的经验常识

---

①　本段和下段的内容，参见《英国驻厦门领事报告》，"列敦函件"，第 34 号，1848 年 7 月 10 日；"列敦函件"，第 37 号，1848 年 7 月 17 日；"致巴克豪斯函"，第 20 号，11 月 24 日；"巴克豪斯函件"，第 60 号，11 月 27 日；"包令函件"，第 61 号，1852 年 12 月 9 日。

向北方挺进，他们为"夷人"和中央王国的交往提供了必要的联系纽带。如同条约签署前的广州一样，他们在新的北方港口担任了外国商人做生意时必不可少的经理人、兑换商、办事员和语言翻译等。每个港口开埠时，前来定居的不仅有小部分"夷人"，更有数量相当可观的广东"随员"。正如广州情形一样，"夷人"无意学习地方方言，而当地人对洋泾浜英语亦毫无所知，因此，广东人的出现，对"夷人"和本地商人都十分必要。不过，在福建和其他北方港口的中国人眼里，这些广东人相当于"外国人"和麻烦的制造者。[1]

在广州，外国人离开当地随从几乎寸步难行，他用洋泾浜英语对随从发号施令，随从常常了解他生意的各个方面，尽管未必尽善尽美，却强于他亲自去做。在新的通商口岸，外国人有时不再那么依赖随从，因为他们也不懂当地语言，例如当江苏本地人和格拉斯哥商人交流时，他们同样无计可施。外国人愿意把这种交流不畅部分归因于北方人的愚笨，认为这些北方人似乎"没什么智商"，与"心灵手巧的南方人"完全不同。[2]当领事巴富尔到达上海时，他发现广东商人早已在此。广东商人跟随英军沿着海岸一路北上。英国在上海的贸易最初借助于一名叫阿龙的广东捐客，他的活动能力很强，在外国人当中负有声望，与内地的茶叶和生丝贸易有着长期的联系。在上海，"他很快打破排外藩篱，教给中国人应该通过需求来提供商品的实物

---

① 1847 年，香港的主流媒体《德臣西报》在上海的"中国通信"中指出，"那些作为随员跟从英国人来到上海的广东人是彻头彻尾的恶棍，应对他们进行更为严格的纪律管制，因为他们制造了各种各样的麻烦……上海人不懂英文，但他们对外贸有浓厚的兴趣，他们不得不接受广东的语言专家，尽管这些广东人出现了很多错误并引发了伤亡事件。他们与我们共事了几年，于是我们的生意和他们搅在一起，原本属于我们的财富大大缩水。"《德臣西报》，1847 年 3 月 25 日、5 月 13 日。

② 梅辉立等：《中国和日本的通商口岸》，376 页。

交易原则。他把英国产品推向中国乡村，同时又通过其影响引导茶叶和生丝的种植户把他们的产品运往上海市场。"副领事罗伯森与阿龙一起共事，他指出，阿龙是上海贸易突然繁荣的始作俑者，中国方面的资源都集中在他手中。几年之内，他因商业损失和债务问题被迫离开上海，宣布破产。但在1851年，罗伯森又帮他进入宁波的茶叶贸易圈，阿龙在那里摇身一变，成为当地迅速发展的广东社区的上层人物。[①] 不过，阿龙在宁波缺乏资本，主要负责收账，最终成为同乡会处理上海市场非法所得的前台人物，同乡会掌握在声名狼藉的海盗葡氏兄弟手中。(详见第18章)[②]

广东人对领事来说同样有用。记里布随身带广东通事前往厦门，罗伯聃同样带着广东通事前往宁波。清政府当局描述后者到达时随员多达15人，包括广东仆人和两名通事江彬、源华，他们都是香山本地人，曾得到粤海关监督的授权。[③] 1845年，在福州[④]的阿礼国积极奔走于清朝政府和领事馆的广东雇员之间。他承认自己对广东雇员没有司法管辖权，但他又指出，按照《南京条约》第二款的规定，这些随从是英国公民"属有"的一部分。(中文条约称之为"所属家眷"，意指妻子和家庭成员，包括随从，不过英文条约文本中的表述更为狭隘) 阿礼国要求受到犯罪指控的领事馆雇员首先交由领事处

---

① 《英国驻宁波领事报告》，"罗伯森函件"，第4号，1851年1月20日。

② 《英国驻宁波领事报告》，"黑格函件"，第4号，1852年1月19日；亦参见下文第23章。

③ 《筹办夷务始末》(道光朝)，卷70，页26b—27b。

④ 福州开埠后不久，阿礼国的继任者李太郭公开宣称："他决定那些懂英语的广东人不应以任何借口进入领事馆，兑换货币、购买必需品以及与人交流等事宜均由领事自己承担。他警告商人和船长不要把与严密欺诈组织有关联的人员带到领事馆，这些人通过高利贷盘剥当地人，人们对他们既恐惧又厌恶。"参见《德臣西报》，1845年2月20日，"政府通报"，香港，2月15日。

理，德庇时对此表示支持。领事只有在他们"犯罪证据确凿无误"的情况下再交给地方当局。德庇时指出，第一次战争的开端就是对外国人随员的袭击，因此，必须防止这种情况再次发生。[①]（这种治外法权的虚拟延伸成为英国政策的一个显著特征，福州发生的一起案件甚至表现出其黑暗的一面：1845 年 11 月，一名广东人被指控在郊区猎杀鹤，其实他杀死了一名男孩，并对事实供认不讳。)[②]

福建、浙江和江苏三省民众的态度也很重要。操着独特口音的广东人对他们而言，即使不是真正的外国人也非常陌生。他们在食物方面有不同的口味，所有人具备与中国大部分地区迥然不同的身体特点

---

① 在本土的英国政府强烈反对这种观点。外国人的中国仆人被清朝当局控告时是否应交出的问题，早在 1849 年 8 月在广东出现时，巴麦尊已经给予了明确答复：除非清朝方面有令人不快的目的，否则不得通过拒绝交出这种人来质疑清朝政府对其公民行使主权的权利。英国在这一问题上相当谨慎。参见《英国驻福州领事报告》，"文翰通知"，第 10 号，1850 年 4 月 11 日。包令在 1854 年和 1857 年都遵守了这一原则："我不能把中国人置于英国的保护之下。"因此，当包令得知一名怡和洋行的仆人在福州被捕时，他告知领事确保此人被释放，但要避免以此事进行要挟。参见《英国驻福州领事报告》，"包令函件"，第 83 号，1857 年 11 月 9 日。领事密迪乐在 1854 年致宁波道台的信中则表达了通商口岸领事馆的看法："五口的清朝地方当局是否能在不先征求领事意见的情况下擅自抓捕英国公民的仆人呢，这还是允许外国人'无拘无束地生活'么？……上海道台的巡捕秘密从买办的外国工厂抓获一名英籍印度公民，其因向叛军贩卖火药而获罪。英国人向领事集体请愿，同时英军舰队派出两艘武装船前往道台的战船，据说买办被控制在那里。买办却并不在船上，英军将领却从道台的战船上抓获了两名清朝官员，其中一位是绍兴知府。两名官员被带上英国军舰进行检查。买办在此之前已被释放，因此，两名清朝官员也返回他们的船只。"密迪乐总结道："我在上文所讲的这些，仅仅是为了向您表达这样的目的：外国政府不允许地方政府抓捕外国公民雇佣的仆人；不过，按照条约权利和文明习惯，抓捕前应通知领事要求其调查案件，如果仆人的犯罪证据充分，将会把他们移交治罪。"参见《英国驻宁波领事报告》，第 7 号，"致段道台信函"，1854 年 2 月 24 日。

② 《英国驻福州领事报告》，"德庇时函件"，第 83 号，1845 年 12 月 27 日。

与文化特征。同北方口岸的民众相比，这些外来的广东人对外国人和对外贸易抱有更为合作的态度。由于他们的数量远比欧洲和北美的雇主要多，同时与地方民众的联系也更紧密，因此，他们甚至比雇佣和保护他们的外国人更遭人恨。例如，一名叫记连（Glen）的英国商人在福州的鸦片贸易中非常活跃，他不断违规，公然将毒品带到商行销售。1845 年 11 月，领事阿礼国警告他不要这么做，同时发布公告反对这种活动。此种背景下，1846 年 3 月 28 日到 4 月 1 日，南台连续 4 天发生了一系列的流血冲突，福建民众、广东人和英国人都牵涉其中。领事阿礼国和徐继畬成为官方渠道解决的主角，他们给各自政府的大量报告为我们提供了有趣的比较研究。总之，阿礼国对鸦片贸易渠道的泛滥起了推波助澜的作用，造成了恶劣影响。1846 年 3 月 28 日，阿礼国报告说，鸦片船"雌狐"号船长米伦的一名中国随从遇袭，由此在南台引发了当地人和广东人之间的一场混战。一个麻脸姓乐的广东人通识英语，"跑到南台漳州的艾克商店，那是秘密销售鸦片的小型据点"，他用步枪朝福建人射击，打伤两名群众。[①] 事情发生后，他找到记连的经纪人和翻译，这些人是当地广东人公认的领袖。4 月 1 日，骚乱再次发生，记连本人在冲突中受伤严重，他和哈克特、罗珀两位船长随后逃之夭夭，把商行留给了暴民。罗珀暂时占据当地的一个小岛以图自卫。

清朝关于这场骚乱的官方文献完全隐瞒了鸦片问题，详细记载了英国人与地方民众之间的冲突——清朝当局更希望看到他们之间的对抗，而不是合作。徐继畬记录了大量令人印象深刻的"合理"细节，其奏报摘录如下。

徐继畬在给皇帝的奏折中强调，开埠以来，"华夷相安，情形俱

---

① 《英国驻福州领事报告》，"上尉致阿礼国函"，1846 年 4 月 14 日。

属静谧"。1846年3月28日，英国小船停泊在南台港内，水手人等前往市场购买鱼肉。由于言语不通，价未给足，即将鱼肉带回。各店铺因其短价强买，均抱不平。白人阿金和他的广东跟役在街上行走，乡民林森在街上购物，因道路狭窄，误撞到白人。阿金即持挂手小木棍殴伤林森额角，林森负痛逃避至杨焕枝油蜡店内。尽管油蜡店群众告诫阿金不要这么做，其依然不罢休，摔破了油坛。此时附近居民及路过人等听到嘈杂之声，相继而至，聚集街头，皆说"英夷"、粤人欺人太甚，均各怀忿。他们力图与"夷人"争论，此时恰逢另一"夷商"记连并"夷人"及广东人先后走出，人们以为他们要上前帮忙。后来被抓的林姓男子用木棍打伤记连的左肋，一名王姓男子拿石头砸到他的右边，另一人则捡起砖瓦砸伤他的后背。"夷商"米伦的两名随从也在冲突中受伤。地方当局恢复了秩序，记连和其他白人以及随从在军队的护卫下返回了"夷馆"。

由于"夷人"耀武扬威，殴打民众，南台民众深受其扰，喧嚣的人群聚集于"夷馆"旁边的面条店。几名通事手持鸟枪，恐吓民众，希望驱散人群，子弹乱飞，伤到恰逢路过的丁某和周某，两人先后倒地。地方民众对两人置之不理，怒气冲冲蜂拥至"夷馆"，碰巧遇到一名黑人，众人将其殴伤。

"夷商"罗珀惊慌失色，忙令通事将银钱移到安全之所。当地黄姓土匪见银柜起了劫财之心，其他人进入"夷馆"后大肆劫掠物品，另一群"夷馆"外面的人则捡了一些被盗衣物。一个银柜被带走并开启，柜中有2300元外币。其中一人拿走1000元，另一人因为受伤拿走40元，帮忙搬东西的每人得到2元，另外几个人分别拿走300、80和8元，这些人拿走钱后纷纷逃之夭夭。

（在事发6个月后报至北京的中文司法判决中，抢劫120两白银及以上属于盗匪罪；各种不同的犯罪按照法令分别处以数量不同的鞭笞和期限不同的拘役。那些偷窃衣物的人鞭笞 100 下，拘役 3 年。显然，盗窃财物罪比伤人罪判得还重。）

清朝官员奏报了军队在恢复秩序和抓捕罪犯方面的功劳。不过，他们也发现，此时众怒未平，若不明白晓谕，恐乡民无知，认为地方当局偏护"夷人"而不爱百姓。于是，向居民人等刊发示谕："尔等因夷人及广东人多事，群动公忿，原系良民，乃匪徒乘机抢夺夷馆，实不与尔等同心，若不严拿究办，是使匪徒得意，继必抢夺尔等财物，现在严办匪徒，正所以保护尔等。至夷领事阿礼国现住城内，地方官自可将是非曲直与之辨明，定可无事。尔等不必惊疑。"通过开导，众人均各悦服。

地方当局亦考虑到"夷人狡诈百出，正可因此设法驾驭，俾其知感知惧，当派妥弁，授以机宜，前往乌石山阿礼国住处密察动静"。"该弁见阿礼国形色仓皇，极为畏惧，并向该弁乞请，转求各大宪赶紧保护。"该弁回答道，"此番闹事，本系伊等起衅，现在南台百姓百数十万，皆动公愤。虽经各大宪劝谕解散，并派兵在乌石山下暗护伊等，嗣后伊等如再不约束众夷，激成众怒，即官为保护，亦属无济。"阿礼国感服不已，一再宣称"事后必当明定条规，严谕船馆各色人等，不许再惹事端"。

4 月 8 日，阿礼国在伯驾（Harry Parkers）的陪同下拜会了地方当局。徐继畲告诉他们，"此后必须严行管束众夷，中国官员亦禁止众百姓，不许欺凌远人。两不偏袒，方可永敦和好。"阿礼国心悦诚服，唯唯而去。最后，徐继畲认为"夷人"已认识到众怒难犯的道理，因而行事更加谨慎。

皇帝对此在谕旨中指出，福建地方官员"办理尚为妥协"。福州等地民"夷"杂处，口角争执之事时常发生，全在于地方官随时随事，处置得当，地方官应该"于平时认真稽查约束，遇有争竞之事，处置务求平允，既以安民众之心，复不令夷人有所藉口，是为至要"①！

英国方面，鸦片商人的反应是向清政府提出索赔，记连要求连带"商业计划受挫……已发走货物损失"以及返回英国养病等赔偿费用共计 5 万元。德庇时私下得知，中国人反对记连的原因是由于他的暴力和不当行为所致，因此，只答应赔偿其有形损失，即 302 包棉花共计 2260 元。唯一能在闽江穿行的小型武装汽船"冥王星"（Pluto）号被派往福州，同时"小丑"号军舰停驻在离福州最近的地方。不过，军舰的存在对要求赔偿和惩罚罪犯并无太大的影响。最终，记连因生意原因离开，② 鸦片船船长罗珀、米伦和哈克特也被调离，后两位分别被鲁普和希利取代，继续待在船上。一年之后，德庇时发表免责声明，要求将英国人雇佣的所有广东人名单交给清朝当局。希利船长报告道，他雇佣了通事阿平（与 1843 年记里布在厦门的通事同名）和门卫阿宽，鲁普船长则声明没有雇佣广东人。③

英国人、广东人和当地人之间别扭的三角关系，使他们在整个沿海地区都发生了类似的冲突。1845 年，一名在上海的英国人得到领事批准建造"游船"，这是一艘 26 英尺长、载重 60 吨的三桅帆船。曾经的广东牙商福华打算用这艘新船敲诈在河上走私鸦片的中国船。地方当局得知消息后，抓获并拷打了福华，他供出涉案人员 100 多名。④

---

① 《筹办夷务始末》（道光朝），卷 75，页 30b—34；卷 76，页 5—8b。

② 《德臣西报》，第 80 卷，1846 年 8 月 27 日；记连乘坐"伍德夫人"号经由苏伊士运河回国，8 月 28 日。

③ 《英国驻福州领事报告》，"若逊函件"，第 30 号，1847 年 5 月 10 日；"德庇时函件"，第 21 号，1846 年 5 月 8 日。

④ 《德臣西报》，第 8 卷，1845 年 4 月 10 日。

1847 年 5 月，上海知县发布公告，公开防范来自广东和福建的游民，这些人抢劫赌场和妓院，并引诱良家子弟入伙。① 6 年之后，上海出现了同样问题，这次的主角是三合会。（参见第 21 章）

我们再看一下广东人和福建人的关系。1855 年 12 月 17 日，一名苦力扛着木料在街道穿行，不慎撞倒一名广东人，广东人起身后猛踢苦力的腹部，致其死亡。民众抓住了这个广东人，并把他五花大绑，苦力的遗孀用钉子插入广东人的眼睛和太阳穴，其他人则用刀乱划，在他临死之前折磨了好一阵。当地的广东人全副武装应对冲突，地方当局也派出了军队，不过双方通过调解避免了暴乱。幸运的是，死去的广东人与外国公司并无瓜葛。1856 年 5 月，福建省当局宣布，所有到福州的广东船只必须由本省商人保护，船员不得携带刀剑外出。②

地方民众和外国居民之间的摩擦，特别在较小的通商口岸——厦门、福州和宁波，部分原因在于这些地方早期的外国人居住区规模不大、不具备独立性所导致。通商口岸的外国人居住区几乎没有任何生活设施，远没有形成后来独立自在的租界生活。居住区通常只有少量的外国妇女，几乎没有未婚女性；同样重要的是，也没有足够大的社会组织对公共舆论施加影响，白人的优越感和中国人强烈的道德准则制约着他们之间的关系。另一方面，外国人居住区的主流人口在 20

---

① 《德臣西报》，1847 年 7 月 15 日。

② 《英国驻福州领事报告》，"密迪乐函件"，第 114 号，1855 年 12 月 17 日；"告示"，1856 年 5 月 28 日。

至 30 岁之间，这些年轻人有他们自己的想法，不受国内宣传的影响。① 他们通常按照中国家庭体系或与之相关的要求，以这样的方式融入中国社会，尽管偶尔会制造麻烦。

---

① 1853 年，维多利亚主教控告一名宁波副领事在英国的教会学校（德西女校）诱拐了一名中国女孩，在 1850 年转任时将女孩和她的家人带到福州，安排他们住在修道院，结果弄得教堂在福州声名狼藉。即便副领事的同事认为中国家庭的某个男人是不折不扣的恶棍，民众却认为必须把他们最后送回宁波。参见《英国驻福州领事报告》，"包令函件"，第 13 号，7 月 12 日；"沃克函件"，第 33 号，1853 年 8 月 20 日。

第十三章 鸦片问题的实际解决

　　大量西方著作生动记载了两次中英战争之间十几年的鸦片贸易情形，既有图景式的概览，也有写实性或批判性的作品。人们对以下事实相当熟悉：印度的生产体系和官方销售系统，香港的鸦片存贮，以及鸦片通过著名的鸦片飞剪船分销到中国沿海的十几个接驳点。鸦片贸易在其早期发展阶段依靠武装垄断，因为运输船和接驳船必须全副武装，船上的战斗人员时刻警惕海盗的袭击。与此同时，两家英国公司——渣甸商行和丹特商行发展成为行业领袖，它们在物流运输和出口体制方面完全超过了其他公司。这两家公司由能干而负责的英国人控制，其中一些人出自英国国内的上层家庭，因此，其鸦片船队在航海技术、配置以及效率方面都设定了很高的标准。美国旗昌洋行的飞剪船和英国半岛东方公司的早期侧轮汽船是它们的主要竞争对手。不过，半岛东方公司只经营鸦片运输，并不进行销售；美国人虽然尽其所能，但也只占整个贸易份额的十分之一。

　　美国人对毒品贸易的参与比英国人少，因此研究相对缺乏。美国人从 1805 年开始从事鸦片贸易，但最初从土耳其（士麦那）和波斯获取鸦片货源时受到了阻碍。波士顿的旗昌洋行（珀金斯洋行的继任者）最终建立起自己的飞剪船和接驳船运输网络，同时也运销英国的印度鸦片。19 世纪 40 年代，美国的国家政策和社会舆论反对鸦片贸易，但悬挂美国国旗的做法仍为鸦片贸易打掩护或提供保护。正如第 9 章所述，美国商船被租给了英国公司。1840 年，波士顿的琼记洋行开始成为渣甸商行在广州的代理，不久便自行分销印度鸦片。①

　　这种非法贸易的经济功能得到持续推动，因为"鸦片与三边贸易体系紧密关联。中国是英国的债权人，英国是印度的债权人，印度是中国的债权人，而鸦片是印度偿还英国债务最大宗的单项商品，也是英国偿还中国债务的最大宗商品"②。《南京条约》签署后的头十年，中国因进口鸦片造成白银持续外流。尽管中国茶叶和生丝的出口一直在增长，但中国向印度流入的白银最终超过了英国向中国输入的银币。1851 年左右，贸易均衡似乎又回到对中国有利的一面。与此同时，英国的进口商品进入中国乡村，继续寻求狭小而有限的市场。这是因为中国几乎不需要兰开夏的纺织品，但英国商人却抱怨说鸦片耗尽了人们的购买力。可见，鸦片的主要经济功能是继续实现中国对

---

　　① 斯特尔：《美国人与 19 世纪中国的鸦片贸易》（*Americans and the China Opium Trade in the Nineteenth Century*），芝加哥大学博士论文，1938 年；斯特尔：《鸦片战争前美国对中国的鸦片贸易》（*American Trade in Opium to China* 1821—1839）；欧文：《英国对印度和中国的鸦片政策》，206—208 页。关于旗昌洋行的早期历史，参见道富信托公司（State Street Trust Company）：《波士顿航运的旧日时光》（*Old Shipping Days in Boston*），16—17 页；福布斯：《个人回忆》，355—360 页。琼记洋行文件（哈佛大学商学院，贝克尔图书馆）提供了很多细节。琼记洋行主要通过孟买的帕西商人购买鸦片。他们以每月 1000 元的价格租用"胡安"（Don Juan）号双桅帆船，以 286 元一箱的价格分销麻洼沿海的优质鸦片，希望以每箱 820 元的价格售出，而不是广州的每箱 750 元。"约翰·赫德致奥古斯汀·赫德函"，1844 年 9 月 1 日，vol. EM—4。

　　② 欧文：《英国对印度和中国的鸦片政策》，209 页。

外贸易的平衡。

外国商人在接驳点将印度的箱装鸦片出手之后发生了什么，我们仍不清楚。每年大约有50 000箱（19世纪40年代每年大约有37 000箱，50年代年均为68 000箱）鸦片从印度运来，然后消散在东亚的流通系统中，其中大部分鸦片运往中国。不过，几乎没人试图追踪未见公开记载的内地鸦片贸易的发展情况。19世纪60年代以前，西方的政治家们对鸦片问题伤透了脑筋，宗教改革者也遭良心折磨，不过，所有从印度到中国沿海的贸易都属批发商业，几乎未曾涉及中国方面零售商业的知识。历史图景如此显著地强调外国的光明前景，却遮蔽了中国方面的背景。

走私重量轻、价值高的鸦片在正值混乱时期的中国当然是方兴未艾的理想事业。当时日渐加剧的社会动乱无疑增加了意志消沉的吸烟人口数量，同时也让官员通过纵容快速获利。一旦鸦片成为中国人不可或缺且日渐增长的需求，贸易受到进一步刺激，英属印度的商品供给、中国商人的资本积累、地方官员对违法鸦片收入的依赖都出现了稳定增长。最终，贸易不以购买方式进行，而是使用武力。沿海全副武装的外国商船成为清朝国内形势的反映，武装团伙逐年愈加活跃，包括防卫性的"地方民兵"，而沿岸海盗的比例大致也在增长。没有不义之财，海盗势力无法发展，进一步的研究将展示他们与国内鸦片运销渠道之间的紧密关联。①

---

① 易华来（音译）：《太平天国运动中的两广海盗》（*The Part Played by the Pirates of Kwangtung and Kwangsi Provinces in the Taiping Insurrection*），加利福尼亚大学博士论文，1949年。1843年，浙江当局将海盗的增加与对外贸易的增长联系起来，参见《史料旬刊》，第36期，页319b，"刘韵珂奏折"。

英国在通商口岸对鸦片贸易的打击

面对越来越多的非法行径，英国领事不得不出面保障英国贸易的安全。他们早已决定只关注合法贸易，包括输入的英国产品和印度棉花，以及输出的中国的茶叶和生丝。当 1843 年末第一个港口开埠时，鸦片的特殊地位已在实际中确立。走私贸易既不能合法化，也没有被严禁，这一定是官方置之不理的结果。不过，官方忽视的是怎样的限制条例？如果对接驳点的限制条例视而不见，那么，对通商口岸的限制条例也可以视而不见么？当鸦片问题在领事面前出现时，他又可以多长时间视而不见呢？1844 年春，这一实际问题才得到解决。

领事在新通商口岸遇到的困扰是鸦片比他们的到来要早得多。厦门开埠时，海关监督通知领事记里布，港口停泊的 4 艘英国船都没有向海关报告。这几艘船均在鼓浪屿西侧停泊，交易货物既有鸦片，也有合法商品。一名"毒蛇"（Serpent）号的官员登上这些船只，保护它们的注册文件，但报告中却没有货物清单。① 孖地臣预见性地写信给其代理人、"马哈莫迪"（Mahamoodie）号船长福布斯，"你必须将船只开出港口，停到从城里看不到的地方。否则当领事着手办理时，他一定向你要货物清单，当然你无法给他（因为船上装有鸦片）。"②

结果是鸦片船只移到港口范围以外的地方，大公司各自带头，分别进行合法与非法的商品贸易。孖地臣的信继续写道，"既然这可能

---

① 《英国驻厦门领事报告》，"杂项"，第 5、6、7 号信函，1843 年 11 月 7 日、8日。

② 约克：《中国皇室与怡和洋行的早期记录，1782—1844 年》，461—462 页，"孖地臣致福布斯函"，1843 年 11 月 1 日。

涉及你的棉花销售……我们认为你有必要在领事馆附近的岸边有一家货栈，可以存贮那些不能立即售出的（合法）货物，这样你可以在港内节省一艘接驳船。你正在货栈附近盖房子，将来住新房子时可以把钱放在那里。当你攒够一笔钱，可以让职员把它们送到港口之外的'马哈莫迪'号……'马哈莫迪'号的大艇中还保留着我们第一批的鸦片快艇。我们不会付运费让其他船运输我们的财富。当你为'马哈莫迪'号选定合适的停泊地之后，我们先把所有棉花和其他去厦门的船只集中到那儿，以便需要运往泉州（附近有鸦片交易中心）的货物可以装船，并按照需求分发出去。装有棉花或其他合法货物的商船绝不能前往泉州，一旦泉州被人们讨论，可能会牵涉毒品交易。因此，鸦片必须以小批量形式发往五口以外的地方。"①

　　即便大公司之间共同合作，建立鸦片贸易分销的特殊渠道还是需要一些时间。厦门的鸦片船拥堵如潮，像渡船一样排列。毒品公然出现在街头，据说官员以大约每球 5 便士的价格就可以得到。每个月的鸦片消费量大约为 150 箱，交易以现金方式结账。在 80 英里之外的泉州和南边 70 英里的南澳，鸦片需求都比厦门还多，以至于英国领事竟然认为，这一地区的贸易平衡是在反对清朝基础上达成的。②

　　在上海，鸦片贸易比领事巴富尔抵达要早一年。上海市场销售了大约 8000 箱鸦片，价值约 600 万元，3 到 6 艘鸦片船在吴淞口与中国买家接头。接驳船"冬天也滞留于港口之外，为了销售毒品而待在天气恶劣、风雨交加的公海"。在通商口岸开埠后的一段时间里，上

---

　　① 约克：《中国皇室与怡和洋行的早期记录，1782—1844 年》，461—462 页，"孖地臣致福布斯函"，1843 年 11 月 1 日。

　　② "记里布致阿伯丁函"，1844 年 12 月 10 日，FO 17/91。

海和其他港口一样，[1] 鸦片公然通过海关，流通于大街小巷之中。

英国的鸦片垄断集团和领事从开始就有意将毒品贸易限定于更安全的特殊渠道，这需要给那些小规模的中国鸦片进口商人和不熟悉英国法律体系的清朝地方当局以印象深刻的实际教训。上海开埠后，上海道台向英国领事抱怨，吴淞口发现 5 艘外国船只违反河港规定，并未向其报告，很可能从事走私活动。既然他们显然已长期存在，船员通常都会登陆上海，道台的行动表明他渴望履行条约。不过他忽略了以下事实，领事对于港口限制之外的事情置若罔闻。巴富尔回信道，"这些船只一定在港口之外的公海，还不能入港……一定不会违反规定。"他承诺如果这些船进入港口，他将会采取行动。[2] 这件事发生在 1843 年 12 月。两个月之后，确立所有船只区别的著名事件发生。

英国帆船"梅恩吉"（Maingay）号载重 28 吨，船主是乔治布朗，"亚美利亚"（Amelia）号，船主亚历山大，两艘船携带鸦片从新加坡来到上海。它们分别属于新加坡和加尔各答的当地英国公司，携带 128 箱鸦片，总计约 64 000 元。正如领事所说，这两艘船"在入港的吴淞没有进行信息注册"，（这是真正的犯罪）"直接进入城镇下锚停靠"。[3] 1844 年 2 月 1 日，"亚美利亚"号的主人跑到领事馆告诉领事，他有一箱土耳其鸦片，这显然是试探领事对此事的态度。领事建议他应将鸦片扔下船，他假意承诺，开始进行正常的贸易。（后来领事并未公开表态这是他的建议）过了几天，"梅恩吉"号船主向领事馆报告的文件极其混乱，且不符合规定，几天后，领事不再要求

---

① "巴富尔函件"，第 33 号，1844 年 4 月 9 日，FO 228/31。

② "巴富尔致道台函"，第 33 号，1844 年 12 月 12 日，FO 228/31。

③ "巴富尔告示"，2 月 10 日，上海，第 8 号，1844 年 2 月 12 日。转引自魏尔特：《赫德与中国海关》，78 页。

对其进行修改，而是以两名英国商人作为评审员，在他们的帮助下对其展开调查。两名船主同时感到不安。2月7日晚和2月8日凌晨，他们将船上的鸦片转运到已有出港许可证的英国商船"威廉四世"号。第二天晚上，领事巴富尔听说这一行动后，让海军官员扣留了该船。鸦片从运气不佳的"威廉四世"号上被扔下，有的扔到黄浦江的泥潭里，有的则扔到携运出港的本国船只上。哈维中尉发现船上的人们疯狂地搜寻和争抢漂浮的鸦片箱货，他抓获几名往船上搬鸦片的人，自己则从水中打捞了一箱鸦片，并把打捞的鸦片移交给中国海关。

领事巴富尔此时抓住时机将鸦片贸易逐出了通商口岸。他根据条约规定坚决维护早已千疮百孔的合法贸易，对各种犯罪活动征收总计3200元的罚款，诸如不合规的许可文件、伪造清单、未经允许开舱卸货以及非法转运等。他用这种间接的方法惩戒了鸦片走私者，并未提及他们货物的本质，因为他并不确定自己的鸦片政策。"既然从事运输鸦片的团伙如今几乎垄断了整个沿海地区，我无法预料因管理困难而引发的大量案件，不过我的确希望这些严重的罪恶是由其他的运输团体所引起，而不要因运输事宜与清朝当局发生冲突。"处在鸦片贩子的贪得无厌和地方政府的漠然置之中间，领事的位置非常尴尬。上海的地方政府早在鸦片转运之前就已得到消息，但它毫无作为。那么，在维护通商口岸的英国条约体系和在沿海地区执行清朝的法律之间，领事绘制的边线又在哪里呢？[①]

英国政府此时不得不对清朝法律规定的走私商品制定其政策，不过并不涉及英国法律规定的走私商品。为了给上级提供审查此事的每

[①]　"巴富尔告示"，2月10日，上海，第8号，1844年2月12日。转引自魏尔特：《赫德与中国海关》，78页。

个机会，巴富尔在上海扣留了"亚美利亚"号和"梅恩吉"号，由一名海军军官护送"威廉四世"号到香港，当然，它本来就是要返回香港。璞鼎查采取了中间立场：他支持对非法卸货和伪造清单的行为进行罚款（共计 1500 元），后来又支持对不合规文书的罚款（共计 200 元），因为条约中明确规定了这些罚款，但是他建议免除对转运行为的罚款（共计 1500 元），因为这类事情首先是清朝政府的责任。领事应当向海关官员建议这些船只必须禁止贸易，离开口岸。再进一步，他会成为清朝政府的收税官。至于罚款，他应该告诉清朝官员，"无论条约如何记载，都将由我来严格执行，所有官员要在我的管辖之下，不过，无论是禁止鸦片贸易，还是合法商品的走私交易或转运，所有补救措施掌握在清朝官员的手中，如果他们再不进行管理，必须要承担由此引起的税收损失。"[1] 简而言之，领事们打算履行条约，而且只履行条约规定的内容。鸦片并未在条约文件中涉及，因此他们对此束手无策。

巴富尔在给上海侨界的告示中强调，鸦片是"（清朝）法律禁止的商品，势必会涉及大英帝国建立的诚信"[2]。宫道台改变了前往南京会见耆英的行程，匆忙返回上海处理此事。他同意巴富尔的建议，告诉他"既然鸦片仍然还在英国船上，此事必须按照我们的法律处理；当本国人登船或购买时必然也属于清朝法律管辖"[3]。于是宫道台提出，如果英国商船携鸦片入港但未登陆卸货的话，清朝当局将不

---

① "璞鼎查函件"，第 20 号，1844 年 3 月 2 日，FO 228/31。

② "巴富尔告示"，2 月 10 日。

③ 魏尔特指出，"换言之，清朝当时并未向各国要求搜查或抓捕外国商船上走私商品的权利，即使这类船只公然闯入禁行的水道。如果海关监督意识到其中的法律含义，他一定会明确宣示保留主权权利，而不是条约的规定。"这是清朝在解释条约方面无知无能的绝佳例证。魏尔特：《中国关税自主沿革史：1843—1938 年》，70—71 页。

会惩罚相关的中国人，并要求领事对英国商船进行罚款。为了对这一对策表示支持，耆英用特别批准巴富尔提案的方式来激励领事的活动，巴富尔提议将所收罚款充为公用，道台和领事各用一半，耆英认为如果得不到领事的帮助，清政府将无力阻止上海港内"渐成规模"的走私系统。①

巴富尔向璞鼎查提出的观点颇具说服力，因为他认同道台"中国人应遵守清朝法律，任何违法行为都应被政府所纠正"的期望。但当璞鼎查拒绝这样做之后，道台"感到茫然无措，怀疑干涉到英国公民和财产权利的管理，如今看着我，仿佛撤职一般，这些清朝官员责任重大，不仅要打击犯罪，更要防止违法事件的发生……他犹豫不决，不知该服从中国的法律，还是听从阁下的命令……他唯恐自己与我们的政府牵连太多或许会毫无作为，反被他的政府所迁怒……"鸦片已经成为一个敏感问题，清朝官员害怕与之发生关联，无论支持还是禁绝，恐怕都会遭到排外士绅和文人的攻击。如果英国鸦片船进入港口，领事将被双方政府质疑是否与鸦片船存在见不得人的关联，因为他会被认为"未能有效地履行自己的职责"。因此，领事也希望将鸦片船保留在港口之外。②

既然双方在鸦片船不准进入上海港的问题上达成一致，领事和道台开始为此展开联合行动。1844年4月初，道台指出两艘英国船"紧急"（Urgent）号和"托马斯"（Thomas Crisp）号停在上海港外的吴淞口已经整整一个月了，显然它们正在进行鸦片贸易，之后才会

① "宫道台致巴富尔函"，3月12日，"巴富尔函件"，第19号，1844年4月9日，FO 228/31。

② "巴富尔函件"，第33号，1844年4月9日，FO 228/31。有关这一问题的声明并未转发给伦敦。

进港装运茶叶。领事发布通知，强调了道台未来防止这种活动的意向，并警告英国商人不要侵犯清朝的权利。^① 几天之后，耆英命令道台将严格指令转呈巴富尔，这些指令他已发给上海各级政府，检验它们是否默许吴淞的鸦片贸易。耆英希望巴富尔限制英国船只在吴淞停留，同时地方当局应驱逐那里的中国商人。^② 这是保证中英共同禁止吴淞鸦片贸易的直接行动。不过问题在于，清朝地方当局是否真正地采取了行动。几周之后，1844 年 5 月，道台发给巴富尔的正式照会中再次申明清朝当局的官方立场，要求领事发布和之前内容类似的通知。领事认为对其回应毫无意义，因为清朝官员显然采取了表面文章的策略，正如他们几十年前在广州所做的一样。^③

贸易的双重体系

　　"亚美利亚"号和"梅恩吉"号事件的根本问题在于港口之外接驳点的鸦片贸易是否在继续增长，如今这一问题又侵入到了通商口岸本身。这种入侵的危险性显而易见，对清朝官员而言，他们会因违反清方禁令而牵连承担重大责任；对英国领事而言，他会看到自己监管下的合法贸易让位于走私和非法贸易。这一事件的后果是比以前更正式地确立了鸦片接驳点的新生系统。整个事件的详细过程在中国沿海到处传播，英国当局非常明白港内的鸦片贸易会给英方行动带来风险，而港外接驳点则是中方行动担心的问题。不同的法律体系和对外

---

①　"巴富尔通知"，4 月 9 日，第 34 号，1844 年 4 月 15 日，FO 228/31。

②　"宫慕久致巴富尔函"，4 月 14 日，"巴富尔函件"，第 34 号，1844 年 4 月 15 日，FO 228/31。

③　"巴富尔函件"，第 38 号，1844 年 5 月 20 日，FO 228/31。

贸易的分销机构造就了独自船队的使用。领事不再允许印度、新加坡或香港的商船将鸦片运往接驳点，然后从通商口岸运走茶叶和生丝。这似乎更把毒品贸易推向了香港的大垄断者怡和洋行之手，因为同偶尔的竞争者相比，它具备在双重系统下运作的能力，可以用一支船队输入鸦片，用另一支船队输出茶叶和生丝。小的投机商被逐出市场，鸦片贸易由有保证的渠道所替代。这一垄断趋势得到了英国政府的鼓励与支持，因为其具备类似的实践基础，鸦片或酒的分配通常是政府垄断或控制的事务。中国沿海的这些大公司相当于东印度公司在印度的鸦片垄断。

为了跟得上新的分离原则，英国领事故意官方拒绝承认接驳点的存在。由此引发的单方司法管辖的无效性典型地体现在下述英国领事与福州鸦片船船长们的通信中："来自希利船长，1849 年 6 月 27 日，地方官员已经没收船上属于他的财产；""致希利船长，6 月 28 日，将与海关监督当面解决你的投诉；""致希利船长，7 月 6 日，海关监督的声明。领事必须拒绝继续交涉这一事件。"①

其他地方很快仿效上海的解决方案。首先，在条约履行问题上，1844 年 2 月，泉州地方官员抱怨外国船只仍来往不断。3 月，厦门道台通知记里布，在美林湾有两艘外国船只，耆英已得知此事，并令其告知记里布要求它们离开：为何它们在厦门开埠后依然在此？② 不过，到了 1844 年年中，厦门的鸦片问题已被更好地理解。补给船停泊在厦门港东侧边界的六屿之外，由沿海的帆船为其提供供应。全副武装缉捕海盗的清朝船只不舍昼夜地将鸦片卸船上岸，平静地穿过城

---

① 《英国驻福州领事报告》，"地方往来信函"。

② 《英国驻厦门领事报告》，"厦门道台致记里布函"，1844 年 2 月 11 日、3 月 16 日。

市，据说鸦片销售商每月付给海防官员16两现银。厦门大约每月消费7箱鸦片，其中城区占了一半。鸦片产地的份额为：巴特那占60%，贝拿勒斯和麻洼各占20%。6个月内的鸦片贸易增长近40%。①

在广州，公认的鸦片分销渠道的建立比其他新口岸花费更长的时间。"亚美利亚"号和"梅恩吉"号事件发生之后，领事李太郭向璞鼎查报告说，他和地方当局明确协定，后者不会染指这一贸易，如果鸦片贸易与合法贸易保持完全独立，领事也不会插手。② 一年以后，一切步入正轨，鸦片建立起与纳税商品名义上完全独立的系统，不过它们都使用同样的接驳点和转运设施。鸦片接驳船在黄埔港的布伦海姆河段停泊，然后转运到官船，这些官船利用其官方身份的幌子沿河而上，将鸦片运抵广州，每箱鸦片收取15元的费用。不过，12桨小艇、纵桅帆船以及飞剪船等非官方小艇开始利用因之而来的腐败，与官船展开了竞争，它们的费用只有每箱5元，并能在过去公行水域的海关卸货。③ 走私服务逐渐扩展到茶叶和生丝领域，并延伸到黄埔的西方各国商船。广州庞大的巴斯商人群体亦加入其中，内河行驶的十几艘小艇开始把鸦片直接托运到工厂，在黄埔从事合法贸易的接驳船数量出现增长，当船货可能滞期时，它们是流动的货栈。④ 上海领事巴富尔所预料的"我们的对华贸易变成真正的走私贸易"⑤ 的风险即将出现，随之在1845年春广州领事采取了行动。

---

① 《英国驻厦门领事报告》，"记里布函件"，第16号，"厦门的鸦片贸易报告"，1844年7月3日。

② 《英国驻广州领事报告》，"李太郭函件"，第6号，1844年4月1日。

③ 《英国驻广州领事报告》，"马额峨函件"，第19号，1844年3月24日。

④ 《中国丛报》，第10卷，4月24日；第12卷，1845年5月8日。

⑤ "巴富尔函件"，第33号，1844年4月9日，FO 228/31。

1845 年 2 月，载重量 320 吨的英国船"雷恩"（Sir Edward Ryan）号进入内河，在布伦海姆河段停泊一个月，按照通常的方式售卖鸦片。不过 3 月 18 日这天，该船携运 138 包硝石（14 232 斤）给一名接收这种特殊商品（只能卖给清政府）的中国商人，该商人已得到清政府的授权。粤海关监督文丰向领事抱怨道，"雷恩"号并未报告此事，并拒绝海关审查员登船。由于该船参与港口的合法贸易，领事马额峨通过他在黄埔的港务管理人克鲁瓦调查此事，其后得知这些硝石已经卸货。因此，他对"雷恩"号罚款 500 元，要求其正式办理入港手续，并缴纳常规吨税以及关税。该船遵此照办。①

不过，由于"雷恩"号事件引起人们对于黄埔半公开的中国鸦片市场的关注，领事不得不清理内河的鸦片船只。外国人居住区普遍将后者视为英国的官方行动，因为清朝当局对关税征收非常满意，甚至没有缴纳罚款的要求。② 克鲁瓦报告说，黄埔停泊的船只中有 9 艘悬挂英国国旗，另外两艘分别悬挂美国和瑞典国旗。1845 年 4 月 21 日，领事警告这些英国船只在 3 天之内离开内河，否则将提出追加罚款的报告，不缴罚款的船只将会被起诉。英国船只随之离开内河，船主们同时要求其他国家的船只也必须离开，特别是悬挂葡萄牙国旗的船只。悬挂美国国旗的"新伶仃"（New Lintin）号改挂丹麦国旗，与瑞典鸦片船"约翰"号延迟离开。不过，除了"一些小公司的船只"不愿离开，大多英国商船都愿毫无怨言地移走船只，转而在香港附近的金星湾（Cumsingmoon）建立据点。广州当局对此表示高度赞赏，并派两名擅长外交的官员驱逐仍在河面游弋的小船。不过，从英方的记录来看，广州官员主要关心在自己和下属获利的窘迫情形下

---

① 《英国驻广州领事报告》，"马额峨函件"，第 30 号，1845 年 4 月 17 日，附件。
② 《中国丛报》，第 12 卷，1845 年 5 月 8 日。

免除责任。金星湾成为中外鸦片贸易持续的常规据点，20 年之后，对面的伶仃岛取代了它的地位。①

香港与鸦片接驳点

随着鸦片接驳点的增加，对英国政府而言，香港在不经意间成了鸦片分销中心。既然殖民地要有自己的收入，英国殖民部给予璞鼎查的继任者德庇时宽泛的自由以制定财政政策。包括土地租金在内，地方税收至少增加了 25 000 英镑。政府为此在特许许可、消费税甚或吨税方面都提高了税率。在这种背景下，鸦片的地位问题成为主要焦点。英国政府仍不希望将香港变成走私基地，反对香港成为"无限制的鸦片进出口出入殖民地"，而清政府可能正打算发动不友好的行动。不过，考虑到清朝庞大的人口规模，地方的鸦片消费很难阻挡。对进口到香港的鸦片，最好的解决办法是征收适当税率，不再实行再出口退税，以此阻止单为再出口而进行的鸦片进口。

这种"充满人道却又不失冷静"的观点说明了法律原则和商业

---

① 《英国驻广州领事报告》，"领事与粤海关监督通信"，1845 年 4 月到 6 月；"阿伯丁函件"，第 60 号，1845 年 8 月 8 日，他赞同广州领事的安排，FO 17/96。《中国丛报》，第 14 卷，1845 年 5 月 22 日。

规则之间的冲突，这也是英国鸦片政策的典型特征。① 面对这些训令，当时还在英国的德庇时立即回信道，他将仔细研究清朝当局的看法，然后"在职权范围内采用最佳方案"。他希望鸦片最终合法化，最好能贯彻与清政府达成的某种协议。② 璞鼎查在 1842 年和 1843 年努力推进鸦片贸易合法化，根据蓝皮书和其他资料的记载，1844 年

---

① 殖民部的斯坦利勋爵要求德庇时立即展开全方位行动，正如以下所述（1844 年 2 月 8 日）："新获得的香港殖民地不应屈从于正在进行的对华鸦片贸易的目标，只要毒品继续被清朝的法律禁止即可。即使地方政府从鸦片贸易中没有获得直接的眼前利益，也不能坚持在殖民地允许进行无限制的鸦片进出口贸易。鸦片的仓储系统建在靠近清朝沿海的一侧，提供贮存和走私导引等服务，这也恰被清朝视为不友好的行为。另一方面，尤其注意岛上定居的大量中国人以及规范我们商业体系的一般原则，我们再三迫使清政府采纳这些原则，似乎不应该把用于消费目的的鸦片全部禁除，即使我们可以做到。对女王政府而言，对输入香港的鸦片征税，既可保持同清朝的友好关系，也能坚持正确的商业原则，还可在某种程度上获得地方收入，只要税率适当，同时不会破坏打击走私的目标，也避免了出口再退税的问题。考虑到走私贸易的现有设施，如果鸦片不进入香港，一个非常合适的税率可能会影响殖民地的再退税平衡，同时鸦片走私显然机会很多，且鸦片具有体积小、价值高特点，因此，有必要警惕从消费中征收的税额问题。你的目标不能是禁止或阻碍岛上的消费，你必须明白要尽可能提高地方收入，征收这样的税也会阻止单纯为再退税而进行的进口活动。"

"头等重要的事情是，我们不但要用最彻底的虔诚精神在文本上履行条约，而且清朝政府也应感受和了解这一点；同样重要的是，我们应采取手段，并持之以恒，目的在于让清方了解这一点，能最有效地在新获得的殖民地阻止广泛的走私贸易。我们当然不能禁止用于岛内消费的鸦片进口，且认为不含退税的适当税收将考验用于再出口的仓储系统。不过，清朝政府却对此有不同的看法，如果你答应他们在这方面的要求，你甚至会发现你能间接促进鸦片贸易的合法化，并拥有完全的裁量权，既可以绝对禁止鸦片存储，又可以在没有通知和不承担责任的情况下允许鸦片进进出出（除了内部损耗）。"参见"殖民部致外交部函"，附件，1844 年 2 月 17 日，FO 17/92。

② "德庇时致斯坦利函"，1844 年 2 月 10 日，参见"斯坦利致外交部函"，1844 年 2 月 17 日，FO 17/92。

这一努力仍在持续。我们不必在这种徒劳无功的努力上耽搁。^① 同样，我们也无需努力减轻印度财政对鸦片收入的依赖，因为我们坚信即使没有印度，清朝也会从其他途径得到鸦片。

与此同时，香港已发展成为印度鸦片廉价而便捷的存储地。1850年，富有执政经验的地方官员米歇尔（W. H. Mitchell）在香港总督要求下起草了一份备忘录，其中他估计道，"从 1845 年到 1849 年，整个印度鸦片收成的四分之三存放在香港，并从香港转运各地。"^② 他指出印度总共输入了 220 699 箱鸦片，按照每箱 500 元的价格计算，5 年期间香港存储的四分之三总量的鸦片共计 8270 万元或 1845 万英镑。

---

① 参见《下议院文件》，第二次会议，第 10503 号，"鸦片贸易相关文件"，1842—1856 年。

② 参见米歇尔《备忘录》，1850 年 11 月 1 日，该备忘录应文翰之邀而写。"文翰函件"，第 114 号，"杂件"，"致格雷函"，1850 年 12 月 28 日；复件参见"梅里韦尔致阿丁顿函"，1851 年 3 月 15 日，FO 17/183。1844 年米歇尔在厦门曾担任领事助理，后转为商人身份。1850 年 3 月 28 日，他已经是香港的治安官员，"被任命为助理治安法官、警长、看守所所长、验尸官员以及海事法院副院长"。《香港议会备忘录》，1848—1853年，CO 131/2。1853 年 3 月 22 日，他请了 12 个月的假，后又延长 6 个月，CO 403/6。1856 年 6 月，他在治安官和代理首席法官任上因敲诈犯人钱财而遭到起诉。殖民部的拉布谢尔发现证据有所出入，1856 年 8 月回信指出，无论发生什么，希望以后不再提及此案。没有证据表明，米歇尔对鸦片公司抱有任何敌意。下页为米歇尔绘制的表格。孟加拉和孟买总共输入 220 699 箱鸦片，马士认为，1845 至 1849 年间印度总共输入 212 407箱鸦片，同期中国大约消费了 175 407 箱鸦片。参见马士：《中华帝国对外关系史》，第一卷，556 页。

1845 年—1849 年输入中国的孟加拉鸦片

1845 年	18 792
1846 年	20 000
1847 年	21 650
1848 年	28 000
1849 年	36 000
单位：箱	124 442

1845 年—1849 年输入中国的孟买鸦片

1845 年	20 660
1846 年	19 063
1847 年	20 523
1848 年	17 479
1849 年	18 532
单位：箱	96 257[①]

　　由上所述，殖民当局通过港口货运以及港内开销等方式间接获利，而鸦片公司则切实地节约了成本。怡和公司的接驳船"马文治"号如今由香港的默雷炮台保护，省去了过去在金星湾需要支付的人员和武器费用，仅人员工资每月节省约 2000 元。宝顺洋行也开始在岸边的货栈中存放鸦片。怡和洋行也追随效仿，利用印度卫队进行保护。[②] 小型公司不再一次性从印度接收 50 箱以上的鸦片，把它们存在殖民地可以节省开支，而不像过去存放在岸边的其他公司的接驳船上，每月每箱交纳 5 元的存放费用。

---

　　① 原文为 96 275，有误。

　　② 《中国丛报》描述了一起发生在怡和洋行鸦片仓库的抢劫未遂事件，参见《中国丛报》，第 12 卷，1845 年 5 月 8 日。

同时，殖民地的零售贸易每月大约销售 250 箱鸦片，价值
125 000元。零售贸易相继落在政府特许销售鸦片的商人手中，捎客
提供鸦片提纯，零售商人将其卖给中国的消费民众，他们也从中得到
各自的收益。首先，殖民政府将鸦片垄断权给予出价最高的竞买人，
后者通过垄断价格获利，并可通过限制供应的方式维持垄断价格。
1844 年的第 21 条法例规定，1845 年 2 月 28 日下午 2 时，在政府拍
卖人都爹利和马西森（在麦克尤恩洋行工作，6 个月后去世）处将拍
卖为期一年的殖民地内零售数量不超过一箱的鸦片专卖权。垄断者很
快发现很难执行他们的特权，因为竞争卖家在售卖鸦片现场被抓时能
够解释说，他们只打算在殖民地之外销售。于是，1845 年殖民地法
案第 5 号规定，对所有一箱以内的销售活动实行特许专卖，无论鸦片
是否用于消费，专卖权将于 1845 年 8 月 1 日再次举行拍卖。不过，
鸦片公司并未证明此举对鸦片生产者有利可图，清朝的鸦片商人也对
此请愿反对。1847 年 7 月颁布了修正法例，代之以许可证制度，许
可证持有人必须每月提前预付专营费用，具体如下：鸦片烟馆交纳
10 元，鸦片预售交纳 20 元，一箱以下新的鸦片销售商交纳 30 元。
季度报告也需要分别注明鸦片的吸食、预售和销售数量。烟店必须为
顾客提供优质服务，向他们展示执照，只能以现金售卖鸦片，不许携
带武器之人进馆，晚上 10 点前必须关门。① 这种新体系的效果在于，
执照只能从增加的那部分销量中获利。

由于香港的供给增加，小数量鸦片成为内地附近港口资金汇兑的
主要方式。上述引用的官方文告还描述道，"摆渡船不停地往来运送

---

① 参见《中国丛报》。第 1 卷，2 月 20 日；第 4 卷，3 月 13 日；第 11 卷，5 月 1
日；第 12 卷，5 月 8 日；第 20 卷，1845 年 7 月 3 日；第 125 卷，7 月 8 日；第 127 卷，
1847 年 7 月 22 日。

店主、工匠、苦力、投机者，以及大量中国人所需的各种小商品。店主经营的资金可能借自家乡，需偿还本金和利息，而他还给他们的是鸦片，而不是现金；所有其他的劳动阶层给老家寄钱也更喜欢寄送鸦片；上述提到的小商品货款也同样使用鸦片付款。"①

逐利所需使香港形成了鸦片市场，但两家最大的公司却更倾向于对其进行限制，它们更青睐相对容易垄断的内地沿海市场。它们的策略是阻碍香港鸦片贸易的增长，在别的地方让鸦片贸易变得更有利可图。因此，如果大量走私者冒险从沿海前往香港购买鸦片，而不再去接驳船购买，两个垄断巨头怡和洋行和宝顺洋行等这些沿海走私者离开后，马上让低价鸦片充斥市场，通过降价使他们去香港买货变得毫无意义，这样，他们又和从前一样从接驳船购买鸦片了。② 同样，它们有时会通过自己附属的保险公司，用拒绝为竞争对手的船只提供保

---

① 米歇尔：《备忘录》，1850 年 11 月 1 日；"文翰函件"，第 114 号，"杂件"，"致格雷西"，1850 年 12 月 28 日。南森（Nathan Pelcovits）：《中国通与外交部》（*Old China Hands and The Foreign Office*），15—17 页。该书引用了米歇尔在 1852 年写的另一份备忘录，进一步发展了这一想法，文翰将该备忘录归档，不过额尔金在 1858 年将其发回英国。3 月 31 日，FO 17/287。

② 正如米歇尔在 1850 年所指出，"诚然让我十分不解的是，香港存在各种各样的贸易。本地两家强大的公司每隔一个月就会付出巨大的金钱代价来回击沿海商人，它们会强力影响殖民地的所有贸易，完全不让糖和劣质毒品进入香港，正如樟脑和明矾之类的东西一样，否则内地的沿海贸易者将会打垮我们。对年轻的殖民地而言，这种对抗无疑非常艰难。不过，除此之外，我们的对华条约限制五口之外的商船与香港进行舢板贸易，即便这些是最为繁琐的限制条例——我总想知道这个殖民地还有贸易么？"米歇尔：《备忘录》，1850 年 11 月 1 日。

险的手段来阻碍竞争。①

这些公司的权力最终遭到挑战，很大程度上来自蒸汽船运输的增长。1850 年，半岛东方公司的蒸汽船"广州"号和另一艘蒸汽船"朱诺"（Juno）号，开始"把大量竞争对手的货物运到厦门，这样它把自己融入附近的贸易接驳点，包括南澳岛；这样做的后果是为香港提供了它和南澳岛之间的直接供货航线，也增加了糖和其他印度产品的货物交易"②。走私贸易的激烈争夺形成了其错综复杂的特点。某种程度而言，贸易变得更多元化，垄断会越来越难。随着香港与广州之间定期蒸汽船服务的开辟，它比帆船更为迅捷安全，香港最终实现了其作为合法商品保税仓库的预期功能。到了 1850 年，由于受加利福尼亚淘金热和南、北美洲苦力贸易的影响，香港作为跨太平洋贸易中心的前景变得更加光明。

同时，港口的接驳点数量较之前增加了两倍。《德臣西报》和其他报纸上刊载的 1846 年底以来的发货清单中，都有接驳船情况的单独表格。其中 40 艘船通常会列举它们的旗帜、吨位、主人和船长，并分布在以下接驳点：香港；金星湾，"位于澳门以北约 12 英里的

---

① 1848 年，默罗公司为沿海贸易在香港建立了厦门定期蒸汽轮船业务。一位测量师认为，这种蒸汽船"严密结实，适于存放世界上任何地方的干鲜货物"。不过，香港当地的保险公司却拒绝为它从香港到厦门的航程承担保险，因此，它只能在印度的公司代理处投保。默罗公司声称当地的保险公司完全代表"两大巨头在沿海贸易中的利益，它们在运作中已经合二为一"；并引用了以下事实：鸦片在厦门每箱售价为 100 元，高于香港的价格。《中国之友》杂志写道，"这些公司的合并无可置疑，但它们很多年垄断一些港口的鸦片贸易却声名狼藉。香港到厦门的定期轮船并非第一起被拒绝保险的例子。"《中国之友》，3 月 1 日，转引自《中国丛报》，第 159 卷，1848 年 3 月 2 日。1844 年中国共有 25 家航海保险公司，怡和与宝顺洋行就占据了 11 家。《中国商业指南》，1844年，269 页。

② 米歇尔：《备忘录》，1850 年 11 月 1 日。

优质港湾，由此可以登陆"；① 澳门，仅有一艘葡萄牙船只；汕头的南澳岛；厦门；基模，厦门北部的一个小岛；泉州，位于福建省沿海的中部；福州；定海，舟山群岛港口，距离宁波 12 至 15 英里；② 最后是吴淞。重要的是，只有两个公司在这 8 个接驳点都有接驳船只，一个是怡和洋行，另一个是宝顺洋行。与它们最接近的竞争对手是太平洋行（Gilman and Company），最初拥有 5 艘船只，但后来放弃了经营。其他公司的接驳船都不超过两个接驳点，这两个接驳点通常是金星湾（对接广州）和吴淞（对接上海），分别有 8 艘和 12 艘接驳船。沿海其他地方也有怡和与宝顺两家商行以外其他公司的船只，这些船只大多是每个港口独立经营的鸦片船。③

在主要的贸易据点，安静而体面的生活是南澳岛平淡无奇历史的见证，它很早被鸦片帆船占用，依然保留了一个当时主要的通讯点。④ 1844 年 2 月，广东地方当局猛烈抨击南澳岛的外国人居住区。广东官员在篇幅很长的照会中谴责璞鼎查，向他列举建在南澳岛房屋的数量、位置和规模等细节，这些房屋都有悖于条约。璞鼎查回应道，这些房屋是清朝当局驱逐外国人的结果，它们能够保留只是因为

---

① 《中国商业指南》，1844 年，68 页；转引自《德臣西报》，第 93 期，11 月 26 日，以及 1846 年 12 月 17 日。

② 《德臣西报》，第 82 期，1846 年 9 月 10 日。

③ 1848 年，香港的《中国之友》杂志刊载道："我们很难相信哪一家公司的合伙人会承认以下事实：在一些港口，上午指挥者在各自的接驳船上安排定价，下午就能分别销售；而陌生人进入港湾，其销售价要减少 50 至 100 元，直到它被迫寻求到另外的市场。"参见《德臣西报》，第 159 期，1848 年 3 月 2 日。

④ 泰隆·鲍尔（J. Tyrone Power）：《在华三年回忆录》（Recollections of Three Years in China），1853 年；《三年漫步》（Three Years Wanderings）一书描述了当时南澳岛外国人居住区的情形。转引自约克：《中国皇室与怡和洋行的早期记录，1782—1844 年》，440 页。

地方官员纵容外国人居住区的存在，他们在过去的10年中从大量租赁房屋的代理人那里收受了巨额贿赂。他建议清朝官员应给南澳岛的英国人设定一个时限，限他们在6个月内离开。广东巡抚同意这一建议，璞鼎查公开了这些通信以警告他的同胞。通事奉命对这一方案的良好愿景进行了调查。[1] 同德庇时会面两个月之后，耆英奏报说，南澳外国侨民要求将时限放宽为10个月，说这是他们"对搬迁事宜深思熟虑"的结果。耆英因此答应他们宽限到1845年4月，之后政府将摧毁他们的房屋。[2] 房屋最终并未摧毁，但这是为数不多的五口以外地方诉诸条约解决的争端之一。

清朝的禁烟政策

在1842和1843年条约协商的两年中，毒品走私贸易已经在法律保护范围之外开拓了自己的渠道。在英国政府看来，这是个危险的权宜之计。1844年2月，外交部同意殖民部的建议，认为鸦片合法化是必要的，"要摧毁充满危险和令人沮丧的旧体系"。他们敦促德庇时要不失时机地对此施压，以对抗"皇帝的个人喜好以及在走私贸易中持续获益的中国官员的阴谋"。外交部在一年多的时间里都对此抱有希望。1844年4月，璞鼎查依然确信贸易的开放性增长将导致

---

[1] "清政府致璞鼎查函"，2月21日，"璞鼎查函件"，1844年，第43号，FO 17/80；"璞鼎查致清政府函"，3月7日；"公告"，璞鼎查，香港，4月6日，"璞鼎查函件"，第58号，1844年4月6日，FO 17/81；"清政府致璞鼎查函"，1844年4月5日，FO 228/38。

[2] "德庇时函件"，第23号，6月18日，第25号，1844年7月1日；"德庇时公告"，附件，1844年6月28日。

其合法化。① 他并没有意识到，中国的规则并非像西方一样一定会伴随着新商业结构的增长而改变。资料中没有证据表明，耆英对英国提出的"既然贸易存在，就应当法律监管"的建议表示谅解，更不必说道光皇帝了。

清廷对"烟毒"的真实态度可从军机处档案记录的案件中窥见一斑。1841 至 1842 年间，刑部被要求向都察院提供每年在京城和各省吸食鸦片的罪犯名单。② 1842 年，北京的御史奏报说，2 月查获鸦片 40 两，3 月 18 两，7 月 282 两。③ 道光帝至少在 1843、1846、1848 和 1849 年 4 年中对此类案件做出了详细批示。1843 年，京师和各省奏报捕获违反鸦片禁令罪犯 24 名。其中 6 起发生在京外，1 起是 1 名女子在湖广吸食鸦片，2 起分别发生在江西和云南，奉天、四川和安徽各 1 起。京师缉获 8 起案件，其中 1 起涉及女子吸食。上述所有案件中，只有 2 起涉及贩卖鸦片，据说借故为治病而获得减刑。另据奏报说，整个 1 年官方在直隶抓获 1 名吸食者，分别在山海关和京师缉获 1 名走私者。④ 英国观察员从《京报》得知，1845 年大约有 60 名因吸食鸦片而获罪者，其中有 1 名太监，其他人也与内廷有关。当刑部询问是否对他们处以死刑时，道光帝以仔细考虑同类案件的进展为名，撤回了对他们的判决。⑤ 南京当局在 1845 年奏报说，上海周边

---

① "阿伯丁函件"，第 4 号，2 月 28 日，FO 17/85；"璞鼎查函件"，第 63 号，1844 年 4 月 10 日，FO 17/81。

② 《筹办夷务始末补遗》（道光朝），1843 年 9 月 7 日谕旨，1599 页；1846 年，1894—1896 页、1903—1906 页。更集中的论述参见费正清：《1858 年条约之前鸦片贸易的合法化》。《筹办夷务始末补遗》（道光朝）详细记载了 1842 年 2 月至 5 月的案件，1443—1477 页。

③ 《筹办夷务始末补遗》（道光朝），1443—1445 页、1497 页。

④ 《筹办夷务始末补遗》（道光朝），1599 页；1843 年 9 月 7 日奏折，1642 页。

⑤ 《中国丛报》，第 44 卷，1845 年 12 月 18 日。

的苏州和松江存在武装走私鸦片的报道，经调查完全是无稽之谈。①
根据奏报，1846 年只有 2 名人犯在省级秋审中得到判决，而刑部审
查的相关案件涉及 7 人。这一年的奏报中，北京发生了 2 起与鸦片有
关的案件，1 起涉及吸食，1 起涉及贩卖。1848 年上报了 6 起涉及鸦
片的民众案件，其中 5 起由顺天府尹审理。该年有 2 起涉及官员。内
务府上报 1 起涉及宗室的案件，这名宗室为了治病而吸食鸦片。1849
年在禁烟令发布前发生了 7 起案件，其中 1 起与官员有关，涉及 10
名人犯。② 似乎没有收到各省的相关奏报。

1848 年 7 月，《德臣西报》对清朝的审理活动评论道，每年送往
朝廷的吸食人员名单仅仅是"装点门面"。被判死刑的犯人"绝大多
数施以缓刑，那些被处决的犯人主要与京控的其他罪行有关"。不
过，1848 年的秋审判决划掉了实行"墨刑"的鸦片吸食者名单。受
指控的吸食者名单单独开列，这也可能是 1849 年之后他们从档案中
消失的原因。③

1850 年登基的咸丰皇帝沿袭前朝做法，于 8 月发布上谕禁烟，
包括禁止吸食鸦片，允许吸食者在 5 个月之内戒除，并将监斩候的惩
罚提高到斩首。④ 档案中存留的相关案件奏报逐年减少。1851 年，一
名觉罗或皇室的旁支亲戚在奉天因吸食鸦片被捕，同时也出现了国内

---

① 《中国丛报》，第 44 卷，1780—1782 页，1845 年 8 月 27 日奏折。

② 《筹办夷务始末补遗》（道光朝），1846 年 9 月 19 日奏折，1894 页；1846 年 9 月
19 日奏折，1903 页；1848 年 8 月 31 日奏折，2062 页；同日奏折，2065 页；同日奏折，
2068 页；1849 年 9 月 19 日，2108 页。

③ 《中国丛报》，第 178 卷，7 月 13 日；第 161 卷，1848 年 3 月 16 日。

④ 《筹办夷务始末补遗》（道光朝），1849 年 9 月 19 日奏折，2105 页。马士简译了
两江总督在 1850 年 9 月 7 日的奏折，参见《中华帝国对外关系史》第 1 卷，549 页。伯
驾认为皇帝的禁烟谕旨只是"遵守旧有法律运用的概述"。参见《中国》，第 6 卷，第 14
期，"致韦伯函"，1851 年 4 月 21 日。

制造鸦片的首起案件。奉天当局指出，尽管该省鲜有吸食者，但烟毒
还是呈现蔓延之势，抓捕活动频繁。如果不严肃处理，恐怕这一习气
将风行全国。朱批谕旨对此批示道："严密查拿，据实奏报。"1852
年没有出现相关奏报，但在 1853 年 2 名御史奏报在京师起获 3 人私
藏鸦片的案件。1854 年京畿地区发生因鸦片而引起的满营骚乱事
件。① 该日期之后档案对该问题不再有相关记载。

　　从这些零零散散的证据可见，北方地区沿袭了前朝形同虚设的禁
烟政策，京师地区更是如此。不过，在南方各省，鸦片的重要性迅速
增加，鸦片种植早已展开，② 而即使走形式的镇压措施都在逐年减
少。鸦片迅速蔓延，反对者却寥寥无几。

　　英国方面对中国国内的罂粟生产有更为翔实的记录。1848 年，
印度政府提出关于中国鸦片生产增长的风险调查，认为这将影响到印
度鸦片的销售。最初的动议来自马德生于 1847 年 11 月写给加尔各答
怡和洋行斯金纳的一封信函，信中描述了中国罂粟种植增长的情形。
这封信通过关税、食盐和鸦片委员会（the Board of Customs，Salt and
Opium）送到孟加拉总督达尔豪西伯爵手中。在马德生写信表达个人
担忧的 6 个月之后，香港政府接到孟加拉当局的质询，开始向各通商
口岸领事征集各方面的信息，但领事们显然没有更好的消息来源，比
不上最初为马德生提供信息的那些人。领事们描绘的图景非常模糊，
但并不令人担忧。中国的鸦片生产据说完全限定在云南、贵州和陕西
三省，其中云南是最主要的中心。鸦片种植由越南南圻的华人引入，

<hr/>

① 《筹办夷务始末补遗》（咸丰朝），卷 37，1851 年 9 月 16 日奏折、1851 年 9 月
25 日奏折；卷 109，1851 年 6 月 9 日奏折；卷 152，1854 年 4 月 3 日奏折。

② 威妥玛：《1849 年中华帝国状况和政府的备忘录》，《北华捷报》，1850 年 9 月 7
日。他在文中指出有 9 个省种植罂粟，都在长江以南。

他们去过印度，曾在那里学习使用方法。19 世纪 30 年代的禁烟风潮促进了国内的鸦片种植，当时提出切断印度的鸦片供给，提供土地自种鸦片。到了 1847 年，罂粟产量预计达到 8000 至 10 000 石（也有人说在 10 600 至 13 300 磅之间）。尽管质量与外国鸦片相比并不逊色，但其他物质的掺杂量更高，几乎达到了 35%，而外国鸦片的掺杂量只有 15% 或更低（有时甚至没有）。因此，最好品质的鸦片在云南的售价为每石 400 元，在广州为 500 元，而有掺杂物的鸦片在原产地只能卖到每石 250 元，在广州售价为每石 300 元。这些国产鸦片通过非正常渠道到达广州，沿途要向官员行贿。[①] 广州领事在 1850 年估计印度鸦片在中国的年均消费大约有 50 000 箱（孟加拉鸦片 32 000 箱，麻洼鸦片 18 000 箱），价值 3000 万元。其中五分之三进入华南地区，以白银交易；五分之二进入北方（如华中地区），大多为物物交换。[②]

1847 年的金门湾劫掠

毋庸赘言，鸦片贸易既是混乱之因，又是混乱之果，但人们并未正视这一问题，往往引用一两起耳熟能详却并不典型的事件予以说明。最常引用的是著名的金门湾遭劫事件，两艘地方接驳船，怡和洋行的"甲讷来"（Caroline）号，船长为张伯伦，宝顺洋行的"阿弥格"（Omega）号，船长为麦克法兰，同时在 1847 年 2 月 5 日晚上 8

---

① 《英国驻宁波领事报告》，"文翰告示"，第 5 号，1848 年 5 月 13 日；"颜士理函件"，第 115 号，1848 年 6 月 22 日。

② 《英国驻广州领事报告》，"包令函件"，第 41 号，1850 年。他对中国贸易情形有详细的调查。

点遭到袭击，抢劫者是两艘来自澳门的三桅帆船，船的下半部涂黑，上半部是明亮的清漆，船上约有 40 名武装人员，每人配备一门 24 磅作战炮、火球以及其他武器。武装船在附近海面游弋了 3 天，几乎没有引起任何人注意，然后突然袭击，以至于接驳船来不及防御。两艘接驳船的船长和大副全部遇难，"甲讷来"号的 13 名船员和"阿弥格"号的 15 名船员也同时被杀，"甲讷来"号上的另外 13 名船员爬上帆船绳索而幸免于难。这两艘接驳船上的鸦片和白银总价值被视为鸦片贸易的典型。据《德臣西报》的"厦门通信"记载，"阿弥格"号上装有 60 箱"巴特那"公班土、40 箱"贝拿勒斯"公班土，总价值大约 7 万元，另外还有价值 4 万元的白银；而"甲讷来"号装有 40 箱"巴特那"公班土、39 箱"贝拿勒斯"公班土，其中 59 箱遭劫，价值 4.1 万元，外加价值 1.9 万元的白银。这家私人媒体预计总共有 16 万元的损失。官方则报道海盗抢走价值 7.5 万元到 10 万元的白银以及 114 箱鸦片，后来又留下 67 箱。[①] 接驳船遭劫的白银和鸦片数量极为寻常，这表明接驳点在财政方面的重要性，它们月复一月，按月托收。又如，1845 年 4 月，航行中的"气精"号险些被叛军所抓，返回香港时船上的银钱货物价值超过 10 万元。[②]

　　鸦片贩子们没有泄气，他们把"甲讷来"（Caroline）号和"阿弥格"（Omega）号带回香港进行整修，船上加装了重武器，然后重操旧业。厦门领事担心他们可能会袭击清政府的船只作为间接的报复。清朝当局关心的则是，在他们管辖范围内繁荣的接驳点由于此案

---

　　① 《英国驻厦门领事报告》，"列敦函件"，第 15 号，2 月 9 日；"致福州当局函"，第 6 号，1847 年 2 月 10 日。金门湾位于福建沿海，在厦门和泉州之间。"金门湾通过姑嫂塔很容易辨识，姑嫂塔高于海平面 760 英尺，位于北纬 24.43 度、东经 118.336 度"。引自柯林森船长写的航路指南，《中国丛报》，第 14 卷，1845 年。

　　② 《中国丛报》，第 105 卷，1847 年 2 月 18 日；第 11 卷，1845 年 5 月 1 日。

已引起人们的关注。厦门军政官员预计他们将会被降职，或接到朝廷的申斥，因此要求移除福建沿海所有的鸦片补给船。简而言之，据英国领事报告，为了逃避未能阻止劫掠之责，他们如今准备牺牲掉自己在鸦片贸易中的利益。① 他们抓获了8名海盗，将头目处以凌迟之刑，其他3人斩首，另外3人则死于狱中。在怡和与宝顺洋行的悬赏之下，一些所谓的海盗被带到香港审判，不过，由于起诉书中的法律漏洞，绝大多数人免予追责，而那些判刑的人则被发现是受害者，后来获得赦免。②

这是报告给北京皇帝为数不多的鸦片事件之一，阅读中方文献对该事件的处理令人忍俊不禁。在1847年4月12日寄到的奏折中，此时距离事件发生已经有两个月，闽浙总督刘韵珂奏报，福州领事若逊在2月11日向他报告了劫掠之事，他随之询问厦门道台恒昌，后者回禀说，接到厦门领事列敦的详细报告后正打算调查此事。道台随后提供了整个情形的准确记录，包括被劫船只名字（"甲讷来"号与"阿弥格"号）和被杀人数等，但绝口不提"鸦片"二字。他同时也描述了水师提督在海面认真巡查的情形。"领事目睹该道等选派员役，分头查拿，极称感谢。"清朝当局继续查找被劫船只下落，打捞遇难者尸体，严格查拿海盗。他们认为这次对外国人的劫掠"本为商旅之害"，但"情节尤凶"，若不严拿惩办，恐怕群起效尤，增加内地商船同遭劫掠的风险。

总督在整个奏报中并未提及关键的鸦片，而是文过饰非，顾左右而言他，反问道："当日夷船寄泊海洋，该盗匪等如何拢劫？以及被

---

① 《英国驻厦门领事报告》，"列敦函件"，第30号，1847年3月9日。

② 《中国丛报》，第132卷，8月26日；第141卷，1847年10月28日；第171卷，1848年6月1日；"政府告示"，1848年7月21日。

劫系何货物？"其他南方沿海各省以及在广州的钦差均得到通报。皇帝的上谕同样认为外国人被海盗袭击是非常严重的事件，相关官员"如限满无获，即行从严参办"。在整个血案中销声匿迹的鸦片问题终于在 1847 年 8 月 2 日由广州的耆英和徐广缙向朝廷奏报："遭劫货物为外国鸦片，价值在 7 万至 10 万元之间，海盗已被抓获，一些人死于狱中，其他人则处以凌迟之刑。显然此案对任何人来说都是烫手山芋，只有钦差大臣能够处理；不过，他只是做了惩罚海盗的分内之事。"①

　　英国当局的立场同样引人深思。领事列敦认为接驳船上的人通常是"小偷、悍匪、皮条客和妓女，鲜有例外……他们和最卑劣的清朝人以及我们的鸦片船之间有密切的联系"。接驳点还是樟脑、陶器以及其他物品的走私据点，有损于厦门的合法贸易。他很高兴看到这些船只撤离。德庇时在香港表达了更负责任的观点。"您认为走私船通过使用武力对抗清政府将会使女王政府牵涉进来的观点是错误的。它们只是自己参与走私，并承担一切后果。这种想法显示出您主张切断与接驳船一切联系的重要性，并主张将此事交给清政府，由他们遵照条约处理。自从休战以来，清朝当局一直对鸦片贸易采取公开的纵容态度（实际上仅仅在纸面上是非法的），在各种情况下剥夺英国政府对其控诉的所有权利，因此希望女王政府采取措施以阻止中国沿海的走私活动。"② 这有效地印证了领事对形势的天真判断："清朝政府对一些事件的处理毫无能力，在厦门舰队司令看来，两艘各 200 吨的

---

　　① 《筹办夷务始末》（道光朝），卷 77，页 32b—35；《筹办夷务始末补遗》（道光朝），1847 年 8 月 2 日寄到奏折，1980—1985 页；1847 年 11 月 1 日寄到奏折，2000—2003 页。

　　② 《英国驻厦门领事报告》，"德庇时函件"，第 31 号，1847 年 3 月 31 日。

英国船只被武装分子打劫是一件多么不可思议的事情!"①

　　由于金门湾海盗的影响，一些接驳船开始在厦门寻求庇护。在英国领事和清朝官员个人的允诺之下，这些船只停泊在鼓浪屿的后方，这里属于领事馆港口的范围，不过这片区域之外由中国的航船所使用。由于德庇时向耆英重申他"不会对走私船只提供任何的避难和保护"，因此，他告知领事，如果支持其在厦门的行动，"将直接违背自己的承诺……因此你答应这些船只进入领事馆港口将自己承担责任，必须要求清政府也承担这一非法行为所引起的相关责任。"② 毋庸讳言，这种即使在鸦片生意中都不常见的虚伪说辞当然没有向外交部报告。福州的鸦片船立即申请了同样程度的保护。德庇时经过重新考虑，两周后通知厦门领事不得允许"鸦片船以任何借口停在领事馆港口的范围之内"。③ 他这么做及时地使领事馆免予陷入鸦片贸易。④ 两年之后，巴麦尊重申外交部的训令，领事应当"严加注意不对走私提供任何便利，同时也不给清政府留下任何唆使或支持走私的口实"⑤。

---

① 《英国驻厦门领事报告》，"列敦函件"，第 30 号，1847 年 3 月 9 日。

② 《英国驻厦门领事报告》，"德庇时函件"，第 61 号，1847 年 7 月 26 日。

③ 《英国驻厦门领事报告》，"德庇时函件"，第 67 号，1847 年 8 月 11 日；"列敦函件"，第 72 号，9 月 1 日。

④ 由于受到金门湾劫掠事件的惊吓，为了避免海盗对他们的袭击，1847 年 3 月，"雌狐"号船长鲁普（Roope）与"德尼亚"（Denia）号船长赫利（Hely）要求将停泊在福州海域之外的接驳船转移到领事馆港口。6 个月前他们曾要求将船驶入闽安海峡，但没有成功。闽安海峡位于闽江之上，可通往罗星塔。在德庇时的命令下，他们如今再次遭到拒绝，尽管领事站在他们的立场给总督写信，要求他采取措施保护他们免遭海盗的袭击。《英国驻福州领事报告》，"德庇时函件"，第 56 号，1846 年 10 月 16 日；1847 年 3—7 月通信。

⑤ 《英国驻厦门领事报告》，"文翰函件"，第 70 号，1849 年 12 月 1 日。

通常的观点认为，外国的鸦片走私者会待在他们的船上，任由清朝人上船把他们抓获，这只能在领事馆档案中得到部分证明，宁波发生的一起事件表明了这一点。古特塞尔（Isaac Gutsell）是怡和洋行接驳船"赫拉斯"（Hellas）号的船长，该船停在宁波城之外的沥港，他违反清朝当局的禁令，经常派遣手下的英籍黑人乘坐中国主顾的小艇前往宁波城。古特赛尔是一名实干家，希望将法律操纵在自己手中。他在"赫拉斯"号服役一年后仍没有在宁波领事馆注册，1847年他直接拜访宁波道台，重操偷运鸦片的勾当。

1848 年 3 月初，他和大副达尔林（John Dallin）在领事毫不知情的情况下，再次拜访宁波道台，请求帮助抓捕一名宁波盗贼，该贼从他的泉州籍员工那里偷走 60 斤鸦片。他们没有等待该次陈请令人怀疑的结果，而是派两名黑人和有嫌疑的福建商人前往宁波，在指认的商店抓到 4 人，将他们痛打之后带回沥港囚禁。过了一段时间，他们将 4 人交给宁波府尹审查，英国领事这才第一次听说此事。领事索利完立即释放了 4 名受害者，并将古特赛尔和达尔林抓获归案。在皇家海军"基尔德斯"号和"谐虐"号的两名指挥官以及戴维森先生的见证下，索利完宣布古特赛尔被判一个月的监禁，并且交纳一年（后改为 4 个月）行为检点的保证金 500 元。对古特赛尔的打击招致怡和洋行的强烈不满。在宁波的布莱恩（Robert A. Brine）分别给领事馆通事 50 元，4 名惨遭毒打的受害者每人 5 元，要求对他们缺席审判。另外一名当地商人沃特豪斯（B. Waterhouse）写信给"古特赛尔的一名雇主"，描述了古特赛尔遭受单独拘禁的惨状，一天中只有 3 个小时的朋友探望时间。不过，领事坚持自己的立场，古特赛尔则在领事馆监狱服刑。这促使古特赛尔的裁缝和厨师前来对他提出控告，揭露当他们讨要工钱时遭到古殴打的事实。另外一人也出来作证，说他遭到了古特赛尔手下人的抓捕和殴打，并被拘禁在沥港。在领事索利完看来，"显而易见，古特赛尔船长长期帮助鸦片走私者，由此对附近民众犯下了一系列暴力罪行。"当古特赛尔获释后，他发誓仍将使用他的船员来帮助中国的老主顾。领事对此发出公告，[①] 如发现接驳船船员帮助中国走私者，将严惩不贷。[②]

总而言之，清朝对外贸易的两个层面——合法贸易与走私贸易混杂交织，即使签署了第一批不平等条约，外交道路也注定不会平坦。尽职尽责的英国官员站在法律与秩序的制高点，却发现自己的地位夹在中间岌岌可危，一方是有权有势的两家英国鸦片巨头，他们行事低调却我行我素；另一方则是对西方法律一无所知的清朝当局。英国领事甚至无法指望其他国家领事的支持，因为那些人通常自己就是鸦片商人。整个条约体系岌岌可危，只靠一条腿来支撑。

---

① 《英国驻宁波领事报告》，"索利完函件"，第 5 号，3 月 15 日；第 13 号，1848年 5 月 27 日。

② 1851 年 6 月，古特赛尔碰巧被下落的帆桁砸中，不幸身亡，当时他为自己所造的一艘中国船只正在从吴淞驶向沥港的途中。

第十四章　广州体系的重组

不平等条约对旧有广州体系的贸易规则究竟产生怎样的影响，这一非常有趣的问题将在本章予以讨论。协定关税对清政府的财政制度造成什么样的影响？粤海关和公行这些旧机构又如何适应新的秩序？这些问题令人困惑，似乎只有放在后条约时代的宏观背景下才能得到解释。简言之，广州体系具有强大的惯性，旧方式的保留要比外国人的预想久远得多。我们综合两个方面进行考察，一是实际的贸易活动，二是未出版的清朝海关管理档案。

条约体系下的行商与粤海关监督

根据当时英国刚上升为主流的自由贸易观念，条约诸款旨在为自由的私人贸易提供自由的市场，并因此而实行低定额关税。不过，在等级制与官僚主义盛行的广州社会，这些条约原则并不容易实现。公行对商人行会的垄断被正式废除，但行商仍和从前一样继续充当外国商人的私人经纪。璞鼎查起初对此并无异议。[①] 伊里布中肯地指出，公行行商已取保切结，不会对出口货物伪造掺假，保证以外国进口商的定价切实销售他们的商品，同时还提供巨大的仓库和贸易资金。[②] 对外国商人而言，通过行商，他们无需再建货栈并为货物交纳保险费。一大帮牙商、通事、买办、船夫、走私者、苦力、货栈人员以及食客等一如既往地参与到广州贸易的活动中来。当 1843 年夏季贸易活动恢复时，每艘外国商船都把自己托付给过去的一家行商。[③] 正如表 7 所示，《中国商业指南》列举了这些行商的名称。[④]

---

① "璞鼎查致马礼逊函"，1843 年 1 月 25 日，《中国丛报》，第 7 卷，94—95 页，1843 年 2 月。

② "伊里布致璞鼎查函"，1 月 22 日，"璞鼎查函件"，第 7 号，1843 年 2 月 6 日，FO 17/66。

③ 《筹办夷务始末》（道光朝），卷 68，页 28—29b，1843 年 9 月 23 日奏折。魏尔特：《中国关税自主沿革史：1843—1938 年》，69—70 页。

④ 卫三畏提供了中英文对照的表格，参见《中国商业指南》，修订第 2 版，澳门，1844 年，159 页，当时已由罗马拼音改为韦氏拼音。梁嘉彬利用马士的《东印度公司对华贸易编年史》和部分中文资料，在《广东十三行考》一书中梳理了每家行商的具体情况。蒙蒂尼在《商人手册》中沿用了卫三畏的表格，但出现了一两处错误和误解，巴黎，1846 年，327 页。

表7　从前的行商及他们的商行（截至 1843 年 7 月 27 日）

商名		行名	官名①
外文拼写	中文名字		
Howqua	伍浩官	怡和行	伍绍荣
Mowqua	卢茂官	广利行	卢继光
Ponkhequa (or Puankhequa)	潘启官	同孚行	潘绍光
Goqua（Gowqua）	谢鳌官	东兴行	谢有仁
Kingqua	梁经官	天宝行	梁丞禧
Mingqua	潘明官	中和行	潘文涛
Saoqua	马秀官	顺泰行	马佐良
Punhoyqua	潘海官	仁和行	潘文海
Samqua	吴爽官	同顺行	吴天垣
Kwanshing	易昆官	孚泰行	易元昌

这些从前的行商继续在广州的茶叶贸易中扮演着主要角色，同时

---

① 1843 年的这些名字是行商长期以来复杂系谱的最后遗存，它们由一位现代学者整理而成，这位学者便是经官的后代梁嘉彬。最左侧是西方人使用的名字，它们通常是行商家族最初创业者的名字，因此有敬称的后缀"官"（"官"在粤语里发音为"qua"）。行名是公司的名字。官名按照卫三畏（《中国商业指南》的编者）的说法，是指"个人在政府注册执照上的名字"。为简化起见，历史学家将行主继承人的名字用数字表示，于是怡和行的行主顺序为伍国莹（1731—1800 年，浩官一世），伍秉鉴（1769—1843 年，浩官二世），伍元华（1801—1833 年，浩官三世），伍崇曜（1810—1863 年，浩官四世），当他在 1833 至 1834 年接管商行时用了伍少钧的名字。在东印度公司的记录和其他资料中，34 家商行的名字从头到尾都有不同的拼写，如 Ponkhequa 或 Puankhequa 等。对宗谱学者而言，这一主题是有待开发的处女地。

也年复一年地继续遭受官府的盘剥。① 传统的奖惩工作与挤牛奶机制相仿，简述如下：1834年梁经官积欠官府42万两白银，违约数次未还，因此被褫革了道台的虚衔。1837年，潘启官因欠东河衙门的钱款而被革去所捐的通判虚职。到1842年，他们分别还清了欠款，在粤海关监督的举荐下又重新恢复官职。② 不过，战争又带来新的负担。1843年，行商抱怨道，政府正努力恢复他们500万元的负担，他们曾在1840年作为广州的"赎城费"付给英国人同样的金额。他们被要求每年支付60万两白银，贸易因此而陷入瘫痪。当璞鼎查提出租赁货仓时，他们拒绝了这一要求。③ 英国人接管了这一事宜，璞鼎查要求耆英至少在贸易开始之后必须限制这一税收。1844年2月，黄恩彤向璞鼎查解释道，行商必须按照出售外国商品的比例偿还他们欠政府的债务，但同时又保证不会如他们所愿增加商品的市价，亦不会损害对外贸易。④ 直到1846年7月，这些曾经的公行行商仍在逃避积欠的政府债务。⑤

---

① 蒋廷黻在《1839年的广州公行与政府》中翻译了一份广州当局1839年的奏折，其中列举了行商欠政府的债务，自1819年起总共欠银146.4万两。1843年初，行商通知璞鼎查，除去最近偿还的债款之外，他们在1842年底还欠政府350万两白银，欠外国商人430万两白银。"璞鼎查函件"，第14号，1843年3月10日，附件2，2月26日信函，FO 17/66；《筹办夷务始末》（道光朝），伊里布奏折，1843年3月6日，卷65，页25。

② 《筹办夷务始末补遗》（道光朝），"祁埙、文丰奏折"，1842年10月28日，1512—1513页。

③ 《筹办夷务始末补遗》（道光朝），"祁埙奏折"，1843年4月7日，1560页；"璞鼎查函件"，第88号，"璞鼎查致耆英函"，1843年7月20日，FO 17/68。

④ "璞鼎查函件"，第102号，1843年，附件，FO 17/69；"黄恩彤致璞鼎查函"，2月12日，"璞鼎查函件"，第43号，1844年，FO 17/80。

⑤ 《中国丛报》，第72卷，1846年7月2日；《筹办夷务始末补遗》（道光朝），"行商延缓付款的请求"，1845年5月，1756—1759页。

同英国商业巨头购买贵族身份的经历相似，一些公行家族的后代在 1842 年后发挥了重要的社会作用。潘仕成，潘启官的后代，他的经历已在前文（第 11 章）讨论过。曾经的公行首领，浩官四世伍崇曜继承和保持了在广州社会中的特殊地位，即使在英国人的照会中，他都被尊称为"浩官先生"。[①] 英国商人通过领事馆向他租赁土地，租金每半年支付一次。1849 年底，浩官在家中接待了包令博士，这里通常也是广州当局会见外国人的地方。接待室有很多画作，甚至包括一幅女王婚礼的版画。当包令博士不得体地发问时，浩官告诉他自己并不是商人。他的父亲长期以来一直充当外国人和清政府之间的中间人角色，他也在做同样的事情。例如，中葡双方在他的调停下协商了澳门总督亚马留的头颅和手的归还问题，后者在当年遇刺身亡。1850 年 1 月 17 日，伍浩官前往领事馆拜会包令，与其随行的还有梁经官、谢鳌官、吴爽官、易昆官等过去的行商，他们都穿着蓝色补服（三品或四品官服）。一个月之后，据《京报》报道，伍浩官已成为政府的代理人，运送大米到浙江赈灾。不久，钦差大臣宣布委任伍道台协助处理对外交涉事宜，包令对此提出了强烈抗议。他拒绝和纯粹的商人打交道，1854 年他要求把浩官和其他人对他的陈请转给钦差大臣。这是出于英国官员地位的考虑，他对浩官个人并无敌意。1855

---

① 1849 年 6 月，领事包令到达广州，他发现英国政府 3 年以来占用浩官的商行却没有支付租金。最初的占用被认为是暂时的，所以浩官谢绝了支付租金的请求，后来习惯成自然，也没将他们驱逐。女王政府对此不胜感激。包令建议赐予浩官勋章，并送给他一艘小型轮船作为礼物。巴麦尊同意这一方案，但后来又予以否定，只同意给他一个金质的鼻烟壶或不超过四五百元的便携礼物。浩官也害怕收受外国人的礼物，不过他还是在 1850 年 10 月前往领事馆接受了一个价值 100 元的鼻烟壶。《英国驻广州领事报告》，"包令函件"，第 140 号，1845 年 10 月 18 日；第 45 号，4 月 19 日；第 58 号，1850 年 4 月 22 日。

年，他在英国领事法庭赢得了和怡和洋行的官司，然后又将该公司上诉至香港。[1] 1857 年，他主导了行商与英国人的协商事宜。作为一些文献选集的赞助者，包令早已在中文世界中赢得令人尊重的地位。[2] 早些时候，伍浩官被认为是美国旗昌洋行最友好的伙伴。由此令人感到奇怪的是，怡和这一祖传下来的商行名称居然在 1861 年却被他的宿敌渣甸马地臣公司所占用。渣甸马地臣公司在上海和天津将公司的中文名称改为怡和，后来又推广到九江和其他地方，不过渣甸最初在华南地区并未使用这一名称。[3] 这些曾经的行商在全新的通商口岸贸易中的作用值得进一步研究。

关税与粤海关监督

粤海关监督制度继续留在了新开创的条约体系之中，这一过程未遇太大的困难。协定关税的设计破坏了以前关于对外贸易的额外补贴，但英国的自由贸易原则并未扩展那么远，达到强制别国政府实行的程度。《经济学人》（The Economist）在 1844 年评论道，"这违背

---

① 《英国驻广州领事报告》，"包令函件"，第 243 号，1849 年 12 月 10 日；第 7 号，1850 年 1 月 7 日；第 24 号，1850 年 2 月 18 日；第 74 号，"包令致罗伯逊函"，1854 年 12 月 5 日；第 170 号，1855 年 10 月 16 日；第 190 号，1855 年 11 月 21 日；1855 年 6 月 30 日通告，1855 年 12 月 15 日通告；"文翰函件"，第 10 号，1850 年 2 月 7 日。

② 梁嘉彬：《广东十三行考》，250—255 页。

③ 参见《中国行名录》，1861 年、1862 年、1864 年。在福州，渣甸公司也使用了"怡和"字样，但"义"字并不一样。香港和广州的公司使用"渣甸"这一名称，而厦门使用了"科卑士"的名称。早期的买办显然是自主选择商行的名称。田中克己在他对渣甸马地臣公司的研究中认为，使用浩官商行名称的原因可能是他们在广州租用了"义和行"的地方，因此小溪馆义和行的外国人提议使用这一名称，并在 1842 年之后正式使用。这一在广州使用的中文名称适时地让它的竞争对手黯然失色。

了国际谈判的原则，是一国强制规定另一国关税税额的行为。"璞鼎查返回英国后把低关税的成就归功于耆英，后者也因此在西方作为政治家的典范而饱受赞誉。[1] 不过，在中国，低关税的作用并不明显。耆英现象在英国的境遇似乎更像是一场盛会，为了弥补自由贸易的胜利，后续又切实进行了大量调整（下文将会详述）。虽然这些调整并非出自英国人的想法，但他们的目标也无可厚非，因为其本身无足轻重：清朝当局从未认为商业税是政权的基础，只不过希望通过这样或那样的方法确保以往的关税收入。正如第 8 章所述，他们认为至少在纸面上外贸总量不会出现大规模的增长。毕竟，他们从未见过兰开夏郡的机器工业。

耆英在奏折中指出，即使广州的关税收入可能会稍有减少，但整个通商口岸的新关税还是会带来更多的总收入，因为茶叶、棉纺织品[2]等主要出口商品的税率实际上翻了一倍，这将远远弥补那些低税率商品的损失。同时，研究中国关税最专业的学生魏尔特先生已得出结论，新税率"在旧有清朝额定关税的基础之上废除了地方杂费，这样使绝大多数进出口商品的税率远低于以往通行的税率"[3]。学界普遍引用的"以从价征收为基础的5%税率"的说法并不准确。很多进口商品的税率超过了5%，而大多数出口门类的商品则低于这一税率。但大宗商品茶叶的出口税为每石2.5两海关银，这一从价征收的

---

① 《经济学人》，1844 年 12 月 21 日，1538—1539 页。

② 《筹办夷务始末》（道光朝），卷 67，页 40—43b。1829 年以前，中国的棉纺织品出口一直超过进口，直到 1843 年以后英国的棉纺织品进口才变得重要起来。参见严中平：《中国棉业之发展》，28—29、43 页。1843 年耆英的说法因无知而落伍。关于棉纺织品进口增长最早的官方论述之一来自刘韵珂的奏折，《筹办夷务始末补遗》（道光朝），1844 年 4 月 25 日，1660—1662 页。

③ 魏尔特：《中国关税自主沿革史：1843—1938 年》，14 页。

税率几乎达到 10%。新税率比过去清朝关税加上沿袭征税的地方杂费还高近 25%。（不过，据英国商人估计，这一数字仍低于当时的实际征收总额。[①]）1844 和 1845 年两年，据英国驻广州领事估算，进口平均税率为 5.33%，出口税率在 8.2% 至 9% 之间。[②]

这些观点存在明显的自相矛盾：一方面新关税和以前一样，另一方面又说关于对外贸易的税收比以前要低，这当然也可解释为北京只收到部分的广州税收。史料表明，清朝谈判者着重关注茶叶和棉纺织品两项出口商品（没有意识到棉纺织品如今已成为净进口商品），因而提高它们的税率，而英国人是要确保进口工业品和某些出口商品的低税率。为了抵消茶叶和鸦片的过度销售，英国人希望能刺激一般合法商品的贸易。不管怎样，1843 年耆英和黄恩彤的首要任务在于确保朝廷的税收不受损失，他们做到了这一点。那些广州的既得利益者——粤海关监督及其下属随员则与此不同。1843 年的部分奏折揭示了这一问题。

1843 年 7 月协定关税协议签订时，耆英和他的广东同僚，包括粤海关监督，分 9 个方面向朝廷提出重新整理海关账目的建议。以穆彰阿为首的军机处采纳了部分改革内容，[③] 他们于 1843 年 8 月 31 日

---

① "璞鼎查函件"，第 12 号，1843 年，"孖地臣等致璞鼎查函"，1843 年 2 月 8 日，FO 17/66。他们估计税收和收费的总比率如下：1836 年，每石 2.5 两海关银；1839 年，每石 5 两海关银；1841 年，每石 8.5 两海关银；1843 年，每石 6 两海关银。

② 《英国驻广州领事报告》，"马额峨函件"，第 9 号，1845 年 2 月 4 日；第 28 号，1846 年 2 月 21 日。

③ 《筹办夷务始末》（道光朝），卷 67，页 40b—45b，1843 年 8 月 31 日；一些要点已经提前被预测，卷 66，页 40—43，1843 年 7 月 9 日。英国公使馆档案中一份未签字的穆彰阿提议的摘要，存在严重的翻译错误，标题为"京报摘录"，《中国通信集》，第 5 卷，1844 年，FO 228/38；《中国丛报》刊发了同样错误的摘要，《中国丛报》，第 7 卷，632 页，1843 年 12 月。

接到朝廷批准的谕旨（参见"附录"B，第一部分）。粤海关监督似乎每年要负责额征正税、总计 899 064 两的额定盈余以及 10 万至 40 万两不等的额外盈余。此外，公行一年向北京交纳大约 20 万两白银，这些银两分 3 项交给粤海关监督，一为应解备贡银 55 000 两，二为人参变价银①约 10 万两，三为拨充普济堂等用之银约四五万两。最终，粤海关监督取消了每年 10 数万两的应进贡品等项。因此，广州贸易的解部银两总额正如京城官员所列，大概每年在 130 万至 160 万两之间。

1842 年以后，公行从前所交银两，一半数额（人参变价银 10 万两）至少在头四年中继续由之前的行商支付，另外一半则由粤海关监督自行筹划。不过，为了帮助粤海关监督应付此项银两以及其他解部银两，朝廷允许将新通商口岸的额外盈余划拨粤海关使用。简而言之，粤海关监督不会遇到重新分配定额的困难，因为朝廷已答应粤海关可以接收其他地方的协拨调配。军机处档案表明，新通商口岸的海关在一段时间内仍只是为粤海关增加财政收入的下属机构。

我们在讨论新通商口岸的财政制度之前，先简要审视一下广州海关随员的命运。他们在遵守条约的前提下能够不被裁撤么？军机大臣清楚地意识到，协调外国人和本国商民的利益实有必要，外国人反对所有的额外关税费用，而广州商民（包括船夫、牙商、走私者等）却恰恰以这些费用为生，这是长期以来形成的习惯，他们没有工资或其他谋生手段。正如耆英向皇帝解释的那样，广州的额定税额起初并不高，但随着海关费用的日积月累，到了 18 世纪，海关费用的管理

---

① 清代对人参的管理以东北地区为基础，实行垄断专营制度，由政府许可的商人销售这种据说有助于能量恢复的商品。关于人参管理的规定、市场及预防走私等内容，参见《光绪会典事例》，卷 232—233；《钦定户部则例》，卷 33。

逐渐正规化，几次并入政府征收的常税之中，其中一部分用以应付政府开支。但后来非法征收的费用越来越多，直到 1842 年，英国人要求废除各项浮费。1843 年 6 月，耆英记录了英国人提出废除所有官方认可的各项浮费的方案。[①] 7 月的"贸易通则"证实了这一点。1843 年 8 月，耆英在广州提出的 9 条重新调整方案中也涉及海关下属随员的生计问题，指出他们从前依靠税收（从中提取一定的比例）为生，如今这种方式已构成违法。在广州当局看来，差役"枵腹从事"（没有工资服役）并不可行，应该"核给工食"[②]，这是他们之前未曾享受的待遇。钦差大臣和粤海关监督都对消除旧恶表达了最真诚的愿望。

不过，该项章程制定之前，广州的贸易量出现较大增长，在贸易淡季的开埠头 40 天，计有外国货船 53 艘，"所需人役实属不少。"[③] 1843 年 10 月 15 日，两广总督和粤海关监督联衔上奏，概述了新的缉私举措。广州地区共有 7 个海关关防，粤海关监督在每个关防都驻扎了如下人员，并按月付给他们薪水：海关监督衙门的办事人员 1 名，月薪银 5 两；书吏 1 人，月薪银 5 两；巡查 1 人，月薪银 5 两；守卫 10 人，每人月薪银 3.5 两；厨师和挑水夫各 1 人，月薪各银 2 两；巡逻船船员 8 名，每人月薪银 2 两。关防和巡逻船的修理与建造费用由粤海关监督文丰自己承担。至于海关分关的员工薪资，他们建

---

① 《筹办夷务始末》（道光朝），卷 66，页 41b—42，1843 年 7 月 9 日寄到奏折；同日上谕。

② 《筹办夷务始末》（道光朝），卷 67，页 45b；卷 68，页 20b—21。

③ 《筹办夷务始末》（道光朝），卷 68，页 29，1843 年 9 月 23 日寄到奏折。

议从旧的测量费中划拨银 5000 两以资鼓励。① 尽管这是制度上的创新，但从月付薪资的规模来看，似乎很难如此慷慨。

与此同时，他们也提出广州海关书吏和差役的薪资问题，这些人的薪资甚至书写文具过去都源自从行商的对外贸易税银中抽取一定的比例。在贸易旺季，每天大约有 20 到 60 人被派往河面监督贸易活动，一直延伸到黄埔港。薪资问题必须解决，否则他们将以贿赂为生，再次引发洋人的愤怒。既然协定关税的收入都要交往北京，这些书吏杂役的薪资应每年从广州的额外盈余中划拨，每石货物抽取 0.18 两白银。② 这些下属包括 20 名各类头等书吏，他们从前已有薪资；182 名助理文员，其中分关的 47 人过去曾有薪资；新增的 135 人过去没有薪资。③

长期以来人们一直认为，这些条约在 1843 年后的许多年里有名无实，并未对广州的贸易活动和海关实践产生实质性的影响。果不其然，新的制度掩盖了旧的恶习。自从贸易重启之后，外国商人时常抱怨海关的拖沓之风：海关官员只在下午 4 点到日落时分办公，轮船审查由 30 个小时延长到 5 天，禁止驳船在黄埔港往返，必须在 1 天内返回，等等。英国领事麦都思怀有疑问，经调查发现，海关的日常办公活动造成了这种制度化的拖沓：海关收据的往来文书送至书吏处，由其草拟答复，通常当天将答复交由粤海关监督审阅；第二天，草案经决定后以校正稿的最终形式发出，发出前再呈粤海关监督审阅；第

---

① 《筹办夷务始末补遗》（道光朝），1621—1622 页，1843 年 11 月 19 日奏折；1623—1624 页。广州海关各分关名录，参见《户部则例》，"杂项"，1851 年，卷 39，页 17—18。

② 《筹办夷务始末补遗》（道光朝），1625—1626 页，10 月 15 日发出，1843 年 11 月 19 日寄到奏折。

③ 《筹办夷务始末补遗》（道光朝），1627 页。

三天，正式的文书盖章、封印，然后发送。如有协商事宜，自然需要更多的时间。^①

条约签署后的广州海关改革只是表面化的改革。对下两代人来说，粤海关监督保留了其作为朝廷包税人的关键岗位，这一官职直到 1904 年才被废除。一名学者认为，1842 年限制粤海关监督获利机会的改革，使其比从前更加贪腐，他建立迷宫一般的税关，设置特别费、税、捐等重重障碍，这些费用任由属下大批官员征收，每个官员都有薪水，承担传统、个人和公家的责任。纵观整个 19 世纪，粤海关监督既通过所控制的下属为其谋利，又通过操纵混乱而有缺陷的报告制度从中获利，甚至向上级报告延误 8 年之久。当 1904 年户部要求实行统一的报告制度时，其调查发现，粤海关一年存在 20 万两白银的差额。^②

清朝海关对通商口岸的管理

在广州的这种背景之下，粤海关监督如何管理这些新通商口岸的海关征税员是非常有趣的问题。毫无疑问，我们不可能对复杂多变的清代财政做一清晰的统计概览，至少当代的研究者难以实现，那些账目中的术语时常令清代以后的学者不知所云。^③ 19 世纪 40 年代发生的诸多变化在官方文献中大多没有记载，下文的研究主要以北京故宫

---

① 《英国驻广州领事报告》，"备忘录"，"麦都思复粤海关监督函"，1845 年 8 月 17 日。

② 汤象龙：《光绪三十年粤海关的改革》。

③ 最好的例子莫过于《六部成语注解》，京都，1940 年。这本工具书中详列了清朝行政管理中遇到的大约 5000 个特殊用语。

博物院所藏的逐月报告为基础。①

我们首先看一下 19 世纪 40 年代整个清王朝的海关网络，② 它并不包含太多的分支机构。清朝在 29 处要地设立了贸易税关，它们主要分布在国内商路的要道之上。其中有 5 处隶属于工部，它们在税收来源的重要性方面不如隶属于户部的 24 处分关（具体见表 8）。后者主要分布在长江流域的水路要道，如苏北大运河上的淮安和扬州，长江下游地区的南京、苏州、杭州和上海，安徽的芜湖和凤阳，广州到江西沿线的九江和赣州。其他分关包括北方的贸易中心以及华北的商路要地：山海关、张家口以及山西其他要地。南方沿海省份的海关分别位于广州、福州、镇海（宁波港）和上海，是整个榷关网络的重要组成部分。正如前文第 3 章所论，清朝缺乏保护关税的观念。清政府在对待对外贸易和国内贸易方面没有重大差别，两者都由国内商人所主导，也都不是国家的主要收入来源。

---

① 下文主要参考了任以都的研究成果，在此向他深表谢意。

② 这部分内容主要基于王庆云在《石渠余记》卷 6 中整理的《大清会典》数据，更详细的论述参见本书表 8 和附录 B。

表 8 19 世纪 40 年代户部和工部管理的 29 处榷关定额与实征统计表①

（单位：两）

1. 户部 24 关						
关名与地点②	定额③	实征				留支岁出
		1841 年	1842 年	1845 年	1849 年	
崇文门	102 175	323 166	315 061	315 627	323 739	35 013
左翼（京东）	10 000	12 108	11 317	11 788	10 633	8632
右翼（京西）	10 000	11 200	10 738	10 813	10 582	8662
坐粮厅（通州，直隶）	12 339	12 387	12 383	12 389	12 419	8914
淮安关（江苏）	328 679	255 760	250 594	181 022	146 916	146 916
浒墅关（主要是苏州）	441 151	272 540	251 982	322 364	340 280	340 280
扬州关（江苏）	164 790	163 808	118 752	118 049	118 453	118 453
芜湖关（安徽）	229 919	272 947	248 639	274 117	274 329	243 043
西新关（南京）	74 376	42616	41437	41481	41892	尽数拨支
凤阳关（安徽）	107 159	107 179	96 431	107 278	106 303	尽数拨支
江海关（上海）	65 980	57 046	73 685	79 820	72 997	尽数拨支
天津关（天津）	68 156	83 618	83 248	82 528	53 547	44 894
临清关（山东）	48 376	55 095	25 436	59 739	85 441	68 397
九江关（九江）	539 281	562 932	536 816	451 740	579 013	尽数拨支
赣关（赣州府，江西）	85 470	93 048	82 711	93 184	93 771	85 314

---

① 这些表格源自王庆云《石渠余记》卷 6，据他所说是以《大清会典》为基础。

② 部分榷关地点参见《浙江通志》（雍正朝），卷 86；《江南通志》，卷 79；《江宁府志》，卷 15。

③ "定额"是指"正额"和"盈余"的总数相加。"实征"则包含"各省地丁项下奏销"的那一部分。

续　表

1. 户部 24 关

关名与地点	定额	实征				留支岁出
		1841 年	1842 年	1845 年	1849 年	
北新关（杭州）	188 053	188 566	188 218	188 525	188 498	158 955
浙海关（镇海，浙江）	79 908	79 908	18 839	78 018	79 908	尽数拨支
闽海关（福州）	186 549	199 465	127 479	185 955	193 012	186 012
太平关（韶州府，广东）	128 175	135 245	135 724	135 253	118 643	15 063
粤海关（广州）	899 094	864 232	1 128 240	2 362 164	1 429 766	807 768
山海关（山海关）	111 129	61 760	61 730	61 702	61 695	41 494
张家口（喀拉干）	60 561	20 004	20 004	20 004	20 004	20 000
杀虎口（山西）	32 333	16 919	16 919	16 919	16 919	1188
归化城（山西）	16 600	23 565	24 036	23 418	22 749	6050
户部 24 关总额	3 990 253	3 915 114	3 880 419	5 233 897	4 401 509	2 345 048①

2. 工部 5 关

关名与地点	定额	实征			
		1841 年	1842 年	1845 年	1849 年
龙江关（南京）	112 607	95 740	90 599	100 900	120 937
芜湖关（安徽）	136 853	101 021	70 547	117 190	117 081
宿迁关（江苏）	56 684	59 426	58 543	26 934	27 648
临清甎版闸（临清，山东）	8372	6155	6289	7271（1844 年）	7453
南新关（杭州）	49 469	30 247	30 247	30 247	30 247
户部 5 关总额	363 985	292 589	256 225	282 542	303 366
29 关总计	4 354 238	4 207 703	4 136 644	5 516 439	4 704 875

　　① "2 345 048" 这一数字未将表内 "尽数" 内容计算在内，如果将其计入，总额约为 3 158 972。

　　熟悉欧洲各国关税和贸易政策的英国官员没做好了解北京朝廷的准备，清朝政府长期面临财政困难，尽管反对对外交往，但也无法建立对英国商品的贸易壁垒。当英国人明白贸易税受"常关"（这个名词本身就不寻常）的影响时，他们对"过境税"充满了恐惧，后者是把在港口的协定关税中减少的部分重新在内地征收。这对于把自由贸易视为主要进步标志的人们来说，这个政府的"抑商"程度令人难以置信，对于国内商业居然与对外贸易一样征收重税。不过，这就是港口开埠时清政府的财政实践：正如表 8 所示，粤海关是所有権关中征税最多的机构，1845 年征税额达到了 230 多万两白银。征税第二多的机构是九江关，有 50 万两左右，接下来是苏州的浒墅关和著名的京师哈德门税关。其后依次为芜湖、福州、杭州、大运河上的淮安以及通向广州商路上的韶州。除了广州的茶叶和生丝出口繁荣之外，对外贸易也在其中扮演了重要角色。如果我们不看实征只看定额的话，这一点会更加明显，按重要程度排列，依次为广州、九江、苏州、淮安、芜湖、杭州、福州、韶州以及山海关。在清朝的権关制度中，沿海贸易并不比内陆贸易更加重要，两者没有根本区别。1845年的税收情况表明，内地権关的征税额几乎和 4 个沿海海关的征税额相同，当然广州的巨大优势显而易见。

　　过去几十年中对西方商人征税一直是粤海关监督的特权，因此1843 年之后新通商口岸对洋商的征税继续由其向北京报告。

　　在广州，所有华商和洋商的海上贸易税都与从前没什么两样，归到单一的"关税"税种。但在 4 个新设的通商口岸中，华商和洋商的征税独立核算。后者显然包括来自西方国家的进口商品以及销往西方国家的出口商品，统一称为"夷税"。另一方面，沿海贸易的征税继续沿用旧例，称之为"关税"或"常税"。所征税款保存在不同的国库。

在同一税关保留不同的海关账目的做法并非仅限于通商口岸。在天津，两个不同的官员分别有各自的海关账目。一个是长芦盐政管理的常规海关账，主要负责广东和福建的华商贸易；另一个是天津道台管理的“海税”，主要是对运输的大米征税，由直隶总督向北京呈报。两者都有自己的定额和关卡。[①]

1843 年以后，福建、浙江和江苏的海关保留了旧有名称（分别是闽海关、浙海关和江海关），负责“常税”业务。每个海关由大大小小的关卡网络组成，主要关卡设在已成为新通商口岸的贸易中心或其附近区域。[②] 面对前所未有的条约体系，清廷规定，新“夷税”在 4 个新开埠口岸的征收工作要向广州报告，然后由粤海关监督向北京汇报。这样做的目的显然是想把新的与西方贸易的收入保留在传统的定额体系当中。实际上，它只不过是粤海关监督每年向北京呈报 4 个新口岸的征税数量。[③] 与军机处最初的期望相反，协定关税被各相关海关衙署自己通过各种方式和各种理由予以截留。广州对其他口岸的商行没有管辖权，因为广州有大量的西方商人贸易，征税定额通常容易实现，因此，粤海关监督对其他通商口岸的税收几乎没有兴趣，或许在他看来，这样的兴趣最终可能会导致他对北京经济负担的增加。

另一方面，没有人提议 4 个新口岸的海关应变成独立的核算单位，正如战前的广州或传统的常关直接向户部和朝廷负责。（4 个新口岸的财政年度和广州完全一样，而常规的海关衙署之间并不统一）没有一家中央机构管理同西方的贸易，正如也没有任何政府机构或外

---

① 《筹办夷务始末补遗》（道光朝），1701 页、1754—1755 页；《户部则例》，1851年，卷39，页 11。

② 《户部则例》，1851 年，卷39，页 12b、页 17—18；《筹办夷务始末补遗》（道光朝），1701 页、1754—1755 页。

③ 《筹办夷务始末补遗》（道光朝），页 1671、1689b。

交部门处理同西方的一般事务。由此可见，广州在名义上对其他通商口岸的领导似乎只是行政安排，而不是财政措施。

配额制的运转

每个旧的海关衙门（外国人称为"常关"）都要完成自己的年度配额。到 19 世纪初年，这些配额通常由两个部分组成，正如我们在广州所看到的那样，分别是"征额"和"盈余"。后者出现要晚一些，数量上也经历了变化，通常都大大超过了"征额"。

表9 "征额"和"盈余"比较表[①]

（单位：两）

海关名称	征额	盈余	总计
粤海关（广州）	43 560	855 500	899 060
浙海关（镇海，宁波）	36 508	44 000	80 508
闽海关（福州）	73 549	113 000	186 549

如果征收数量不足全额，资金缺口要由海关监督补足，因为从理论上讲，这和他个人的努力不够有关。不过，在协定关税出台之前，配额制度已出现崩溃的迹象。[②] 即便海关监督个人尽到满足配额的责任，他也不能总是征到所需款项。记录反而显示了大量配额赤字的积欠情形，既有在规定期限内无力支付配额的个案，也有因向公共工程项目捐输而取消缴税义务引发的配额赤字（据说只有 10% 属于关税

① 《户部则例》，1851 年，卷39，页1—7。
② 王庆云：《石渠余记》，卷6，1 页。

配额的积欠）。① 海关收入的赤字有时数量极大。1843 年，一名在安徽监管 3 个税关的官员任职 10 个月之后，需负担缴银 136 349 两。从 1830 年起，浙海关和九江关的盈余分为"额内盈余"和"额外盈余"两个部分，这一行为可能是由于接二连三的征税赤字报告所引起。两种盈余的赤字仍由主管官员支付，但"额外盈余"的亏空将不会使他受到惩罚。②

北京朝廷认为几乎没有必要改变旧体系以适应新的西方贸易。清廷在批准南京条约的上谕中已经声明，未来每个通商口岸都将实行新的关税，有必要花时间去了解这些创新之处。③ 1843 年，与西方的贸易税收还没有固定配额，因为贸易量仍是一个未知数。清廷决定经过 3 年测试期，厘清新通商口岸的贸易量之后，将其并入应调整的广州配额，④ 可见广州仍被视为对外贸易的中心。当新口岸与西方的贸易税开始源源不断产生以后，它构成了一笔独立的财源，地方官员也似乎开始从政府财产中挖掘自己的私人金矿。一般而言，新税收要么用来弥补常关定额的赤字，要么被各省截留，但并未送往广州。例如，在福建，1845 年户部要求将关税收入留在该省作为军费开支。1848 年，清廷决定将 25 000 两税银按年转入福建常关账目，以弥补其配额赤字。（甚至转入之后常关仍经常无法完成定额）征收协定关税的

---

① 《筹办夷务始末补遗》（道光朝），1859—1860 页；《筹办夷务始末补遗》（咸丰朝），79 页。

② 《筹办夷务始末补遗》（道光朝），1621 页、1634 页、1684 页；《户部则例》，卷 40，10 页、12—13 页、15 页。

③ 《东华续录》，1842 年 9 月 6 日上谕、1842 年 11 月 1 日上谕。

④ 《筹办夷务始末补遗》（道光朝），1889 页。这一安排又延长了 3 年，参见《筹办夷务始末补遗》（道光朝），1897—1899 页，1846 年 10 月 23 日耆英奏折；1902 页，同日上谕。

奏报当然会有删节。1849 年，据奏报，条约关税不足白银 25 000 两，因此全部被常关截留；1852 年，25 000 两协定关税银转走之后，只剩下 9618 两。太平天国运动爆发后，福建海关监督要求将所有关税转入常关账户，一直延续到战乱平息，因为战争导致了固定收入完全停止。[1]

同样，1849 年江苏当局也请求允许该省从每 10 万两协定关税银中截留 1 万两。在广州，关税进项远远超过配额。1846 年，3 年测试期已过，当地官员反对配额调整，朝廷允许他们再延迟一到两年。[2]

为了避免定额支付的上涨，清朝海关当局一定瞒报了与西方贸易的全部收入。正如我们在后面几章所看到的，这种隐瞒不报是超越清朝制度的腐败行为。海关收税者的一个想法是严惩这些玩忽职守行为，这种观念将对外贸易视作预期产生固定总收入的静态数量。因此广州在 1846 和 1847 年遇到定额征收困难的情形被解释为贸易中心从广州迁移到了上海。厦门遇到的定额征收不足则被解释为"夷税"对"常税"的"侵犯"。（协定关税和"常税"之间常常混淆，参见本书第 17 章）耆英和他的同僚们指出，既然广州配额能够满足，没有必要做进一步安排，因此延迟推出新的有关西方贸易税的固定配额是合理的。[3]

下表显示了第一次不平等条约时期（1843—1855 年）沿海海关的征税情形，既包括"常税"，也包括"夷税"。[4] 值得注意的是，该

---

① 《筹办夷务始末补遗》（道光朝），1771—1772 页、1773 页，2057—2059 页、2081b—2082 页；《筹办夷务始末补遗》（咸丰朝），卷 52，244 页。

② 《筹办夷务始末补遗》（道光朝），2087 页、1901—1902 页。

③ 《筹办夷务始末补遗》（道光朝），1889、1963b、1669、1772、1729、1842—1844、1951 页，1899 页。

④ 本表数据来自《筹办夷务始末补遗》（道光朝）和《筹办夷务始末补遗》（咸丰朝）。

表并不完整，这些数据不能进行一般性的比较。总之，它只是奏报反映的情形，绝不是真正的情形。就繁荣的上海对外贸易而言，其回报率之低令人愕然。从1853年起，税收因内乱而中断。（参见下文第22、23章）

表10　五口关税征收表（1843—1855年）

（单位：两）

征税年份①	广州	厦门		福州		宁波		上海	
	总税收②	协定关税	常税	协定关税	常税	协定关税	常税	协定关税	常税
配额总数	899 064		90 000③		96 549		79 908		65 980
1843—1844	2 030 543	15 134④	38 040⑤		92 679	6264⑥	77 037	41 933⑦	70 423
1844—1845	3 360 832	48 132	79 078	143	90 082	24 735	78 018	172 922	70 612
1845—1846	2 186 530	31 734	72 620	4045	81 894	7086	78 020	480 239	70 649
1846—1847	1 972 089	35 783		1213		2196	76 542	662 467	69 049
1847—1848	1 825 223	29 132		4		1571		628 274	69 619
1848—1849	1 424 045	24 568	76 589⑧	31	76 590		78 376	540 970	
1849（常税）			78 045		78 046				
1849—1850	1 471 318	29 932	73 365	732	73 365		76 546	704 612	

---

①　此处年份是指包括12个月的财政年度，即农历年份。精确的日期参见本书附录C，第2部分"征税时期表"。

②　广州上交的税收数量没有常税和协定关税之分。

③　此处两个口岸大致均分了福建一省的配额。

④　此处只是该年税收的一部分。

⑤　此处只是该年税收的一部分。

⑥　此处只是该年税收的一部分。

⑦　此处只是该年税收的一部分。

⑧　1848—1852年福建以全省总数进行奏报，因此本表将厦门与福州两港平均分配。

续　表

征税年份	广州	厦门		福州		宁波		上海	
	总税收	协定关税	常税	协定关税	常税	协定关税	常税	协定关税	常税
1850 协定关税	1 476 867	32 098		1585		117		1 203 395	69 855
1850—1851	1 636 574	31 203		3415				1 243 165	
1851—1852	1 666 811	31 170	66 175	11	66 176		76 336	545 687	
1852—1853	1 274 129	8174	20 942	41 416	52 578		62 698	591 941	
1853—1854	1 166 492						62 321		
1854—1855	342 043①	45 370		220 106			62 522		

通过持续的专题研究，关于第一批不平等条约时期清朝海关管理的研究将会大大推进。然而，我们会有这样的感觉，这些数据以及因征税日期不一而造成的混乱从根本上讲都是粉饰之举。上报税款被各省以各种形式分拨和挪用，不可能有大量税款进入北京，因此，我们缺乏这些税款真正用途的最终证据。奏报内容扮演了仪式上的角色，我们仿佛看到财务报告链条两端的官员们带着"神秘的微笑"迎合这一文字虚构的精巧游戏。

本章以及前面四章讨论了中英双方实施条约体系的某些步骤。中英双方人员的选择与调派，在通商口岸他们之间交往形式的确立，双方官员仕途生涯中的误解、拖延、挫折、怀疑、算计和抗议——所有这些新鲜而迷茫的经历都是两种文明碰撞的组成部分，如今双方在交往一个世纪之后，这种关系已经得到改变。这几章主要讨论了全新的中西贸易体系的创立，这一过程效率低下，充满意外，无疑也是中国和世界历史的重要篇章。从领事档案来看，这一进程像是一场英国的执法改革运动，清朝官员偶尔会提供助力，但大部分时间被证明是一

---

① 此处只是该年税收的一部分。

种阻碍。从清朝的官方记录来看，英国领事的改革运动不愠不火，畏首畏尾，其重要性远不如全国范围的大动乱等国内事务。即使在财政方面，西方人及其贸易对中国的影响也远比他们自己认为的要小。通商口岸造成的"冲击"主要是外国人面对中国人的生活所经历的冲击。就上文所述诸多表面化的措施而言，条约理论和通商口岸实践之间的鸿沟持续扩大，英国领事在中国沿海建立新秩序的努力几乎失败的命运也就不足为奇。从历史的角度看，英国打开清朝大门无疑是维多利亚史诗中的亮丽篇章，也是第一次对儒家政权提出了严重警告。不过，从英国自身来看，它的所作所为，使得第一批不平等条约确立的制度在几年之后开始土崩瓦解。